Nantes
1895

Archives de Bretagne

Letres et mandements de Jean V, duc de Bretagne de 1441 et 1442

Tome 9

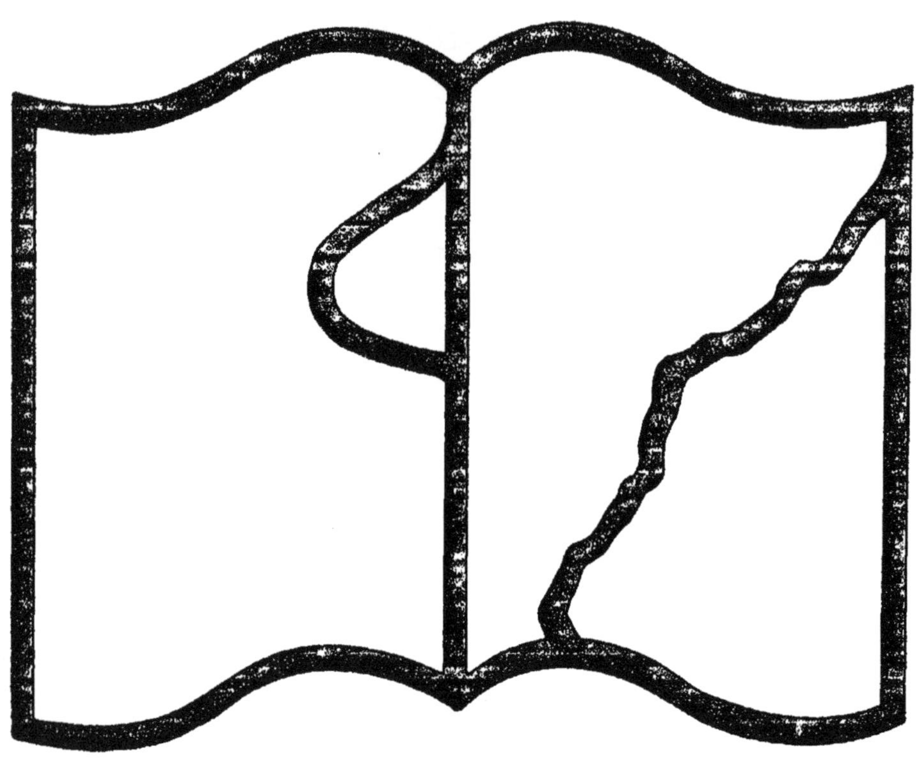

Symbole applicable
pour tout, ou partie
des documents microfilmés

Texte détérioré — reliure défectueuse

NF Z 43-120-11

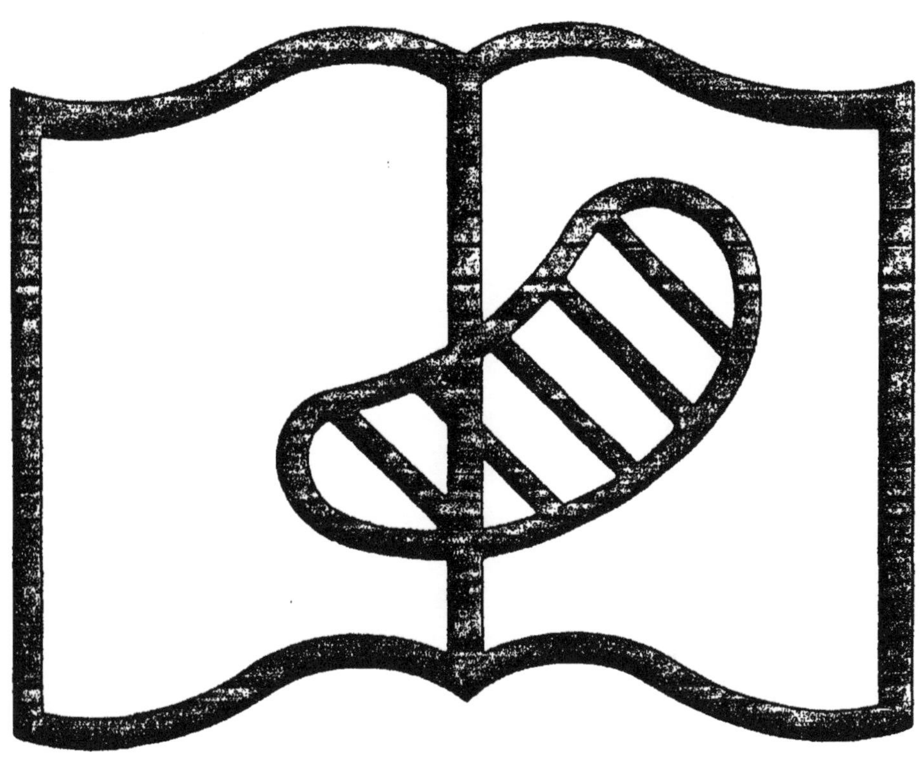

Symbole applicable
pour tout, ou partie
des documents microfilmés

Original illisible

NF Z 43-120-10

ARCHIVES
DE BRETAGNE

RECUEIL D'ACTES, DE CHRONIQUES

ET DE DOCUMENTS INÉDITS

PUBLIÉ

PAR

LA SOCIÉTÉ DES BIBLIOPHILES BRETONS

ET DE L'HISTOIRE DE BRETAGNE

TOME IX

DUBUISSON-AUBENAY

ITINÉRAIRE DE BRETAGNE

EN 1636

NANTES
SOCIÉTÉ DES BIBLIOPHILES BRETONS
ET DE L'HISTOIRE DE BRETAGNE

M. DCCC. XCVIII

ARCHIVES
DE BRETAGNE

L'Itinéraire de Bretagne en 1636 a été tiré à 300 exemplaires in-4° vergé, pour les membres de la *Société des Bibliophiles Bretons*, et à 100 exemplaires in-4° mécanique, pour être mis en vente.

ARCHIVES
DE BRETAGNE

RECUEIL D'ACTES, DE CHRONIQUES

ET DE DOCUMENTS INÉDITS

PUBLIÉ

PAR

LA SOCIÉTÉ DES BIBLIOPHILES BRETONS

ET DE L'HISTOIRE DE BRETAGNE

TOME IX

DUBUISSON-AUBENAY

ITINÉRAIRE DE BRETAGNE

EN 1636

NANTES
SOCIÉTÉ DES BIBLIOPHILES BRETONS
ET DE L'HISTOIRE DE BRETAGNE

M. DCCC. XCVIII

DUBUISSON-AUBENAY

ITINÉRAIRE DE BRETAGNE

EN 1636

D'APRÈS LE MANUSCRIT ORIGINAL

AVEC NOTES ET ÉCLAIRCISSEMENTS

PAR

LÉON MAITRE

ET

PAUL DE BERTHOU

ARCHIVISTES

TOME I

NANTES

SOCIÉTÉ DES BIBLIOPHILES BRETONS

ET DE L'HISTOIRE DE BRETAGNE

M. DCCC. XCVIII

PRÉFACE

PRÉFACE

François-Nicolas Baudot, seigneur du Buisson et d'Ambenay[1], n'est pas un inconnu. En tête de l'édition d'un de ses ouvrages, le « Journal des guerres civiles » (1648-1652)[2], il a été l'objet d'une excellente étude, de la part de M. Gustave Saige, à qui nous nous déclarons redevables des détails biographiques qui vont suivre.

Né probablement à Ambenay, peu après 1590, d'une famille noble que lui-même prétend originaire de Bourgogne et fixée en Normandie à la fin du XVe siècle, Dubuisson-Aubenay (c'est ainsi que nous l'appellerons désormais) eut pour père : Cyprien Baudot, lieutenant de la vicomté de Conches et Breteuil, et pour mère : Marie Le Forestier, fille d'un verdier, châtelain de Breteuil. Après de fortes études qui firent de lui un latiniste consommé[3], il se mit à voyager, en occupant à l'armée et dans la diplomatie divers emplois où il trouva l'occasion d'augmenter ses connaissances et de satisfaire son goût pour l'Histoire et l'Archéologie. Ses changements continuels de résidence, en faisant passer sous ses yeux une foule d'objets et de collections,

1. Auj. commune du canton de Rugles, arr. d'Evreux, Eure. C'est notre auteur lui-même qui, par une recherche d'étymologie, a transformé ce nom en Aubenay (*Albiniacum*).
2. Société de l'histoire de Paris, H. Champion, 1883, 2 vol. in-8°.
3. Au point de pouvoir rédiger en latin plusieurs de ses Itinéraires.

allumèrent en lui la passion des curiosités et de l'érudition. Il changeait volontiers de pays pour trouver un nouveau champ d'études et, pendant trente ans, il ne s'est pas lassé de se déplacer. Ses pérégrinations ont commencé, croit-on, vers 1612 et n'ont cessé qu'en 1642. Il visita plusieurs fois l'Italie, il séjourna assez longtemps en Belgique et dans les pays Rhénans, il leur consacra plusieurs itinéraires enrichis de savantes observations, et acquit ainsi une grande expérience dans le discernement des choses de l'Antiquité. Pour suivre l'ordre chronologique, nous dirons qu'en 1623, il voyagea en Belgique, chargé sans doute d'une mission diplomatique par le marquis de la Vieuville, baron de Rugles, surintendant des Finances. En 1629, nous le trouvons en Piémont, servant comme officier sous les maréchaux de Schomberg et de Thoiras. C'est alors que commence sa liaison avec Jean d'Estampes-Valençay, intendant de Justice à la suite de cette armée, conseiller au Parlement de Paris, puis maître des Requêtes, frère du cardinal du même nom ; liaison favorisée d'ailleurs par le mariage du frère cadet de Dubuisson avec une alliée de son nouveau protecteur. En 1630, il assiste à la diète de Ratisbonne, après avoir pris part aux négociations du traité de Mantoue, un de ses itinéraires en fait foi ; et, en 1631, il était à Rome, toujours à la suite de Jean d'Estampes. Entre temps, il avait rendu divers services à Alexandre de Bournonville, gouverneur de Lille, à qui, dans la bonne comme dans la mauvaise fortune, il fut toujours fidèle.

Nous arrivons à l'époque du voyage qui fait l'objet du présent Itinéraire.

En 1636, les États de Bretagne devaient se tenir à Nantes, et Jean d'Estampes-Valençay, maître des Requêtes, fut nommé « commissaire particulier [1] du Roi », pour y assister, c'est-à-dire pour y porter la parole au nom du Roi, et y demander l'argent et les hommes que le Gouvernement désirait obtenir de cette province. Cette fois, il s'agissait de 1.200.000 écus, 1.200 chevaux et 8.000 hommes de pied, dont le Roi avait besoin pour soutenir la guerre contre les Espagnols et entretenir les armées de Picardie, de Bourgogne, de Champagne et de Provence [2]. Ce personnage était envoyé comme intendant de Justice, Police et Finances en Bretagne ; il figure en cette qualité tant sur notre Itinéraire [3] qu'en tête de certaines listes des

1. Ou extraordinaire, avec des instructions spéciales. La « commission générale », aux États de 1636, se composait du duc de la Meilleraye, des présidents de Bourgneuf, de Marbeuf, d'Amphernet et Roquel du Bourgblanc, des procureurs-généraux de la Bédoyère et de Cousteaux, des Trésoriers-généraux des finances de Bretagne, de Pacé et du Buron, de deux receveurs et d'un contrôleur-général des finances. V. Archives d'I.-et-V., C. 2653.

2. Archives d'I.-et-V., C. 2653 (registre des États, 1636-1643).

3. Page 168, ligne 4. Il est à remarquer que ni Jean d'Estampes-Valençay, ni M. de Coëtlogon de Méjusseaume qui, après lui, fut nommé intendant, ne résidèrent à ce titre en Bretagne. Leurs fonctions paraissent avoir été temporaires. Le premier intendant résidant fut Auguste-Robert de Pommereu, s[gr] de la Bretesche, nommé en février 1689.

intendants de notre province. Toutefois les procès-verbaux des États de 1636 n'en disent rien, et s'il en exerça les fonctions durant son voyage, il ne se présenta point devant les États à ce titre. On dit que ceux-ci le lui contestèrent ; mais comme nous n'avons pas trouvé trace de leur opposition, nous croirions plutôt qu'ils n'avaient point à s'occuper de cette innovation. En tout cas, Jean d'Estampes est le premier commissaire du Roi qui ait affiché des allures d'Intendant de Bretagne.

Il prit Dubuisson non pas comme secrétaire [1], mais comme gentilhomme d'escorte, suivant l'usage des grands seigneurs qui se plaisaient à voyager en compagnie de personnes distinguées.

Le devoir d'un Commissaire particulier du Roi et surtout d'un Intendant de Justice, Police et Finances était tout d'abord de se rendre compte de l'état de la Province, d'en inspecter les travaux, d'entendre les plaintes et d'interroger les officiers. Aussi, avant l'ouverture des États, Jean d'Estampes-Valençay fit-il une tournée administrative qui le mit en contact, ainsi que son compagnon, avec les gouverneurs, avec les magistrats et les municipalités. Notre Itinéraire nous fait entrevoir l'emploi de leur temps. Quand ils ne passent pas en revue les milices, ils font visite chez les notables qui leur offrent le vivre et le couvert.

Toujours de la suite, Dubuisson note les particularités du voyage, aux divers points de vue de la géographie, de la topographie militaire et surtout de l'archéologie. Rien ne lui semble indifférent, rien n'échappe à son insatiable curiosité. Il décrit le cours des ruisseaux et des rivières, juge en connaisseur la force des châteaux et des villes, note les armoiries, la parenté et jusqu'à la fortune des gentilshommes dont il entend parler. Il s'étend avec complaisance sur les antiquités et les voies romaines comme sur un sujet de prédilection, visitant les églises, dont il nous donne une description minutieuse, copiant les inscriptions tumulaires, blasonnant les armoiries des vitraux, inventoriant les trésors, remarquant partout les moindres singularités.

Nos voyageurs entrèrent en Bretagne par Candé et Châteaubriant, en septembre 1636 ; le même mois, ils étaient à Rennes [2]. Après quelques jours dans cette ville, ils visitent successivement Dol, le Mont-St-Michel, où nous les trouvons le 16 septembre [3], Cancale, St-Malo, Dinan où ils séjournent les 20, 21 et 22 du même mois [4]. Rapidement ils traversent Lamballe, visitent St-Brieuc où ils passent la revue des milices gardes-côtes [5], Quintin, Pontivy, Hennebont,

1. Celui de Jean d'Estampes s'appelait Bénard et les États lui votèrent une gratification.
2. Voyez p. 14.
3. V. p. 33.
4. V. p. 56.
5. V. p. 63.

et arrivent au Port-Louis en octobre[1]. Ce fort était en construction, et Jean d'Estampes avait sans doute à faire un rapport sur l'état des travaux ; car il paraît s'y être arrêté assez longtemps, et son compagnon lui consacra un chapitre spécial et très documenté. Dubuisson s'empressa même de mettre à profit ce séjour, en visitant les environs du fort et jusqu'à l'île de Groix. De là, les voyageurs se rendirent à Quimperlé, Concarneau et Quimper, d'où ils retournèrent sur leurs pas pour gagner Vannes, en passant par le village déjà célèbre de Sainte-Anne. On était au mois de novembre[2].

Après avoir étudié la ville de Vannes, Dubuisson employa ses loisirs à explorer les environs, la presqu'île de Ruis, S[t]- Gildas, Sucinio où il se trouvait le 6 novembre[3]. Loc-Maria-Ker lui fournit même des remarques d'autant plus intéressantes que les monuments celtiques n'y étaient pas encore détériorés, comme ils le furent au temps où le président de Robien[4] en fit la description.

Le voyage s'achevait : Jean d'Estampes et Dubuisson arrivèrent à Nantes vers le milieu de novembre 1636.

La session des États, qui dura du 17 décembre au 1er février de l'année suivante, permit à notre auteur d'étudier à fond cette ville et d'en parcourir les alentours. Il alla jusqu'aux Marches du Poitou et de Bretagne pour en étudier le régime exceptionnel. Le chapitre qu'il leur consacra a toutes les apparences d'un rapport qu'il aurait été chargé de préparer pour éclairer l'Intendant sur les difficultés soulevées par la complication des rouages administratifs dans cette région ; il s'est acquitté de cette mission en exposant la diversité des usages en vigueur.

Le lecteur sera surpris qu'en si peu de temps, Dubuisson ait pu parcourir les villes, décrire les monuments, compulser les chroniques, consulter les documents conservés dans les archives des Cordeliers de St-Brieuc, des Bénédictins de Ste-Croix de Quimperlé, des Jacobins et des Carmes de Nantes, et lire divers ouvrages, tant manuscrits qu'imprimés, dont il demanda communication. Il prit copie d'une généalogie de la maison de Rieux, consacra un cahier spécial, aujourd'hui perdu, aux Cordeliers de Quimper, prit de nombreuses notes dans une sorte d'histoire légendaire[5] conservée à Saint-Malo, transcrivit plusieurs listes d'évêques et

1. V. p. 92.
2. V. p. 130.
3. V. p. 168.
4. Christophe-Paul de Robien (1698-1756). V. « Le président de Robien considéré comme archéologue, d'après ses manuscrits », par le Dr de Closmadeuc (Soc. polym. du Morbihan, 1882).
5. C'est le « manuscrit de Quidaleth », auquel il revient si souvent. Nous donnerons, à la fin du second volume, la liste de tous les ouvrages de Dubuisson, cités dans cet Itinéraire.

obituaires, auxquelles il fait fréquemment allusion; enfin composa un petit recueil de documents historiques, dont une partie provenait du cartulaire de Quimperlé, recueil qu'il estimait fort et qui ne nous est pas parvenu [1].

Ces matériaux de toutes sortes, dont l'existence ne nous est souvent révélée que par les citations et les renvois de l'Itinéraire, semblent avoir été recueillis par Dubuisson plutôt pour contenter sa curiosité que dans le but de composer quelque grand ouvrage. Quelques-uns nous ont été conservés et trouveront place dans notre seconde partie. Il a pris soin de nous dire lui-même que le voyage de 1636 n'était pas le premier et que, dans l'année 1629 [2], il avait déjà fait une autre excursion dans notre province. Il eût été impossible, en effet, d'amasser une aussi abondante récolte de renseignements en une seule saison. Dubuisson est-il revenu postérieurement contrôler ses remarques? Nous l'ignorons. En tout cas, il avait noué des relations qu'il se plut à entretenir et qui l'aidèrent à compléter peu à peu ses informations personnelles.

Vers la fin de février 1637 [3], Jean d'Estampes et son compagnon sortaient de Bretagne par Craon et Alençon. L'Itinéraire se termine à Séez.

Pour achever la biographie de Dubuisson, nous dirons qu'en avril 1637, il avait un emploi dans l'armée de la Valteline, commandée par le duc de Rohan, dont Jean d'Estampes fut chargé de surveiller les opérations; mais dès le mois de septembre, il était de retour à Paris. Il habitait alors, rue des Rosiers, l'hôtel de son protecteur. « Toujours en voyage, selon la remarque de M. Saige, il n'avait pas de résidence fixe et les maisons de ses amis le recueillaient, lorsqu'il était à Paris. »

Dès la fin de 1637, il s'était remis en route et parcourait, à la suite du même diplomate, les Provinces-Unies, prenant toujours des notes qu'il employa à la rédaction d'un *Itinerarium Batavicum*. Vers 1638, les deux compagnons se séparent, et, en 1639, Dubuisson, chargé seul de quelque mission, parcourt l'Allemagne du Nord et la Pologne. Enfin, l'an 1640, il sert comme volontaire dans la compagnie du marquis de Bournonville, et assiste à la prise d'Arras. A l'âge de 50 ans, il renonce aux voyages lointains, sans doute par raison de santé.

A partir de 1642, nous le trouvons attaché à Henri du Plessis de Guénégaud [4], époux d'Elisabeth

1. Il l'appelle *Monimenta Britonica*.

2. Il passa au Mont-St-Michel et à Nantes en 1629, et visita deux fois Sainte-Anne-d'Auray. V. pp. 34, 131, 177 et les premières lignes du chapitre XLIII.

3. Au chapitre XXXVIII, il parle d'une vente d'immeuble, qui eut lieu à Nantes, à la Chandeleur de 1637.

4. Henri de Guénégaud, marquis de Plancy, cte de Montbrison, sgr du Plessis-Belleville et de Fresne (1609-1676), fils d'un trésorier de l'Épargne, fut secrétaire d'État en 1643, fit une grande fortune et aida le roi pendant les troubles

de Choiseul-Praslin, et vivant dans la maison de ce nouveau patron, qu'il ne devait plus quitter. Certaines relations de voisinage en Normandie, et une alliance entre les familles de Choiseul et d'Estampes expliquent cette liaison. Retenu souvent à la chambre par la maladie, dans l'hôtel de Guénégaud, rue des Francs-Bourgeois, Dubuisson s'occupa dès lors à mettre en ordre et à rédiger les volumineuses notes qu'il avait rapportées de ses voyages. Livré à ses recherches historiques, géographiques et archéologiques, il rechercha la société des savants qui fréquentaient l'hôtel de Guénégaud : Henri de Valois, les Godefroy, Chantereau-Le Fèvre, Ménage, Guichenon, du Bouchet, du Puy, Perrot d'Ablancourt, et surtout Hullon, prieur de Cassan, et Rolland des Marets, frère de Jean des Marets de St-Sorlin. Fidèle ami de Madame de Guénégaud la mère, qu'il accompagnait dans ses courses de dévotion, il dinait souvent chez elle, ce qui ne lui déplaisait pas, car il était amateur de bonne chère.

C'est aux années 1646 et 1647 que se rapportent ses voyages dans les diverses provinces de France; quant à ses Recherches sur Paris [1] et à son Itinéraire de Normandie, ils n'ont pas de dates précises : ce sont des recueils de notes réunies pendant tout le cours de son existence. Après 1647, il ne quitta plus Paris.

Les honneurs ne lui firent pas défaut. Ses connaissances en épigraphie et son habileté à composer des emblèmes et des inscriptions lui valurent, dès 1645, l'office de gentilhomme ordinaire de la chambre, et, en 1646, celui d'historiographe du Roi. En 1649, il obtint la charge de gentilhomme servant, puis celle de maître d'hôtel ordinaire. Enfin, en 1650, il succéda au célèbre parasite et helléniste Montmaur, comme intendant des devises, emblèmes et inscriptions pour les jardins, galeries et bâtiments royaux de France. Il nous a laissé un carton rempli de ces savantes bagatelles, et plusieurs épitaphes funéraires et légendes de jetons sont dues à son érudition et à son esprit ingénieux.

C'est alors qu'il rédigea son « Journal des guerres civiles », qu'il conduisit jusqu'au 25 septembre 1652 et dans lequel il prit note des événements de la Fronde, qui se passaient à Paris sous ses yeux, ou dont il entendait parler.

Le 10 avril 1652, Dubuisson-Aubenay venait habiter, avec la famille Guénégaud, l'hôtel de Nevers, acquis, en 1648, de la succession de Gonzague. Il y mourut le 1er octobre de la même année, toujours plongé dans le travail, malgré le triste état de sa santé. Le 29 septembre 1652, trois jours avant sa mort, il tenait encore au courant le journal de sa maladie !

de la Fronde. Garde des sceaux des Ordres royaux en 1656, il fit bâtir par Mansard un hôtel magnifique sur le quai Conti. En 1665, il se démit de sa charge qui passa à Colbert.

1. C'est peut-être cet ouvrage qu'il a entendu citer sous le nom d'*Antiquitates Parisienses*. V. p. 26, note 9.

Dubuisson a laissé beaucoup de manuscrits, qui remplissent encore aujourd'hui, malgré les disparitions, 50 volumes ou portefeuilles, à la Bibliothèque Mazarine, après avoir passé par la Bibliothèque du séminaire de St-Sulpice, à laquelle ils avaient été légués par les héritiers de cet infatigable érudit.

La notice de M. Saige, publiée en tête du « Journal des guerres civiles », contient sur cette vie active et studieuse d'amples détails que nous nous bornons à résumer.

Dubuisson-Aubenay fut un des hommes les plus instruits de son temps et les plus capables d'écrire couramment le latin. Pour se faire une idée de la variété de ses connaissances en politique, en géographie, en histoire et même en mathématiques [1], il faut parcourir, avec M. Saige, la liste de ses manuscrits qui nous ont été conservés. Nous avons vu qu'il était en relations avec beaucoup d'érudits. Il devait avoir aussi des correspondants dans diverses provinces; car il recevait d'Arles des copies d'inscriptions antiques [2], et, d'autre part, il semble que certains cahiers [3], joints à l'Itinéraire de Bretagne, proviennent de communications amicales. L'amour des documents et l'esprit critique le caractérisent tout spécialement. Coucher par écrit ce qu'il voit et ce qu'il entend sur sa route fut pour lui une sorte de besoin impérieux qui dégénéra même en une véritable manie. Le journal détaillé qu'il tint de sa dernière maladie ne s'explique pas autrement. Si beaucoup de ses manuscrits ont disparu, ce qui nous en reste témoigne d'un goût éclairé pour l'histoire. Méprisant les opinions toutes faites et les traditions douteuses, il ne s'attache qu'aux sources et aux monuments originaux. De là, ses recueils de chartes royales, d'extraits de cartulaires et d'archives, enfin de généalogies; partout se montre sa recherche intelligente de la vérité, en histoire comme en archéologie, ce qui ne l'empêche pas de nous mettre au courant des missions diplomatiques qu'il a remplies, des événements auxquels il a été mêlé.

Son goût pour la géographie ne fut pas moins vif. Outre quelques notes générales sur la France, il a eu soin de nous laisser de ses nombreux voyages des Itinéraires dans lesquels la description des fleuves, des montagnes, de l'aspect du pays alterne avec l'étude des monuments anciens. Il annote les « Rivières de France », de Papire Masson, et les « Recherches sur les

1. V. « Journal des guerres civiles », par M. Saige, I, pp. IV-VI.

2. V. Épitaphes et inscriptions recueillies par Dubuisson-Aubenay, à la Bibl. Mazarine, ms. 2.955 (Bulletin archéologique du comité des travaux historiques, Paris, Leroux, 1893, p. 36).

3. La généalogie de la maison de Rieux et les descriptions de Morlaix et de Brest, que nous n'avons pas cru devoir joindre à cet Itinéraire.

villes et châteaux de France », d'André Duchesne[1]. Parle-t-il d'un objet rare ou d'un blason, il s'exprime en connaisseur délicat et en héraldiste consommé.

Quant à sa science des devises, des légendes et des inscriptions, elle est relevée autant par ses fortes études littéraires que par un certain tour d'esprit curieux et inventif. Il dut à ces qualités spéciales plus qu'à tout autre mérite les charges qu'il a conquises.

Dubuisson ne fut jamais riche ; jamais il ne put acquérir ces objets de haute curiosité qu'il admirait chez les autres, qu'il savait apprécier mieux que personne, mais qui étaient hors de portée pour ses modestes ressources. Il n'en fut pas moins collectionneur, et, à défaut d'objets de prix, il assemblait des estampes, des brochures, des factums. Il aimait les médailles et les débris antiques et en avait recueilli une certaine quantité, bien que réduit à les laisser en dépôt chez des amis, faute de posséder un vaste hôtel comme celui de Gaignières[2].

Il présente d'ailleurs avec ce célèbre collectionneur plusieurs traits de ressemblance remarquables : chez tous deux, mêmes attaches avec de puissants protecteurs, même goût pour les sources historiques, les généalogies, le blason et les monuments du moyen âge, même esprit de critique et même désir de soulever le voile qui leur cachait le passé. S'ils avaient vécu à la même époque (et peu d'années les séparent), nul doute que ces deux bons esprits, unis par une complète communauté de goûts et d'études, ne fussent devenus des amis.

Il ne manqua non plus que quelques années à Michel Bégon[3], le fameux érudit et collectionneur, intendant de la Rochelle, pour profiter des connaissances si variées de Dubuisson-Aubenay. En parcourant l'inventaire de ses collections, rédigé par M. Georges Duplessis[4], nous sommes frappés de la parité des recherches de ces deux savants, et Michel Bégon, si curieux de plans de villes et de détails géographiques, en même temps que de médailles et d'estampes, eût grandement apprécié un pareil collaborateur.

Malheureusement notre auteur ne paraît pas avoir su tenir un crayon. Les quelques croquis[5]

1. V. pp. 31, note 8, et 159, note 10.

2. François-Roger de Gaignières, né à Entrains-sur-Nohain (Nièvre), le 30 décembre 1642, mort à Paris le 27 mars 1715 ; d'abord écuyer du duc de Guise (Louis-Joseph, mort en 1671), et logé à l'hôtel de Guise jusqu'en 1711, puis rue de Sèvres, dans le bel hôtel qui lui appartenait. V. « Gaignières, sa correspondance et ses collections », par M. Ch. de Grandmaison (Bibl. de l'école des Chartes, 1890-92) ; — « Roger de Gaignières et ses collections iconographiques », par M. Georges Duplessis (Paris, 1870, in-4°, extrait de la *Gazette des Beaux-Arts*).

3. Michel Bégon, né à Blois en 1638, trésorier de la marine à Toulon en 1677, intendant de la marine à Rochefort, en 1688, mort dans cette dernière ville, le 4 mars 1710.

4. V. « Michel Bégon : correspondance et documents inédits », par M. Georges Duplessis (Paris, Aubry, 1874).

5. Deux plans grossiers, l'un de la rade de Brest, l'autre de la baie de Port-Louis, le dessin du Port-Louis et environs, un croquis de Brest et un autre de Morlaix. Dans le texte de l'Itinéraire, quelques essais de dessins sont d'une main très inhabile.

joints à l'Itinéraire de Bretagne, sont grossiers et informes, et il est à regretter que son éducation ait été négligée sur ce point ; car, si ses notes de voyages avaient été accompagnées de dessins, elles formeraient un des fonds les plus importants que nous eût légués le XVIIe siècle.

En somme, Dubuisson fut l'un des premiers érudits qui cherchèrent à réagir contre les vieilles erreurs, sans cesse répétées aux siècles précédents. Il voulait voir clair dans l'histoire et remplacer par l'étude des sources les opinions erronées et les théories préconçues de ses prédécesseurs. Loin de s'en rapporter à d'autres, il étudiait lui-même les monuments et n'hésitait pas à juger et à corriger les auteurs les plus connus.

S'il erra quelquefois, la faute doit en être imputée souvent aux circonstances de ses voyages ou à des auteurs qu'il n'était pas en mesure de rectifier. C'est ainsi que de fausses étymologies, bien excusables à son époque, l'entraînent souvent hors de la vérité. N'oublions pas que Dubuisson est un précurseur. Ce n'est pas un mince mérite que d'avoir su raisonner avec justesse sur des données vagues ou inexactes, d'avoir démêlé les invraisemblances, sondé l'obscurité des conjectures et débrouillé l'écheveau si compliqué des systèmes qui dominaient dans la science de son temps.

Au cours de son voyage en Bretagne, Dubuisson, grâce à la mission officielle de Jean d'Estampes, entra en relations avec les hommes les plus considérables par leur rang et leur savoir, et son itinéraire nous fournit la preuve qu'il ne manqua pas de profiter de cette situation exceptionnelle. A Saint-Malo, il est hébergé, avec son protecteur, par le conseiller au Parlement, René Pépin [1], et Pierre Berthault [2], vicaire général du diocèse, lui ouvre son cabinet ; à Dinan, les Cordeliers [3] lui donnent l'hospitalité, ainsi qu'ils le faisaient pour les personnages importants. Mais Dubuisson devait être surtout bien heureux de rencontrer un confrère en archéologie, et il eut plusieurs fois ce vif plaisir. L'alloué de Vannes [4], Jacques de la Coudraye, s[gr] de Kerboutier, fut pour lui un précieux interlocuteur et mit à sa disposition non seulement ses connaissances étendues, mais aussi ses riches collections de documents. M. de la Vigne-le-Houlle [5], beau-père du président de Brie, et un certain M. de Robien [6], sans doute aïeul du fameux magistrat de ce nom, s'employèrent gracieusement à satisfaire sa

1. V. p. 42.
2. V. p. 47.
3. V. p. 56.
4. V. pp. 78, 115, 146, 156, 166, 173
5. V. p. 86.
6. V. p. 110.

curiosité ; le gouverneur même de Vannes, Pierre de Lannion [1], et le gouverneur de Quimper, Sébastien de Rosmadec [2], semblent avoir compris et partagé la passion de notre auteur ; avantageuses rencontres qui n'auraient pas eu lieu sans la présence de Jean d'Estampes-Valençay.

Pendant le séjour assez long qu'il fit à Nantes, il logea chez l'archidiacre de la Mée [3] et fréquenta tout ce que cette ville renfermait d'érudits, principalement le chanoine Vincent Charron [4] et le Père Albert Le Grand [5], auteur de la Vie des saints de Bretagne, qui ne dédaigna pas d'en conférer avec lui, et qui poussa la complaisance jusqu'à se faire le *cicerone* de notre voyageur, en l'accompagnant dans ses promenades. Ce n'est pas à dire qu'il acceptait tout ce qu'il entendait sans contrôle.

L'Itinéraire de Bretagne, comme les autres ouvrages de Dubuisson, témoigne d'un grand souci de l'exactitude : à Sainte-Anne, il ne manque pas d'interroger les témoins [6] qui avaient vu l'ancienne statue, miraculeusement trouvée par Nicolazic ; à Vannes, il s'informe des traditions locales près des habitants du pays [7]. A ceux qui lui ont fait le meilleur accueil, il consacre une mention spéciale, et Philippe Cadio [8], sénéchal d'Auray, par ailleurs « bon compagnon », n'est point oublié sur ses notes de voyage. Quand il parle par ouï-dire, il l'avoue avec franchise, regrettant de n'avoir pu suivre certaines routes [9], et quand un obstacle s'oppose à ses recherches, il le déplore, par exemple en parlant de la chapelle de Béléan, près de Vannes, où la grille fermée du chœur l'empêcha de lire l'inscription d'un tombeau [10]. Tous ceux qui ont fait des voyages d'étude ont éprouvé semblables mésaventures.

Si nous ignorions que l'auteur a vécu dans les camps, son langage imagé nous le rappellerait. Tout d'abord, ses expressions ordinaires sentent le vieux soldat : pour lui, une rivière est profonde d'une « pique [11] », une localité est éloignée d'une « mousquetade » ou d'une « canonnade [12] », ou même d'un « trait d'arbalète » ; il côtoie un ruisseau « à la portée du pistolet ». Surtout (et

1. V. pp. 100, 113, 137, 173.
2. V. p. 115.
3. V. chap. XLI, première ligne.
4. V. chap. XLVI, *in fine*.
5. V. chap. XXXVIII, XLIII.
6. V. p. 129.
7. V. pp. 154, 161, 166, 173.
8. V. p. 159.
9. V. pp. 113, 114, 176.
10. V. p. 132.
11. V. p. 11.
12. V. *passim*.

nous l'avons déjà fait remarquer) il a grand soin d'étudier la valeur défensive des villes et des forteresses ; il n'oublie pas, en les décrivant, d'observer que certaines places, jadis réputées, ne valent plus rien de son temps ; il cherche l'endroit faible d'une muraille, d'où l'on pourrait la battre ou monter à l'assaut. Ses raisonnements sur Saint-Malo, sur l'enceinte commencée de Saint-Brieuc, sur la tour de Cesson, sur Jugon, Dinan, Concarneau, Quimper, le Fort-Louis, Vannes et la défense projetée de l'entrée du Morbihan[1], sont d'un officier entendu, aussi bien que les jugements qu'il porte sur les milices locales, les gardes-côtes et les garnisons. Partout il essaie de se rendre compte comment, en temps de guerre, places et troupes se comporteraient. Parfois aussi apparaît le collectionneur : Dubuisson achète la « taille-douce » du pèlerinage de Sainte-Anne[2], et regrette de n'y pas trouver de médailles qu'il puisse rapporter en souvenir[3] ; car celles que l'on y vendait venaient d'ailleurs. A Rezé, près de Nantes, il achète à un paysan quelques monnaies romaines, et certains objets antiques, trouvés à Nantes et aux environs, sont décrits par lui avec soin[4].

L'Itinéraire de Bretagne ne peut être comparé à celui d'Arthur Young[5] ; cependant il s'en rapproche par diverses observations qu'il a faites sur l'agriculture et le commerce, sur la fertilité des terrains, les récoltes de blé, de vin et de fruits qu'ils produisent[6]. Nous recommandons les passages où il dépeint avec admiration la presqu'île de Ruis et où il raconte que près de Rezé[7], sur la rive gauche de la Loire, un peu au-dessous de Nantes, on récoltait du vin rouge en même temps que du blanc. Enfin, il apprécie le commerce des ports, surtout de Saint-Malo, note la profondeur des rivières, le tonnage des bateaux qui peuvent y monter et jusqu'aux poissons qu'on y pêche.

Les citations latines abondent dans son texte et parfois il les commente en latin, comme si cette langue exprimait mieux sa pensée[8]. Son orthographe étrange, souvent calquée sur la forme latine du mot, montrant la recherche de l'étymologie poussée à l'excès, et toujours indécise et variable, nous a paru intéressante à conserver. On sait que, de son temps, il n'y avait point

1. V. p. 172.
2. V. p. 130.
3. V. *ibidem*.
4. V. chap. XLIII, XLV.
5. Agronome et voyageur, né dans le comté de Suffolk le 7 septembre 1741, mort le 20 février 1820. Voir ses Voyages en France, édités par M. H.-J. Lesage (Paris, Guillaumin, 1882, 2 vol. in-8°), et, sur la Bretagne, le tome I, pp. 150-165.
6. V. pp. 8, 9.
7. V. chap. XLII.
8. V. « Journal des guerres civiles », par M. Saige, I, p. VII.

d'orthographe fixe; nous avons donc pensé que le lecteur aimerait à voir comment un savant du XVIIe siècle, et non des moindres, écrivait le français.

En décrivant les églises bretonnes, il se sert des termes employés dans le pays; quelques-uns, tels que *labe* et *carolle*, reviennent souvent sous sa plume. Le premier signifie un monument funéraire, placé dans l'épaisseur d'une muraille[1], et est emprunté au breton. Il était en usage à Saint-Brieuc, où Dubuisson l'a pris et trouvé tellement à son goût, qu'il n'a plus cessé de s'en servir, tout en nous prévenant qu'il n'était pas compris à Vannes. Il ne nous dit pas si on l'employait à Quimper. Quant à l'autre mot qui a le sens de nef latérale ou bas-côté[2], il nous paraît provenir d'une langue méridionale, bien que nous n'ayons pu en trouver l'origine ni dans l'espagnol ni dans l'italien. Pour les noms d'homme et de lieu, Dubuisson les écrit tels qu'il les entend, souvent de travers, et, la plupart du temps, les dénature par une orthographe étrange. Ceux qu'il tient des paysans portent quelquefois la marque d'une prononciation rustique que l'on retrouve encore de nos jours et qui n'est pas sans quelque intérêt : *Rougeu* pour Rougé, *Feuguerêa* pour Fégréac, *Roquinia* pour Roquiniac, etc. Ce n'est pas sans peine que nous sommes parvenus à remettre dans leur véritable forme certains mots mal entendus par lui. Il est superflu d'annoncer que Dubuisson n'a pas fait une œuvre littéraire : un homme aussi pressé d'entasser les curiosités dans sa mémoire et sur son carnet néglige forcément son style. Sa narration, écrite au courant de la plume, embarrassée de notes et de renvois, n'a pas toujours la limpidité qu'on souhaiterait, et pourtant il est certain que son manuscrit a été revu à tête reposée, dans le cabinet; mais il ne l'avait pas poussé au point de perfection qu'exige un ouvrage destiné au public. Il n'avait pas la faculté de concentrer son attention sur un sujet borné.

C'est ici le lieu de rechercher l'époque où l'Itinéraire de Bretagne a été rédigé.

Il est certain que, dans sa forme actuelle, il ne date point du voyage de 1636, pendant lequel Dubuisson ne faisait sans doute que noter à la hâte sur un carnet ce qui l'avait intéressé. Les traces de séjours en Flandre, en Italie, en Autriche[3] et peut-être en Espagne[4] n'y manquent pas; or on sait que ces voyages eurent lieu avant 1636. Nous avons dit aussi que plusieurs manuscrits auxquels il fait de fréquentes allusions : listes d'évêques, traité des États de Bretagne, calendriers ou obituaires de couvents, extraits de cartulaires et d'archives, n'ont

1. V. p. 66.
2. V. p. 122. Au chapitre XL, on trouve : « aile ou carolle ».
3. V. pp. 11, 45, chap. XLVI, XLIX, etc...
4. Au moins paraît-il avoir su l'espagnol; car il en cite plusieurs mots. V. pp. 9, 16 et chap. XLVI, à l'occasion du martyre des SS. Donatien et Rogatien.

pu être composés au cours du voyage qui nous occupe. Il y a plus : à la page 73 de notre premier volume, l'on trouvera une citation expresse de son voyage en Touraine et en Anjou [1], qui, selon M. Saige, n'eut lieu qu'en 1646 ou 1647.

C'est donc très probablement dans les dernières années de sa vie que Dubuisson, retenu par sa mauvaise santé à l'hôtel de Guénégaud, mit en ordre et recopia, avec force surcharges et ratures, les notes éparses et informes, prises à la hâte pendant son voyage. Il en forma des cahiers détachés, auxquels se référaient, comme des pièces justificatives, les différents recueils formés dans d'autres circonstances.

L'Itinéraire de Bretagne est entré depuis peu à la Bibliothèque Nationale, où il porte le n° 4.375 des nouvelles acquisitions françaises. C'est un volume petit in-4°, de 204 feuillets, dont quelques-uns sont blancs, formé d'un certain nombre de cahiers, jadis séparés et reliés en 1688, ainsi que l'une des gardes le porte en note. Au dos, on lit sur une étiquette : *Ms. Dubuisson, tome IV, Itinéraire de Bretagne.*

A la bibliothèque du séminaire de St-Sulpice où, jusqu'en 1790, il était conservé avec les autres manuscrits du même auteur, ce volume portait la cote : R 7.609. Nous ignorons par quelles circonstances il a été séparé de ceux qui, comme nous l'avons déjà dit, ont passé à la Bibliothèque Mazarine. L'écriture est très-fine, et la lecture en est souvent rendue pénible par les ratures, surcharges et annotations marginales qui couvrent certains cahiers.

Quelques parties ne nous ont pas paru mériter l'impression, notamment une longue généalogie de la maison de Rieux, qui ne présente point de différences notables avec celle du Père Anselme, deux fragments sur Morlaix et Brest qui ne sont pas de notre auteur et offrent peu d'intérêt ; enfin quelques réflexions ethnographiques et philologiques sur les Bretons, tâtonnements d'un esprit trop affamé d'érudition, farcis de citations et fourmillant d'erreurs qu'il eût été fastidieux de relever. Ces essais accusent une connaissance approfondie des meilleurs auteurs anciens et modernes. Nous présentons tout le reste au lecteur, nous bornant à rectifier très légèrement les phrases trop obscures et incorrectes, et à fondre dans le texte les notes marginales et les surcharges.

Quant aux documents et remarques, insérés çà et là dans les cahiers de l'Itinéraire, faible partie de tous les matériaux que l'auteur avait réunis sur la Bretagne, nous les avons mis à part et en avons formé notre seconde partie. Toujours nous nous sommes efforcés de donner en

1. V. aussi au chap. XLVI, une allusion à Saint-Maurille d'Angers.

notes la bibliographie, aussi complète que possible, de chaque sujet traité ou simplement effleuré par notre voyageur, et, pour ne rien laisser dans l'ombre, nous n'avons pas hésité à recourir à la science des principaux érudits de notre province. Qu'il nous soit donc permis de remercier ici tout spécialement MM. Rousse et Giraud-Mangin, conservateurs de la Bibliothèque de Nantes, M. de la Nicollière-Teijeiro, le savant archiviste de notre ville, M. le chanoine Guillotin de Corson, M. le conseiller Saulnier, de Rennes, et M. le président Trévédy, dont les précieuses indications nous ont apporté la lumière en plus d'une circonstance.

Nous serions heureux que la lecture de cet Itinéraire engageât d'autres travailleurs, en quête de documents inédits, à porter leur attention sur les manuscrits de Dubuisson-Aubenay, conservés à la Bibliothèque Mazarine, dont plusieurs, surtout les itinéraires et les mémoires diplomatiques, contiennent de curieux renseignements sur bien des choses oubliées et bien des monuments disparus. Le but de la présente publication sera atteint, si elle réussit à peindre la physionomie d'un archéologue tel qu'il pouvait être au XVIIe siècle, et à éveiller le désir de connaître cette figure originale sous ses autres aspects.

PREMIÈRE PARTIE

ITINÉRAIRE

ITINÉRAIRE DE BRETAGNE

EN 1636

I

De Candé à Rhennes, par Chasteaubriant et Bain.

ANDÉ[1], baronnie à Madame la Princesse[2]. Un gros bourg, encor en Anjou pour le temporel, et pour la taille et gabelle, de l'élection et grainier[3] d'Angers, distant de sept lieues. Cela apartenoit à Mr de Montmorency, et à présent à Mr le Prince de Condé, son beau-frère, par donation de confiscation sur luy acquise au Roy. Ne vaut que 700# de rente ordinaire; mais le casuel et extraordinaire est beau, à cause de 50 beaus hommages qui en dépendent, avec 19 paroices.

Il est situé sur le bout d'un costeau ou terrain assez élevé, entre deux petits vallons, l'un desquels est une prairie, par où coule la petite rivière de Mandie[4] qui vient de source éloignée de 4 ou 5 lieues. Par l'autre coule celle d'Ardre ou Erdre[5] qui n'est qu'un petit ruisseau, lequel néantmoins se joignant à Mandie, au dessus d'un moulin situé à une mousquetade au dessous du

1. Ch.-l. de cant., arr. de Segré, M.-et-L. V. « Candé ancien et moderne », par M. Perron-Gelineau (Nantes, V. Forest et E. Grimaud, 1886.)

2. Charlotte-Marguerite de Montmorency (1594-1650), sœur de Henri II de Montmorency, gouverneur du Languedoc, décapité en 1632; épouse de Henri II prince de Condé, et mère du grand Condé. Candé avait été donné au connétable Anne de Montmorency, par Jean de Laval, en 1539; le roi le transmit, en 1632, au prince de Condé, beau-frère du duc de Montmorency.

3. Grenier à sel.

4. Ruisseau qui se jette dans l'Erdre, sous Candé. V. le « Dictionn. de Maine-et-Loire », par M. Célestin Port.

5. Erdre, rivière qui naît en Anjou dans la comm. de la Pouèze, passe à St-Mars-la-Jaille et se jette à Nantes dans la Loire. V. « Histoire de Bretagne », par M. de la Borderie, I, p. 39; — « Dict. de M.-et-L. ».

bourg, c'est à dire entre le bourg et le moulin, luy fait perdre son nom en retenant le sien. Ardre, enflée de ruisseaus, arrivant à Nort[1], 5 lieues au dessus de Nantes, devient navigable et aporte force bois et autres provisions aus Nantois. Or Mandie, avant que se perdre en Ardre, passe sous une chaucée percée en forme de pont à 3 arches, au fin bas et pié du bourg et du costeau, lequel pont fait la séparation d'Anjou et de Bretagne, quant au temporel aussy bien qu'au spirituel. Car le spirituel est déjà distingué par l'Erdre, au delà de laquelle un monastère d'Augustins, situé tout proche et joignant Candé, est de l'évesché de Nantes.

Or, à cause du confluent de ces deux rivières, le nom de Candé, qui est *Condate* ou *Condatum* en latin (mais il est appelé *Candeium* dans les histoires et obituaires d'Anjou), a esté donné à la place, comme pour ceste raison il a esté donné à Cande[2] et à tous les Condés, situés sur rivières.

Il y a dans ce bourg un séneschal, office de 6 ou 7 mille livres d'achat, deux prieurés simples et une église de paroice, à costé de laquelle, tout joignant, est un gros de maisons vers Ardre, qu'ils appellent *le Chasteau;* et de l'autre costé, un peu plus bas, est une grosse motte où il y avoit un fort ou dongeon. Ce fut sans doute au siège de ce chasteau *(Candeium castrum)* que fut tué d'une flèche le jeune Geoffroy Martel[3], prince de grande espérance, fils aisné de Fouques Rechin, tant regretté dans l'*Histoire d'Anjou* de Bordigné[4], les *Gesta comitum Andegavensium*[5], et les obituaires des Églises d'Angers, *ad 10 Kalend. Junii 1106*.

Ce ne peut pourtant estre là le *Condate Rhedonum* de Ptolémée[6], lequel, en la table de Peutinger, est éloigné de *Juliomagus Andicavorum*[7] de 48 milles, qui sont 24 lieues; et on y va par *Combaristum*[8] qui peut estre Combray, bourg en la lande, situé 2 lieues à costé de Candé, sur le chemin qui peut mainer d'Angers à Rhennes et vient retomber à Chasteaubriant[9] le long du parc, puis feroit veoir en la forest de Tillay[10], un quart de lieue environ et moins de vestiges de voye

1. Ch.-l. de cant., arr. de Châteaubriant, L.-Inf.

2. Candes, comm. des cant. et arr. de Chinon. Il y a un autre Candé dans l'arr. de Blois, vingt-quatre comm. du nom de Condé, et huit du nom de Condat, dans divers départements.

3. Tué en 1106, au siège du château de Candé. Il était fils de Foulques Rechin (1068-1109) et d'Ermengarde de Bourbon. V. « Bibliothèque d'Anjou », par Dom Liron (édit. de la Soc. des Biblioph. Bret., par M. C. Ballu, 1897).

4. Jean de Bourdigné: « Ystoire aggrégative des annalles et chroniques d'Anjou » (Paris, Ant. Couteau, 1529; et Angers, 1849, édit. Godard-Faultrier). L'auteur mourut en 1547. V. « Dict. de M.-et-L. ».

5. Soit les « *Gesta comitum Andegavensium (843-1169)* », par Thomas Paccius ou Pactius, prieur de Loches; soit les « *Gesta consulum Andegavensium, auctore monacho Benedictino Majoris Monasterii* (D'Achery, Spicilège, 1723, t. III). V. « Chroniques d'Anjou », par MM. Marchegay et Salmon (Soc. de l'Hist. de Fr., 1856), et « Recueil de chroniques de Touraine », par M. A. Salmon.

6. V. Ptolémée, édit. Edm. Cougny (Soc. de l'Hist. de Fr. 1878), I. p. 261.

7. Angers.

8. Combrée, comm. du cant. de Pouancé, arr. de Segré, M.-et-L. V. « Voie romaine de la capitale des *Andes* à celle des *Rhedones*, et ses stations de *Combaristum* et *Sipia*, avec une carte des principales voies romaines du N. O. de la Gaule », par M. de Matty de Latour (Soc. archéol. d'I. et V., VIII, 1873); — « Géographie ancienne et historique de la péninsule armoricaine », par M. Ch. de la Monneraye (Assoc. Bret., 1883, p. 79).

9. Ch.-l. d'arr., L.-Inf., V. « Histoire de Châteaubriant », par M. l'abbé Goudé (1870); — « Châteaubriant, ses archives et institutions communales », par M. de la Borderie (Revue des prov. de l'Ouest, I, 1853); — « Sur les barons de Châteaubriant », par M. de la Borderie (Assoc. Bret., 1882); — « Les Églises et les Chapelles de Châteaubriant », par M. l'abbé Guillotin de Corson (Soc. archéol. de Nantes, VI et VII); — « Grandes Seig[ies] de Haute Bret. : Châteaubriant, baronnie », par le même. (*Ibid.*, XXXIII); — « St-Jean de Béré, près Châteaubriant », par J. de la Pilorgerie (Revue de Bret. et de V., 1864, 1er semestre, pp. 129, 212).

10. Teillay, jadis Teillé, anc. paroisse, puis village de la comm. d'Ercé-en-la-Mée, cant. de Bain, arr. de Redon, I.-et-V. Sur Teillay et son château, voir « Essai sur la Géographie féodale de la Bretagne », par M. de la Borderie, p. 9.

romaine [1], comme nous dirons cy-aprez; ou bien prendroit par devers Pouancé [2] et par un lieu, quel qu'il soit aujourd'huy, nommé en la susdite charte *Sipia*[3], distant également et de *Combaristum* et de *Condate Rhedonum* 16 milles, droit au fin milieu de ces deux autres lieux.

CHASTEAUBRIANT (*Castrum Brientii*). — A demi lieue (ce sont dès lors lieues de Bretagne qui en valent chacune une et demie de France et plus) de Candé, passez un ruisseau, et à deux lieues plus outre un autre, dit le ruisseau de l'Estang du Pin, qui coule le long de la Motte du Lien [4], chasteau des apartenances de Chasteaubriant; puis à l'instant par la Riveraye, hameau de la paroice de la Chapelle du Lien distante d'un quart de lieue, et à demi lieue plus outre, arrivez à la rivière de Vouvante [5] que vous passez sur ponts et chaucée d'un moulin, sortant d'un estang, aprez estre venue d'une ou deux lieues au dessus, de la sortie d'un estang où elle sourt et qui luy donne son nom, dit la Vouvante. Elle suit le vallon et pié du costeau sur lequel est Saint-Julien, gros bourg où il y a belle foire de chevaux, l'un des derniers jours d'Aoust. Ceste rivière recueille le ruisseau susdit de l'Estang du Pin, et le maine plusieurs lieues plus bas, au Port Roland, prendre la rivière de Chasteaubriant, dite rivière de Chère [6], — pour venir du village de Chère, au-dessus duquel elle sourt, à une ou deux lieues de Chasteaubriant — et ensemble s'embouchent en Villaine au dessus de Rhedon.

Chasteaubriant est situé à 7 lieues de Candé et 10 de Rhennes, en un fonds ou pié de costeau sur lequel est situé le chasteau basti à l'antique [7], de grand circuit et avec un très beau parc planté de fustaye de cent ans.

Le bourg est sale et désagréable, fermé de portes et chétifs fossés, par dedans lesquels, du costé de Rhennes, passe la rivière dite de Chère, qu'ils tiennent pour un *ru*, l'appellant *la douve de Chasteaubriant*, c'est à dire le fossé, et n'est pas du tout si connue que celle de Vouvante à qui elle se joint [8].

C'est une des neuf anciennes baronnies de Bretagne [9]. (*Vide Extrait du ms. de Blanchart*[10], *p. 6*,

1. Cette voie est marquée en petits points, à travers la forêt de Teillay, sur la carte d'Ogée, 1771.

2. Ch.-l. de cant., arr. de Sogré, M.-et-L.

3. Auj. Visseiche, comm. du cant. de La Guerche, arr. de Vitré, I.-et-V. *Vide supra*, p. 4, note 8.

4. La Motte-Glain, chât. seig[al] de la Chapelle-Glain (auj. comm. du cant. de St-Julien-de-Vouvantes, arr. de Châteaubriant), relevant de la baronnie d'Ancenis. Il appartint successiv[t] aux Rougé, aux Rohan, puis aux Le Lou. V. E. de Cornulier: « Dict. des terres du Comté Nantais »; — « Excursion à Saint-Julien-de-Vouvantes et la Chapelle Glain », par M. Alc. Leroux (Assoc. Bret. 1882, congrès de Châteaubriant).

5. La Vouvante, riv. qui donne son nom à St-Julien-de-Vouvantes, reçoit le ruisseau de l'Estang du Pin et forme avec lui le Don qui entre dans la Vilaine au Port-Roland, en Massérac (comm. du cant. de Guémené-Penfao, arr. de Savenay).

6. Erreur. Voir la note précédente et la carte de Bretagne d'Ogée. La Chère, qui passe près Châteaubriant, se jette dans la Vilaine au-dessous de Fougeray (ch.-l. de canton, arr. de Redon), et en face de Langon (comm. des cant. et arr. de Redon). V. « Hist. de Bret. » de M. de la Borderie, I, p. 37.

7. V. « Les ruines du château de Châteaubriant », par M. Léon Maître (Soc. archéol. de Nantes, XXXIII, 1895, p. 264); — « Fêtes du cinquantenaire de la Soc. archéol. de N., à Châteaubriant » (*Ibid.* p. 111); — « Rapport sur la visite aux anc. monuments de Châteaubriant », par M. de la Sicotière (Assoc. Bret. 1882). Ce château fut reconstruit par Jean de Laval, petit-fils de Françoise de Dinan, mari de Françoise de Foix, et gouverneur de Bretagne en 1531.

8. Erreur. *Vide supra*, note 6.

9. Sur l'origine relativement moderne des neuf baronnies de Bretagne et la fiction historique qui a présidé à leur fondation, voir M. de la Borderie: « Essai sur la géog. féod. de la Bret. », p. 69; — « Etude histor. sur les neuf barons de Bret. », par le même, dans la dernière édit. du nobiliaire de P. de Courcy; — « Anc. Evêchés de Bret.; Ev. de St-Brieuc », par MM. Geslin de Bourgogne et Anat. de Barthélemy, V, pp. 36-38.

10. Ms. perdu, peut-être de Jean Blanchard de Lessongère, auteur des marquis de la Musse, premier président à la Chambre des Comptes de Bretagne en 1612, mort après 1645. V. « Bio-bibliographie Bretonne » de M. R. Kerviler.

et le *Traité des Estats de Bretagne*[1], *p. 9, 10, 11*), et jadis nom de très bonne et illustre maison, comme il se veoit en l'histoire d'Anjou, de Bretagne, et ès obituaires où il se lit.

C'est évesché de Nantes. Cela apartenoit à la famille de *Beuf*[2], et de *Brient* ou *Briant* (*Brientius*) *Le Beuf* fut basti et dit Chasteau Brient.

Brientius est nom propre d'homme, comme il se veoit dans le kalendrier de St Maurice d'Angers, ms., p. 5, ainsy : *VIIo Idus Martii obiit vir nobilis Brientius de Martiniaco, pater Rainaldi junioris Episcopi nostri*; et en celuy des Cordeliers, p. 1, ainsy: *XIIIo Kalend. Februarii obiit Joannes de Castro Briancii, sepultus ante altare B. Ludovici Episcopi, 1332*[3]. *Brient* se dit aussy en breton, ainsy : *Pont Brient, in quadam chartula ms. Kemperlegiensis, nomen loci*[4].

Les seigneurs de Beaufort, en Bretagne, portent encore le nom de Chasteaubriant.

Ceste pièce a passé dans la maison de Montmorency, et, par la confiscation du dernier de ceste branche, Henry, décapité à Tholoze, en celle de Condé Bourbon[5]. Elle comprend avec soy plusieurs autres baronnies et pièces, comme Derval[6] baronnie de Bretagne, qui au fond n'en sont pas, mais ne laissent pas d'estre comprises dans la ferme générale qui est de 60000ᵗᵗ par an. Candé est baronnie d'Anjou et séneschaussée à part, qui n'est point pourtant de Chasteaubriant et néanmoins est comprise en sa ferme.

Ceux de ce lieu s'estiment, selon les vulgaires géographes et annotateurs sur les Commentaires de César, estre les *Cadetes*[7] des anciens. Et néanmoins il n'y a là aucun vestige d'antiquité. Le chemin de Combray, que Sanson[8] estime *Combaristum*, vient tomber le long du parc et là se rencontrer avec celuy de Candé[9].

De Chasteaubriant à Rhennes 10 lieues. Pour y aller, il y a deux chemins à la sortie de

1. Le « Traité des Etats de Bretagne » est un autre ouvrage de Dubuisson qui ne nous est pas parvenu.

2. Dubuisson confond Brient, auteur de la maison de Châteaubriant, cité au XIe s. (D. Morice, Pr. I, col. 413), avec Brient Le Beuf, seigneur de Janz et Nozay, souvent cité au XIIe. V. D. Mor., Pr. I, *verbis Le Beuf, Brient*; — Levot: « Biogr. Bretonne » ; — M. René Kerviler, *op. cit.* ; — « Table analyt. du cartulaire des Sires de Rays », par M. Marchegay (Rev. des prov. de l'Ouest, III, 1855).

3. Dubuisson a laissé un « Voyage en Anjou », qui est conservé à la Bibl. Mazarine sous le no *2694 a*.

4. V. notre « Cartulaire de Quimperlé » (Paris, Lechevalier, 1896), page 209, pièce XCII.

5. Louise, héritière de Châteaubriant en 1347, à la mort de son frère Geoffroi VIII, épousa, en 1348, Gui XII de Laval, et mourut sans enfant, le 27 novembre 1383, instituant héritier son petit neveu Charles de Dinan, petit-fils de Thomasse de Châteaubriant. La baronnie passa ensuite à Gui XIII de Laval, par son mariage avec Françoise de Dinan, veuve de Gilles de Bretagne; en 1539, le connétable Anne de Montmorency la reçut en don de Jean de Laval, avec Candé, Derval, etc. ; enfin, en 1632, le roi donna ces seigneuries au prince de Condé, beau-frère du duc de Montmorency, décapité à Toulouse.

La branche de Beaufort s'était formée au milieu du XIIIe s., par le mariage de Briant de Châteaubriant, fils de Geoffroi V, avec Jeanne, dame de Beaufort en Pierguer. V. la « Bio-Bibliogr. Bret. » de M. R. Kerviler, art. *Châteaubriant* ; — « Les grandes Sries de Haute-Bretagne », par M. l'abbé Guillotin de Corson (Soc. archéol. de Nantes, XXXIII, p. 185) ; même ouvrage publié à part en 1897, I, p. 24 : « Beaufort. »

6. Derval, ch.-l. de cant., arr. de Châteaubriant. Avec ses annexes, les seigneuries de Jans et de Guémené-Penfau, Derval comprenait sept paroisses, et fut érigé en baronnie l'an 1451. V. « Essai sur la géog. féod. de la Bret. », p. 9 ; — « Dictionn. des terres du comté Nantais », par M. E. de Cornulier ; — « Derval », par M. Ch. Thenaisie (Soc. archéol. de Nantes, XI, pp. 175-182).

7. *Cadetes*, ou mieux *Caletes*, peuple du pays de Caux. On les a placés par erreur à Châteaubriant. V. « De Châteaubriant et des *Cadetes* », par Bizeul, (Soc. Académique de Nantes, 1823, et Bibliothèque de Nantes, ms. français no *1450*) ; — Géographie de la Gaule *romaine* », par M. Ernest Desjardins, II, pp. 488-493 ; — « Dict. de Bret. » d'Ogée, 2e édit., I, p. 169.

8. Nicolas Sanson, géographe du roi, Abbeville 1600-1667.

9. *Vide supra* p. 4, note 8.

Chasteaubriant, au bout du fauxbourg : 1° un à droite qui va à Rougeu[1] et est droit et plus court que l'autre de plus d'une lieue ou deux, mais peu fréquenté, pour estre destitué de logement jusques à Rhennes; 2° l'autre à gauche, par Tillay[2] et Bain[3] qui est la moitié du chemin et la couchée ordinaire, allant à Rhennes.

En ce chemin-cy[4] on passe la forest de Tillay, dans laquelle il y a quart de lieue de chemin pavé, mais plat et estroit, qui aura esté fait par quelque duc de Bretagne ou, comme ils disent, par les seigneurs de Chasteaubriant ; et le long d'iceluy une creste de terre, sur laquelle des arbres sont venus, mais fort élevée et ferme, comme si c'estoit un reste de chemin romain. Il pourroit plus tost y en avoir sur le chemin par Rougeu que je n'ay pas fait. — Il y a encor un autre chemin qui d'Angers va à Rhennes par Pouancé, laissant, une ou deux lieues loin sur la gauche, Chasteaubriant, et passe de Pouancé à Segré. —

Enfin, au bout de trois lieues, vous trouvez Tillay, qu'ils ont par tradition avoir esté une ville murée, avec fort chasteau dont les ruines paroissent encor.

Il y a beau prieuré de femmes[5], régy par des hommes prieurs directeurs. Es plaids de Chasteaubriant, on appelle encor les portes de Tillay jusques au nombre de sept ou huit, ce m'a-t-on dit[6].

De là à Bain[7] il y a deux lieues de lande, et enfin trouvez Bain, situé sur le costeau, aprez avoir, dans le valon, passé une bonde d'estang d'où sort un ruisseau qui s'en va vers Septentrion, dans la rivière de Samenon[8] cy aprez.

Bain est bourg et terre de 7 à 8 mille livres de rente, apartenant au marquis de la Marzelière[9] de ce mesme nom, et dont les armes, en la chapelle du nom de Jésus ès Cordeliers de Rhennes, sont : *de sable à 3 fleurs de lys d'argent*; homme de cinquante ans, de trente mille livres de rente et de 200 mille livres en bourse. A marié sa fille aisnée au baron du Quartier ou du Brossay[10], sa seconde au marquis de Kouetquin[11], gouverneur de St Malo ; sa cadette, qui est son cœur, est belle et à marier. Il n'a point de garçons, demeure à Bellefontaine[12] vers Pontorson et Normandie, ou au Guay[13], cinq ou six lieues de Rhennes. Il ne donne à ses filles que 40 mille livres, par advance de succession.

1. Prononciation rustique pour Rougé, ch.-l. de cant., arr. de Châteaubriant.
2. Teillay. *Vide supra* p. 4, note 10.
3. Ch.-l. de canton., arr. de Redon, I.-et-V.
4. V. Ogée : « Carte de Bretagne, 1771. »
5. Prieuré de St-Malo. V. Ogée : « Dict. de Bret. », art. *Ercé en la Méc.* Il en reste des ruines du XVIIe s.
6. Ogée, *loco cit.*, dit que les habitants de Teillay « paient annuellement un droit de portes au prince de Condé. »
7. De Châteaubriant à Bain, Dubuisson a suivi la voie romaine marquée sur la carte d'Ogée. Il n'y avait pas d'autre chemin.
8. Le Samnon. V. « Hist. de Bret. », I, p. 36.
9. François, marquis de la Marzelière en 1618, baron de Bain et de Bonnefontaine, par. d'Antrain, et s^r du Gué en Noyal, ép. Gilonne d'Harcourt. V. Du Paz : « Hist. généal. des s^rs de la Marzelière »; — « Grandes seig^ies de H^te-Bret.: la Marzelière, marquisat », par M. l'abbé Guillotin de Corson (Rev. de Bret. et de V., 9bre 1895); — « Saint-Martin de Bain », par le même (Récits de Bretagne — Rennes, Plihon et Hervé, 1889 — I, p. 161).
10. Lire: du Broutay, par. de Guillac et de la Croix-Helléan, terre qui passa aux Quélen par mariage au XIVe s.; ensuite vicomté, puis marquisat, en 1657. V. la « Bio-Bibliogr. Bret. » de M. R. Kerviler, art. *Broutay*. Le Cartier était une haute justice en Noyal-sous-Bazouges ; mais nous ne voyons nulle part qu'elle ait appartenu aux Quélen.
11. Malo, marquis de Coëtquen, gouverneur de St-Malo, ép. la fille aînée du marquis de la Marzelière, et non la seconde. Il y eut plusieurs gouverneurs de St-Malo du nom de Coëtquen. V. « Grandes seig^ies de H^te-Bret. » (Rev. de Bret. et de V., 9bre 1895).
12. Lire: Bonnefontaine, par. d'Antrain. V. « Notice historique sur le canton d'Antrain » par M. Maupillé (Soc. arc. d'I.-et-V., VI, 1868); — « Grandes seig^ies de H^te-Bret.: baronnie de Bonnefontaine » (Rev. de Bret. et de V., Avril 1893).
13. Lire : le Gué, seigneurie en Noyal-sur-Vilaine.

De Bain à Rhennes,[1] encor 5 lieues, sans aucun vestige de voye romaine.

Au bout de demi lieue, dans une vallée, longue chaucée, à plusieurs ouvertures et petits ponts, sur la rivière de Samenon qui fait mouldre là un moulin dit de Roudun[2], appelée ainsy, comme je croy, parceque, sortie de l'estang de Martigné[3], elle passe aus moulins de Samenon, auparavant et premier qu'arriver à ce moulin et passage de Roudun susdit, d'où puis aprez elle coule en Villaine[4].

Passez Roudun, montez le costeau et traversez le bourg de Poligné[5], et puis au bout de deux lieues, chemin de lande et de vallée et de montagne, arrivez à Pontpéan, village où, sous un pont de bois, passe la rivière de Sèche[6], toute noire, profonde, à divers bras reprenant soudain à un seul, large comme Rille[7] au grand pont de Rugles[8]. De là elle s'en va à Bruz[9], paroice et maison des évesques de Rhennes, dont elle borne le parc, et passe sous un pont de pierre ardoisine (dont tout ce territoire est plein, comme celuy d'Orgères[10] prez Pontpéan, mais pas si bonne que celle d'Anjou) à 4 ou 5 arches ; et puis, quart de lieue au dessous, prez Estrillay et Cahort[11], s'embouche en Villaine, deux lieues au dessous de Rhennes. Elle est large de 10 ou 12 toises, très lente et de flux imperceptible, noire comme le rub d'Hongrie[12], profonde et poissonneuse, mais pleine de joncs et difficile à pescher.

Bruz est chastelenie de 3 ou 4 mille livres de rente, et membre de l'Evesché de Rhennes qui vaut en tout 12 à 15 mille livres de rente. La maison est assez logeable, mais bastie à l'antique de ceste pierre ardoisine. Beau parc clos d'eau, diversifié vallées, bois, prairies. Jardin plein de fruits à admirer en Bretagne : poires[13] de Parement, poires arrondies comme pommes, très bonnes en Novembre, de Bergamote, de Messire Jean, de Rosée, Jargonelle Rosat, Caillot Rosat, de Petit Laquais et Grand Laquais, Besi d'Héri, d'Orange d'Esté et d'Hyver, de Rousselet, Portal, Légat d'Hyver et d'Esté qui est Beurré de Lusinière ; pommes de Passepomme, Calleville, Roynette ;

1. V. Ogée : « Atlas itinéraire de Bret., contenant les cartes particulières de tous les grands chemins de cette province, 1769. »

2. Ce moulin est marqué dans les cartes d'Ogée.

3. Martigné-Ferchaud, comm. du cant. de Retiers, arr. de Vitré, I.-et-V.

4. La Vilaine sort du Maine (par. de Juvigné et de St-Pierre-la-Cour) et se jette en mer entre la pointe de Penestin et celle de Penlan. V. son cours dans l' « Hist. de Bret. », I, pp. 33-35.

5. Comm. du cant. de Bain, arr. de Redon, I.-et-V.

6. La Seiche, rivière qui naît près du Pertre, et se jette en Vilaine dans la comm. de Bruz (I.-et-V.). V. « Hist. de Bret. », I, p. 36.

7. Rille, rivière qui prend sa source à l'estang de St-Vandrille (Orne), passe à Laigle, Rugles, Beaumont-le-Roger, Brionne, Pont-Audemer, et se jette dans la Seine au-dessous de Quillebeuf.

8. Rugles, ch.-l. de cant., arr. d'Evreux, Eure. Ambenay, la paroisse et seigneurie de Dubuisson, est auj. comm. du cant. de Rugles.

9. Bruz, comm. des cant. et arr. de Rennes. V. « Comptes d'un évêque, et les anciens manoirs épiscopaux de Rennes et de Bruz », par M. P. Parfouru, archiv. d'I.-et-V. (Soc. archéol. d'I.-et-V., XXIV, 1895, p. 22).

10. Orgères, comm. des cant. et arr. de Rennes.

11. Sur la carte de Cassini : *Lestrillet* et *le Cahot*. Le premier de ces villages s'écrit aussi *L'Estrillet, L'Estrillay, Lestrillay*.

12. En terme de pharmacie, *rob* est un extrait, spécialement un extrait de fruits.

13. V. Théâtre d'agriculture » par Olivier de Serres ; — « Instruction pour les jardins fruitiers et potagers », par J. de la Quintinye (1690) ; — « Traité du pommier et du poirier », par M. Louis Dubois ; — Dictionnaire de pomologie », par M. A. Leroy (Paris, 1867-79, 6 vol.) ; — « De la poire dite Besi de Héric », par Bizeul (Revue des prov. de l'Ouest, Nantes, Guéraud, I, 1853.)

Plusieurs autres bonnes espèces de poires, comme le *Besi de Quessoy*, le *Beurré d'Amanlis*, ont été créées en Bretagne.

melons fort bons, pesches et mélicotons [1]..., dont tout le territoire de Rhennes, où l'on mange ces fruits, est rempli. Mais passé cest Evesché, on n'en trouve plus, et en toute la Basse Bretagne en est défaut. Il fait beau veoir les Bas Bretons venir à une foire de Montfort la Canne [2] pour se fournir de fruits pour toute l'année. On fait aussy du cidre par toute la haute Bretagne : du pommé qui est estimé partout, du poiray qui est estimé seulement vers Ploërmel.

De Bruz à Pontpéan il y peut avoir demi lieue. Ils sont à costé, et de l'un ou de l'autre il y a deux lieues à Rhennes. Pontpéan est sur le chemin d'Angers et aussy sur celuy de Nantes pour l'Esté. Bruz est sur celui de Nantes pour l'Hyver. Bruz pourroit estre *bruch*, c'est à dire *pont* [3] ou *passage*, mot de l'ancienne langue celtique et encor à présent flandrant et germanique, à cause du pont et passage qui est là sur la Sèche, au chemin de Rhennes à Nantes.

II

Rhennes

EN BAS-BRETON *Rhedon* [4].

VILLE capitale de toute la Bretagne, à 24 lieues d'Angers qui est *Juliomagus* ; à cause de quoy on peut estimer que Rhennes soit *Condate Rhedonum* de Ptolémée, ou *Condate* simplement de la table de Peutinger, le surnom de *Rhedones* estant passé et à elle appliqué pour nom propre, au lieu de celuy de *Condate*, ainsy qu'il est arrivé presque à toutes les autres villes capitales des provinces des Gaules. — « *Rhedonum Civitas, metropolis Britanniæ* », *Rodulpho Glabro* [5], qui vivoit l'an 1030, ce dit Argentré, adjoustant faussement que Antonin l'appelle « *Rhedonum* ». En la vie de St Melaine, à la fin du nouveau Missel de Vannes [6], parlant de luy : « *Recepit se in ecclesiam*

1. Pour *pêches*, de l'espagnol *melocoton*. Puisque Dubuisson vient de mentionner les pêches, peut-être faut-il entendre par là quelque autre fruit leur ressemblant, comme le brugnon.

2. Montfort-sur-Meu, ch.-l. d'arr[t] d'I.-et-V. V. l'histoire de la cane de Montfort dans la « Vie des SS. de Bret. » du P. Albert Le Grand.

3. Nous ne connaissons point ce mot breton dans le sens de *passage*. *Brug* ou *bruc* signifie *bruyère*.

4. V. M. J. Loth : « Chrestomathie Bretonne », I, p. 57 : *Roazon* ; — « Dict. Breton » de Grég. de Rostrenen : *Ro..zoun*, *Roazon*, *Roaon*, *Roëon*.

5. Raoul Glaber : *Historiarum Libri V* ; L. II, c. 3. (Edit. de M. Prou, collection Picard, 1886, page 30).

6. Dubuisson, au cours de son Itinéraire, cite, à plusieurs reprises, des fragments de ce Missel, qu'il dit avoir été imprimé à Rennes en 1627, avec le *Proprium Sanctorum Ecclesiæ Venetensis*. Nous en avons vainement cherché un exemplaire dans les dépôts publics de Nantes, Rennes, St-Brieuc, Vannes et Quimper. D'autre part, dans son « Essai sur l'histoire et les vicissitudes de l'imprimerie en Bretagne (Nantes, Morel, 1876) », p. 18, Dom Fr. Plaine parle d'un Missel imprimé à Rennes en 1628, par Denys Lesné, décrit dans les notes de M. Jausions, conservées aux archives du monastère Bénédictin de Ligugé. Nous pensons que c'est ce Missel, bien rare aujourd'hui, que Dubuisson a consulté.

« quam in loco cui nomen Placio construxerat.... Corpus ejus navigio impositum ; inde adverso « flumine Rhedonas deducunt » [1]. —

Et que le nom premier et ancien de *Condate* ou *Condatum* luy convienne ou ait convenu, il est assez apparent, parce qu'elle est située un peu au dessus du confluent de deux rivières, d'Ile et Villaine[2], comme Candey au dessus du confluent de Mandie en Ardre, et un peu plus éloignement, à scavoir de la portée du canon.

— La taille douce de la ville de Rhennes et sa description est dans la 3e édition d'Argentré, de l'an 1618, au chapitre de la ville de Rhennes, L. I, 10. —

Viglaine *Argentræo, qui dicit nasci* au pays de Mayne, passer prez les murailles de Vitré et de là à Rhennes par deux bras, l'un traversant la basse ville, et l'autre ès douves ou fossés, mouillant la muraille. C'est du costé austral ; mais il faut donc qu'elle s'arreste dans ledit fossé. De là, par Rhedon, Roche Bernard[3] et Vieille Roche[4], s'embouche en mer et fait le port dit de Ptolémée *Vidiana* ou *Vindana*[5].

Villaine, qui vient donc de devers Vitrey et que l'on passe à Chasteaubourg[6], puis à Noyal[7], en venant de là à Rhennes, passe tout à travers la ville[8], y entrant du costé d'Orient, par dessous la muraille, par trois arches dites *les arches de St Georges*, fournies de leurs grilles ou pales. Et ayant passé sous le pont St Germain, garni de deux vieilles tours de pierre, et suivi le trait des autres tours et murailles de l'ancienne ville, dont il y a force restes, passe sous le Pont Neuf de pierre de grain, à 4 arches ; et de là va passer sous deux autres ponts : le plus petit et à gauche, pont de Gabie, et le plus grand, sur le canal droit, dit le pont de la Poissonnerie, et arroser la tour dite d'Appigné[9] et faire moudre des moulins. Jusques icy ladite rivière fait le circuit antique de la ville planté sur sa rive droite et finissant vis à vis et à l'endroit de l'hospital St Yves, et aussy tost sort de la ville, par dessous la muraille, par trois arches dites *les arches de St Yves* ; puis à une canonnade au dessous, coulant dans la prairie, vient à recevoir une autre rivière, dite la rivière d'Ile ou d'Isle, qui sourdant ès estang d'Oué et de l'abbaye St Sulpice[10], à 4 lieues au dessus de Rhennes,

1. *Placium* est l'ancienne par. de Plaz, auj. Brain (comm. des cant. et arr. de Redon). V. *Bolland*, I, 6 janv ; — « Origines paroissiales de Brain », par M. l'abbé Guillotin de Corson (Mélanges histor. sur la Bretagne et les Bretons, — Rennes, Vatar, 1888 — II, p. 43) ; — « Pouillé historique de l'archevêché de Rennes », par M. l'abbé Guillotin de Corson, III, p. 495, et IV, pp. 216 et suiv.

2. Voir le cours de ces deux rivières dans l' « Hist. de Bret. », I, pp. 33-36.

3. Ch.-l. de cant., arr. de Vannes.

4. Manoir marqué sur la carte de Cassini, un peu au-dessous de la Roche-Bernard.

5. *Vindana portus* doit être placé à Audierne ou à Locmariaker. V. « Hist. de Bret. », I, p. 107.

6. Ch.-l. de cant., arr. de Vitré, I.-et-V.

7. Noyal-sur-Vilaine, comm. du cant. de Châteaugiron, arr. de Rennes.

8. On pourra consulter les plans de Rennes que nous allons indiquer, cités dans l' « Inventaire cartographique » de M. Léon Vignole :

1° Plan de 1616, dans l'Histoire de Bretagne d'Argentré, édit. 1618.

2° Vue cavalière de Rennes, 1644.

3° Plan de la vieille ville ou cité, ville neuve et nouvelle ville de Rennes (dit plan d'Hévin), 1685.

4° Plan levé par Forestier, après l'incendie de 1720, gravé par Robinet, 1726.

5° Plan dédié à l'Intendant de Bretagne, Caze de la Bove, vers 1776.

9. Apigné, par. du Rheu, év. de Rennes ; châtellenie aux Botherel, vicomté en 1585, passa aux Le Sénéchal de Kercado en 1640, et fut achetée par les Magon. V. « Grandes Seigies de Hte Bret. » (Rev. de Bret. et de V., Octobre 1892).

10. Erreur. L'Ile prend sa source à la Butte-d'Ile, comm. de Dingé, et reçoit, entr'autres ruisseaux, celui de l'étang du Boulet, comm. de Feins, dont Ogée fait sa source, et celui de l'étang de la forêt de Rennes, qui passe à St-Sulpice-La-Forêt. V. « Hist. de Bret. » I, p. 35. Sur l'abbaye de St-Sulpice, v. *Gall. Christ.*, XIV, col. 786.

passe à travers le chemin de Dinan, au dessous du fauxbourg et paroice et par dessous le pont St Martin. Puis arrivant le long de la muraille et de St Estienne, au bout du fauxbourg dit le Bourg l'Evesque, pour relever de la jurisdiction de l'Evesque et chapitre de Rhennes, se sépare en deux bras, et passe ainsy sous deux ponts, chacun de 4 ou 5 piles de pierre couvertes d'ais, et embrasse encore une isle verte (à cause de quoy on pourroit l'avoir appellée rivière d'Isle); puis se rejoint et, au bout d'une mousquetade, conflue et se perd dans la Villaine à une pointe de prairie — comme est la Pointe[1] ainsy appellée, à deux lieues au dessous d'Angers, et qui est une langue ou pointe de prairie entre les rivières de Mayne et de Loire et sur leur confluent — dite la Cotte du Bois Bourbon, droit au-dessous du prieuré de St Cyr et de la perrière qui a donné le nom au fauxbourg dit de la Perrière, qui commence à l'autre bout desdits ponts de la rivière d'Isle, vers ledit prieuré de St Cyr. De la perrière de Rhennes on monte par eau la pierre pour bastir. C'est pierre froide et mauvaise, tirant à l'ardoisine. Ils ont de la pierre de grain ou grais, luisant de petites papillotes diamantées, et au reste blanc tacheté de gris obscur, qui est comme le *granito* ou pierre syénitide dont l'obélisque de St-Jean-de-Latran et celuy de la place *del populo* sont.

En ce confluent la rivière de Villaine est fort profonde et de plus d'une pique. Elle porte bateaus de 40 pipes (quand c'est saison qu'il y ait de l'eau) jusque là, voire jusque dans la ville de Rhennes et maisme par de là, une canonnade au dessus, jusques aus moulins de St Hélier.

L'ancien circuit de la ville de Rhennes estoit par où passe à présent la rivière, et sont les vieux restes de muraille encor paroissants, comme j'ay dit ailleurs. On accrut la ville comme elle est à présent, 1421, et furent achevées les murailles de la ville, comme elles sont à présent, par Messire Henry de Villeblanche, capitaine de la ville, l'an 1444[2]. — Argentré. —

Voilà quant à la rivière de Rhennes et à son circuit ancien ou plus tost de temps mitoyen, c'est à dire du temps des ducs et comtes de Bretagne ; car il y en a encor un plus ancien et d'ouvrage romain, *reticulata forma*[3], qui prend depuis l'hospital St Yves, assez loin de la rive de Villaine, et entre le cœmetière dudit hospital et la chapelle St Denys, au coing de devant laquelle cest ouvrage se joint à la muraille nouvelle, à une tenaille ou encoigneure, — où jadis étoit la porte St Denys et où de présent est encor une poterne murée vis à vis de la chapelle St Denys — où ledit ouvrage romain paroist en briques très larges et tenues, et en une toise environ de murailles à très grandes et énormes pierres de taille sans cyment. Puis un peu plus aut, entre ce coin et la porte Mordelaise, entre les tours qui sont d'ouvrage de deux à trois cens ans seulement, il se trouve dans les courtines plusieurs toises et pans de cette muraille *reticulato opere*, et mesme par delà ceste porte, il y a,

1. Hameau de la comm. de Bouchemaine, cant. et arr. d'Angers, M.-et-L.

2. Henri de Villeblanche fut créé lieutenant de la ville en 1442, et gouverneur en 1450.

3. V. « Hist. de Bret. », I, pp. 133-143 ; — « Hist. archéol. de l'époque gallo-romaine de la ville de Rennes », par A. Toulmouche (ouvrage cité dans la nouv. édit. du « Dict. de Bret. » d'Ogée, II, pp. 516 et suiv.) ; — « Rapport au Maire de Rennes, en 1846 », par M. Hippolyte Vatar, (réimprimé à la suite d' « Hippolyte Vatar », par M. de la Borderie, et cité dans Ogée, II, pp. 545 et suiv.) ; — « Essai topograph., histor. et statistique sur la ville de Rennes », par l'abbé Manet (Rennes, 1838) ; — « Histoire de Rennes », par le même et Ducrest de Villeneuve (1845), avec deux plans ; — « Rennes moderne, ou histoire complète de ses origines, de ses institutions et de ses monuments », par M. Marteville (1850), ouvrage inséré en entier dans la nouv. édit. du « Dict. d'Ogée », à la suite de l'article *Rennes* ; — « Promenade archéologique dans l'ancien Rennes » par M. P. de la Bigne Villeneuve (Soc. archéol. d'I.-et-V., VI, 1868) ; — « La patère de Rennes », par M. Lucien Decombe (*Ibid.*, XIII, 1879) ; — « Trésor du jardin de la Préfecture de Rennes, avec plan de la ville gallo-romaine », par le même (*Ibid.*, XV, 1882) ; — « Les milliaires de Rennes, découverts en 1890 », par le même (*Ibid.*, XXI, 1891), avec une curieuse planche coloriée, reproduisant un fragment des murailles romaines de la ville.

comme on veut, quelque vestige et apparence de restes romains. Puis à la porte Mordelaise, contre la pile ou jambage soustenant le bout de la voûte, en dedans la ville, il y a une pierre mise de travers et portant ceste inscription romaine :

IMP CAES
M ANTONIO
GORDIANO PIO
FEL AVG P M TR
P COS O R

Ceste inscription[1] est dans Argentré, édit. de l'an 1618, mais fort mal, la finissant comme cela :

COS P Q R D

ce qu'il interprète : *consuli populoque romano dedit.* Mais il est faux qu'elle soit comme cela ni autrement que comme nous l'avons icy.

Au fauxbourg septentrional, comme on va à Dinan, il y a, le long de la rivière d'Isle, une rüe assez basse de situation, qu'on appelle la Rüe Aulte. Cela semble dire qu'elle ait été aulsée par artifice, comme la Aulte Rüe d'Estampes, par où passoit le chemin romain de Paris par la *Salioclita*[2], *Genabum*[3], etc... jusqu'à Austun.

Tous lesquels vestiges tesmoignent que si Rhennes n'est pas le *Condate Rhedonum*, au moins elle est une place romaine, comme les susdits vestiges vérifient. Les Bas Bretons l'appellent *Rhedon*[4], et pour la ville de Rhedon, ils l'appellent *Roton*[5].

J'adjouste à ce que dessus que Rhennes a esté cy-devant appellée *civitas rubra* (*rhuz*[6], en bas-breton, signifie *rouge*), à cause des murailles qu'elle avoit de brique ; comme Vennes[7] (*guen* signifie *blanc*), *civitas alba*, selon de vieux vers qui sont en un livre qu'a le Sr du Broutay Quellen[8], lieutenant au gouvernement de la ville ; desquels vers, de la *cité rouge* et des murailles de brique de l'ancienne cité, Argentré fait mention au chapitre de Rhennes, où il adjouste que le circuit de Rhennes, parsus ses murs aujourd'huy, est de 3.450 marches ou pas communs, et que c'est la ville de la plus grande estendüe de Bretagne, en très bonne assiette, et jugée forte de tous les hommes de guerre, en sorte qu'il y a peu de villes en France qui la secondent. — *Belle, belle, o bone vir, sed nunc non est vere.* —

1. Cette inscription, jadis encastrée dans une des tours de la porte Mordelaise, est aujourd'hui au musée de Rennes. Elle doit se lire ainsi : *Imperatori Cæsari Marco Antonio Gordiano, pio, felici, augusto, Pontifici Maximo, tribunitia potestate, consuli, Ordo Redonum.* Elle s'adresse à Gordien III (237-244). V. « Hist. de Bret. », I, p. 142 ; — « Etudes philologiques sur les inscriptions gallo-romaines de Rennes » par M. Mowat (Soc. archéol. d'I.-et-V., VII, p. 307) ; — « Dict. de Bret. » d'Ogée, 2e édit., II, p. 446.
2. Saclas, petit vill. de l'Ile-de-France, en Beauce, à deux lieues au sud d'Etampes.
3. Orléans.
4. *Vide supra*, p. 9, note 4.
5. V. « Chrestom. Bret. », I, p. 163.
6. Lire : *ruz*.
7. En breton, *Gwened*, *Guenet*, transformation de *Veneti*. V. « Chrestom. Bret. », I, p. 57 ; — « Origines histor. de la ville de Vannes », par M. A. Lallemand, p. 11.
8. *Vide supra*, p. 7, note 10.

Les murailles de Rhennes, quant à présent, sont de pierre ardoisine et quelque peu de brique par cy par là. Il y a des rocs de ceste pierre mesme dans les fossés. Lesdites murailles sont à créneaus, machecoulis et tours fort proches l'une de l'autre.

Le circuit est médiocre et comme d'une demi-heure ou fort petite heure de chemin. Il y a six portes séparées par la rivière, à scavoir du costé du Septentrion la porte St Georges, du Foulon, de St Michel, Mordelaise (de Mordelles); de l'autre costé de la rivière, du costé du Midy, la porte de Toussaints et la porte Blanche.

Il y a bons fauxbourgs, dans lesquels et dans la ville sont 9 paroices [1], — dont les pasteurs s'appellent *recteurs* et leurs vicaires s'appellent *curés* — et plusieurs monastères : de St Georges [2], filles de l'Ordre de Fontevrault, dans la ville, joignant la porte St Melaine, dont la première abbesse fut Adèle fille du duc Geoffroy Ier, qui vivoit l'an 1000 ; dont l'abbesse est riche et a droit de *chevauchée* dans la ville, ce que l'on tire en raillerie. Les Carmes [3], les premiers de la réformation dite mitigée. Les Jésuites [4] tout joignant, qui ont beau collège, dit de St Thomas [5] (qui est le collège ancien), belle cour quarrée, très belles classes, toutes hormis la théologie, et deux mil cinq cents escholiers ; beau jardin aboutissant à la rivière, à la rive droite, une Eglise nouvelle encommencée d'ordre dorique, de pierre blanche et à grain, 12 mil livres de rente en prieurés et pension de la ville. En leur jardin il y a de la *vigne virginée*, qui monte tousjours et s'attache maisme aus pierres polies, comme et plus agilement que le lierre, mais sans faire mal ; pour grappes, du raisin menu comme testes d'épingle, qui sert à médecine, et noir. Ses feuilles, qu'elle ne perd jamais, deviennent rouges quand les feuilles tombent aus autres vignes, en automne.

Et un peu plus bas sont les Ursulines [6], grand bastiment et de grande monstre.

St François ou les Cordeliers [7], maison des anciennes de leur Ordre.

Les Jacobins [8], hors la ville, dits *Bonnes Nouvelles* à cause de la chapelle Nostre Dame de Bonnes Nouvelles, où est un vitrail de Mr de la Hunaudaye [9] baron de Molac, représenté priant, la longue robe, le colier d'Ordre, la coronne comtale en teste, sa femme de l'autre costé. Ses armes sont là, *palées d'argent et d'azur de six pièces*, avec toutes les alliances, entre lesquelles est celle de la Hunaudaye Tournemine, *équartelée d'or et d'azur*, ce me semble.

Es Cordeliers est la chapelle d'Assigné [10], issus de Vitré, cadets des Comtes de Nantes, ce dit

1. Sur les paroisses de Rennes, voir les « Mélanges histor. sur la Bret. », par M. l'abbé Guillotin de Corson, II, p. 188.

2. V. D. Morice, Pr. I, col. 368-372. — Gall. Christ. XIV, col. 782 ; — « Dict. de Bret. d'Ogée », 2e édit., II, p. 583 ; — « Pouillé histor. de Rennes », II, pp. 253 et suiv. — « Cartulaire de l'abbaye de St Georges de Rennes », par M. de la Bigne-Villeneuve (Soc. Archéol. d'I.-et-V., IX, 1875, et X, 1876). — « Rapport sur le cartulaire de St Georges » (Assoc. Bret., congrès de Vitré, 1876).

3. V. « Pouillé histor. de Rennes », III, p. 123 ; — « Hist. des Carmes de Bretagne », par MM. de la Borderie et L. de Villers (Rennes, imp. Simon, 1896).

4. V. « Dict. de Bret. » d'Ogée, 2e edit., II, p. 486, note 1 ; — « Pouillé histor. de Rennes », III, p. 158 ; — « Notice historique sur la maison de Bellevue, près Rennes », par M. l'abbé Guillotin de Corson (Récits de Bretagne, I, p. 2).

5. Les Jésuites en prirent possession le 30 août 1604.

6. V. « Pouillé histor. de Rennes », III, p. 231.

7. *Ibid.* III, p. 131.

8. *Ibid.* III, p. 145 ; — « L'ancien couvent des Frères Prêcheurs à Rennes », par M. l'abbé Guillotin de Corson (Mélanges historiques, II, p. 131).

9. V. Du Paz : « Histoire généal. des S[grs] de la Hunaudaye » ; — « Anc. Evêchés de Bret. », V, p. 294.

10. V. Du Paz : « Hist. généal. des marquis d'Acigné. » ; — « Grandes seigneuries de H[te] Bret. : marquisat d'Acigné » (Revue de Bret. et de V., 8bre 1892).

Argentré au chapitre de Rhennes; les sépultures de ceste maison et de plusieurs de celle de Laval, et autres, que vous verrez dans nos *Kalendriers des Eglises de Rhennes*[1].

Il y a, à ceste heure, de plus, St Melaine[2], de la fondation du Roy Salomon, ce dit Argentré; abbaye belle de Bénédictins partie réformés, avec beaus jardins et promenoirs, apartenant au cardinal de la Vallette[3], avec raport de douze mil livres de rente; et devant la porte est plantée la *quintaine*[4], à laquelle venoient tous les ans, au Carnaval, frapper les mariés de l'année, avec peine de mésestime et punition ridicule et honteuse à celuy qui faisoit mal à rompre ou à frapper dedans. La course de la *quintaine* de St Melaine a esté deffendüe et abolie depuis que la réforme a esté introduite en l'abbaye. Il y en avoit à Nantes. — Voyez nostre ms. de Blanchart, p. 8[5]. —

Aprez eux, les Filles de la Visitation[6], qui sont mitigées comme à Vennes; puis les Carmelines[7], les Capucins[8], les Minimes[9], tous nouveaux bastis.

Le prieuré de St Cyr[10], au bout du fauxbourg de la Perrière, a un prieur commendataire qui y a mis religieuses Bénédictines du Calvaire.

La chapelle ou prieuré de Ste Anne[11], qui est comme un hospital.

La chapelle St Michel[12] du chasteau.

La chapelle St Denys[13] dans la ville, et joignant icelle, l'hospital St Yves[14], fort beau et renté, dans ville, pour les pauvres vieillards et infirmes.

Et dehors, à la portée du canon, au midy de la ville, est la *Sanita*[15] ou lazaret et maison de santé pour les pestiférés, dont il y avoit quelque centaine au mois de septembre 1636. Et le hameau où cela est s'appelle Cluné[16], dans lequel maisme, à une canonnade de la Santé, est le temple des huguenots, avec une petite lanterne et une cloche que, par defense de la police, ils ne sonnent point. Ils ne sont pas plus de deux cents en la ville, et n'y a point de gens de aulte qualité parmi eux.

1. Ouvrage de Dubuisson, qui ne nous est pas parvenu.

2. Gall. christ. XIV, col. 768; — « Pouillé, histor. de Rennes », II, p. 3; — M. de la Borderie: « Annuaire de Bretagne, 1861 », p. 40; — « Hist. inédite de l'abbaye de St Melaine », par Dom Lobineau (Bibl. nat., ms. du fonds des Blancs Manteaux).

3. Louis de Nogaret de la Valette, fils du duc d'Epernon et de Marguerite de Foix, archev. de Toulouse, abbé de St Melaine en 1637.

4. V. « Du droit de Quintaine », par M. Rosenzweig (Soc. polymath. du Morbihan, 1858); — « Indice des droits royaux et seigneuriaux », par François Ragueau (2e édit., Paris, 1600); — « Glossaire du droit français », par Eusèbe de Laurière; — « Droits et redevances bizarres au moyen âge: la quintaine et le bouhourdage », par M. A. de Barthélemy (Revue de Bret. et de V., 1858, 1er semestre, p. 531); — « Les droits et redevances du seigneur de la Ballue », par M. l'abbé Guillotin de Corson (Récits de Bretagne, I, p. 264). A Nantes, la quintaine se courait en bateau.

5. Ms. perdu. *Vide supra*, p. 5, note 10.

6. V. « Pouillé, histor. de Rennes », III, p. 243.

7. *Ibid.*, III, p. 191.

8. *Ibid.*, III, p. 117.

9. *Ibid.*, III, p. 160.

10. *Ibid.*, II, p. 584 et III, p. 184.

11. *Ibid.*, III, p. 331.

12. *Ibid.*, II, p. 721.

13. *Ibid.*, I, p. 244.

14. V. « L'Hôpital St Yves de Rennes », par le Comte X. de Bellevue (Rennes, Plihon et Hervé, 1895).

15. Lire: le Sanitat. V. « Pouillé, histor. de Rennes », III. p. 337.

16. *Clunai*, dans le plan de Rennes du XVIIIe s., dédié au Bon de la Bove, intend[t] de Bretagne. La bonne forme est: *Cleusné*. V. « Anciens registres paroissiaux de Bretagne: Eglise protestante de Cleusné », par M. l'abbé Pâris-Jallobert (Rennes, Plihon et Hervé, 1890).

Evesché. — Parmi les églises des catholiques est celle de St Pierre, cathédrale, non achevée, et où sont 16 chanoines prébendés de 6 à 7 cens livres de rente, et qui sont la pluspart recteurs ailleurs de fort bonnes cures ou rectoreries dépendantes de leur chapitre. La première dignité est la *thésaurerie*. Mr Huart[1], fort honneste homme, curieux de plantes, fleurs et armoiries, la possède, jointe au canonicat et valant deux mil livres de rente. Il y a 203 paroices en ce diocèse; et abbayes : St Mélaine cy devant, St Pierre de Rillé[2], de l'ordre de St Augustin, aus fauxbourgs de Fougères, St Georges, abbaye de filles, dans la ville, prez la porte St Melaine, et autre maison de religieuses Bénédictines dite St Sulpice[3], à 3 lieues de la ville.

A la cathédrale[4] vous verrez un portail et devant, dont le bas est à colonnages et ornemens d'ordre toscan, de pierre de grain, et sur la grande entrée se lit, en deux cartouches distincts, cecy :

En l'un :

Jacta fuerunt molis hujus fundamenta
XV Septemb. anno Christi MDXLI.

Et en l'autre :

Paulo III° Pont. Max. Francisco I^o Gall. rege
Henrico Brit. Duce Yvone præsule.

Cest Yves est l'évesque Yves de Mayeuch[5], de l'Ordre St Dominique, qu'ils appellent *le bon Yves*, et le vénèrent comme saint. Il a sa sépulture au bout austral de la croisée, en un petit portique à colonnage et ornemens de pierre blanche, d'ordre composite, avec son pourtrait en huyle, priant en évesque, dans le tympan ou plat-fonds de l'intercolonne, et ses armes là partout, dans les vitres de l'église et de l'evesché et ès ornemens de l'office de l'église : *d'argent à trois hermines de sable, au chef d'or chargé de trois coronnes d'espines d'or aussy, de sinople et de sable en quelques endroits.* Ces armes, qui sont fausses, furent sans doute inventées de luy qui estoit de basse extraction et Jacobin de profession, comme le furent aussy celles de l'évesque d'Ossat[6] depuis cardinal, qui fut évesque de Rhennes en l'an... et puis translaté à l'evesché de Bayeux; — Voyez les *Evesques de Rhennes*[7] — car ses armes sont tirées de l'histoire du déluge, à scavoir : *à une colombe d'argent tenant au bec un rameau de sinople ou d'olive.*

1. François Huart, s^gr de Bœuvres en Messac, trésorier de Rennes 1615-1653. V. « Pouillé histor. de Rennes », I, p. 156, et V. p. 598; et le tome I du même ouvrage, sur l'organisation de l'Eglise de Rennes.

2. *Gall. Christ.*, XIV, col. 790; — « Pouillé hist. de Rennes », II, p. 595.

3. V. « Pouillé hist. de Rennes », II, p. 304.

4. *Ibid.* I, p. 264; — « La cathédrale de Rennes », par M. l'abbé Massabiau (Revue de Bret. et de V., 1863, 2e semestre, p. 337); — « L'ancienne cathédrale de Rennes », par M. l'abbé Guillotin de Corson (Mélanges historiques, II, p. 73); — « Les anciennes stalles de la cathédrale de Rennes et le privilège du sire d'Epinay », par M. de la Bigne Villeneuve (Soc. archéol. d'I.-et-V., 1862).

5. Yves Mayeuc ou Mahyeuc, év. de Rennes 29 janv. 1507 — 20 septembre 1541; V. pour cet évêque, comme pour tous les autres : « Pouillé histor. de Rennes », I; — et « Souvenirs d'Yves Mahyeuc, év. de Rennes », par M. l'abbé Guillotin de Corson (Mélanges historiques, II, p. 78). L'épitaphe en vers de cet évêque est rapportée, avec plusieurs curieux détails, dans les « Histoires du Pays de Bruz près Rennes », par M. Ad. Orain (Revue de Bret. et de V., février 1897.)

6. Arnaud d'Ossat, év. de Rennes élu le 25 janvier 1596, consacré le 27 octobre même année, cardinal en 1599, év. de Bayeux le 26 juin 1600. Il ne vint jamais à Rennes, et mourut à Rome le 14 mai 1604.

7. Ouvrage perdu de Dubuisson.

Le premier de tous les évesques qui se trouve s'appelle *Anthemius* ou *Arthemius*[1]; et quelque peu aprez luy vint *S. Melanius*[2], homme fort célèbre qui assista au premier concile d'Orléans et y fut fort signalé et principal entre tous les évesques des Gaules.

Ils n'ont eu de grands personnages que ce seul évesque, avec un autre plus voisin de ce siècle, Anselme, ou, comme ils l'appellent, Anseau de Chantemelle[3], qui fut honoré du *pallium* par le Pape Martin V, ainsy qu'il se lit sur la lame de son tombeau de marbre, transféré du milieu du chœur, où il estoit et nuisoit, au bout boréal de la croisée, en la chapelle sous les orgues. Ce que les évesques de Rhennes scavent bien alléguer pour leur préséance ès Estats de Bretagne, contre les évesques de Dol qui, pour avoir esté honorés du *pallium*, prennent qualité d'*archipræsules*, comme nous dirons ailleurs. Il vivoit sous Charles VI roy, et mourut l'an 1427.

Il y a eu aussy à Rhennes des Marillac[4] et Hennequin[5] évesques, et à présent c'est Pierre Le Cornulier[6] qui tout premièrement fut conseiller au Parlement, puis évesque de Tréguier, et aprez la mort de François Lachiver[7], en l'an 1619, fut fait évesque de Rhennes.

L'Evesché, qu'ils appellent vulgairement *le Manoir*[8], est joignant l'église St Pierre, au costé boréal d'où il entre en l'église.

La cour duquel est d'un costé bornée par le bout boréal de la croisée de l'église cathédrale; au haut de la muraille duquel bout de croisée, tout proche le toit, est creu un yf grand comme un grand savinier[9] ou génévrier, planté et enraciné dans ladite muraille et poussant à travers les pierres. On croit que quelque chouette avoit porté de la graîne d'yf en quelque trou de ceste muraille, qui a produit cest arbre.

Le bastiment est fort médiocre et néanmoins r'accommodé et rendu fort logeable par cest Evesque cy. Un fort petit jardin mal équarri et pressé des maisons voisines.

Le revenu de l'évesché est d'environ 12 mille livres par an, outre lesquelles cest évesque possède l'abbaye de St Mein[10],—*Sancti Mevenni*[11] qui fut *cognatus et comes Sti Samsonis archiepiscopi, anno 610*, comme il y a dans le *proprium Sanctorum diocesis Venetensis* — à demi journée de Rhennes, par delà Montfort la Cane, qui est de 8 mille livres de rente, de Bénédictins réformés; et celle de Blanche Coronne[12], au pays Nantois, qui est de 4 ou 5 mille livres; en sorte qu'avec son patrimoine il peut avoir 30 mille livres de rente. Ses armes sont *d'azur au chef de cerf sommé d'or, accompagné*

1. *Arthenius*, ou mieux *Athenius*, assista au concile de Tours en 461, et mourut à la fin du Ve siècle.
2. Cité au concile d'Orléans en 511, *mort vers 530*. Sa fête tombe le 6 novembre ou le 5 janvier. V. Bolland. Janv. I.
3. *Anselmus* ou *Ancelinus* de Chantemerle, sacré en 1389, enseveli à Rennes le 1er septembre 1427. Il reçut le *pallium* du pape Martin V. V. « Pouillé histor. de Rennes », I p. 76.
4. Bertrand de Marillac, év. de Rennes 26 octobre 1566-1573.
5. Adhémar Hennequin, 1573-13 janvier 1596.
6. Pierre de Cornulier, év. de Tréguier; de Rennes 17 mars 1619-21 juillet 1639.
7. François Lachiver, 13 octobre 1603-22 février 1619.
8. *Vide supra*, p. 8, note 9.
9. En espagnol et en catalan, *sabina* désigne le genévrier.
10. Sur les possessions et revenus de l'évêché de Rennes, v. « Pouillé histor. de Rennes » I, pp. 106 et suiv.
11. Stus *Mevennus*, St Méen, 1er abbé de Gaël, mort vers 617, fêté le 21 juin. Sa légende est dans la Chronique de St Brieuc (Bibl. nat., mss. latins 3988 et 6003). V. D. Morice, Pr. I; — Albert Le Grand: « Vie des SS. de Bretagne »; — Levot: « Biographie Bretonne »; — « Hist. de Bret. », I, p. 423; — « Pouillé histor. de Rennes », II, p. 120; — Bolland., Juin, IV; — Acta Sanctor. O. S. B., IV. — « Origines de l'abbaye et de la ville de St Méen », par M. l'abbé Guillotin de Corson (Mélanges historiques, II, p. 97).
12. *Gall. Christ.*, XIV, col. 853.

d'une hermine d'argent entreposée[1]. Il a, au bout du fauxbourg de la rüe Aulte, une maison de plaisir dite les Trois Croix, à cause de trois croix de pierre qui sont là, sur le chemin de Dinan et de Dol, plantées ensemble. Il y a belle et abondante librairie.

Gouvernement de Rhennes. — Aprez l'ordre de l'église qui est le premier en Bretagne, comme au reste de la France, entre les trois estats, vient le second qui est la noblesse, dans lequel nous comprendrons les officiers du gouvernement, qui sont : le gouverneur s[r] d'Avaugour, comte de Vertus[2], son lieutenant s[r] du Broutay, du surnom de Quellen, — peut estre *Kouetken*, qui est *de forest ;* mais non, car *quelen* signifie *du houx*, en breton — qui a pour armes *d'argent à trois feuilles de houx de sinople*, et est estably par le gouverneur, sans avoir lettres du roy. Il n'a garde ni denier. Aprez luy commandent les deux *connestables*, dont l'un s'appelle La Chalotaye[3], déjà vieillard ; l'autre, fort gros homme, La Hurlaye[4], successeur d'un bon vieillard, La Tardaye[5], jadis gouverneur de M. le duc de Brissac[6]. Puis est le *procureur de ville* ou des bourgeois, et les *eschevins*.

La maison de ville est située sur le rempart, tout proche la porte Mordelaise, vers la porte clause de St Denys et les arches St Yves ; au devant de laquelle est une belle place que l'on appelle *La Monnoye*, parce que autrefois la Monnoye estoit là. Ceste maison de ville fut faite du temps de M. de Vendôme[7], gouverneur de Bretagne.

Les armes de la ville sont *palées d'argent et de sable de six pièces, au chef d'argent chargé de 4 hermines de suite* (En aucunes je n'ay veu que 3 hermines).

Le *premier syndic* est le premier de la maison de ville[8]. Aprez luy est le *miseur* qui fait les mises de la recepte qu'il a faite des deniers de la communauté. Il y a aussy, pour la noblesse, le *vicomte de Rhennes*, qui est M. de la Trimouille[9], dont les armes sont au fauxbourg de la Magdelaine et sur le chemin de Vitrey, jusques où (ou presque) on va tousjours sur luy.

1. V. « Généalogie de la maison de Cornulier », par M. Lainé, Paris, 1847.

2. Claude d'Avaugour, arrière-petit-fils de François d'Avaugour, fils naturel de François II, duc de Bretagne.

Vertus est un bourg de France dans la Champagne, à 6 lieues de Châlons-sur-Marne, érigé en comté pairie en avril 1561, donné en dot à Isabelle de France, mariée à Galéas Visconti, duc de Milan ; apporté par leur fille, Valentine de Milan, à Louis de France, duc d'Orléans, puis, par Marguerite d'Orléans, à Richard de Bretagne. François II, fils de ce dernier, le donna, le 29 septembre 1485, à son fils naturel François d'Avaugour. V. « Seigneuries de Bretagne hors de Bretagne : comtés d'Étampes et de Vertus », par M. J. Trévédy (Revue de Bret. et de V., 1896).

3. Pierre de Caradeuc de la Chalotais. V. M. R. Kerviler : « Bio-Bibliogr. Bret. », art. *Caradeuc*.

4. Pierre Glet, s[r] de la Hurlaye.

5. Nicolas Busnel, s[r] de la Retardaye. V. Ogée : « Dict. de Bret. », 2e édit., II, p. 543.

6. François de Cossé, comte, puis duc de Brissac, baron de Malestroit et seigneur de Châteaugiron, lieutenant-général au gouvernement de Bretagne, mort le 3 décembre 1651, avait épousé en 1618 : Jeanne de Schomberg (fille de Françoise d'Espinay et de Henri de Schomberg). Il était fils de Charles II de Cossé, duc de Brissac, lieutenant-général au gouvernement de Bretagne, maréchal de France en 1611, et de Judith d'Acigné. Charles de Brissac mourut à Rennes le 5 juillet 1621, et son corps fut transporté à Brissac. V. du Paz : « Hist. généal. des marquis d'Acigné » ; — le P. Anselme : « Hist. généal. de la maison de France, etc... », tomes IV et VIII ; — « Généalogie des sires de Malestroit », par M. l'abbé Le Mené (Soc. polym. du Morbihan, XXVI, 1880).

7. César, duc de Vendôme, fils légitimé de Henri IV, né à Coucy en 1594, épousa la fille du duc de Mercœur qui lui céda le gouvernement de la Bretagne. Il mourut en 1665.

8. V. « Recherches sur l'administration municipale de Rennes, au temps de Henri IV », par M. H. Carré (1888).

9. Henri de la Trémoille (1605-1674), prince de Talmont, de Tarente, duc de Thouars et de Loudun, marquis d'Espinay, c[te] de Laval, baron de Vitré, etc., vicomte de Rennes ; héritier du comté de Laval par représentation de sa bisaïeule, Anne de Laval, mariée à François de la Trémoille. Selon D. Lobineau (I, p. 109), le titre de *vicomte de Rennes* appartenait au chef de la maison de Porhoët. La vicomté de Rennes était un membre de la baronnie de Vitré et une seigneurie très ancienne qui s'étendait dans les paroisses de Toussaints, St Germain et St Hélier de Rennes,

Aprez les gouverneurs de la ville, vient le séneschal, le s^r du Lys[1] ou de l'Yf, s^r de Beaucé, dont l'office, joint à celuy de président au Présidial[2], est de 60 mille escus. Sa femme, *Madame*. Il est premier juge et le deuxiesme, et appellé *alloué, allocatus*. Il n'y a point d'autre président au Présidial que le séneschal, dont le siège tient où est la prison.

Le 3e juge est le lieutenant du séneschal. Il y a de plus un juge criminel, un prévost de robe longue, un procureur et deux advocats du roy, onze conseillers.

Le prévost de robbe longue, à Rhennes, est premier juge de sa justice qui est distincte des autres. L'office vaut 20 mil escus. La Prévosté fut érigée par le duc Pierre II, le 1er mars 1456[3]. — Vieille Chronique, L. IV. —

Le Parlement de Rhennes, érigé l'an 1551[4], tient dans les Cordeliers, en attendant que le bastiment qu'ils ont commencé tout joignant et qui est fort avancé, soit parachevé.

Ils sont de conseillers, en l'an 1636, en tout 86; 4 présidents aus Enquestes et 2 aus Requestes du Palais. Puis ils sont 8 présidens au mortier, un procureur général et 2 advocats généraux; qui sont en tout 103, départis en deux semestres ou séances: l'une de février, en laquelle il y a 41 conseillers, 4 présidens au mortier, 2 aus Enquestes, 1 aus Requestes, 1 advocat général; et l'autre d'aoust, c'est à dire qui commence en aoust, en laquelle il y a 45 conseillers et autant de présidens qu'en l'autre, et un advocat général aussy. Le procureur général est unique et commun à toutes les deux séances. Des 4 présidens au mortier en chaque séance, il y en a deux qui sont de

et c'était comme baron de Vitré que Henri de la Trémoille la possédait. Elle fut ensuite acquise, au XVIIIe s., par les Lannion et les Marnière. Toutefois le vicomte de Rennes ne nous paraît point avoir eu de prérogatives spéciales ni de juridiction sur la noblesse, à moins que ce fût comme baron de Vitré. Un procès, plaidé au XVIIe s. entre la maison de la Trémoille et le général de la paroisse de Toussaints, a donné occasion au célèbre jurisconsulte Hévin d'étudier ce sujet. Sa dissertation sur la vicomté de Rennes a été insérée dans ses « Questions et observations sur les matières féodales » (Rennes, Vatar, 1736, pp. 1-56). Le vicomte de Rennes jouissait de la haute justice, et sa juridiction s'exerçait en l'auditoire de la Prévôté. Il avait aussi le droit de *chevauchée* dans la ville. V. « Grandes seig^ries de H^te Bret.: Rennes, vicomté », par M. l'abbé Guillotin de Corson (Revue de Bret. et de V., avril 1897); — « L'ancien manoir de Villeneuve en Toussaints » par le même (Soc. archéol. d'I. et V., XVIII, p. 46); — « Pouillé histor. de Rennes », V, p. 593; — « La Trémoille et Laval-Vitré », par M. de la Borderie (Revue de Bret. et de V., 1888, 2e semestre, p. 120); — Archives d'I.-et-V., série E (Titres féodaux).

1. Eustache de Lys s^r de Beaucé, conseiller au Parlement le 19 novembre 1632, sénéchal de Rennes reçu au Parlement le 22 mars 1638. Il en exerçait peut être les fonctions un peu auparavant. Après lui Charles de Lys fut reçu dans la même charge en décembre 1660. Cette famille a produit Gilles de Lys, cons^r au Parlement le 8 mars 1597; Joachim, *id.* le 9 septembre 1638; Gabriel-Marc, présid^t des Enquêtes le 12 septembre 1724. V. « Liste générale de Nosseigneurs du Parlement de Bretagne » (Rennes, Vatar, 1725).

2. Les présidiaux furent créés par Henri II en 1551, pour soulager les Parlements déjà créés et surtout celui de Paris, encombrés par les appels des sénéchaussées. V. « Edicts, règlemens et arrests, concernans l'érection des chancelleries présidialles de France... » (Paris, Jamet Mettayer, 1598), rare livret in-12 de 70 pages.

3. N. st. 1457. V. Alain Bouchart, édit. des Biblioph. Bretons, *folio* 206, *verso*. C'est la Chronique d'Alain Bouchart que Dubuisson appelle *Vieille Chronique*. Il existe une plaquette du XVIIe s., in-4e de 11 pages, intitulée: « Erection de la prévosté de Rennes par le duc Pierre II. »

4. Le Parlement de Bretagne fut créé par un édit de Henri II, de mars 1553, donné à Fontainebleau et enregistré le 4 mai suivant. Un édit de juin 1557 créa la Chambre des Enquêtes; un autre de mars 1560 ordonna que la séance du Parlement qui se tenait à Nantes fût transférée à Rennes, ce qui rendit le Parlement sédentaire à Rennes. Enfin Henri III, par son édit de décembre 1580, créa la Chambre des Requêtes; et Henri IV, par un édit de juillet 1600, donné à Lyon, ordonna que les séances du Parlement qui étaient chacune de trois mois, fussent désormais de six mois. V. « Essai sur le fonctionnement du Parlement de Bretagne après la Ligue (1598-1610) », par M. Henri Carré, maître de conférences à la faculté des Lettres de Rennes (Paris, Quantin, 1888). M. Saulnier, conseiller à la cour de Rennes, a rendu compte de cet ouvrage dans la Revue de Bretagne et de Vendée de 1888, sous ce titre: « Le Parlement de Bretagne avant Louis XIII ». Consulter encore « Le Barreau du Parlement de Bretagne (1553-1790) », par M. G. de la Pinelais (Rennes, 1896).

la Tournelle; deux demeurent en la Grand Chambre, où il y a 14 conseillers; en la Tournelle 12; aus Enquestes 14 en la séance d'aoust, et 12 en celle de février; ès Requestes du Palais, 1 en chaque séance.

Il n'y a point de Chambre d'Edict[1]. Il n'y a point aussy de conseillers ecclésiastiques. Mais des conseillers, la moitié doibt estre de Bretons, et la moitié des présidens aussy. L'autre moitié est de François, qu'ils appellent, c'est à dire qui ne sont pas Bretons. D'ordinaire ce sont Manceaus et Angevins.

Les offices bretons de conseiller n'ont que 750 livres de gages; les françois en ont 1000. Et néanmoins les offices bretons, comme plus requis et à la bienséance des provinciaux, valent 20 mille livres d'achat plus que les autres qui d'ordinaire se donnent pour 80 mille livres.

Dans le Palais, au bout de la grande sale des procureurs, il y a la jurisdiction de la Table de Marbre et des Eaus et Forests[2]. Et le Seau ou Petite Chancellerie[3], dont le garde seau est le s[r] de Bienassis Péchart[4], tient en une chambre en l'autre bout du palais ou convent.

Pour ce qui est du tiers estat (car je mets la justice parmi la noblesse, quoy que d'ordinaire on la ravalle au tiers estat), il y a peu de bonne bourgeoisie, le trafic y estant triste, comme en une ville de terre et de peu d'abord.

Ce qu'ils débitent le plus, ce sont ces grosses toiles faites ès environs de Rhennes, qu'ils appellent *toiles d'Olonne*, ou parce qu'ils les y envoyent, ou parce que c'est d'elles que l'on fait les grandes voiles que l'on appelle *olonnes*. A Rhennes, un procureur de Vennes et M. de Lisle Doudart[5] aussy font grand trafic des *toiles d'Olonne*. Ils en trafiquent par toute la coste de France, en Espagne aussy, mais principalement en Hollande.

Il y a aussy quelques banquiers et remetteurs d'argent, comme de Lisle Doudart, Thietdrik (alleman de nation et très riche huguenot), Gardin[6], etc.

Le reste du plus gros bourgeois sont sergens, huissiers, procureurs, et en Parlement, qui sont 120, et au Présidial, et advocats en l'un et l'autre. Aucuns vivent de la taverne, cabaret, et du louage des logis et pensions des conseillers de la Cour, qui viennent sans femme, à petit équippage, servir leur séance; comme La Fontaine Belhomme en la Fénerie[7], La Touche Le Comte joignant le Pont Neuf, Laviseu au-dessous de St Germain, prez l'Escu, et autres en la rue Foulon et de St Georges, où est un nommé Chauvel qui traite bien.

1. Chambre organisée aux Parlements de Paris et de Rouen, en vertu de l'Edit de Nantes, pour les procès entre catholiques et protestants. La *Chambre de l'Edit* remplaça la *Chambre mi-partie*, créée en 1576 au Parlement de Paris. Elle fut supprimée en 1669.

2. A Paris la *Table de Marbre* comprenait la Connétablie, l'Amirauté et la Réformation des Eaux et Forêts; mais ce nom s'appliquait plus spécialement à la Réformation des Eaux et Forêts. Elle jugeait les appels civils et criminels des Maîtrises, et en premier et dernier ressort sur le fonds et la propriété des eaux, forêts, îles et rivières appartenant au roi. Les *Tables de Marbre* des Parlements de province furent supprimées par édit de février 1704, et remplacées par des *Chambres de réformation*.

3. Le Sceau ou Petite Chancellerie n'exerçait sa juridiction que dans le ressort du Parlement où naissait la cause. Ses *Lettres*, valables pour un an, conféraient des exemptions de tailles, corvées, guet, garde, etc., permettaient aux ecclésiastiques de vivre hors de leurs bénéfices, etc. Les Lettres du Grand Sceau, au contraire, émanaient de la grande chancellerie de France.

4. Lire: Peschart. Cette famille a produit Laurent Peschart, cons[r] au Parlem[t] le 27 août 1599, Jean Peschart, *id.* le 22 Juin 1635.

5. Doudart est une ancienne famille bretonne. V. Courcy: « Nobiliaire de Bret. »

6. Sans doute Jean Gardin s[r] de la Gerberie, échevin de Rennes en 1644. Il y avait aussi des Gardin de la Chesnaye dans l'évêché de St Malo. V. Courcy.

7. *Alias:* la Fannerie.

La plus menue populace sont les artisans de toutes sortes, épars par toute la ville, mais principalement abundants et presque tous en la basse ville, au delà de la rivière et du costé de sa rive gauche. On appelle ces sortes de gens *les gars de Rhennes*, et sont la plupart yvrongnes et séditieux.

La ville de Rhennes est située un peu en pente, et pour ce divisée en aulte et basse ville, que la rivière de Villaine sépare par les ponts de bois de St Germain et de la Poissonnerie, et celuy qui est de pierre, entre ces deux, dit le Pont Neuf.

Elle est commandée du costé de St Melaine, et assiégeable de ce costé là facilement. Elle est peu défensable et point flanquée ni remparée que d'un seul ravelin ou demie lune à la porte St Georges, entre la porte et l'abbaye St Melaine, qui est terrassé.

Elle est peu belle. Le pavé est comme celuy de Vienne en Austriche, fort petit et pointu ; les rues estroites, les maisons s'elargissant par le haut, en sorte qu'en beaucoup de lieux elles se touchent presque l'une l'autre, et à peine le jour entre-t-il dans les rües ; car les seconds estages s'avancent en dehors sur les premiers, les troisièmes sur les deuxièmes, et ainsy tousjours se vont estrécissant. Par dedans elles sont mal ordonnées, les chambres et quartiers mal disposés. En la pluspart des logis il faut passer à travers la sale ou cuisine pour aller à l'escurie ou estable. C'est comme au reste de la Bretagne : les bestiaus passent par mesme passage que les hommes, et peu s'en faut qu'ils ne logent ensemble. Et comme les logis sont partie de pierre ardoisine et principalement de bois, les rats et les souris y sont en plus grand nombre que j'aye jamais veu en aucun autre lieu.

Leur meuble est à l'avenant : leurs licts sont fort courts et fort aults de terre, leurs tables aultes et les sièges d'autour fort bas. Les puces et les punaises n'y manquent pas.

Il y a néanmoins quelques belles maisons en la ville par cy par là, qui sont basties de neuf, comme celle du président de Brye Loisel[1], non loin derrière St Pierre ; une autre devant St Pierre et au coin de la porte Mordelaise, vers la Maison de Ville, apartenant à ..... ; celle du président de Verguigny[2], vis à vis de l'hostelerie de la Harpe ; celle de la Fontaine Belhomme en la Fénerie. Celle de Mr de Brissac, qui est du gouverneur, située au-dessus de la Fénerie, vis à vis du Pot d'Estain, est bien grande et spacieuse, mais vieille et mal en ordre.

Horloge de Rennes. — Un des bastiments et choses curieuses que l'on voye à Rennes, c'est *la tour de l'Horloge*, où pend une cloche[3] qui est très grosse et estimée plus que celle de Rouen. — En la légende de la sépulture de l'évesque de Tréhal[4], il est porté qu'il feit faire la grande cloche ; mais il n'y est point dit si c'est celle cy ou une autre de son église. —

Elle est siée par un costé expressément, afin de luy diminuer de la force du son qui pourroit estre trop confus pour distinguer les heures, et ébranleroit le clocher qui est fort délicat. Ils disent que le son faisoit avorter les femmes grosses, tant il étoit épouvantable. J'en ay les mesures ailleurs[5].

1. Brie est comm. du cant. de Janzé, arr. de Rennes. Le château de Brie était aux Loizel ou Loaysel dès le XIVe s. Dubuisson parle sans doute ici de François Loaisel, présid[t] à mortier le 7 mars 1635. De cette famille était aussi Isaac Loaisel, conseill[r] au Parl[t] le 11 août 1596. V. « Grandes seign[ries] de H[te]-Bret. : Brie, marquisat » (Revue de Bret. et de V., 1893, 2e semestre, p. 161).

2. Guy Le Meneust s[r] de Bréquigny, présid[t] à mortier, en 1633. V. « Grandes seign[ries] de H[te]-Bret. » (Soc. archéolog. d'I.-et-V., XXIII, 1894, p. 112).

3. Cette cloche fut brisée et fondue dans l'incendie de 1720. V. sur cet événement, Paul de Vollant : « Arrests du Parlement », II, pp. 172 et 173 (Rennes, Garnier, 1722) ; — Ogée : « Dict. de Bret. », 2e édit., II, notes des pp. 495 et suiv. ; — M. de la Borderie : « Annuaire histor. », 1861, p. 211 ; — « Notes et documents concernant la grosse horloge de Rennes, 1468-1745 », par M. Lucien Decombe (Soc. archéol. d'I.-et-V., XIV, 1880).

4. Raoul de Tréal, év. de Rennes 1363-1383.

5. Ces mesures ne se trouvent point dans cet itinéraire.

La Teste Bieu, c'est-à-dire *Dieu*, et non pas *bleue*, comme aucuns pensent. — L'autre chose curieuse est un bust de bois, de forme gigantale, qui estoit cy devant posé, au dessus des premières fenestres, au dessus de la boutique de l'apothicaire Fourreau, au petit coin de cohüe; sur la moulure des pièces de bois duquel coin il y a escrit :

Ædes oculorum Dei antiquissimæ,
reædificatæ anno 1581.

Cette statue est d'énorme aspect, et, comme elle est creuse, par dedans on luy fait mouvoir la mâchoire d'en bas et les deux yeux, gros comme boulets de pièce de campagne ; ce que l'on faisoit jadis tandisque la procession de la Feste Dieu passoit par là et s'arrestoit à y encenser. On l'appeloit la Teste Bieu. Elle a esté ostée de là, de peur de scandale, les uns estimans que c'estoit la teste d'un saint, et les autres disans que c'estoit un idole resté des payens. Cela est à présent gardé chez le s[r] de la Marpaudaye, advocat au Présidial, au-dessus dudit apothicaire. Il n'y a rien de bien fait ni d'ouvrage antique, ains peut estre de 60 ou 80 ans seulement.

Une autre curiosité dans Rhennes, que le prince de Condé y trouvoit, estoit la présidente de Marbeuf, du surnom de Le Fèvre, qui a eu 32 enfans, son mary[1] fort jeune et vert, et elle se portant assez bien, sinon qu'elle avoit une fièvre quarte en automne 1636.

Espinay Champeaux[2]. — A six lieues de Rhennes est le bourg et paroisse de Champeaux, où il y a une église de la Magdelaine[3], collégiale de six chanoines fondée par Jean d'Espinay vers l'an 1340, et où est sa sépulture et celles de la maison d'Espinay[4], belles et élevées. Tout contre et dans ceste paroice est le chasteau d'Espinay, origine d'une ancienne noblesse de Bretagne dont les s[r] de Bron[5] et sa seur portent encor le nom. Il est bien basti de pierre solide, sans flancs ni fossés, mais avec l'accompagnement d'un bois, d'un estang et de canaux et prairies, par delà une belle place de jardin. Il a esté par le duc d'Halluyn, héritier de ceste maison de par sa mère, vendu à M. de la Trimoüille seig[r] baron de Vitré, à 1 lieue prez, par le prix de 110 mille escus. C'est marquisat et cela vaut dix mil livres de rente. Sur la porte de la sale il y a des lyons, et partout le bastiment force chifres d'une M et d'un I, qui sont de Jean d'Espinay[6] et de Marguerite d'Espeaux sa femme, fille unique du mareschal de Vieilleville[7] et héritière de Durtal[8]. Ils eurent pour fils le

1. Claude de Marbœuf, s[gr] de la Pilletière et de Blaison, président à mortier en 1618.
2. Champeaux, comm. des cant. et arr. de Vitré.
3. V. « La collégiale de Champeaux », par M. l'abbé Guillotin de Corson (Mélanges historiques, II, p. 60).
4. Le marquisat d'Epinay (auj. vill. d'Acigné) fut vendu en 1633, par Charles de Schomberg, duc d'Hallevin, maréchal de France, fils de l'héritière d'Espinay, à Henri duc de la Trémoille, comte de Laval et baron de Vitré. V. Du Paz : « Hist. généal. des s[rs] et marquis d'Espinay », où il décrit le château de ce nom ; — « Grandes seig[ries] de H[te] Bret.: Epinay, marquisat » (Revue de Bret. et de V. 1894, 2e sem., p. 181).
5. Broons-sur-Vilaine, comm. du cant. de Châteaubourg, arr. de Vitré, qu'il ne faut pas confondre avec Broons, ch.-l. de cant., arr. de Dinan, C.-du-N.
6. Jean II, premier marquis d'Espinay, chambellan de Henri II, épousa Marguerite de Scépeaux, et mourut le 9 x[bre] 1591. Sa veuve mourut le 28 mars 1603. Leur petit-fils, Charles d'Espinay, mourut sans enfant en 1609, et c'est alors que le marquisat passa à son neveu Charles de Schomberg, fils de sa sœur.
7. François de Scépeaux s[r] de Vieilleville, c[te] de Durtal, maréchal de France (1510-1571). Il a laissé des *Mémoires*. V. du Paz : « Hist. généal. des b[ons] de Matefelon, c[tes] de Durtal » ; — « Portraits et epitaphes de la maison de Mathefelon, tirés d'un vieux ms. sur parchemin, conservé dans la famille de MM. Prévost de la Boutetière-St-Mars », par M. P. Marchegay (Rev. des prov. de l'Ouest, VI, 1858).
8. Ch.-l. de cant., arr. de Beaugé, M.-et-L.

comte de Durtal, qui, d'une fille de La Rochefoucaut, sa femme, eut Charles d'Espinay mort sans enfans, et Françoise d'Espinay, femme de Henry comte de Schombergh, père du duc d'Halluyn. Sur la frise de ceste porte Il y a en lettres taillées :

Custodit leo quos vinclis amor alligat arctis.

C'est ce Jean et ceste Marguerite dont les chifres sont partout là.

Les armes d'Espinay sont *d'argent à un lyon rampant de gueules coupé sur sinople, coronné, armé, lampassé et à queue nouée de l'un et de l'autre.* Pour tymbre, une coronne de marquisat, érigé dez le temps de Charles VIII. Ces armes se voyent là solitaires, et aussy avec leurs alliances, à scavoir : *parties de vair, d'argent et de gueules*, qui est Durtal, *le tout coupé sur un facé d'argent et de gueules de 10 pièces* (qu'ils disent avoir esté de 8 seulement et de Hongrie), *au lyon de sable morné* (qu'ils disent estre d'Estouteville), *et sur le tout, de gueules à besans d'or*, qui est Mathefelon, maison esteinte en celle d'Espeaux qui en eut Durtal. — Voyez le Traité d'Anjou et la Généalogie de Rieux[1]. —

La sale de M. de la Trimoüille estoit tendüe d'antique tapicerie de l'histoire des comtes de Montfort la Cane, dont il est seigneur. Un comte de ceste maison tua un dragon, ainsy qu'il est là représenté et que veulent ceux qui historient sur leurs armes qui sont *d'argent à la croix ancrée de gueules guivrée* (dragonnée et aboutée de testes de serpens) *d'or*.

Le seigneur d'Espinay doibt le bourreau du présidial de Rhennes, et est chanoine né de la cathédrale de St-Pierre de Rhennes[2].

III

Chemin de Rhennes à Dol par Hedé et Combourg

De Rhennes à Dol[3], 10 lieues du pays. La moitié chemin est Hedé[4], gros bourg qu'ils appellent ville, à cause qu'elle a autrefois esté murée, et y avoit chasteau dont le circuit reste encor tout muraillé, ayant veüe sur une très-belle et large vallée. — Il estoit très fort à coups de trait. — Il commande sur la petite rivière qui, commançant demi lieue au dessus de Hédé, comme un petit ruisselet marescageux, influe dans l'estang qui costoye le fauxbourg de Hedé, d'où sortant, elle tombe en un profond et estroit vallon, le long du fauxbourg et bourg de Hedé, où elle fait moudre 7 moulins de suite, et passe enfin au pié de la pointe élevée où le chasteau est planté ; puis ruisselant à travers de ceste grande vallée boisée, passe à Tintiniac[5] et tombe en la rivière de Linon[6].

1. Autres ouvrages mss. de Dubuisson. La généalogie de Rieux qui est jointe à l'itinéraire de Bretagne, n'offre rien de remarquable et ne diffère point sensiblement de celle du P. Anselme. *Vide supra* p. 6, note 3.
2. *Vide supra* p. 15, note 4.
3. Ch.-l. de cant. arr. de St-Malo, I et V.
4. Ch.-l. de cant.. arr. de Rennes ; *sénéchaussée royale*. V. « Grandes seigies de Hte Bret : Hédé, châtellenie » (Soc. archéol. d'I.-et-V., XXIII, 1894, p. 239).
5. Tinténiac, ch.-l. de cant., arr. de St-Malo, I.-et-V.
6. Petite rivière qui nait dans l'étang de Combourg et se jette en Rance près d'Evran.

Il y a Hedé, qui est au roy, un séneschal, office qui vaut 12 cens escus d'achat, et procureur du roy. C'est une des 4 *Chambres ducales* [1]. Les 3 autres sont Ploërmel [2], Jugon [3], et St Aubin du Cormier [4], qui ont perdu leurs privilèges. Hedé seul les a conservés et confirmés de roy en roy. A 2 lieues bien grandes de Hedé est Combourg [5], partage d'un cadet des comtes de Dol ; – Traité des Estats de Bretagne, p. 9, [6]. — à moitié chemin duquel vous passez l'eau de la Aulte Planche, aprez avoir, sur un petit pont, passé le ruisseau ou doué de l'estang de la Bézardière, à quart de lieue de Hedé.

Comme vous arrivez à Combourg, vous trouvez l'estang qui est très long et fort beau, et, passant sur la bonde, vous voyez comme, à la sortie d'elle par un aixeau, cest estang, laschant son eau, fait moudre un moulin ; puis va passer au prieuré de Combourg, possédé par un chanoine de St Malo, et tire à Trévrien [7], recevant les doués de la Aulte Planche, de la Bézardière et de Hedé, lesquels elle charrie à Evran [8], où ayant passé, elle entre en Rance [9], sous le nom de Linon qu'elle porte dez sa source, qui est de la fontaine de Linon, au bout de la lande de Rochefort, joignant celle de St Pierre, dans le territoire de la Haye Combourg [10], paroice de Combourg, distant d'une lieue. Ceste eau donc, sortant de la fontaine de Linon, coule bien une lieue, recevant d'autres petits ruisseaux, et influe en l'estang de Combourg, d'où elle sort ainsy que j'ay dit cy-dessus.

Combourg [11] est un bourg ayant un séneschal et son alloué. Il y a un chasteau de bonne pierre de grais, à quatre tours rondes, situé sur une motte et bien fermé.

C'est au s[r] marquis de Kouetkim dont le frère cadet porte le nom de comte de Combourg ; et est un comté, membre de la maison de Chasteaugyron et d'Assigné [12] ; à cause de quoy la livre,

1. Nous ne savons pas ce que Dubuisson entend par *Chambres ducales*. Il est vrai que les quatre villes bretonnes qu'il cite ont été chacune le chef-lieu d'un domaine ducal. Mais il y eut bien d'autres domaines ducaux. V. « Essai sur la géographie féod. de la Bret. » ; consulter la carte qui accompagne cet ouvrage et son explication. Notre auteur veut dire sans doute que la sénéchaussée de Hédé relevait directement du roi, sans passer par l'intermédiaire d'une autre juridiction.

2. Ch.-l. d'arr., Morbih. Sénéchaussée royale, ressortissant au présidial de Vannes.

3. Ch.-l. de cant., arr. de Dinan, C.-du-N. Juridiction royale unie à Dinan.

4. Ch.-l. de cant., arr. de Fougères, I.-et-V. Juridiction royale unie à la sénéchaussée de Rennes en 1564.

5. Ch.-l. de cant., arrondissement de St-Malo, I.-et-V. V. Du Paz : « Hist. généal. des s[rs] de Dol et Combourg ».

6. *Vide supra* p. 6, note 1.

7. Trévérien, comm. du cant. de Tinténiac, arr. de St-Malo, I.-et-V.

8. Ch.-l. de canton., arr. de Dinan, C.-du-N.

9. Voir le cours de la Rance dans l' « Hist. de Bret. » de M. de la Borderie, I, p. 19.

10. La Haye, village de la paroisse de Combourg.

11. Philippe d'Acigné (fille de Jean VII et d'Anne de Montejean, dame de Combourg) apporta Combourg à son mari, Jean, premier marquis de Coëtquen et seig[r] du Vauruffier, mort en 1604. V. « Grandes s[ries] de H[te] Bret. : Acigné » (Revue de Bret. et de V., octobre 1892) ; — « Combour, comté » (*Ibid.*, mai 1894) ; — « Origines paroissiales de Combour », par le même (Mélanges histor., II, p. 167) ; — Du Paz, *op. cit* ; — Châteaubriant, « Mém. d'Outre tombe » (édit. Garnier, I, p. 26) : « *Plusieurs branches de ma famille*, écrit-il, *avaient possédé Combourg par des mariages avec les Coëtquen.... Le maréchal de Duras qui tenait Combourg de sa femme, Maclovie de Coëtquen, née d'une Châteaubriant, s'arrangea avec mon père qui désirait rentrer dans les biens où ses ancêtres avaient passé.* » La baronnie de Combour, en la baillie de Rennes, se composait de 15 paroisses. Ce fief fut créé de 1015 à 1030, par Jungonoë, év. de Dol, pour son frère Riwallon. C'est par erreur que l'on a souvent écrit que les sires de Combour avaient été comtes de Dol. Il n'y eut jamais d'autres comtes de Dol que les évêques de cette ville, et les sires de Combour n'étaient que leurs premiers barons. V. « Essai sur la géogr. féod. de la Bret. », pp. 11, 15, 89 ; — « Le régaire de Dol et la baronnie de Combour », par le même (Soc. archéol. d'I.-et-V., 1862) ; — « Anc. évêchés de Bret. », I, p. LXXI, note 1.

12. V. Du Paz : « Hist. généal. des s[rs] de Chasteau Giron, et des s[rs] puis marquis d'Acigné. »

aussy bien qu'à Chasteaugyron, y est de 24 onces, quoy qu'au territoire de Rhennes et de St Malo elle ne soit que de 16, en celuy de Dol de 18, et qu'il soit entre ces deux.

Il se boit à Combourg d'excellent cidre *et citrei vere coloris*[1].

La seigneurie vaut 12 mil livres de rente et fut donnée en mariage à la grand mère dudit marquis, qui estoit de la maison d'Assigné, à faculté de rachapt pour 50 mille livres; à cause de quoy le duc de Brissac, François de Cossé[2], qui represente ce droit comme héritier d'Assigné et par sa mère, est en procez avec le susdit marquis.

C'est une très grande paroice, qui a plus de 2 lieues de diamètre et bien 7 à 8 lieues de circuit.

De là à Dol il y a encore 3 lieues, et comme vous arrivez à quart de lieue prez, passant un hameau de la paroice de Kerfantel ou Kerfantain[3], vous voyez un chemin pavé, conduisant de Dol aus Ormes[4], belle maison des évesques de Dol, à une lieue et demie de là; et joignant iceluy chemin pavé, un rocher haut d'une pique, gros comme un tonneau, et finissant en cône ou mète[5], enraciné, au moins enterré là dans un champ appellé Champ Dolent, où la tradition et l'invention journalière d'armes en terre, en labourant, forcent de croire que là il y a eu autrefois une bataille. Cela est en la paroice de Kerfantain où Argentré, au chapitre de Tréguer, dit qu'estoit l'Evesché, auparavant St-Samson.

De Champdolents il y a beaucoup en France, et en un, sur la rive droite du Cher, prez Tésé[6], au-dessus de Montrichard[7], la tradition porte qu'il y a eu aussy une bataille.

Ce terrein est haut, et de ce costé Dol est commandée; c'est le costé du Midy. De l'autre, qui est celuy du Septentrion, Dol est bon, à cause du marais qui est bien bas; au dessous duquel marais, au dessous de la ville, sourt une rivière qu'ils nomment la Banche[8], laquelle tire vers Est, puis vers le Nord, passant vers St-Marcan sur Roulade[9], où elle reçoit diverses eaus qui la grossissent et là rendent, comme le bié Guyou[10] cy aprez; puis tourne court et vers l'Occident, passe entre la mer et le Mont Dol[11] ou Petit Mont St-Michel, ainsy dit pour estre un mont au milieu d'un marais tout seul, ayant un bourg avec son église tout autour, et sur le sommet un ermitage avec un puits. Au bas c'est le bourg épandu tout autour et qui a des fontaynes. A cent pas prez tout autour, c'est marais, et puis, du costé du Nord, la Banche et la mer.

Or la Banche, suivant son chemin à l'Occident, tourne enfin au Septentrion, et aprez 2 ou 3 lieues

1. Jeu de mot qui semblerait indiquer une fausse étymologie. *Cidre* vient de *sicera*, mot indéclinable.

2. Fils de Charles II de Cossé duc de Brissac et de Judith d'Acigné. *Vide supra* p. 17, note 6.

3. Carfantin, jadis en breton: *Kerfunteun*, anc. paroisse, auj. réunie à la comm. de Dol.

4. V. « Pouillé histor, de Rennes », I, p. 444.

5. V. « Guide du touriste archéologue à Dol; la cathédrale, le Mont-Dol, la pierre du Champ-Dolent », par M. l'abbé Ch. Robert, de l'Oratoire de Rennes (Dol, 1892), p. 57.

6. Thésée, comm. du cant. de St-Aignan, arr. de Blois, Loir-et-Cher.

7. Ch.-l. de cant., arr. de Blois.

8. Petite rivière ou ruisseau d'écoulement des marais de Dol, qui se jette dans la Manche au Vivier. Dubuisson prend un des ruisseaux affluents de la Banche pour la source de cette rivière.

9. Saint-Marcan est comm. du cant. de Fougères, arr. de St-Malo, I.-et-V. Cette paroisse ne s'est jamais appelée: *sur Roulade*. Le nom de Saint-Broladre, par. et comm. voisine, doit-être cause de cette erreur.

10. Auj. le Guilloul, bief Guilloul ou bief du Guillou; dans Ogée: la Guioute. On écrit généralement Guyoul ou Guioul. En latin: *Guviolus*.

11. Mont-Dol, par. et comm. du canton de Dol, arr. de St-Malo, I.-et-V. V. « Guide du touriste archéol. à Dol », par M. l'abbé Robert, p. 44; — « Rapport sur une excursion au Mont-Dol », par M. Audren de Kerdrel (Assoc. Bret., congrès de St-Servan, 1891).

au plus de chemin qu'elle a fait, se rend au Bec à l'Asne[1], qui est un pont à pales ainsy nommé, et, une mousquetade au dessus, entre en mer, tout proche de la bouche du bié Guyou dont je veux vous parler. Car arrivant à demi quart de lieue de Dol, aprez avoir passé Champ Dolent, vous descendez en un fond ou vallon où, par dessous un petit pont à 2 trous quarrés au lieu d'arcades, passe une rivière large de 25 piés environ, assez limpide, laquelle ils appellent Bié Guyou ; ce mot de *bié* signifiant non une rivière légitime, mais un canal estroit d'eau, principalement s'il est fait ou remparé à la main, comme cestui cy est, au dessous de Dol, ayant les deux rives rehaussées, comme deux douves, pour empescher l'inondation, comme nous dirons tantost. Car ils ont, par tradition, que la marée anciennement donnoit dans ledit bié ou canal jusques audit pont, qu'ils appellent Pont Limier, à cause de quoy les arches sont basses et quarrées, comme pour les fermer à pales, afin de retenir la marée et l'empêcher de monter plus outre.

Ceste eau vient de 2 lieues de là, d'une source appellée Fontaine Guyou, au territoire de Landal[2], maison noble et célèbre apartenant à la marquise de Mortemar[3], ou un peu plus ault; et s'enflant des eaus de la Vieuville, abbaye Bernadite[4] appartenant au fils de Mr de Pontchasteau et des estangs de la Mancellière[5], gentilhommière d'un noble qui en porte le nom et a 15 mille livres de rente, de là l'eau Guyou vient vers l'Occident au-dessous de Dol, au Pont Limi ou Limier, et de là tourne le long du fauxbourg où est le prieuré, dit l'Abbaye, qui est de 6 mil livres de rente et appartient à M. de Révol, chantre de Dol et neveu du dernier évesque[6] décédé 1629 ; et revient sur soy, retournant vers Septentrion et Orient, jusques au bout d'un autre fauxbourg contigu et fort court ; tellement que, à 200 pas hors la porte de la ville, vous le retrouvez reprenant tout court son chemin vers Ouest et Nord-Ouest, comme nous dirons sur le chemin de Cancale[7].

IV

Dol

— QU'AUCUNS appellent *Léondoul*, Argentré (L. I, ch. 10) dit ignorer pourquoy. *In Libro Provin-*

1. Nous ne retrouvons plus ce nom sur la carte. Peut-être faut-il lire : *Bac-à-l'Asne.*

2. Landal, en la par. de la Boussac, est une châtellenie et comté qui appartint successivement aux Montsorel, Aubigné, Montauban, Rohan, Maure, de France. V. Du Paz : « Hist. généal. des seigrs de Landal » ; — « Grandes seignries de Hte-Bret. : Landal, comté » (*Rev. de Bret. et de V., nov.* 1895).

3. Louise comtesse de Maure, dame de Landal, qui épousa en secondes noces, le 5 août 1600, Gaspard de Rochechouart, marquis de Mortemart, mort à Paris le 25 juillet 1643. Elle mourut l'année suivante. V. « Réception d'une grande dame dans le monastère des RR. PP. Carmes, à Dol et à Rennes », par M. l'abbé Guillotin de Corson (Récits de Bretagne, I, p. 84) ; — « Grandes seigries de Hte-Bret. : Parigné » (Soc. arch. d'I.-et-V., XXIV, p. 92) et « Bréal » (*ibid.*, XXIII, p. 89).

4. Abbaye Bernardine, en la par. d'Epiniac, à François du Cambout, aussi abbé de Geneston et de Villeneuve, au diocèse de Nantes, mort en 1690. V. « Gallia Christ. », XIV, col. 1079 ; — Du Paz : « Hist. généal. des seignrs de Landal » ; — « Pouillé histor. de Rennes », II, p. 755.

5. Maison noble et seigneurie en la paroisse de Baguer-Pican (auj. comm. du cant. de Dol, arr. de St-Malo, I.-et-V.), évêché de Dol, possédée par les familles de Chasné et Rahier. V. « Pouillé histor. de Rennes », II, pp. 752, 753 ; — « Grandes seigries de Hte-Bret. : la Mancellière » (Soc. archéol. d'I.-et-V., XXIV, 185).

6. Antoine de Révol, év. de Dol 1604-1629. Sur l'évêché et les évêques de Dol, voir « Pouillé histor. de Rennes », I, pp. 373 et suiv.

7. Ch.-l. de cant., arr. de St-Malo, I.-et-V.

ciarum : Neodunum vel Noviodunum[1]. Voyez Argentré, L. I, ch. 10, et L. III, ch. 14 et 16. —

Dol est commandée du costé de Kerfantel (ou Kerfantain[2], paroice jouxte Dol, où auparavant S. Samson[3], estoit le siège de l'évesché, ce dit Argentré au chapitre de Tréguer[4]), et de la pierre de Champ Dolent, qui est au Sud ; mais du costé du Nord, elle est aulte et élevée au dessus du marais, Le circuit des murailles est petit et d'un quart d'heure de chemin, avec un corridor intérieur et sans terrain. Il n'y a que deux portes : une vers Est, qui va à Pontorson[5] et vers Paris ; l'autre vers Ouest, qui va à Cancale et à St-Malo et vers Basse Bretagne. Joignant ceste cy est le *Chastel*, résidence de l'évesque, qui est originaire du Languedoc, jadis courtisan de la reine mère, Hector Douvrier[6], fait évesque par le déceds du s^r de Révol, 1629 ; et porte en ses armes : *d'azur à un chevron d'argent chargé de sept merlettes de sable, cantonné de trois triples espis d'or*, lesquelles, à la mode de ses prédécesseurs évesques, il tymbre d'une mitre sur le coin droit d'un tymbre ou morion ouvert, taré de front et coronné sur le coin gauche, et entre deux, une croix patée ou boutonnée, dont la hante ou bout passe au-dessous de la pointe de l'escusson. C'est parcequ'ils sont comtes de Dol[7], seigneurs temporels et spirituels du pays Dolois.

L'évesque a 18 mille livres de rente[8] et une belle maison, les Ormes, à une lieue de Dol vers Rhennes. Il s'est autrefois qualitié *archipræsul*, comme vous voyez *in ms. indice et Kalend. Andegavensi nostro, in fine, et in Antiq. Parisiens.*[9] ; et prétend la préséance de tous les évesques de Bretagne. *Vide Monim. Britonica*[10], *p. 6*, et le Traité des États de Bretagne, p. 2.

Le chasteau qui est de peu de deffence, basti par un évesque Ceuret[11], dont les armes sont par tous les endroits et quartiers, excepté où sont celles de Rohan ou de Pléderem[12], comme ils disent (qui sont 9 mâcles, comme celles de Rohan), et où l'évesque entretient garnison de 15 hommes,

1. *Noiodunum*, d'où *Nœodunum*, est le nom donné par Ptolémée à la capitale des Diablintes, peuple qu'il faut placer à Jublains (comm. du cant. de Bais, arr. de Mayenne). C'est donc par erreur qu'on a identifié cette localité avec Dol. L'emplacement de Dol était un lieu désert et inculte lorsque, vers 548, St Samson y fonda son monastère. L'étymologie de Dol est très obscure. Cambden dit que ce mot signifie *vallée*, dans la Cornouaille Anglaise. Au reste, M. Duine, dans son « Etude sur le patois de Dol » (Annales de Bretagne, juillet 1897), reconnait que *Dol* est un nom celtique qui signifie *lieu bas et fertile* ; et M. Loth, le savant doyen de la Faculté des Lettres de Rennes, accepte pour ce mot le sens de *vallée herbeuse*, prairie dans un vallon ou sur le bord d'une rivière.

2. Lire : Carfantin. *Vide supra* p. 24, note 3.

3. St Samson, mentionné en 557, mort vers 576. Sa fête tombe le 28 juillet. V. A^ta S^orum O. S. B., I, p. 165 ; — Levot : « Biogr. Bret. » ; — « La très anc. vie de St Samson »... par D. Fr. Plaine (Paris, Retaux, 1887); — Albert le Grand : « SS. de Bret » ; — M. de la Borderie : « Hist. de Bret. », I. pp. 415-443, 560-566 ; et « Annuaire historique », 1862, pp. 152-156 ; — Bolland., juillet, VI.

4. V. Argentré : « Hist. de Bret. » Liv. III. ch. 14 et 16 (édit. 1618).

5. Ch.-l. de cant., arr. Avranches, Manche.

6. Ev. de Dol en 1629 ; permuta en 1644 avec l'év. de Nîmes.

7. V. Du Paz : « Hist. généal. des s^rs de Dol et Combour » ; — « Grandes seign^ies de H^te Bret.: Dol, comté » (Revue de Bret. et de V., juillet 1894). *Vide supra* p. 23, note 11.

8. V. « Etat du revenu de l'évêché de Dol, en 1459 », par M. P. Marchegay (Soc. archéol. de Nantes, XII, pp. 127-140).

9. Il s'agit peut-être ici de « La Fleur des antiquités et singularités... de Paris », par Gilles Corrozet (Paris, 1532, réédit. 1550), à moins que ce ne soit quelqu'autre ouvrage de Dubuisson. Quant au « Traité d'Anjou », *vide supra* p. 6, note 3.

10. L'ouvrage que Dubuisson appelle *Monimenta Britonica* devait être un recueil de chartes et de fragments de chroniques, composé au cours de son voyage. Il le cite à plusieurs reprises, et, par le petit nombre de ses feuillets, on peut juger que ce recueil était peu considérable. L'examen des volumineux manuscrits de Dubuisson, à la Bibliothèque Mazarine, pourrait peut-être le faire retrouver.

11. Etienne Cœuret, év. de Dol 1er déc. 1405 — 6 déc. 1429.

12. Rohan porte : *de gueules à sept*, puis *neuf macles d'or*, et Plédran : *d'or a 7 macles d'azur*. Il se peut qu'il y ait eu aussi variation dans le nombre des macles de cette famille. Mathurin de Plédran fut év. de Dol du 12 juin 1504 au 10 déc. 1521. V. « Guide du touriste archéol. à Dol », par M. l'abbé Robert, p. 11.

est situé entre la porte de la ville, qu'il joint et commande, et l'église cathédrale de St-Samson, qu'il avoisine et joint par le bout de la nef et grand portique d'icelle, où sont les armes de Ceuret.

Le vaisseau de l'église[1] est grand, antique, fut ruiné l'an 1482, ès guerres de France et de Bretagne, réparé par l'évesque Thomas James[2], ainsy qu'il est porté par son épitaphe posé 1507, cy aprez, et relant comme l'air de Dol l'est, à cause des marais situés vers la mer éloignée d'une lieue et demie seulement. Et le serain est très dangereux à ceux maisme du pays, mais bien plus aus estrangers[3].

Dans cette église il y a une petite paroice pour la rüe Sainte[4], au joignant l'église, habitée par les chanoines, et ès deux bouts de laquelle sont les vestiges de portes qui la fermoient autrefois contre le reste de la ville, et pour quelques maisons du fauxbourg.

Evesché et autres dignités de l'Eglise de Dol. — En la vie de St Paterne[5] évesque de Vennes, *in proprio de sanctis Venetensibus affixo ad calcem Missalis Romani impressi Rhed.*[6], St Samson est appelé métropolitain, et est dit que St Paterne fut accusé et se justifia devant luy, comme justifiable de luy. — De l'archevesché de Dol : Argentré, L. III, cap. 14 et 16[7]. *Prop. SS. diocesis Venetensis*, à la fin du Missel romain : *Sanctus Mevennus, cognatus et comes S[ti] Samsonis archiespiscopi, anno 610.* Voyez le ms. de Quidaleth partout, et le Traité des Estats de Bretagne[8], comme aussy le Catalogue des archevesque de Dol au livre des SS. de Bretagne[9]. —

1. V. « Guide du touriste archéol. à Dol », pp. 7 et suiv. ; — « La cathédrale de Dol », par Toussaint Gauthier, 1860 ; — « Bulletin monumental » par M. de Caumont, année 1840 ; — « Voyage dans l'Ouest de la France » par Mérimée ; — « La grande verrière du XIIIe s. et autres vitraux anciens de la cathédrale de Dol », par M. l'abbé Robert (Soc. archéol. d'I.-et-V., XXII, 1893) ; — « Observations sur une particularité de construction de la cathédrale de Dol », par M. l'abbé Brune (Soc. archéol. d'I.-et-V., I, 1861) ; — « Etude sur la cathédrale de Dol », par M. du Vautenet (Congrès scientif. de France, Rennes, 1849).

2. D'abord év. de Léon, élu év. de Dol le 28 mars 1482, mort le 5 avril 1504.

3. Sur le marais de Dol, voir Ogée : « Dict. de Bret. » 2e édit., I, pp. 239, 252 ; — « Hist. de Bret. » de M. de la Borderie, I, pp. 6-11 ; — « Les mouvements du sol sur les côtes occidentales de la France et particulièrement dans le golfe Normanno-Breton », par A. Chèvremont (Paris, Leroux, 1882) ; — « Les variations du niveau du sol de la Bretagne », par M. Parize (Extrait du journal *Le Breton*, de Morlaix) ; — « Les mouvements de la mer sur les côtes de Bretagne et de Normandie », par M. Geslin de Bourgogne (Soc. d'émulat. des C.-du-N., X, p. 451). Graslin, receveur général des fermes du roi à Nantes, créateur, dans cette ville, du quartier qui porte son nom, tenta vers 1780, le desséchement des marais de Dol. V. « Graslin, etc... » par J. C. Renoul (Soc. académ. de Nantes, 1860) ; — « Recherches sur la vie, les doctrines économiques et les travaux de Graslin », par Luminais (*Ibid.*, 1861).

4. Lire : rue Ceinte, *cincta*, c'est-à-dire fermée à ses extrémités. Elle formait la paroisse du Crucifix, qui se desservait en la chapelle Notre-Dame de la cathédrale, et fut supprimée en 1772. V. « Les anciennes paroisses de Dol », dans les Mélanges historiques de M. l'abbé Guillotin de Corson (II, p. 162).

5. D'après le « Gall. Christ. » (XIV), St Patern ou Patrice mourut vers 448 et un second St Patern fut consacré vers 462. La « Biographie Bretonne » de Levot admet trois saints Paterns ; D. Lobineau, dans sa « Vie des SS. de Bretagne », n'en reconnaît qu'un, premier év. de Vannes, mentionné en 465 au concile de cette ville ; mais M. l'abbé Duchesne (« Catal. épiscop. de la prov. de Tours ») ne pense pas qu'il ait été le premier év. de Vannes, et croit que ce siège épiscopal fut fondé dès le quatrième siècle. M. de la Borderie a éclairci cette question dans son « St Patern, premier év. de Vannes, sa légende et son histoire » (Vannes, Lafolye, 1893), où il prouve la confusion, faite par beaucoup d'auteurs, de St Patern d'Avranches, St Patern du pays de Galles et St Patern de Vannes. Dans son « Histoire de Bretagne »(I, pp. 203-206), il montre aussi qu'il y a tout lieu de croire que St Patern a été premier évêque de Vannes. V. Bolland., avril, II.

6. *Vide supra* p. 9, note 6.

7. V. Argentré : « Hist. de Bret. » (1618), L. III., ch. 16, 24, 25, et L. IV, ch. 68.

8. Le « ms. de Quidaleth » devait contenir une histoire légendaire de la ville d'Aleth. Dubuisson en tira des extraits quand il passa par St Malo ; mais il le qualifie ailleurs de « fabuleux ». Quant au traité des Etats de Bretagne, *vide supra* p. 6, note 1.

9. « Vie des Saints de Bretagne » par Albert Le Grand ; Nantes, Doriou, 1637, et Rennes, Vatar, 1659 (édit. de Guy Autret) ; rééditée, avec de savantes notes, par M. Miorcec de Kerdanet, en 1836.

Les chanoines ont le chœur et sont 15, rentés de 7 à 8 cens livres par an.

La première dignité est de *chantre*, qui a bien 2 mille livres de rente ; puis *archidiacre* ; en aprez, le *scholastique*. Le quatrième et dernier est le *thrésorier*, qui est le premier à Rhennes.

L'official est sans dignité. Mais l'évesque est fort noble, évesque et comte, timbrant de heaume et de mitre, et d'une croix qui sent l'archevesque, comme autrefois ils se sont qualifiés, à cause que St Samson, qui fut le premier évesque de Dol, estoit en Angleterre d'où il vint archevesque d'York, et que aucuns de ses successeurs ont eu le *pallium*[1], et que de plus l'évesque de Dol a paroices de son diocèse et apartenance dans tous les eveschés de Bretagne excepté Nantes, c'est à dire en sept, comme il est aussi porté en la plainte faite en un concile de Latran (*Vide indices nostros Andegav. ms.*) par l'archevesque de Lyon, à la réquisition de celuy de Tours, contre l'évêque de Dol qui prenait la qualité d'*archipræsul* et usurpoit juridiction sur sept eveschés de Bretagne, dépendans de Tours.

L'évêque de Dol a aussy quatre paroices en la deuxième Lugdunoise ou Normandie, prez Ponteau de Mer[2] et Honfleu[3], en l'une desquelles, qui est St Sanson sur Rille[4] proche la Roque[5] qui en est aussy, il y a un évesque de Dol, *Baldericus*[6], enterré, s'y estant réfugié et y ayant basti une église collégiate qui y reste encor. Il a escrit un œuvre de la *Guerre Sainte*, imprimé, dont le ms. assez incorrect, ce m'a dit l'évesque, est gardé dans le thrésor du chapitre de Dol. Il avoit esté abbé de Bourgueil, comme remarque Argentré, L. III, au chapitre qu'il fait exprez de Marbode évesque de Rhennes[7] et de luy, et Masson[8] : *De fluminibus Franciæ*.

Mais ce qui est à remarquer, qu'ès synodes provinciaus de la troisième Lugdunoise, l'évesque de Dol se sied coste à coste et en pareille chaize, à la gauche de l'archevesque de Tours, dont il est encor en possession. Néanmoins l'évêque de Rhennes luy dispute la préséance ès Estats de Bretagne, alléguant qu'un évesque de Rhennes, de Chantemelle, a eu aussi le *pallium* et a esté traité d'archevesque ; et puis il est évêque de la capitale de la province. Les autres évesques de la même province ne veulent non plus céder ni à l'un ni à l'autre, alléguans qu'ils sont tous égaux, suffragans de Tours ; et que si l'évesque de Dol a paroices, visite et jurisdiction en quelques lieux des diocèses des autres, cela a esté ainsy fait par leurs libéralités qui s'estendirent vers St Samson,

1. Sur le *pallium* voir l'article du Dict. de Trévoux. Le *pallium* est bien un des insignes des archevêques ; mais les Souverains Pontifes l'ont aussi envoyé à des évêques, comme une faveur personnelle et sans intention de transformer leur siège en archevêché. L'archevêché de Dol, créé par Nomenoë en 848, se maintint pendant deux siècles, malgré les réclamations des conciles. La question restapendante jusqu'à la bulle d'Innocent III, du 1er juin 1199, qui obligea l'évêque de Dol à reconnaître la suprématie de Tours. V. « Chronique de Nantes », par M. René Merlet (Paris. A. Picard, 1896), p. xxxi et ch. XI. — Ogée : « Dict. de Bret. », 2e édit.. art. *Dol* ; — « Pouillé histor. de Rennes », I, pp. 385-390 ; — A. de Barthélemy : « Mélanges histor. sur la Bretagne », III, 84 ; — « Anc. évêchés de Bret. », I, p. LV. L'évêché de Dol fut fondé par Judual, roi de Domnonée, en faveur de St Samson, peu après 555. V. « Hist. de Bret. », I, p. 431.

2. Pont-Audemer, ch.-l. d'arr. de l'Eure.

3. Honfleur, ch.-l. de cant., arr. de Pont-l'Evêque, Calvados.

4. St Samson-sur-Rille, Conteville, le Marais-Vernier et St Samson-de-la-Rocque, le tout aujourd'hui dans l'arr. de Pont-Audemer, formaient la seigneurie donnée par Childebert à St Samson vers 554. Elle appartint aux évêques de Dol jusqu'au XVIIIe s. V. « Hist. de Bret. », I, p. 427.

5. St Samson de la Rocque, comm. du cant. de Quillebeuf, arr. de Pont-Audemer, Eure.

6. Ev. de Dol mentionné en 1108, mort le 5 janvier 1130.

7. Ev de Rennes mentionné en 1096, mort en 1123. V. « Marbode, év. de Rennes, sa vie et ses œuvres », par M. Ernault (Soc. archéol. d'I-et-V., XX, 1889).

8. Jean Papire Masson (1544-1611), auteur de la *Descriptio fluminum Galliæ*.

pauvre prélat réfugié et sans glèbe, auquel ils en donnèrent chacun en leur territoire, ce qui leur doibt tourner plustost à gloire et supériorité qu'à préjudice et désavantage.

Néanmoins l'évesque de Dol proteste toujours, comme il feit en 1608, à la réception de M. de Vendôme, gouverneur de la province[1], où il fut résolu, en la séance des Estats tenus à Rhennes, que chacun évesque auroit la préséance en son diocèse, et les autres aprez lui, selon le rang de leur ordination, suivant le droit commun en la bulle d'Eugène IV, de l'an 1432, obtenüe pour ce sujet par le duc Jean V (Argentré, L. I, ch. 12). Es Estats de Vennes, 1451, débat de séance entre les évesques de Vennes, St Brieuc, Dol et Rhennes qui l'emporta[2].

Or, bien que l'évesque de Dol porte les marques d'archevesque, faisant ès processions porter la croix devant soy et la mettant en ses armes, au lieu que les autres mettent une croce, néanmoins je n'ay point trouvé un seul monument en leur église où ils se soient qualifiés archevesques ; certes toutes les sépultures de leur église portent le nom d'évesque.

En la chapelle, au bout boréal de la croisée, une tombe à rez de terre, de cuivre, figurée d'un évesque, avec ceste légende :

Hic jacet piæ recordationis et ecclesiæ defensor, Dominus Joannes de Bruc, Venetensis diocesis, parochiæ de Glenac oriundus, olim de Trec (ce qui suit est rompu) *millesimo quadringentesimo trigesimo septimo*[3].

Ses armes sont *un sautoir chargé de besans*[4].

Et dans l'arceau de la paroy, tombeau élevé et couvert d'un petit portique corinthien de pierre blanche, et sur le devant du tombeau il y a une plaque de cuivre portant prolixe escriture d'or, que c'est Thomas James, évesque de Rhennes[5] puis de Dol (ce qui est à remarquer pour la préférence de Dol à Rennes), ayant esté ambassadeur, *orator*, de François duc de Bretagne, à Rome, mort le jour des Nones d'avril 1503, le jour du vendredy saint ; posée 1507 par son neveu Jean James, thrésorier de Dol. Ses armes sont *d'or au chef d'azur portant une rose d'or*[6].

Dans la carolle[7] australe, en l'époisseur d'une chapelle, vieille épiscopale sépulture, élevée, en pierre de grais, sans légende et ignorée de quel évesque.

En la chapelle St Samson, derrière le chœur, le dernier évesque, Antoine de Révol[8], portant trois trèfles en ses armes, mort le 8e d'aoust 1629 ; fut enterré 1629 dans un charnier où l'on trouva le corps d'un évesque de la maison de Pléderem, Mathurin[9], qui fut un grand œconome et rétablit le domaine de Dol fort égaré.

Dans l'arceau de la paroy boréale, sépulture de marbre noir, élevée, à statue de blanc, gisante en pontifical, et ceste légende sur la lame :

1. César, duc de Vendôme, fils d'Henri IV et de Gabrielle d'Estrées, gouverneur de Bretagne de 1598 à 1616. Il en sera parlé à la fin du chapitre XII.
2. V. « Les évesques de Dol, présidents des Etats de Bretagne », par M. l'abbé Ch. Robert, de l'Oratoire de Rennes (Assoc. Bret., congrès de St-Servan, 1891).
3. Jean de Bruc, d'abord év. de Tréguier, puis év. de Dol 1430-1437. Glenac est auj. comm. du cant. de la Gacilly, arr. de Vannes.
4. Il y a ici une confusion ; car de Bruc porte *d'argent à la rose de gueules, boutonnée d'or*.
5. Erreur. V. « Guide du tour. archéol. à Dol », pp. 13-16, et *supra* p. 27, note 2.
6. Erreur : James porte *d'azur au chef d'or chargé d'une rose de gueules*.
7. Dubuisson emploie le mot *carolle* dans le sens de *bas-coté*.
8. Ev. de Dol 1603-1629. Revol porte *d'argent à trois trèfles de sinople*. V. « Guide du tour. archéol. à Dol », pp. 32-35, et *supra* p. 25, note 6.
9. *Vide supra* p. 26, note 12.

Hic jacet Joannes de Bosco[1], *condam episcopus Dolensis, de Cenomania natus, utriusque juris doctor excellens, et fuit in parlamento regis advocatus. Obiit anno Domini MCCCXXIII, die Mercurii, festo conversionis Sti Pauli.*

Dans le chœur, vers le bas, grande sépulture élevée de 3 piés et plus, ayant un sarcueil en forme de vase, de marbre blanc, portant au-dessus une lame de marbre jaspé large de 4 piés, longue de 6 environ, soustenüe ès quatre coins de quatre petits piliers quadrangles, et sur laquelle est une statue de pierre blanche gisante à l'épiscopale. Armes de Laval sur le vase, et légende sur la lame :

Mes. François de Laval[2] évesque de Dol,
abbé de Painpont et du Tronchet,
qui fonda céans 12 obits, décédé
le 2e juillet 1554,
dort icy.

Requiescat in pace.

Plus ault, en mesme rang, sépulture plus bas élevée, en pierre de grais, avec statüe gisante d'un évesque, Jean Mahé[3], selon la tradition à faute de légende.

Et plus ault encor, vers le sanctuaire, deux tombes à raiz de terre, de marbre noiratre, figurées d'évesques gisans, les légendes arrachées d'alentour, dont l'une est de Charles d'Espinay[4]; à costé de laquelle est la tombe de cuivre figurée d'une fillette fort jeune, Marie James, morte le 10e may 1503, posée par Thomas James, évesque, son oncle, lequel nous trouvons mort la mesme année en avril. Et partant il y a faute en l'un des dates[5].

Plus ault, dans l'époisseur de la paroy, du costé boréal du grand autel, grande sépulture et statue gisante à l'épiscopale, de pierre blanche, couverte de grilles de fer, et sur la lame :

Hic jacet Stephanus[6] *Dolensis episcopus condam, de mane legens, pariter demum Britaniæ cancellarius, juris utriusque doctor, oriundus...... qui obiit anno Domini 1429, die sexta decembris, pontificatus sui anno XIII°.*

C'est l'evesque Ceuret. Ses armes sont là, comme au frontispice du portique de l'église et au chasteau : *d'azur à trois cœurs d'or.*

Derrière le grand autel, sous un autel négligé, un long tombeau ou sarcueil de pierre de grais, d'une pièce, qui est le tombeau de St Sanson, dont le corps fut porté de là à sauveté à Paris[7], avec celuy de St Magloire, et mis en la chapelle du Palais, aujourd'huy St Barthélémy, lors de la descente des Normans. — *Vide Antiq. Paris*[8]. — Il y a une chaize de bois devant ledit tombeau, où

1. Jean du Bois, év. de Dol 1312 — 25 janvier 1323. Ce tombeau n'existe plus.

2. François de Laval, év. de Dol 1528-1554. Ses armes étaient : *de gueules au leopard passant d'or, armé et lampassé d'azur.*

3. Chanoine, puis év. de Dol 1266-1279.

4. Abbé de St-Gildas des-Bois et év. de Dol 1558-1591.

5. Il n'y avait point d'erreur : Thomas James est mort en 1504. La tombe de Marie James n'existe plus.

6. Etienne Cœuret, év. de Dol 1405-1429. Ce tombeau n'existe plus.

7. V. Bibl. de l'Ec. des Chartes, mai-août 1895 : « Les Origines du monastère de St Magloire à Paris », par M. René Merlet.

8. *Vide supra* p. 26, note 9.

l'on fait seoir 24 heures au moins les fols, que l'on amaine là faire leur neuvaine ou au moins leur pèlerinage à St Sanson.

Dans l'église de Dol il y a aussy un seigneur Anglois, Elchates, de très antique temps inhumé, ce dit Argentré.

Il y a à Dol une autre paroice [1] que la cathédrale, un convent de Carmes mitigés, fondés par Rohan Montauban [2], et un de Bénédictines [3] ; un séneschal, alloué et procureur de l'évesque et 2 ou 3 cens hommes de deffense.

V

Mont St Michel

De Dol au Mont St Michel [4] il y a cinq lieues, et à Cancale [5] trois.

A St Michel on va par deux chemins, dont l'un est le grand chemin de Normandie et de Paris jusques à Pontorson, et l'autre va par les grèves de mer, passant à costé du Petit Mont St Michel ou Mont Dol laissé à gauche, et passant la petite rivière de Banche, et suivant les digues qui sont là à quart de lieue de la mer dans la terre, jusques à ce que l'on vienne à la bouche du Couënon [6], que l'on passe à guay avec guide, quand la marée est basse.

Ayant passé le Couënon, ou à sa bouche par ce dernier chemin, ou une lieue au-dessus, à Pontorson, jusques où et par de là monte la marée, vous arrivez au Mont St Michel qui, de loin et de prez maisme, ne paroist autre chose, comme dit *Guillelmus Brito* [7],

Ardua quam rupes hominum fabricata labore,

selon que nous l'avons ailleurs annoté, *ad Papyr. Masson. flumina* [8], où nous avons dit que, selon Robert Cœnal [9], évesque d'Avranches, c'est l'*Ocrium promontorium* de Ptolémée [10], quoy qu'à présent il ne puisse pas estre pris pour promontoire, puisqu'il est tout à fait détaché et éloigné au

1. *Vide supra* p. 27, note 4.

2. Les Carmes de Dol furent fondés en 1401 par Guillaume de Montauban s[r] de Landal. V. « Pouillé histor. de Rennes », III, p. 120.

3. V. « Pouillé histor. de Rennes », III, p. 179.

4. Comm. du cant. de Pontorson, arr. d'Avranches, Manche.

5. Ch.-l. de cant., arr. de St Malo, I.-et-V. V. sur Cancale, le « Pouillé histor. de Rennes », IV, p. 278.

6. Le Coësnon, riv. qui prend sa source principale à la fontaine de Couëuette, comm. de Dompierre-des-Landes (Mayenne), et se jette dans la baie du Mont St Michel.

7. Guillaume le Breton, conseiller de Philippe-Auguste, historien et poète latin (1165-1219 *circa*), auteur de l' « Histoire des gestes de Philippe-Auguste », en prose, et de la « Philippide », en vers.

8. Dubuisson avait donc annoté ou complété l'ouvrage de Papire Masson.

9. Robert Céneau ou *Canalis*, év. d'Avranches, né en 1550, auteur d'une *Historia Galliæ*.

10. Le *promontorium Ocrinum* (et non pas *Ocrium*) de Ptolémée est aujourd'hui le cap Lizard ou Dead man, à l'extrémité de la Cornouaille Anglaise. Dubuisson a commis une grosse erreur en le plaçant en France, aussi tout son raisonnement est-il absolument sans valeur. V. « Géographie de la Gaule romaine » par Desjardins (Hachette 1876), et « Index de Géog. anc. et moderne », par Deschamps (suppl. à Brunet, 1870).

moins d'une lieue de la terre ferme, mais de la coste d'Avranches, à laquelle il avoit fallu qu'il eust tenu et esté continu pour être promontoire, pour le moins deux lieues.

Et ainsy semblerait que *Ocrium Promontorium* de Ptolémæé seroit plustost le roc ou cap de Granville, tout proche, en Normandie, ou la pointe de Gogray [1], opposite audit cap, en Bretagne, dans la paroice de Ho. [2], qui sont les deux terres les plus avoisinantes de part et d'autre du Mont St Michel qu'il y en ait. Il est vray que le cap de La Ogue [3] est encor plus grand et plus renommé sans comparaison que pas un de ceux-là, et que ce pourroit estre l'*Ocrium*, du nom duquel il ne s'esloigne pas beaucoup, encor qu'il ne s'en approche pas si prez que Gogray qui aussy en est bien plus voisin et proche de distance.

Toutefois si ce que porte le livret du Mont St Michel, publié par Feuardent [4] et imprimé en Avranches, est vray, c'estoit une montagne couverte de bois, tenant à terre ferme et longue de six lieues, large de quatre, au bout de laquelle, sur la mer, demeuroient des ermites, lorsqu'en l'an du Salut 708, St Aubert[5] évesque d'Avranches, adverti par révélation, y bastit un oratoire où il meit des chanoines, qui depuis furent changés en moines de St Benoist par Richard Ier duc de Normandie, en l'an 996 ; et puis par Richard II, en l'an 1024, fut l'église commencée.

Et dez le temps de St Aubert le rocher, où estoit l'oratoire et où est l'église à présent, fut miraculeusement détaché du reste de la montagne qui fut esplanadée et réduite en grèves plates par la mer qui commença à environner ledit rocher où estoit l'oratoire[6].

Si, dis-je, ce que dit Feuardent est vray, il n'y a point d'inconvénient que le Mont St Michel d'aujourd'huy ne fust lors un promontoire, quoyque le nom propre qu'il avoit, Tombe, qui est *tumulus*, un mont rond et séparé de toute tenure de terre, soit différent de celuy de promontoire.

De toutes parts donc que vous arriviez à St-Michel, il faut passer par les grèves, premièrement vertes, puis blanches. Vertes sont celles qui sont couvertes d'herbe, et les blanches sont où il n'y a que du sable lavé d'ordinaire par la marée. Laquelle marée, en *morte eau*, ne vient pas alentour du Mont St-Michel, depuis quinze ou vingt ans, mais seulement la grande eau, et principalement ès grandes marées des deux équinoxes, lesquelles ils appellent *malines, veteri vocabulo Bedæ noto et explicato*. De ces deux marées ils appellent celle d'automne : la marée des *gapas*, qui est à dire

1. Lire : des Cottrets, nom de la grève, à la pointe de Roz-sur-Coesnon.

2. Roz-sur-Coesnon, comm. du cant. de Pleine-Fougères, arr. de de St Malo, I.-et-V.

3. La Hogue ou La Hague, cap à l'extrémité N.-O. de la presqu'île du Cotentin, au N.-E. de Valognes. D'autre part La Hogue ou La Hougue est un port, à l'entrée d'une rade dans laquelle Tourville tenta de se réfugier en 1692.

4. « Histoire de la fondation de l'église et abbaye du Mont St Michel » par le P. Feuardent, docteur en s[te] théologie. La bibliographie du Mont St Michel pourrait être l'objet d'un volume. Citons, parmi les meilleurs ouvrages à consulter : « Histoire générale du Mont St Michel au péril de la mer », par Dom Jean Huynes, publiée par M. de Robillard de Beaurepaire ; — « Description de l'abbaye du Mont St Michel et de ses abords », excellente étude archéologique de M. Ed. Corroyer (Paris, Dumoulin, 1877) ; — « Le Mont St Michel monumental et historique », par Ed. Le Héricher (Avranches, 1847) ; — « Histoire pittoresque du Mont St Michel et de Tombelène », par Maximil. Raoul (Paris, Abel Ledoux, 1833), à lire sur la célèbre question des sables mouvants ; — « Hist. du M[t] St Michel », par Fulgence Girard (Avranches, 1843). Ces ouvrages en indiqueront beaucoup d'autres auxquels on pourra se référer.

5. St Aubert, év. d'Avranches 708-725, est fêté le 18 juin. V. Bolland., juin, III ; — Lebreton : « Biogr. Normande », I ; — Mém. de la Soc. archéol. d'Avranches, 1857.

6. V. M. A. Chèvremont : « Les mouvements du sol sur les côtes occidentales de la France, et particulièrement dans le golfe Normanno-Breton » (Paris, Leroux, 1882) ; — « Géogr. anc. de la péninsule armoric. », par M. de la Monneraye (Assoc. Bret., 1883, pp. 168 et suiv.) ; — M. de la Borderie : « Hist. de Bret. », I, p. 9. « Nulle preuve, écrit-il, que l'immersion du sol et la formation des baies du M[t] St Michel et de Cancale soit postérieure au début de la période historique. Dès lors il y a lieu de la croire antérieure. »

des *pailles*, parceque alors on commence à battre et vanner et épailler le blay de l'aoust précédent, comme ils appellent ces pailles des *gapas*. Celle de mars, ils la nomment *la marsaize*, et la tiennent pour la plus grande et plus fascheuse, à cause qu'elle vient en un temps encor mauvais, et est nourrie de vent, ce que n'est pas celle d'automne.

Or le *coupeau* de grande eau, c'est-à-dire le fin plus ault que monte la marée grande, soit équinoxiale ou autre, est toujours le 2e et 3e de la nouvelle lune et le 17 et 18 d'icelle, qui sont deux jours aprez la nouvelle et la pleine lune la plus proche de l'équinoxe, ou autre, quelque elle soit. Et au contraire le plus bas de l'eau ou *morte eau*, est toujours en temps opposites, 2 jours aprez le croissant et 2 jours aprez le décours. Ce qui est observé par toute ceste coste, où j'ay veu, le 16e septembre, aussy 16e de la lune, l'an 1636, la marée grande de l'équinoxe environner le Mont St Michel et couvrir les grèves blanches, mais non toutefois les vertes, qui sont au plan des blanches vers Pontorson, à demi lieue du Mont, où paissent les bestiaux. Et toutefois ils disoient que le lendemain, qui estoit la fin plus grande marée, elle y donneroit et couvriroit bien avant.

Aprez que la marée est retirée, longtemps et plusieurs heures aprez, fluent des ruisseaus de la rivière de Senune[1] en celle de Couënon qui est plus basse, à travers des grèves blanches, estant la chose ainsy naturellement composée que, comme Couënon passe tout proche le Mont et s'y embouche à l'Occident d'iceluy et du costé de Bretagne, aussy Senune passe de l'autre costé, tout aussy prez de luy, et s'y embouche à l'Orient de luy, faisant séparation de luy, qui est le mont de la Tombe, d'avec Tombelaine qui est son diminutif. — *Apage enim fabulam de tumba Helenæ, propter Helenam reginam Britaniæ, puellam a gigante raptam, vitiatam, mortuam et sepultam ibi. Vidi ms. de Quidalet*[2], *p. 1.* — Tombelaine est un petit mont ou rocher où il y a un petit fort tenu par le comte de Pouillé[3], Breton demeurant en Normandie.

Or ces deus rivières sont si proches l'une de l'autre qu'elles embrassent des deux costés le Mont St Michel, et s'en vont emboucher presque en maisme endroit dans la mer, de sorte que ce n'est pas merveille si, aprez avoir esté enflées et remplies de la marée, elles en laschent et communiquent de l'une à l'autre des ruisseaus.

Maisme la tradition et le proverbe[4] cité par Masson veulent que Couënon autrefois ait passé à l'Orient du Mont de la Tombe, qui par conséquent estoit lors en Bretagne, dont Couënon a tousjours esté la borne d'avec la Normandie.

Là donc commence le rivage breton, du costé de la rive gauche, et là maisme, du costé de la rive droite, commence le normand, dans lequel la première pièce et sans doute la plus célèbre et admirable est le Mont St Michel, muraillé tout autour par en bas, avec une seule porte bien gardée, et où il faut laisser l'*espée et pistolet en garde.*

Entrés que vous estes, tout à l'heure vous montez par une rüe tournoyante comme les escaliers de la tour de Babel représentée ès tailles douces. Ceste rüe jusques bien ault est bordée de tavernes

1. Lire : Sélune.
2. *Vide supra* p. 27, note 8.
3. Jean de Poilley, gouverneur de Mortain et de Tombelaine, qui fit ériger sa terre en comté en 1636. Poilley est une paroisse et comm. du cant. de Louvigné-du-Désert, arr. de Fougères, I.-et-V. V. « Pouillé histor. de Rennes », V, p. 510 ; — « Notices historiques et archéologiques sur les communes du canton de Louvigné-du-Désert », par M. Maupillé (Soc. archéolog. d'I.-et-V., XI, 1877, p. 369) ; — « Grandes seignies de Hte-Bret. : Poilley, comté » (Revue de Bret. et de V., février 1897).
4. « *Si Coësnon a fait folie,*
« Si est le Mont en Normandie. »

assez mauvaises et où bien souvent il n'y a pas de pain qui leur vient de Pontorson et d'Avranches. Au Chapeau Rouge il y a dans l'escurie un puits d'eau vive, qui est chose bien rare en ce rocher, aussy bien qu'estoit la fontaine que j'ay veu distiller du roc, au dehors du Mont, vers le Nord Ouest, ce me semble, en l'an 1629, et y estre receue en un bassin du roc mesme, qui est ceste fontaine que Feuardent dit avoir esté faite par St Aubert, lorsqu'il y bastit le premier oratoire, et que ce roc ou mont se sépara de la montagne continente, au bout de laquelle il estoit attaché.

Arrivés environ la moitié du mont, vous trouverez des degrés à monter en bon nombre, et puis la porte de la forteresse, où l'on vous fouille derechef et oste jusques à un couteau. Au bout de quelques autres degrés encor, vous trouvez le corps de garde, où sont force arcbuses à croc et fauconneaux, dans les embrasceures et canonnières qui flanquent sur la rüe et degrés par où l'on monte, et qui est gardé par une 20aine de soldats, soubs la charge du gouverneur qui estoit le sr de la Luzerne [1], naguères décédé et dont les armes sont dans l'église : *d'azur à la croix d'or chargée de coquilles de St Michel de gueules* (ou *crousilles*, comme ils appellent). Les *coquilles de St Michel* diffèrent de celles de St Jaques en ce qu'elle n'ont point d'oreilles et sont estroites et pointües au petit bout, et maisme ne sont pas si larges et si plates que celles de St Jaques. En terme d'armoirie on les appelle *crousilles*.

L'église se trouve au dessus dudit corps de garde, au bout d'une 20aine de degrés. Au devant de laquelle il y a un beau parvis ou balcon bien percé et qui donne une belle veüe du costé de la terre, vers Avranches et Pontorson.

Puis l'église est bien belle, toute bastie de très belle pierre de Chouzay [2], isles françoises distantes de 8 lieues au Nord, où il y a un prieuré apartenant à l'abbaye du Mont St Michel, et que l'on veoit du sommet du clocher ou lanterne, jusques auquel, du plan de l'église, il y a 175 degrés à monter. Au dessous de l'église il y a cloistre à petit et dru colonnage, qu'ils disent estre de colonnes fusiles, je ne scay pas pourquoy ; et des salles et chambres à costé, bien voûtées. Et du costé du Nort, une grande ouverture par où, avec engins et cables, on fait monter les pierres, matériaux, vivres, et munitions de l'abbaye, où il y a religieux Bénédictins réformés avec le prieur claustral.

L'abbé commendataire est M. de Rheims [3], fils de M. de Guise, qui en tire 25 mil livres de rente. L'abbé est mitré et crossé, selon que j'en ay veu un gisant sur une belle sépulture élevée, en une chapelle derrière le chœur, avec un épitaphe long qui enseigne que c'est Guillaume de Lamps [4], Dauphinois, *qui obiit 1510, 1a die martii*. Ses armes sont là et au vitrail, *parties de gueules et d'or, au lyon rampant dessus, parti de l'un en l'autre, c'est à dire parti d'or sur gueules et de gueules sur or*.

Le thrésor est beau, et y a des pièces de la vraye Croix ; une pièce de marbre, comme serpentine, de la grandeur d'une large main, et un peu de taffetas rouge enchassé sous un crystal, qu'ils

1. Richard de la Luzerne, sr de Brévant, gouverneur du Mt St Michel de 1626 à 1636. Il était fils de Pierre de la Luzerne, également gouverneur du Mont de 1599 à 1626. V. M. Corroyer : « Descript. du Mt St Michel », p. 318.

2. Chausey, groupe d'îlots hérissés d'écueils, dépendant de la comm. et à 12 kil. de Granville (Manche). Le principal contient une carrière de beau granit gris qu'on apporte sur la côte pour bâtir. Dans cette île il y a eu d'abord des hermites, puis une abbaye donnée aux Cordeliers, en 1343. En 1543 ils se retirèrent près de Granville. Au XVIIIe s. il y avait à Chausey un petit fort qui finit par servir d'hôtellerie aux ouvriers des carrières. Un prieuré, dépendant du Mont St-Michel, avait effectivement subsisté à Chausey ; car l'un des moines indignes, remplacés en 1622 par les Bénédictins de la congrégation de St-Maur, se nommait « Jean Le Chevalier, prieur de Chausey ».

3. Henri de Lorraine, fils de Charles de Lorraine, duc de Guise, et de Catherine-Henriette de Joyeuse, abbé du Mt St-Michel de 1615 à 1642.

4. 1499-1510. Il était de la maison de Mouchel, en Dauphiné.

disent, selon Feuardent, estre le marbre où l'archange s'asseit sur le Mont Gargan où il apparut, et une partie du voile qu'il y laissa pour marquer de sa présence et apparition[1]. Puis il y a une petite dague et un escu rond de cuivre[2], autour duquel il y a, en lettre très grande et fort gothique, escrit :

Pyth. occiso, etc.,

qui est, à revenir à ce qu'en dit Feuardent, que ces armes furent trouvées auprez d'un horrible dragon tué par puissance surnaturelle, en certaine province de delà la mer, que l'on croit Irlande.

VI

Chemin de Dol à St Malo, par Cancale

De Dol à S, Malo il y a 5 lieues de droit chemin ; mais par Cancale il y en a six. On passe les biés Guyou aux ponts de Chantelou[3] ou Haut Pont, de Kardekem[4] au pont de l'Escuriel, à deux cents pas de Ault Pont, et Bié Jean au pont et digue de Blanc Essay. Et puis, au détour de Richeu[5], vous prenez à main gauche pour aller à St Malo ; tout droit et à main droite pour aller, en tournant et suivant la coste, à Cancale.

Mais il y a encore un autre chemin de Dol à Cancale par les grèves, ainsy : sortant de Dol, à cent pas de la porte occidentale et au bout de quelques maisons du fauxbourg fort court, vous trouvez le bié Guyou, reserré en ses rives relevées comme digues ou levées, et le suivez quart de lieue. Trouvez le pont de Chantelou, petit hameau ; puis à quart autre, le Ault Pont, qui est l'un et l'autre le chemin droit de Cancale et de St Malo. Mais au lieu de passer par l'un ou l'autre desdits ponts, vous suivez le bié à sa rive droite, toujours s'élevant et le canal s'estrécissant, quart de lieue et plus, durant lequel le bié de Kardekem entre dans le bié Guyou et s'y perd, — Entre le bié de Kardekem et le bié Jean est la gentilhommière de la Croix Diablière, jadis apartenant à ceux du surnom de Diable[6] passé en celuy de Rayer. — et avec luy tombe au pont du Vivier[7], pont de pierre à arcades quarrées et basses, pour mettre pales et empescher que la marée qui donne là ne

1. V. « Hist. du Mont St-Michel », par Fulgence Girard, pp. 51, 57, 58.
2. Ces armes nous paraissent avoir été un *ex voto*.
3. Le pont de Chanteloup est entre Dol et le Haut Pont, sur le bief Guyou.
4. Lire : bief de Cardequin.
5. Château-Richeux, château ruiné appartenant d'ancienneté à la famille du Guesclin, en la comm. de St-Méloir-des-Ondes, cant. de Cancale, arr. de St-Malo, I.-et-V.
6. La famille Le Diable changea son nom, au XVe s., en celui de Marie. Elle possédait les Diablières ou la Diablerie, en la paroisse de Bonnemain, auj. comm. du cant. de Combourg, arr. de St-Malo, I.-et-V. ; mais cette seigneurie ne passa point aux Rahier, qui possédaient le Pré-Henry, par. de la Fresnaye. Nous ne connaissons pas la Croix Diablière ; ce devait être quelque manoir peu important, jadis aux Le Diable, peut-être le hameau des Croix, entre le Mont Dol et la Fresnaye. V. « Pouillé histor. de Rennes », IV, pp. 634 et 680 ; — La Chesnaye-Desbois, art. *Marie*.
7. Le Vivier est comm. du cant. de Dol, arr. de St-Malo.

monte avec impétuosité. Bien moins d'un quart de lieue au dessous de cela, la mer est pleine et y reçoit le bié Guyou, tout proche la bouche de la Banche, qui est au dessous du Bec à l'Asne[1].

Là vous prenez la grève de la mer à main gauche, et allez regaigner la digue ou levée au moulin et hameau de Blanc Essay, apartenant au président de Brye Loisel, où, par dessous un pont en icelle, entre en mer le bié Jean, ainsy dit du duc Jean qui le feit faire. Et au bout d'un quart de lieue arrivez à la pointe ou destour de Richeu[2], reliques d'un vieil chasteau ; et quittant à main gauche le chemin droit de St Malo, prenez à droite, tournoyant selon la coste, pour aller à Cancale.

Cancale est grande paroice[3], épandüe en divers hamaus en ault et au bas de la coste. Il peut y avoir 12 cens hommes de mer et d'armes, tous bons hommes. Les femmes y sont maisme martiales et peu belles. Toute la coste, depuis la bouche de Couënon, et Mont St Michel exclus, jusques à St Malo aussy exclus, est de la garde du s^r^ de Beauvais La Sansonnaye[4] qui a deux lieutenans : l'un le s^r^ du Guay Henry, du surnom de Diable[5], gendre du s^r^ de la Mansellière, depuis la bouche de Couënon jusques à celle du bié Jean à Blanc Essay ; et depuis là jusques à St Malo, son propre frère, le s^r^ de la Brosse[6].

En toute ceste coste, qui est de l'estendüe de 10 lieues, il y peut avoir trois mille hommes des paroices circonvoisines, pour garder la coste, et qui sont bons hommes, ayans pour ce exemption de toutes autres charges et tributs et du logement des gens de guerre, dont toutefois ils ne jouissent pas fort ponctuellement et précisément.

L'église et principal bourg de Cancale, paroice grande et portant 12 cens hommes de mer et de deffense, est sur le haut de la falaize ou escarpe de la terre, aboutissant à la mer. Là, dans l'église, en la grande vitre, sont les armes de Bertrand du Guesclin ou, comme ils parlent, du Gleckin, qui sont : *au 1er et 4e semé de France* (que je crois estre Chasteaubriant), *au 2e et 3e d'argent à l'aigle éployée de sable à 2 testes*, qui sont les vrayes armes de du Gleckim, comme elles sont sur la sépulture du cœur de Messire Bertrand ès Jacobins de Dinan, où il est surnommé non du Guesclin,

1. *Vide supra* p. 25, note 1.

2. Lire : Château-Richeux. *Vide supra* p. 35, note 5.

3. V. « Origines paroissiales : le canton de Cancale », par M. de la Borderie (Revue de Bret. et de V., 1871, 1er semestre, p. 387) ; — « Notice historique sur Cancale », par M. l'abbé Guillotin de Corson (Mélanges histor., II, p. 30).

4. Du nom de l'Escu, famille qui, en 1680, fit ériger en comté la seign^ie^ de Beauvais, en Gévezé. En 1513, Rolland de l'Escu était s^gr^ de la Samsonnaye (en Lanvallay) et de la Mancellière, par sa femme, Catherine de Vignereuc. V. « Grandes seig^ies^ de H^te^ Bretagne : Beauvais » (Revue de Bret. et de V., décembre 1892), et « la Mancellière » (Soc. archéol. d'I.-et-V., XXIV, 1895, p, 45). Toutefois dans « La Défense des côtes de Bret. aux XVIe et XVIIe s. », par M. de la Lande de Calan (Rev. de Bret. et de V., 1892, 2e semestre), nous trouvons comme « garde-côte entre Rance et Couesnon, de 1633 à 1645 : François Le Chauff de la Saussonnaye ».

5. Lire : du Pré Henry, par. de la Fresnaye, év. de Dol. Cette terre appartint aux Rahier, ainsi que la Mancellière. Mais nous ne trouvons point que les Le Diable ou Marie se soient jamais fondus en Rahier. Au XVIIIe s., Ferdinand Marie, s^gr^ de la Higourlaye et des Diablières, ne laissa que deux filles, mariées, l'une à Pierre du Breil de Pontbriand, l'autre à Jean de Brunes de Montlouet, puis au c^te^ de la Tour-en-Voivre. V. « Pouillé histor. de Rennes », IV, pp. 634 et 635.

Sur les capitaines garde-côtes, v. : « Recherches sur les Etats de Bretagne », par A. du Bouëtiez de Kerorguen, II, note de la p. 55 ; — « Des garde-côtes du littoral de St Malo », par M. l'abbé Paris-Jallobert (Assoc. Bret., 1893-94) ; — « La défense des côtes de Bretagne aux XVIe et XVIIe s. », par M. de la Lande de Calan (Rev. de Bret., et de V., 1892, 2e sem.). —

6. Y aurait-il ici une erreur ? Nous lisons dans les « Terres et maisons nobles en la paroisse St Symphorien près Hédé », par M. Anne Duportal (Soc. archéol. d'I.-et-V., XXII, 1893, p. 44) : « Le bailliage de la Brosse était situé sur les limites des paroisses St Symphorien et St Gondran. Il ne resta pas longtemps attaché à la Bretèche, et fut porté dans la famille Beschart, par D^elle^ Marguerite de Bréhant, qui épousa en 2es noces, en 1632, Pierre Beschart, s^r^ du Coudray. ». —

Glerkim ni Gleckim[1], mais Gueaquin. Sur quoy il y a à deviner si ces armes sont celles de Messire Bertrand, connestable, esquartelant aveques France, ou si ce sont celles de Mrs de Beaufort, de la maison de Chasteaubriant[2], qui ont hérité de luy qui mourut sans enfant. Car tout nouvellement la dame veuve d'un de Beaufort[3], remariée au sr de la Ravardière, jouissoit de Cancale et autres terres par douaire, lesquelles avoient par ceux de Beaufort esté vendües au sr de Chasteauneuf, de la maison de Rieux, qui, aprez la mort de la douairière, en jouit à présent.

Or ces terres sont le Plaisir[4], par corruption Plessis Bertrand, chasteau logeable et deffensable à demi lieue en terre, quasi sur le chemin de Dol à St Malo, chastellenie d'où dépend Cancale ; et trois autres chasteaus : Richeu, ruiné, au bout de la baye de Cancale, où le chemin de Dol fourche à St Malo ; à Cancale, Beaufort[5], comme je croy ; et le chasteau du Glerkim ou Gleckim, comme diversement ils prononcent, situé demi lieue loin de Cancale vers St Malo[6], sur la grève de la mer, et qui est le lieu du nom et famille de Messire Bertrand, connestable de France devenu, de simple gentilhomme qu'il estoit. Sa vie est imprimée. Il vivoit sous Charles V, roy de France, et estoit né de la Motte prez de Bron[7], en Bretagne, ès quartiers où encore de présent demeure le sr de la Roberie[8], gentilhomme riche de 12 mille livres de rente, qui porte surnom de du Gleckim et affecte en sa maison le nom de Bertrand qui y est ordinaire, comme voulant renouveler et entretenir la mémoire de ce brave connestable dont ils se disent parens ; ainsy que Riou, *Riocus*, est

1. *Alias* : Wayclip, Guarplic. Beaucoup d'anciennes chartes portent : Glaquin. Cette maison portait : *d'argent à l'aigle éployée de sable, membrée et becquée de gueules, à la cotice de même brochant*. V. « Hist. de Bertrand du Guesclin et de son époque. La jeunesse de Bertrand (1320-1364) », par M. S. Luce (Hachette, 1882).

2. Bertrand de Châteaubriant, sgr de Beaufort, en Plerguer (fils de Guy et petit-fils de Briand qui épousa, au milieu du XIIIe s., Jeanne, héritière de cette seigneurie), mentionné en 1386, épousa Tiphaine du Guesclin, dame du Plessis-Bertrand, nièce du connétable. V. « Grandes seigries de Hte Bret. : Beaufort » (Soc. archéol. d'I.-et-V., XXIII, 1894, p. 24) ; — « Bio-Bibliogr. Bret. » de M. René Kerviler, art. *Châteaubriant* ; — « Pouillé histor. de Rennes », V, p. 478.

3. Charlotte de Montgommery, qui épousa en premières noces Christophe de Châteaubriant, sgr de Beaufort. Il mourut en 1580, lui laissant, pour remplacer ses deniers dotaux, les seigneuries du Guesclin et du Plessis-Bertrand, en St Coulomb et Cancale. Elle se remaria avec Daniel de la Touche, sgr de la Ravardière, et, le 31 mars 1589, vendit le Guesclin et le Plessis Bertrand à Guy de Rieux, sgr de Châteauneuf, tout en se réservant l'usufruit de ces terres dont elle jouissait encore en 1632. V. le P. Anselme : « Hist. général. des grands officiers... »

4. Mauvaise étymologie. V. Du Cange, art. *Plexitium*. Le Plessis-Bertrand était un château en St Coulomb, auj. comm. du cant. de Cancale, arr. de St Malo. V. « Grandes seigries de Hte Bret. : le Plessis-Bertrand, comté » (Rev. de Bret. et de V., nov. 1896 et janv. 1897) ; — « Le Plessis-Bertrand et ses seigneurs », par le même (Récits de Bret. II, p. 315) ; — « Promenade en St Coulomb », par le même (Mélanges histor. II, p. 35) ; — « Deux jugements de la Chambre des Comptes de Nantes relatifs à Daniel Dumonstier, à propos de l'abandon à lui fait des droits du roi sur la terre du Plessis-Bertrand (1612-1614), communiqués par M. B. Fillon et annotés par M. A. de Montaiglon » (Nouv. archives de l'art français, 1872, pp. 183-187).

5. Beaufort est en Plerguer, auj. comm. du cant. de Châteauneuf, arr. de St Malo.

6. Le château du Guesclin était en St Coulomb, sur un rocher en mer, entre les anses du Verger et de la Guimorais. Dans cette contrée il y avait donc trois châteaux à la maison du Guesclin : le Guesclin, le Plessis-Bertrand et Château-Richeux. V. « Pouillé histor. de Rennes », V, p. 787.

7. La grand'mère du connétable Bertrand du Guesclin était l'héritière de Broons, aujourd'hui ch.-l. de cant., arr. de Dinan, C.-du-N. V. « Pouillé histor. de Rennes », IV, p. 255 ; — Du Paz : « Hist. généal. des sgrs de Guesclin, de Broon » ; — le P. Anselme : *op. cit.*

8. La Roberie, seigneurie en St-Germain-du-Pinel, appartint pendant plusieurs siècles à la famille du Guesclin, par suite du mariage, vers 1340, de Bertrand du Guesclin sgr de Vauruzé, oncle du connétable, avec Thomasse Le Blanc, dame de la Roberie. On connait Guillaume du Guesclin sgr de la Roberie, mort vers 1504, Bertrand du Guesclin sgr de la Roberie en 1513, Bertrand du Guesclin sgr de la Roberie en 1659. V. « Pouillé hist. de Rennes », III, p. 141 ; V, pp. 334 et 336 ; VI, p. 38 ; — Du Paz : « Histoire généal. des sgrs de la Roberie. »

ordinaire en la maison de Rosmadec, et Tanki en celle du Chastel, à cause de ce célèbre Tanguy[1] qui tua le duc de Bourgogne à Monstereau-fault-Yonne.

Au dessous du bourg et église de Cancale, est le port que l'on appelle la Houle ou Oule, où il y a 3 ou 4 assez bonnes tavernes, chez La Blanche, La Fresnaye, et la Croix Blanche. — *Oule*, en terme de coste, est un flot ou onde roulée, la marée, une vague. — Cela au fin pié de la coste ou falaize, comme ils parlent, échancrée en arc ou croissant concave, et embrassant depuis Chasteau Richeu jusques à la pointe de Cancale, vis à vis de laquelle est le roc ou islette Herpin[2], où l'uystre se pesche et arrache de contre le roc, et où maisme il y a des lapins.

Ceste cambrure tient demi lieue de chemin, et la baye qui y est fait un port capable de vaisseaus de toutes grandeurs, et qui a profondeur jusques contre la grève qui est couverte de la marée grande jusques au pié des cours et habitations. On y peut loger six mille vaisseaus, voire dix mil, à l'abry de tous vents, sinon du Nord et Nord Est.

Ainsy le port gist Nord et Sud, Nord Est et Sud Ouest.

Ce port est de grande considération et garde, puisque l'on y peut descendre facilement, n'y ayant points de rochers comme au reste de la coste de Bretagne, et une profondeur continuelle et pour tous vaisseaus. Avec cela l'abry de la coste fort aulte contre tous les vents de terre, qui sont depuis le Nord Est, par l'Est et Sud, jusques au Nord.

La pesche au reste est fort ample et copieuse, de toutes sortes, principalement d'uystres, tant de rocher, qui sont les plus excellentes et qui se prennent et arrachent avec la main, que de fonds, qui se peschent avec traines de fer et rateaus qui les enlèvent et portent dans le bateau du pescheur. Les femmes escailent celles que l'on envoye par sommes au ault et au loin, et jusques à Paris.

Celles que l'on garde vives et en escaille sont mises en un bateau plein d'eau salée, au fond, où elles vivent, se nourrissent et conservent jusques au lieu où l'on les maine, qui est à Caen, à Rouen et à Paris maisme.

Le port de Cancale voit, à 4 lieues de soy, la pointe ou cap de Granville, vers le Nord Est, et le Mont St-Michel et Mont Dol, à l'Est; à l'Ouest c'est St-Malo, et au Nord Ouest ce sont les isles de Chouzay que l'on veoit clairement, distantes chacune de 4 lieues.

Tout ce qui est donc entre St-Malo, Chouzay, Granville et Mont Dol, est comme un fonds ou bacin de mer appuyant sur Cancale, où il tiendroit 10 mille, voire 20 mille vaisseaus.

VII

St Malo

— De St Malo et de ses évesques, voyez Argentré, I, 10. Ceste ville est en latitude 48-40', longitude 23-30'[3], selon les chartes universelles d'Hondius[4]. La déclinaison de l'aymant y est de 8 deg.

1. Tanguy du Chastel, 1369-1449.
2. Ile Herpin, en face du *grouin de Cancale*.
3. Rectifier : 48° 38' de lat., et 4° 22' 30" de longit. V. « St-Malo illustré par ses marins », par Ch. Cunat, 1857. En 1824, l'abbé Manet avait déjà publié un ouvrage sur le même sujet.
4. *Jacobus Hundius* ou Josse Hundt, célèbre graveur de cartes géographiques, rééditeur du grand atlas de Mercator, né à Wackène, en Flandres, en 1546, mort en 1611. V. « Géographie ancienne de la Bretagne, 1150-1628 », par M. J. Trévédy (Soc. d'émulat. des C.-du-N., XXXIV, 1896).

vers l'Est, selon la relation de Julien Gaillard [1], pilote, s[r] du Porche, ami du Pr[t]. de Boisclairet Pépin [2]. —

Il n'y a que deux portes en ceste ville là : l'une petite, du costé de la chaucée ou digue qui est entre la mer et le port et qui empesche que St Malo, quoyque surnommé *de l'Isle*, soit isle ; l'autre, du costé du port, dite la Grande Porte, devant laquelle on médite de faire une demi lune ou esperon, pour la couvrir et fortifier son corps de garde. Entre ces deux portes, dont celle là regarde le Nord Ouest et Nord, l'autre, sur le port, regarde le Nord Est et l'Est, est situé le chasteau, avançant partie en dedans la ville et partie en dehors, en forme de pointe ou d'esperon, vers la chaucée. Il y a 4 grosses tours, 1 petite et le dongeon par où l'on entre, aprez la première porte et pont levis, dans une grande court quarrée, de laquelle, poussant plus outre, vous trouvez un fort beau retranchement ; puis à bout, un terreplein avec un corps de garde et eschauguettes et embrazures, descouvrant sur le port et d'un costé y commandant, de l'autre commandant sur les moulins et toute la chaucée. Tout cela est revêtu de pierre de grais de très longue durée et très agréable beauté.

De ces tours, l'une a nom *Tour des Moulins*, à cause qu'elle commande aus moulins de la chaucée ; l'autre est la *Tour générale* qui commande sur le port, et par une haute embrazure ou ouverture, de laquelle les habitans ligueurs surprirent, par intelligence et par escalade de nuit, le chasteau, durant les guerres de la ligue dernière, sur le s[r] de Fontaine [3], gouverneur ; la *Tour aus dames ;* puis la *Qui qu'en grogne*, qui est la plus proche de la porte de la chaucée, et sur le dehors de la quelle se veoient, de dedans la ville, gravées relevées en pierre, les armes de France, parties de Bretagne, avec ce mot :

Qui quen grogne, cela sera, c'est mon plesir,

que la duchesse Anne, royne de France, feit mettre, à cause que le chasteau fut par elle basti sur le fonds du chapitre qui, avec l'évesque, est seigneur de la ville, et qui n'en estoit pas content.

La garnison est de cent hommes.

Le plan de St Malo, en pourpris, contient 33 journaus. Le journal est de 80 cordes, la corde de 24 piés, le pié de 12 pouces de roy.

Les murailles de la ville sont de fort médiocre circuit et d'une petite demi heure de promainade tout autour, par le corridor intérieur qui est en haut. Sa longueur est de la *Tour de la Cloche* à la pointe du bout du chasteau ; le machecoulis règne tout autour par dehors.

La matière est de pierre brute et froide, tirée là. Il y a quelques tours qui flanquent, et sur le port est une pièce détachée bien revestue de grais, achevée il y a viron 20 ans, petite par trop et estranglée, et qui flanque tout le port des deux costés et les murailles de la ville.

La figure de la ville, avec le chasteau y compris, est irrégulière et comme d'un pentagrame ou hexagone, avec les angles et costés inégaux. D'un costé, à scavoir du Nord, est la pleine mer,

1. Il y a eu à St-Malo des Gaillard, s[rs] de la Motte, dont Alain, conseiller au siège de l'Amirauté en 1696. On y trouve aussi des Gaillard, s[rs] du Portal, famille tenant peut-être à la première, et dont nous croyons qu'était Julien Gaillard ; car Dubuisson, qui rédigeait ses notes de mémoire, a pu fort bien confondre *Porche* avec *Portal*.

2. La famille Pépin a produit Claude, présid[t] aux Enquêtes en 1591, et René, conseiller au Parlement en 1618.

3. Honorat du Beuil, comte de Fontaine. Cette escalade eut lieu le 11 mars 1590. V. Ogée : « Dict. de Bret. », 2e édit., II, p. 792 ; — « La ligue à St-Malo », par Nicolas Frottet, s[r] de la Landelle (Revue rétrospective, 2e série, t. IX) ; — « Histoire de ce qui s'est passé en Bret. durant les guerres de la Ligue », par le chanoine Moreau (édit. Le Bastard de Mesmeur, St-Brieuc, Prud'homme, 1857, pp. 408-419).

semée de rochers proches et reculés, entre lesquels est Sésambre[1], isle où les Récollets demeurent et ont quelque manuscript de l'histoire d'Aleth[2]. Plus loin sont les isles de Chouzay, à 7 lieues de distance, isles voisines les unes des autres et rompües, dont la plus grande est tenüe par le s[r] d'Ordeville, gentilhomme Normand, pour le roy. Quelques pescheurs et faiseurs de filés et de bas d'estame, habitent ces isles là. Chacune a son nom à part, comme aussy les rochers voisins de St Malo.

Le port de St Malo gist Sud-Sud Est et Nord-Nord Ouest. On y entre avec le Nord-Nord Ouest; on en sort par le Sud-Sud Est.

De l'autre costé de la ville, à scavoir du Sud, est le port, capable de 2 ou 3 cents vaisseaus, lequel a son entrée exposée au Nord Ouest principalement, quoy que l'on y entre bien du Nord et de l'Ouest aussy, y ayans deus ou trois addresses et montres, qu'ils appellent, pour addresser les vaisseaus, selon le vent qui les pousse. Et néanmoins il est assez difficile d'y entrer, à cause des rochers susdits, et faut pilote de St Malo où il y en a force, mais peu ou point qui travaillent en chartes marines. Au Havre et à Diepe c'est toute autre chose; mais ces havres là sont *havres de barre*, qu'ils appellent, pour ce qu'avec le bon vent maisme, on n'y peut pas entrer sans la barre de mer, c'est à dire la marée. Mais à St Malo on y aborde, au moins à la rade de Rance, à toute eau comme à tout vent, et on sort du port aussy à tout vent.

En ce port, au *coupeau de grand mer*, c'est à dire lorsque les marées sont au plus ault, qui est le 2e et 3e et le 17e et 18e de la lune, principalement vers les æquinoxes et en hyver, la marée monte de 60 et 70 piés, qui sont 12 braces environ, couvrant les rochers qui sont ès costés et les grèves des environs, jusques vers Paramé[3] et St Servant[4], de sorte qu'il n'y a que la largeur de la chaucée alors (qui peut estre de 30 ou 40 piés) que l'eau de la marée et du port ne se joigne à celle de la pleine mer et ne face St Malo une isle.

Cecy donc est le lieu où le flus de la mer se monte le plus ault qu'il monte en aucune coste ou havre de la mer océane. Et la raison de ce est que, entre l'isle d'Ouessent et autres de ceste coste de la Bretagne et les Sorlingues d'Angleterre, la mer est pressée et a un grand flus dans une longue, mais estroite estendüe, qu'ils appellent *la Manche*, qui va jusques au destroit de Gibraltar; qui fait que, frappant contre le cap de la Hogue de Normandie, l'eau se brise, et, se poussant à foule à St Malo, elle se aulse et croist, comme j'ay dit, allant contre l'Est et le Sud Est, pour remplir le port de St Malo; mais se divisant aussy et donnant droit au Sud, pour remplir le port d'Aleth.

L'endroit où ceste division se fait est à une arcbusade au dessous de la muraille de St Malo, à la rade de Rance, qu'ils appellent, parce qu'en cest endroit est la vraye bouche et entrée de la rivière de Rance en mer; au milieu de laquelle bouche il y a une pierre à fleur d'eau basse, dite rocher

1. Ile de Césambre, en face de St Malo. Sur les Récollets de Césambre, voir « Pouillé histor. de Rennes », III, p. 143; — « L'ile de Césambre », par M. l'abbé Guillotin de Corson (Mélanges histor., II, p. 20).

2. Sur St Malo et Aleth, v. « Histoire de la cité d'Aleth, pour servir d'introduction à l'histoire de St Malo », par Ch. Cunat, 1851. — « Pouillé histor. de Rennes », I, pp. 557 et suiv., 686 et suiv. — « De l'antiquité d'Aleth, ensemble de la ville de St Malo », par Jacques Doremet, réédition avec notes et savante introduction, par M. Joüon des Longrais (Rennes, Plihon et Hervé, 1896); — « Rapport sur une excursion à St Malo et St Servan », par M. Michel (Assoc. Bret., 1885, St Malo).

3. Paramé, comm. des cant. et arr. de St Malo. V. « Paramé et N.-D. des Chesnes », par M. l'abbé Guillotin de Corson (Mélanges histor., II, p. 25).

4. St Servan, ch.-l. de cant., arr. de St Malo.

Bizeul[1] ou val de Rance[2], passée laquelle, entre deus petites pointes de terre, l'une dite Dinart[3], à cause d'un village y situé tout au long, ainsy appellé, qui est à droite en entrant et à l'Ouest ; l'autre, d'Aleth, qui est à gauche, à l'Est de ladite rivière en entrant (autrement, selon son cours naturel, c'est la rive droite); entre lesquelles deus pointes se fait un havre (ou plustost rade ; car rade diffère de port, en ce qu'elle est ouverte et exposée aus vents et point abritée comme le port) dit de Dinart, trop exposé au Nord et peu bon. Mais plus avant, la mer, s'insinüant dans la rivière (laquelle est tousjours salée, trois lieues avant en terre et à plus de demi lieue au dessus de Dinan, qui sont six lieues de sa bouche), fait encor autres havres : celuy de St Père[4], au delà d'Aleth, petit et séchant, bien abrié ; et plus outre encor, au-delà de la tour de Solidor, celuy de Solidor[5] (peut estre *Tour Aquin :* voyez nostre extrait du ms. de Quidaleth, p. 5) qui est plus grand et assez beau, tousjours avec de l'eau et où les vaisseaus sont tousjours à flot, à cause de quoy ils se gastent moins. Et c'est pour cela que les Mallouins y envoyent souvent leurs vaisseaus chargés, attendans la commodité ou saison de partir.

Eglise de St Malo. — Dans l'église de St Malo[6], qui est fondée de St Malo, *Machlovius*, et de St Vincent, il y a, dans l'époisseur de la paroy boréale du chœur, vis à vis de la corne évangélique de l'autel, une sépulture élevée et couverte de grilles de fer, avec ceste inscription qui se lit en lettres d'or, du costé de la carolle :

Hic jacet corpus beati Joannis[7] episcopi Machloviensis qui hujus ecclesiæ chorum ædificandum curavit. Obiit anno Domini 1163.

Et plus bas : *1626*, qui est la date de l'année que cela fut escrit.

A l'autre costé de l'autel, dans un arceau de la muraille dudit chœur, il y a une sépulture élevée avec statue de pierre gisante à l'épiscopale, qu'ils disent estre de Josselin de Rohan[8]. Il n'y a ni armoiries ni légende.

Mais dans la nef il y a, en un arceau de la paroy australe, une sépulture à statue gisante en habit long, et une légende de très antique lettre portant comme :

Cy gist Maistre Olivier Croussiron[9].

Ses armes sont là : *d'argent à un lyon rampant de gueules.*

1. Auj. : rocher Bizeux.
2. Probabl^t^ ce que l'on appelle auj. *la Vallée*, en face de la pointe de Dinart.
3. Dinart, ville de la comm. de St-Enogat, cant. de Pleurtuit, arr. de St-Malo. V. « Les ruines du prieuré de Dinart », par M. l'abbé Guillotin de Corson (Mélanges histor., II, p. 1).
4. Auj. : Port-St-Père.
5. Port de Solidor. V. « Le roman d'Aquin, XIIe s. », par M. Joüon des Longrais (Nantes, 1880).
6. V. « Pouillé histor. de Rennes », I, pp. 571 et suiv. ; — « L'apostolat de St Malo », par M. de la Borderie (Revue de Bret. et de V., 1861, 1er semestre, pp. 62, 118) ; — « Vie inédite de St Malo, év. d'Aleth, IXe s. », par Dom Franç. Plaine (Soc. arch. d'I. et V., XVI, 1884) ; — « Autre vie de St Malo, écrite au IXe s. », par M. de la Borderie (*Ibid.*).
7. Jean de Châtillon, dit St Jean de la Grille, év. d'Aleth en 1144 ; transféra le siège épiscopal à St-Malo vers 1152, et mourut en 1163. V. « Pouillé histor. de Rennes », I, p. 580 ; — Albert Le Grand : « Vie des SS. de Bret. », 1836, p. 25 ; — « Vie de St Jean de la Grille », par D. Fr. Plaine, qui doit prochainement paraître dans la Revue histor. de l'Ouest.
8. Josselin de Rohan, év. de St-Malo, 1375-1388. Cette tombe fut rasée en 1677. V. « Pouillé histor. de Rennes », I, p. 590.
9. Nous ne trouvons point ce nom dans le Pouillé histor. de Rennes ni dans les Nobiliaires de Bretagne. Peut-être est-ce une mauvaise lecture de *Castellione*. En effet, Olivier du Chastellier, *de Castellione*, fut doyen du chapitre au XIVe s. Dubuisson avoue d'ailleurs qu'il n'est pas sûr de sa lecture ; mais les armes qu'il a blasonnées sur le vitrail voisin ne conviennent point à Olivier du Chastellier.

Il y a 24 chanoinies [1]. L'évêque en a une; à cause il porte l'aumusse et entre en chapitre où il préside.

La première dignité est *doyen*. — En Bretagne, il y a encor un doyen à Nantes et un à St Brieuc, et sont trois en tout. — La 2e est *archidiacre de Dinan*; la 3e, *archidiacre de Porhottet*; la 4e, *chantre*. Il n'y a point de *scholastique*, qu'un prestre qui est à gages pour enseigner les enfans.

L'église de St Malo est peu belle [2]; mais très grande, comme cathédrale et, qui plus est, paroiciale. Car c'est l'unique paroice qu'il y ait en toute la ville, et à laquelle servent comme de secours la chapelle de Nostre Dame et celle de St Thomas [3], devant le chasteau, joignant la croix de pierre qui est devant le logis du s[r] de Villeneuve Pépin [4], nostre hoste.

Il y a encor la chapelle de St François [5], qui est un refuge ou hospice des Récollets de l'isle de Sésambre, et celles des Ursulines [6], de Nostre Dame de Victoire et des Bénédictines [7], Dieu de pitié aus patiens tout devant. Puis celle de St Aaron [8] un peu plus ault, où les Jésuites ont tasché de s'habituer, sur le portail de laquelle il y a escrit d'or que, en l'an 1621, le 24e jour de janvier, elle fut consacrée par Guillaume [9], évesque de St Malo.

Puis celle des Bénédictins Anglois [10], tout proche, qui bastissent une jolie église. Aussy celle de l'hospital St Sauveur [11], qui est pour les pauvres, hommes et femmes de la ville, déprins de maladie ou accablés de vieillesse.

Joignant l'église cathédrale est l'Evesché dit *le Manoir* [12], très grand et logeable, avec 30 mille livres de rente. Il a Chasteau Malo [13], à demi lieue de la ville, lieu de plaisir, et, sur la fin du diocèse vers Vennes, entre Campel et Ploërmel, St Malo de Baignon [14].

L'évesque de cest an 1636 est M. de Harlay [15], qui porte: *palé de deux pièces de sable en champ d'argent*.

Ville de St Malo. — Pour ce qui est de la force de la ville, il y a le chasteau cy dessus et le circuit des murailles avec un corridor, sans rempart ou terrain, la pièce détachée cy dessus, et un petit môle tout de pierre, élevé et entrant dans le port assez haut, vers le chasteau. Mais tout cela si petit et fait de pierre si éclatante que le canon y donnant, il tuera des esclats plus que des boulets. D'ailleurs la ville est extrêmement pressée et habitée, et presque toute de vieilles maisons de bois,

1. Sur le chapitre de St-Malo et ses dignités, v. « Pouillé histor. de Rennes », I, pp. 632 et suiv., et 653 et suiv.
2. V. « Date de la cathédrale de St-Malo », par M. l'abbé Brune (Associat. Bret., IV, 1850); — « Pouillé histor. de Rennes », I, pp. 688 et suiv.
3. Sur ces deux chapelles, v. « Pouillé histor. de Rennes », I, p. 695.
4. De cette famille étaient sans doute Claude Pépin, président des Requêtes en 1591, et René Pépin, conseiller au Parlement en 1618.
5. V. « Pouillé histor. de Rennes », III, p. 143.
6. V. *ibid.*, III, p. 284.
7. Bénédictines de N.-D. de la Victoire. V. *ibid.*, III, p. 175.
8. V. *ibid.*, VI, p. 139; — « Les Jésuites à St-Malo et la chapelle Saint-Aaron », par M. l'abbé Guillotin de Corson (Récits de Bretagne, I, p. 9).
9. Guillaume Le Gouverneur, év. de St-Malo 1611-1630.
10. V. « Pouillé histor. de Rennes », III, p. 114.
11. V. *ibid.*, III, p. 330.
12. V. *ibid.*, I, p. 612.
13. Château Malo, en la par. de St Servan. V. *ibid.*, I, p. 613.
14. St-Malo de Beignon. V. *ibid.*, I, pp., 567, et 616 et suiv.; — « Les évêques de St-Malo dans leur baronnie de Beignon », par M. l'abbé Guillotin de Corson (Revue de Bret. et de V., 1876, 1er semestre, p. 360, et 2e semestre, p. 89).
15. Achille de Harlay, év. de St-Malo, 1632-1646.

à pignons tout secs avançant sur les porches, de sorte que, jettant grenades et balles à feu, la ville seroit tost consommée, et d'ailleurs, battant la muraille, la brèche seroit faite incontinent.

Il y a toutesfois quelques maisons nouvelles, basties tout droit à plomb, du fond au comble, de pierre de Chozay, comme celle de Launay Gravé [1], le plus riche de St Malo, celle du s[r] de Landel [2], autre riche homme, père de l'abbé de Bokim [3], celle de la veuve présidente de la Dobiaye [4], et 3 ou 4 autres avec l'Evesché.

La difficulté seroit d'y aller à l'assaut, ce qui ne se pourroit faire qu'à descouvert et sans tranchées ni galeries, y ayant peu de flancs qui la deffendent. M. de la Trimouille [5] jadis la bastit du canal et entrée du port, entre Aleth et St Malo, sa batterie estant plantée sur la grève ; et quand la marée venoit, il couvroit ses canons de cuir bouilli. — Voyez Argentré, vers la fin de l'histoire de Bretagne. —

La ville est hors de mine et de sappe, la muraille estant partout assise sur le roc. Et les Mallouins peuvent tenir vaisseaux à la rade, du costé du Nort, devant leur ville, pour s'embarquer avec leurs richesses quand ils se verroient contraints à se rendre. Ils peuvent aussy couper la chaucée qui les joint à terre ferme et faire leur ville une isle, et assez bonnement empescher l'ennemy de la réparer, à la faveur du chasteau qui commande là dessus.

Ils ont à St Malo 14 compagnies de bourgeois entrans en garde, lesquelles sont la pluspart de 2 à 3 cens hommes, et fort peu moindres que cent. Cela peut porter 2.500 hommes, bien armés et bons hommes.

Il y a, en la paroice, bien 12 à 15 mille communians, et en sont bien 20 mille âmes dans la ville.

Ce sont tous marchands, peu par terre, presque tous par mer. Ils départent le jour aussy bien que la nuit, chacun en 4 veilles qu'ils appellent *quarts*, que le pilote ou maistre de navire et son contre maistre partagent alternativement.

Leur trafic est principalement en Espagne et aussy en Hollande, d'où, pour de l'argent, ils rapportent les denrées des Indes où ils vont aussy de leur chef, et principalement aus occidentales.

Tout le monde entend la mer, et tous les maistres de navire, dont il y a grand nombre, sont aussy pilotes. Mais s'ils ont bien de la routine et usage, ils ont peu de théorie et ne sont pas faiseurs de cartes marines ni de boussoles, depuis la mort d'un nommé Timothée, comme sont ceux de Diepe et du Havre, de Tolon et de Marseille. Ce qu'ils en ont leur vient de là, de Lisbone et d'Hollande. Ils ont aussy le trafic voisin et fréquent en Angleterre.

Ils habitent en leur ville assez splendidement, et vivent délicieusement. Le poisson y est à vil prix, les uystres ne coustent rien ; le gibier d'eau y est à très bon compte.

1. La famille Gravé de Launay a fourni un président aux Comptes en 1628, et deux secrétaires du roi en 1647 et 1755.

2. Lire : des Landelles, du nom de Frottet.

3. Olivier Frottet, abbé de Ste-Marie de Boquen, (1615-1653). De la même famille était Jean Frottet des Landelles, maître des Comptes en 1632. Sur l'abbaye de Boquen, au dioc. de St-Brieuc, v. « Anc. évêchés de Bret. », III, pp. 212 et suiv.

4. Julien Gédouin de la Dobiaye fut président à mortier en 1618. La Doblaye, terre en St-Jean-de-Coualsnon, fut érigée en marquisat en 1645. V. « Grandes seig[ries] de H[te] Bret. » (Revue de Bret. et de V., juillet 1894).

5. Louis II de la Trémoille (1460-1525), amiral de Guyenne et de Bretagne, gouverneur de Bourgogne, assiégea et prit St-Malo en 1488, après la bataille de St-Aubin-du-Cormier. Sa vie a été écrite par Jean Bouchet : « Panégyrique du chevalier sans reproche. » (Poitiers 1527). V. « Louis de la Trémoille et la guerre de Bretagne de 1488 », par M. de la Borderie (Revue de Bret. et de V., sept. et déc. 1876).

Il y a vin françois, venant par la rivière de Seine et coste de Normandie ; mais plus ordinairement ils boivent vin de Gascogne rouge et d'Espagne blanc.

Ils ont de mauvaises eaus, que néanmoins ils veulent faire passer pour excellentes, qui sont eaus de cisternes, telles qu'il y en a 2 dans le chasteau et quasi par toutes les maisons, en aucunes desquelles il y a aussy des puits, comme aussi en l'hospital St Sauveur ; mais l'eau sert à laver seulement et pour abbreuver les chevaux.

Ils lavent leurs draps et linges à la mer, qu'ils disent fort blanchir et nettoyer plus que l'eau douce, mais ne sécher que difficilement. Voilà pourquoy, aprez les avoir bien lavés, estendus et égoutés de l'eau de mer, ils les relavent d'eau douce, afin que puis aprez ils puissent sécher. — *Contra auctoritatem veteris cujus damcitantis Homerum, Odyss., ubi Nausicaa vestes suas in amne lavat, non in mari.* —

Naturel. — Les femmes sont communément belles, blanches, colorées et grassettes et de visage doux, mais de petite stature, ault chaucées et fort honnestes et pudiques.

Les hommes sont rudes et grossiers, *marinis moribus*, si ce ne sont ceux qui ont beaucoup voyagé et par ce moyen poli leur esprit.

Puissance de la communauté. — Leur communauté [1] est grosse ; car la ville, toute petite qu'elle est, porte 20 mille âmes. Mais la puissance et moyens surpassent la multitude ; car il est vray que leur communauté est la plus forte et la plus riche de toute la Bretagne.

Ils ont un *procureur syndic* et un *miseur*, qu'ils appellent, et qui est celuy qui reçoit les deniers de la communauté, dont il tient compte en la Chambre des Comptes à Nantes. L'un et l'autre sont pour trois ans et se font par l'élection des bourgeois.

VIII

Aleth

— In *Libro Provinc., tomo I° Historic. Francic. A. Du Chesne : civitas Diablintum vel Carifis, alias Alcud vel Alada.* Quedaleth, comme disent les Mallouins, ou Aleth Qué. Autres prononcent : Cuic et Cui d'Aleth, Quidaleth et Guidaleth. Voyez nostre ms. de Quidaleth et Argentré, au chap. de St Malo, *ubi censet esse Diablintres Cæsaris*, qui sont *Diaulitæ* de Ptolémæé [2]. Entre Dol et

1. V. « Etude sur les communautés de ville en Bretagne », par M. de la Bigne-Villeneuve (Assoc. Bret., Vitré, 1876).

2. On a dit *Guidaleth*, *Quidaleth*, par l'adjonction du mot breton *guic*, *bourg*, comme pour dire : *bourg d'Aleth*. Sur Aleth, voir « Annuaire histor. de Bret. », par M. de la Borderie, 1862, p. 160 ; — « Hist. de Bret. » du même, I, pp. 82, 83, 113-122, 132 ; — « Sur les restes présumés de la cathédrale d'Aleth », par M. l'abbé Brune (Assoc. Bret. congrès de 1849) ; — « Ancienne ville d'Aleth », par M. de la Borderie (Assoc. Bret., 1850) ; — « Alet et les Curiosolites », par Bizeul (Assoc. Bret., 1852) ; — « Anc. géographie armoricaine », par M. R. Kerviler (Assoc. Bret., 1880) ; — « [illegible]éographie gallo-romaine de l'Armorique : Diablintes, Curiosolites, Corisophites », par M. de la Borderie (Assoc., Bret. 1880 et 1881) ; — « Plan d'une carte géographique de l'Armorique, par D. Morice. Origines des évêchés de Dol et d'Aleth. Preuves que jusqu'au temps de Nominoë, Aleth et Dol n'étaient pas un seul et même évêché ; dissertation tirée de la collection des Blancs-Manteaux » (Assoc. Bret., 1893). Bizeul et M. de la Borderie

St Malo il y a une gentilhommière dite La Croix, de son nom ancien La Diablière[1], apartenant au s[r] du Guay Henry[2] du surnom de Rayer. D'Aleth à Rennes il y a un grand chemin pierré, chemin romain, qui est appellé l'Estrat, *quod est stratum*[3]. —

Aleth, la première et ancienne habitation de ce lieu, estoit une ville épiscopale, d'où les évesques, maisme depuis que St Malo existe, ont esté appellés *episcopi Alethenses* (*Dialethenses*, en une charte d'Alain Fergent duc de Bretagne, en Argentré, L. I., du rang des barons).

C'est une pointe ronde de terre, élevée en cap et péninsule toute rocheleuse, et de trois costés environnée de mer : à scavoir au Nord Est, du havre de St Malo qui le sépare de St Malo par un traject fort petit et comme d'une petite canonnade ; au Nord et Nord-Ouest, la bouche de Rance et havre de Dinart ; et à l'Ouest, le cours de la rivière de Rance, avec le petit havre de St Père qui la baigne, en avançant au Sud Ouest et au Sud. De sorte qu'il n'y a que du costé de l'Est et Sud Est qu'elle tienne à terre ferme, par un petit col ou isthme où est une corderie et ouvrage de cables, affermée 1000 livres par an, et plus outre vers l'Est, une paroice et petite bourgade, dit St Servant ou Servais[4], et les Capucins de St Malo.

Mais en tournant au Sud et sur la rive droite de Rance, est une tour composée de trois tourettes, de pierre de Chouzay, au sommet de laquelle on monte par 104 degrés qui sont de pierre de Kerinan. — La pierre de Kerinan, 2 lieues par delà Dinan, est très belle et comme le *granito* de syène d'Ægypte. Elle est plus belle que la pierre de Chousay qui néanmoins en approche fort. — En ceste tour commande un caporal de la garnison du chasteau de St Malo, duquel le gouverneur (marquis de Couetkin[5], qui a pour lieutenant son parent La Lande Kouetlogon[6], et pour sous-lieutenant L'Aubespine, mary de sa tante bastarde) se qualifie : *Gouverneur de la ville et chasteau de St Malo et tour de Solidor*. Et néanmoins un originaire de St Malo, nommé Renard et surnommé *St Malo* par le roy, dont il gouverne le cabinet des armes, est gouverneur de ladite tour *ad honores* et sans aucun profit ni droit sur les vaisseaus ès ports de Solidor et de St Père, entre lesquels est advancée et plantée ceste tour, pour y commander et sur la Rance.

A l'entrée et sur le portail d'icelle est l'escu de Bretagne en pierre et en dessus. Au dessous est escrit aussy en pierre :

malo au riche duc

qui estoit le cry de guerre des ducs de Bretagne, ainsy que j'ay assez remarqué ailleurs[7]. — De

ont prouvé qu'Aleth n'a rien de commun avec les Diablintes, qu'il faut placer à Jublains. Bizeul constate qu'Argentré est le premier qui, alléguant la terre des Diablières (en Bonnemain), dont le nom vient de la famille Le Diable, ait placé les Diablintes à Aleth. En lisant les ouvrages ci-dessus, on pourra se faire une idée nette de la question. *Vide supra*, sur le « ms. de Quidaleth » qui ne nous est point parvenu, p. 27, note 8; et sur Aleth, p. 26, note 1.

1. *Vide supra*, p. 35, note 6.
2. Lire : Rahier du Pré-Henry. *Vide supra*, p. 36, note 5.
3. V. « Des voies romaines sortant de Rennes », par Bizeul (Soc. académique de Nantes, 1848 et 1850.)
4. V. « St-Servan et St-Servais », par M. de la Borderie (Assoc. Bret., congrès de Vannes, 1893).
5. *Vide supra*, p. 7, note 11.
6. Lire : Coëtlogon, s[gr] de la Lande.
7. En quelque autre de ses ouvrages ms. : Dubuisson d'ailleurs s'occupait beaucoup de devises et de blason.

Jean IV le Conquérant, comme dit Argentré, en la bataille d'Auray, 1364. Et dit Argentré ne sçavoir pourquoy ce duc usoit de ce cry[1]. —

Pour ce qui est d'Aleth ou Quidaleth, comme ils parlent, ce n'est plus rien qu'une pelouse labourée par cy par là, — *Et seges est ubi Troja fuit!* — ayant en son isthme 5 ou 6 maisons. Car la tour de Solidor est hors et 50 pas à costé du dudit isthme, et les corderies de St Servan sont tout à fait hors d'Aleth et en terre ferme.

Ceste pointe ou péninsule d'Aleth s'appelle encor vulgairement *la Cité*, et y a là la petite chapelle de St Pierre, vulgairement St Père, du costé et assez prez du bord du havre austro-occidental, dit havre de St Père à cause de cela.

— Le fabuleux ms. de Quidaleth[2], p. 6, dit force choses de St Pierre et de la cité d'Aleth. Voyez le partout. Sésambre estoit lors séparée seulement d'un petit guay de la ville d'Aleth. Voyez l'extrait du ms., p. 5. —

Un des costés de ceste chapelle est resté de l'ancienne muraille de l'église cathédrale d'Aleth[3], et y a au bout encor comme un reste de chapelle, que l'on prendroit pour estre de derrière le chœur, n'estoit qu'il est tourné à l'Occident et que, par dehors, un degré montant au dessus fait estimer communément que c'estoit une tour plantée là dessus. Au moins c'estoit sans doute une voulte.

Le circuit d'Aleth est petit, plus encor que celuy de St Malo, n'y ayant pas plus d'un quart d'heure de circuit. On y veoit encor toute la trace des murailles[4], plantées sur le roc, qui sort et paroist à fleur de terre, et en quelques endroits des pans à hauteur d'homme, comme sur le havre de St Père un petit pan, puis sur la rade de Rance ; — *Val de Rance* au ms. de Quidaleth, p. 5. Là est le rocher Biseul. — et sur le port de St Malo, une longue et continuelle suite à la aulteur de deux hommes, époisseur de 3 piés environ, avec petits flancs et tourrettes quarrées par cy par là, autant de mortier que de pierre, et pierre taillée tout d'une mesme grandeur qui est double de celle du *reticulatum opus*. Tellement que cest ouvrage, quoyque très dur et insurmontable par les anciens, ne paroist point romain, sinon en un endroit vers Est et St Malo, par dedans Aleth, sur une ouverture ou rupture, où paroist quelque ceinture de brique large à la romaine. — On a trouvé, il y a 25 ou 30 ans, une monnoye romaine dans la terre et enceinte d'Aleth. — J'ay veu en Touraine et Anjou des ouvrages de 7 à 8 cens ans, de ceste sorte de structure. Mais il faudrait veoir ce qu'en dit le ms. de Sésambre[5], ou bien un autre ms. qu'avoit un

1. La tour de Solidor fut élevée en 1392 par Jean IV, afin d'interrompre les communications avec Dinan des habitants de St-Malo qu'il venait d'assiéger en vain. Ce cri de guerre s'explique assez par cette circonstance ; mais nous ne croyons point qu'il ait été en usage lors de la bataille d'Auray. Jean IV avait déjà eu gravement à se plaindre des habitants de St-Malo qui, poussés par leur évêque, Josselin de Rohan, avaient tenté, en 1384, de lui refuser l'entrée de leur ville.

2. *Vide supra*, p. 27, note 8.

3. V. « L'ancienne cathédrale d'Alet, d'après les fouilles exécutées en septembre 1890 », par M. l'abbé Duchesne (Soc. archéol. d'I.-et-V., XXI, 1891).

4. V. « Mémoires de Frottet de la Landelle », édit. de M. Joüon des Longrais, 1886 ; cités dans l' « Hist. de de Bret. », I, p. 132.

5. Il semble que Dubuisson n'ait pas eu le temps de lire ce manuscrit des Récollets de Césambre. C'est pourquoi nous ne pensons pas que ce soit le même qu'il appelle *ms. de Quidaleth* et dont il a pris des extraits. *Vide supr.* pp. 27, 40, 41, 46.

chanoine et que Mr Bertaut [1] a, et en quel temps cela fut ruiné et l'habitation transportée à St Malo [2].

IX

Chemin de St Malo à Dinan

De St Malo à Dinan [3], 5 lieues. Par le port et les Capucins [4], le droit chemin à Chasteauneuf [5] (bourg et chasteau de la maison de Rieux), 2 lieues. Mais une demi lieue auparavant, vous passez le ruisseau de Kinart [6] où donne la marée, la rivière de Rance faisant là la première manche et baye. Puis arrivant à Chasteauneuf, vous avez une seconde manche ou baye (Ils l'appellent ainsy indifféremment), dite de Bochet [7] et de la Goute [8], parceque en ceste vallée sont les moulins de Bochet et plus anciennement de la Goute. Ces manches ou bayes sont proprement dégorgemens de la rivière de Rance qui, trouvant une vallée à costé, se dégorge dedans. Or ces vallées sont à la rive droite de la rivière, qui est le rivage gauche de la marée qui monte dans Rance.

Dans ceste manche de la Goute entre un ruisseau, comme celuy de Kinart, très petit et que l'on passe à la Planche André [9], au pié du costeau de Chasteauneuf, qui est un bourg et chasteau à un de Rieux [10]. Argentré, chapitre de St Malo, croit que *Neodunum Diablintrum* soit Chasteauneuf [11].

Et demi lieue par de là Chasteauneuf, vous avez la manche de la Tourniole [12], que vous voyez dans le bas d'une grande et large vallée. Puis au bout d'autre demi lieue, le Pont de Siu [13], où la rivière, prochaine d'une bonne canonnade, entre bien au long et au large, et où entre aussy, pour nettoyer, un ruisseau d'eau douce venant d'environ une fort petite lieue, à scavoir de Coaquin [14]

1. Pierre Berthault, docteur de Sorbonne, qui plus tard devint chanoine pénitencier et vicaire général de St-Malo. V. « Pouillé histor. de Rennes », I, pp. 628 et 644.
2. Aleth fut ruinée complètement par les Saxons au Ve siècle. Quand St Malo y aborda, au milieu du VIe s., elle était entièrement déserte. Il y fonda l'évêché d'Aleth, transféré à St-Malo ou Ile d'Aaron, vers 1152, par Jean de Chatillon, dit St Jean de la Grille.
3. Ch.-l. d'arr. des C.-du-N.
4. V. « Pouillé histor. de Rennes », III, p. 119.
5. Ch.-l. de cant., arr. de St-Malo. Châteauneuf entra dans la maison de Rieux par le mariage, en 1374, de Jean de Rieux avec Jeanne de Rochefort, héritière de cette seigneurie. V. « Pouillé histor. de Rennes », IV, pp. 386 et suiv.; — « Les seigneurs et le marquisat de Châteauneuf », par M. l'abbé Guillotin de Corson (Assoc. Bret., congrès de St Servan, 1891) ; — le P. Anselme : « Généal. de Rieux » : — « Généalogie des sires de Rieux », par M. l'abbé Le Mené (Soc. polymath. du Morbihan, 1879).
6. Auj. Quinard, moulin, sur la carte d'état-major n° 60.
7. Beauchet, *ibid.*
8. La Goutte, *ibid.*
9. La Planche André, *ibid.*
10. Guy de Rieux, sgr de Châteauneuf et vicomte de Donges, qui épousa en premières noces Eléonore de Mortemart, et, en 1631, Catherine de Rosmadec.
11. Nous avons déjà fait remarquer, p. 26, note 1, que *Neodunum*, capitale des Diablintes, doit être placé à Jublains (Mayenne).
12. Le hameau de la Tourniole, sur la carte n° 60.
13. Le Pont de Cieux, *ibid.*
14. Coëtquen, maison seigneuriale de la paroisse de St Hélen, auj. comm. des cant. et arr. de Dinan, C.-du-N. ; berceau de la famille de ce nom.

(ou *Kouetken*, qui signifie quelquechose de *bois* [1]), derrière la Bellière [2], où il y a belle maison, forest et marquisat. Ce ruisseau nettit et fait moudre le moulin situé au Pont de Siu, et de là passe au port d'Etablehon [3], lequel est sur la rivière et à l'entrée de la baye ou manche dudit pont de Siu ; auquel port viennent vaisseaus à voille et souvent les Mallouins chargent leurs blais et denrées en secret.

Environ demi lieue aprez le pont de Siu, trouvez la maison de la Bellière, à laquelle est annexée la vicomté de Dinan [4]. Cela apartient à Mrs de Boisyvon, autrement Cotenisan [5]. Au dessous est un estang couvert de roseaus, où les estourneaus sont à foule, comme en l'estang du chasteau de Han [6], au mois de septembre et commencement d'automne. Tout contre la bonde donne le bout d'une manche de Rance, dite la manche de la Bellière, aprez laquelle en vient une autre qui donne à Mordrec [7] dont elle porte le nom.

Enfin la marée arrive au Pont à Dinan, bon bourg, au pié oriental du mont sur lequel Dinan est situé. La rivière y est peu large et au plus de 40 ou 50 piés ; le pont est de pierre, à 5 arches petites. Les grands bateaus, qui sont de 30 jusques à 40 pipes, c'est à dire 15 ou 20 tonneaus, ne passent point ; mais les batelets et barquettes passent, et la marée monte jusques à Leoon [8], voire quart de lieue outre, c'est à dire demi lieue au dessus du Pont à Dinan.

Au dessus de ce pont, la rivière passe la profonde vallée qui borne la ville de Dinan à l'Est et Sud Est, et s'en va à Leoon ou Lehon, prieuré (jadis abbaye) de Bénédictins de la congrégation ou reforme de Clugny, qui sont en la commende du Sr Charles Brulart [9], conseiller d'Estat à Paris, qui en tire 8 mille livres de rente net. Lehon ou Léon est un nom commun en Bretagne [10]. Ce prieuré, dit Argentré, fut fondé par Néomène [11], vers l'an 860.

Il y a l'église de la paroice, tout contre l'église du prieuré de qui elle dépend, le petit bourg ou

1. Nous croyons que *Coëtquen* vient des mots *coët, bois*, et *guen, blanc* (ou *ken, beau*). V. M. J. Loth : « Chrestomathie Bretonne ». I, pp. 116. 197. 208.

2. Château et seigneurie en la paroisse de Pleudihen. V. du Paz : « Hist. généal. des vicomtes de la Bellière. »

3. Sur le port d'Establehon ou mieux de Stablon, jadis en St-Suliac, et depuis 1850, dans la nouv. comm. de la Ville-ès-Nonais, v. : « Anc. évêchés de Bret. », III pp. 103, 112, 127, 172, 187 ; VI, p. 212 ; — Réformation du terrier de Bretagne en 1678 (Arch. de la Loire Inf., série B, Chambre des Comptes), Rennes, VII, fol. 1 ; XII, fol. 24 ; XX, fol. 29. — « Origines de la Ville-ès-Nonais », par M. l'abbé Guillotin de Corson (Mélanges histor., II, p. 51).

4. Le vicomté de la Bellière passa, au XIIIe s., aux juveigneurs de la maison de Dinan. V. « Anc. év. de Bret. », V, pp. 349 et 350.

5. Jeanne de Rieux, fille de Guy de Rieux et d'Anne du Châtel, héritière de la Bellière, épousa Pierre de Boiséon ou Boisyvon (en Lanmeur), comte de Boiséon en 1607, baron de Kérouzéré et s[r] de Coëtinizan ou Coëtnizan (en Pluzunet).

6. Ham, ch.-de cant., arr. de Péronne, Somme : beau château avec donjon élevé.

7. Lire : Mordreuc.

8. Lehon, comm. des cant. et arr. de Dinan, C.-du-N.

9. Charles Brullart ou Bruslart fut prieur de Lehon de 1624 à 1668. V., sur ce monastère, « Anc. évêchés de Bret. », II, pp. 341 et suiv. ; — « Le prieuré royal de St Magloire de Lehon », par M. l'abbé Fouéré-Macé, recteur de Lehon (Rennes, Caillière, 1892) ; — Mémoire du même au congrès de l'Assoc. Bret. à Dinan, 1890 ; — « Notes sur la restauration de l'église abbatiale de Lehon », par le même (Assoc. Bret., St-Malo, 1885) ; — « Fondation de l'abbaye de Lehon », par M. de la Borderie (Rev. de Bret. et de V., 1888, 2e sem., p. 241) ; — « Miracles de St Magloire, et fondation de Lehon, textes inédits », par le même (Soc. archéol. des C.-du-N., 2e série, t. IV).

10 D'après la légende de St Magloire, reproduite par la Chronique de St Brieuc, *Lehon* signifierait *endroit agréable*. Quant au pays de Léon, il tire sans doute son nom de la ville galloise de Caër-Léon, d'où vinrent les premiers colons qui le peuplèrent. V. « Hist. de Bret. », I, p. 285.

11. Nominoë (825-851). V. « Hist. de Nominoë », par M. de la Borderie (Assoc. Bret., 1850) ; — « Nominoë, roi de Bretagne », par le même (Rev. de Bret. et de V., 1858, 2e sem., p. 473).

village, et, sur une motte au pié de laquelle est un petit estang, un vieil chasteau dont l'enceinte reste encor assez aulte et qui appartient au roy.

Mais dans l'église du prieuré, tout au bout, au costé austral du chœur, est la chapelle des Beaumanoir [1] dont les armes sont là et au grand vitrail du chœur : *d'azur à 6 ou 10* (mais plus ordinairement 10) *billettes d'argent, 4, 3, 2, 1, ou 4, 2, 4.* Ils y ont force sépultures élevées, à statues gisantes, et joignant l'une d'icelles, contigüe à la paroy australe, sous une pierre figurée approchant d'un lyon, on tient qu'il y a enterré un lyon qui, des Alpes, suivit un seigneur de Beaumanoir qui l'y avoit rencontré estropié par un échiquot de bois fiché en la pate, et l'avoit guéry ; dont le lyon, comme celuy d'Androcles, se souvint tousjours depuis [2].

Beaumanoir [3] est à 2 lieues de Dinan, vers Evran et la rivière de Linon.

Tout à l'entrée de l'église, dans l'arceau de la paroy australe, une sépulture élevée, en grais, avec statüe gisante en cavalier, porte ceste légende :

Cy gist Raoul Biu de Leoon qui décéda
13 octobre 1420 [4]

Plus ault est une autre sépulture semblable, mais ignorée de qui.

Et encor plus ault, dans une chapelle, une autre aussy ignorée, au pié de laquelle une tombe, à raiz de chaucée, couvre le corps d'un religieux béat, dont les informations et miracles tendent à canonization, décédé depuis 20 ans et nommé Noël Mars [5]. L'arceau de la muraille boréale couvre le corps d'un nommé Piel [6], bourgeois de Dinan fort renommé là dedans pour grand bienfaiteur. Ce Piel, à ce qu'on dit, a fait paver le grand chemin qui, de Dinan par Lehon, va à Téveron [7], bourg de là distant une lieue. Et plus bas dans la nef, encor quelques autres sépultures ignorées.

Mais la rivière, ayant passé, par deux bras ou canaux, dans le grand et extérieur desquels donne la marée, à travers du fruitier et jardins du prieuré de Lehon, s'en va avec la marée un quart de lieue plus ault, et là s'arreste.

Quand la marée est retirée, elle est claire, limpide, bonne à boire à Lehon, au Pont à Dinan et encor au dessous jusques à 3 lieues prez de St Malo, que les bayes et manches qu'elle emplit, refluans aprez la marée et fournissans d'eau d'égout jusques au retour d'icelle marée, font que la

1. V. « Anc. év. de Bret. », IV, p. 352 ; — « Essai sur l'architecture religieuse en Bretagne », par M. de la Monneraye, p. 144 ; — Du Paz : « Hist. généal. des s[rs] de Beaumanoir » ; — « Recherches sur Dinan », par M. Odorici.

2. Cette légende se trouve rapportée dans le ms. latin 12.679 de la Bib. Nat., qui contient une description du prieuré de Lehon. Elle a sans doute pour origine le lion placé, selon l'usage, sous les pieds de la statue tumulaire du chevalier, et paraît imaginée après coup. V. « Le prieuré royal de St-Magloire », par M. l'abbé Fouéré-Macé, p. 272.

3. Le château de Beaumanoir est en Evran, ch.-l. de cant. de l'arr. de Dinan.

4. Nous pensons que Dubuisson a mal lu. L'ouvrage de M. l'abbé Fouéré-Macé reproduit, p. 274, une pierre tombale de chevalier, avec cette légende : *Ci gist Raoulin Pollo de Redon, père du prieur de céans, qui trespassa le XVIII jour de novembre, lan mil IIII[c] et XVI. Dieu lui pardont. Amen.* C'était le père de Raoul Pollo, prieur de 1407 à 1440. Mais cette pierre provient de la chapelle de Beaumanoir, tandis que Dubuisson a vu « tout à l'entrée de l'église » celle qu'il décrit, et d'ailleurs les dates ne concordent pas. Peut-être s'agit-il d'un frère de ce Raoulin, dont le tombeau n'existe plus.

5. Noël Mars mourut en 1611, âgé de 34 ans. V. « Anc. év. de Bret. », IV, p. 351.

6. Les auteurs des « Anc. év. de Bret. », IV, note de la page 352, citent la collection des Blancs-Manteaux, XXXIX, p. 437, qui signale plusieurs tombeaux de l'abbaye de Lehon, parmi lesquels celui « d'un homme habillé en moine, « avec des souliers pointus et ces mots : *Cy gist Piel, bourgeois de Dinan* ».

7. Tréveron, comm. des cant. et arr. de Dinan, C.-du-N.

rivière où elles retombent n'est jamais autrement que salée. Aussy y pesche-t-on et uystres et toute sorte de poisson de mer. Mais quand il est morte eau et que les marées sont petites, qui arrive au croissant et au décours de la lune, l'eau est toujours bonne à boire au dessous du Pont à Dinan.

La Rance a sa source[1] au milieu de la lande de Menay[2], prez Montcontour[3], 8 lieues plus ou moins de Dinan ; vient par St Jouan[4] et Quité[5], et enflée des eaus des estangs de la Moussaye[6] et de Hedé, Bézardière et Combourg, composans la rivière de Linon cy devant, tombe par Lehon au Pont à Dinan, et de là, le chemin cy devant descrit à rebours, à St Malo où elle s'embouche en mer, en la rade dite de Rance. Sa source s'appelle la Fontaine de Rance, d'où elle prend et conserve son nom.

X

Dinan

DIOCÈSE DE St MALO.

AUTANT au dessus de Leoon, qui est au pié austral de la montagne, comme c'est au dessus du Pont à Dinan, au pié oriental du mesme mont, c'est à dire quart de lieue, est située la ville de Dinan, sur un ault aplany de grande estendüe et non moindre que le circuit de Rhennes, c'est à dire de plus de demi heure de promainade, n'ayant néanmoins que trois portes, toutes tourrelées[7]. Elle a pour armes : *de gueules au chasteau de trois tours crénelées d'or* (ou *au dongeon accompagné de 2 tours crénélées d'or*), *au chef d'hermines.*

La muraille est toute de pierre, avec un très beau corridor intérieur, terrassée en quelques

1. Une des sources de la Rance est au village dit le Cas de la Plesse, en Collinée; une autre, à la Fontaine de Rance, entre le village de la Croix-Duret et celui des Mentes, en St-Gouëno. V. « Hist. de Bret. », I, note de la page 19.

2. Lire : du Mené.

3. Moncontour est ch.-l. de cant., arr. de St-Brieuc.

4. St-Jouan-de-l'Isle, ch.-l. de cant. arr., de Dinan, C.-du-N. V. « Les seigneuries de St-Jouan-de-l'Isle », par M. Joseph Janvier (Assoc. Bret., 1892).

5. Guitté, comm. du cant. de St-Jouan-de-l'Isle.

6. La Moussaye est un château en la paroisse de Plenée-Jugon (auj. comm. du cant. de Jugon, arr. de Dinan), évêché de St-Brieuc. Châtellenie d'ancienneté aux La Moussaye, échue par mariage aux Goyon en 1506, marquisat pour ces derniers en 1615, la Moussaye passa par alliance, en 1679, aux Montbourcher, puis aux Franquetot de Coigny. Le château de la Moussaye domine quatre étangs, dans l'un desquels prend naissance le ruisseau de *Gouès* qui va se perdre dans le grand étang de Jugon. V. Habasque : « Notions historiques, etc. sur le littoral des Côtes-du-Nord » (Guingamp 1836), III, pp. 153 et suiv.

7. V. « Dinan et ses fortifications », par M. Geslin de Bourgogne (Soc. d'émulat. des C.-du-N., VIII, 1870-71) ; — « Origines de la ville de Dinan et de ses seigneurs », par M. de la Borderie (Revue de Bret. et de V., avril et juin 1891) ; — « Notes sur Dinan », par Le Sage (Soc. d'émulat. des C.-du-N., XV) ; — « Etat du domaine ducal de Dinan au com[t] du XVe s. », (Annuaire histor. des C.-du-N., 1858) ; — « Recherches sur Dinan et ses environs », par Luigi Odorici (Dinan, Huart, s. d.) ; — « Guide du voyageur dans la ville de Dinan et ses environs », par Bazouges (Dinan, 1857) ; — « Dinan et ses environs », par J. M. Peigné (Dinan, 1862) ; — « Annuaire Dinannais », par M. de St-Pern-Couellan (années 1835, 1838) ; — Bulletin monumental, VI : « Lettres sur quelques monuments de Dinan », par M. de Caumont ; et XV : « Notice sur quelques monuments du dépar[t] des C.-du-N., » par MM. de Barthelémy et Ch. Guimart ; — « Les Côtes-du-Nord : histoire et géographie de toutes les villes et communes du départem[t] », par Benjamin Jollivet (Guingamp, 1854-59, 4 vol. in-8°) ; — « Géographie des Côtes-du-Nord », par M. Gautier du Mottay.

endroits et partout éloignée des bastimens, dont elle est séparée par jardinages et terrain, pour la retrancher. Le parapet est continu et, par cy par là, il y a tours avec casemates, et une entre les autres, regardant à l'Est, plantée en jardinet fort joli. Lesdits parapets de la muraille épois d'une toise ou peu moins, et ceux des tours de 2 et plus. Le tout est planté sur le roc avec bon fossé tout autour, faulse braye ou double muraille du costé de l'Ouest et Nord, et le fossé couvert d'une douve très relevée partout ; du costé de l'Est, très ault précipice par lequel passe la rivière.

Mais de ce mesme costé, le vallon de la rivière et précipice estant estroit, le costeau opposite à la ville, qui est le costeau de la rive gauche de Rance, ou contrescarpe de la ville (comme celuy de la droite est l'escarpe de ladite ville), estant plus ault que celuy de la ville, lui commande, en sorte que l'on peut fracasser, brusler dans la ville, et maisme battre la muraille. Mais il seroit comme impossible de venir par là à l'assaut, à travers la rivière et un si profond vallon.

En cest endroit, un pan de muraille estoit abattu, comme aussy en un autre endroit de la ceinture de la ville, et M. de Brissac ordonna qu'il fut refait.

Au Sud et Sud Ouest est le chasteau [1], qui est plustost un réduit pour le gouverneur, M. de Rosmadeck, s[r] de la Hunaudaye [2] (qui porte : *escartelé d'or et d'azur*, qui est Tournemine La Hunaudaye, *parti de Bretagne*), et pour son lieutenant, le s[r] de la Saulaye, avec 15 soldats entretenus, qu'une forteresse. Car ce n'est qu'une seule très grosse tour et masse de pierre, à double sommet en pointes couvertes d'ardoise.

Tout proche et commandée dudit chasteau, est la grande place [3], belle au possible et non guères moins grande que celle d'Arras, en quarré long.

La Maison de Ville, où est l'auditoire, est assez loin de là. Il y a un procureur des bourgeois. La justice royale y a sa séance et est composée d'un séneschal, d'un alloué qui est comme son lieutenant, et d'un procureur du roy [4].

Le peuple, de tous aages et sexes, est au plus de 8 mille âmes. Ceux qui porteroient armes ne sont pas plus de 8 cens, répartis en 36 esquadres, sous autant de caporaux ; et, en temps de guerre, cela se rangeroit sous deux capitaines qui seroient comme deux petits maistres de camp.

Il n'y a que deux paroices en toute la ville, qui sont aussy prieurés : St Sauveur [5], où il y a un portail très antique, le reste de l'église, qui est le chœur, n'estant achevé, et estant de deux voutes l'une sur l'autre, commandans sur le costé de la ville oriental et sur le costeau qui, comme j'ay dit,

1. V. « Notice historique sur le château de Dinan », par M. Mahéo ; — « Le château de Dinan », dans la Bibliothèque Bretonne de Ch. Lemaout (St-Brieuc, 1851).

2. Fils de Sébastien marquis de Rosmadec, baron de Molac, etc., gouverneur de Dinan, qui épousa en secondes noces, l'an 1600, Jeanne de la Motte, veuve du marquis d'Acérac, dame de la Hunaudaye, Montafilant, etc. (fille de Joseph de la Motte et de Catherine Tournemine). V. Le Baud : « Hist. de Bret. », éditée par d'Hozier en 1638, premières pages ; — Du Paz : « Hist. généal. des s[rs] de la Hunaudaye », *in fine*.

3. Ce fut le duc Jean II qui fit faire cette place, en prenant des terrains et des maisons. V. « Nouveau recueil d'actes inédits des ducs de Bretagne et de leur gouvernement ; XIIIe et XIVe s. », par M. de la Borderie (Soc. archéol. d'I-et-V., XXII, 1893, p. 248).

4. V. « Dinan, ville présidiale » ; et « Note sur une lettre de Henri IV, portant érection d'un présidial à Dinan », par M. J. Trévédy (Soc. d'émulat. des C.-du-N., XXXI, p. 202, et Bulletins, p. 32). L'érection d'un présidial à Dinan fut ordonnée par Lettres d'avril 1598, en récompense de la fidélité de cette ville à la cause royale. Mais le Parlement refusa l'enregistrement, et les Lettres Patentes furent révoquées en 1601.

5. V. « Anc. évêchés de Bret. », IV, pp. 256, 267 ; VI, p. 216. — « Essai sur l'architecture religieuse en Bretagne aux XIe et XIIe s. », par M. de la Monneraye (Assoc. Bret., congrès de St-Brieuc, 1846, p. 142) ; — « Dictionn. de Bret. » par Ogée, 2e édit., I, p. 227 ; — « Annuaire Dinannais » de 1833 ; — « Bulletin monumental » de M. de Caumont, VI.

la commande du dehors ; en sorte que ceste double voute est comme expressément faite pour batre sur ledit costeau ; mais est elle foible pour porter canons, et n'y a pas d'escalier ni passage à y en monter.

Et St Malo [1], beau et très grand vaisseau de belle pierre, tout achevé jusques aus voutes et comble qui est de bois, et dont ceux de Rohan sont fondateurs, y ayans leurs armes partout ès piliers et vitres, qui sont de *7 macles d'or en champ de gueules, 3, 3, 1, mi parties de Bretagne* [2]. Selon l'usage des Bretons, elles sont de 7 ou de 9 macles, n'importe.

Et néanmoins dans le chœur, au costé boréal, entre deux piliers, il y a une grande sépulture de marbre blanc, élevée de 3 piés sur terre, large de 4 et longue de 6, le tout au plus prez, portant pour armes *une main droite tournée en dehors et posée en pal, et au dessus, au canton droit, une estoile* que les railleurs appellent un point, disans que c'est le rebus : point d'or, main d'argent, *mi parties échiquetées*. Et tout autour de la lame il y a :

Cy est la sépulture de nobles gens Raoul Marot sieur des Alleuz, conseiller du roy et séneschal à Dinan, et damoiselle Simonne Le Fer, sa compagne. 1598 [3].

En un pilier du bout austral du jubé ou doxal, il y a, moulé en grande lettre, comme :

Le 17 may 1490, fut commencé l'édifice de l'église.

Les Ursulines [4], où il n'y a que deux ans que Renée Petit, veuve de Laval, fut receue religieuse, faisant et souffrant qu'on la feist là béate. Son procez lui fut fait par l'évesque et elle s'évada.

Les Capucins de Dinan sont hors la ville, vers l'Ouest et chemin de Jugon.

Outre les paroices, il y a encor d'églises les Filles de Ste Claire [5], pauvres mendiantes, puis les Ursulines cy dessus et Bénédictines [6], et les Filles de Ste Catherine de Sienne [7] ; un hospital.

Les Jacobins [8], fondés par ceux de Kouetkem, comme parlent et escrivent ceuz qui ont veu les vieux monumens, et où leurs armes sont au portique et cloistre et partout en l'église, principalement au grand vitrail ; car ils ont bien des tombeaus élevés, à statues, sous le portique ou avant nef de l'église, où il y en a aussy des seigneurs de la Bellière [9], anciens vicomtes de Dinan, dont les

1. V. sur le prieuré de St-Malo de Dinan : « Anc. évêchés de Bret. », IV, pp. 586 et suiv. Ce prieuré, fondé au XIIe s. par les sires de Dinan, hors les murs de la ville, dépendait de Marmoutiers. Abattue en 1487, dans l'intérêt de la défense de la ville, l'église fut reconstruite vers 1492, dans l'intérieur de Dinan. Il n'est point question des Rohan comme fondateurs du prieuré primitif ; mais Jean, vicomte de Rohan, ayant cédé des terrains pour la reconstruction du XVe s., en fut regardé comme fondateur.

2. Alain IX de Rohan, petit-fils d'Olivier de Clisson, épousa, en 1407, Marguerite de Bretagne.

3. Raoul Marot, s[r] des Alleux, époux de Simonne Le Fer, l'un des conjurés d'Amboise en 1560, fut sénéchal et capitaine de Dinan. Il descendait de Tanguy Marot, l'un des témoins de la fondation de St-Malo de Dinan, en 1489. De cette famille, qui a produit plusieurs conseillers au Parlement de Bretagne, était le comte de la Garaye (en Taden), illustre par sa charité et sa générosité, qui fonda, en 1750, la maison des Filles de la Sagesse de Dinan. Les Marot des Alleux furent vicomtes de Taden en 1644, et comtes de la Garaye en 1685 ; ils portaient : *d'azur à la main dextre d'argent, accompagnée d'une étoile d'or au premier canton.* Le Fer portait : *échiqueté d'or et de gueules ou d'argent et d'azur.*

4. « Les Ursulines de Dinan », par M. Le Court de la Villethassetz (Dinan, Huart, s. d.).

5. Les Filles de Ste Claire de Dinan furent établies, depuis 1469, dans la chapelle Ste Catherine. V. Ogée : « Dict. de Bret. », 2e édit., I, p. 223.

6. V. « Les Bénédictines de Dinan et le collège des Laurents », par M. l'abbé Ch. Robert (Assoc. Bret., congrès de Dinan, 1890).

7. Les Filles de Ste Catherine de Sienne touchaient l'église St Sauveur. Leur couvent a été transformé en hospice.

8. Les Jacobins de Dinan furent fondés en 1224, par Alain de Lanvallay, selon les uns ; par un Coëtquen, selon d'autres.

9. La Bellière portait : *d'azur au chef émanché de sable. Vide supra*, p. 48, notes 2 et 4.

armes sont *emmanchées*, et qui, par aulte humilité, sont enterrés à l'entrée de l'église et hors d'elle. Mais le plus grand nombre des sépultures de ceux de Coaquin[1], et maisme du dernier mort, sont au haut du chœur et dans le sanctuaire, en tombes plates à personnages de demi relief, ou gravées avec leurs armes qui sont *bandées de 6 pièces d'argent et de gueules.*

Là aussy estoit la tombe plate de Bertrand[2], que l'histoire de France surnomme mal du Guesclin, que vulgairement on prononce du Gleckim. Les seigrs de Coaquin, aujourd'huy marquis[3], l'ont fait oster et porter au costé boréal dudit sanctuaire, en la chapelle St André et St Thomas, où elle se veoit, portant armes *à l'aigle de sable à deux testes*, et autres semblables avec un baston ou *cotice* de droit à gauche, pour rupture[4]. Et y a, entre ces deux sortes d'armoiries, un cueur gravé, et à la teste de la tombe est cecy gravé :

Cy gist le cueur de Messire Bertrand du Gueaquin, en son vivant connestable de France, qui trépassa le XIIIe jour de juillet l'an mil IIIc IIIIxx, *dont son corps repose aveques ceux des roys à St Denys en France.*

A l'issue du chœur, au bout boréal du jubé, dans la nef, un tombeau de pierre de liais, élevé, portant deux cavaliers gisans, avec les armes de Rohan *au lambel*, qui est de Montauban en Bretagne, terre partage d'un cadet de Rohan[5].

Il y a aussy une sépulture élevée, dans la nef, au costé boréal, qui est de pierre, portant une lame de marbre noir ainsy inscripte :

Cy gist noble homme Charles Le Porc, en son vivant escuyer, seigneur de la Chesnaye, escuyer d'escurie du roy nostre sire, qui trépassa l'an mil quatre cens soixante quatre, le VIIIe jour de février.

Ses armes sont *un porc passant*[6]. Elles sont aussy blasonnées ès Ursulines de St Brieuc.

Et dans les arceaus de la paroy boréale de la nef, il y en a encor, entre lesquelles est une qui a aussy des tombes plates dans le pavé de l'église, portans mesmes armes qui sont au vitrail, *de sinople à la fasce d'hermines*[7] ; et sont représentés trois chevaliers prians, avec leurs cottes vertes, et ces dates : 1280, 1281, 1283, qui monstrent l'antiquité de ceste église. Premier qu'avoir esté aus Jacobins, elle fut des Templiers, de l'ordre desquels le vulgaire estime avoir esté ces trois chevaliers qui estoient de la maison d'Augoulevent, très bonne jadis et à présent faillie en Bretagne.

En la paroy opposite ou australe, il y a une vitre du sr baron de St Jouan[8], de la maison de Rosmadeck, où sont ses armes, *esquartelées au 1er de sinople ou gueules, à 4 fusées d'argent*

1. Lire : Coëtquen.

2. Le cœur du connétable et son tombeau ont été déposés le 9 juillet 1810, dans l'église St-Sauveur. V. Ogée, « Dict. de Bret. », 2e édit., I, p. 228.

3. Les Coëtquen, marquis en 1576, et barons du Vauruffier, étaient héritiers et descendants de Saveline du Guesclin, nièce du connétable, qui épousa Raoul de Coëtquen. V. Du Paz : « Histoire général. des srs du Guesclin et des srs de Broon ».

4. *Vide supra*, p. 37, note 1 ; — « Epigraphie monumentale des C.-du-N. », par M. Gaultier du Mottay (Annuaire des C.-du-N., 1879).

5. Les Rohan-Montauban descendaient de Josselin de Rohan, mort en 1251. Ils portaient : *d'argent à sept macles de gueules, au lambel de quatre pendants de même*. V. « Biographie Bret. » de Levot ; — « Grandes seigries de Hte Bret. : comté de Montauban » (Revue de Bret. et de V., juillet 1896) ; — « La seigneurie de Montauban et ses premiers seigneurs », par MM. de la Borderie et L. de Villers (Soc. archéol. d'I.-et-V., XXIV, 1895, p. 267).

6. Le Porc porte : *d'or au sanglier de sable en furie.*

7. Armes exactes de la maison d'Angoulvent. V. « Bio-Bibliographie Bret. » de M. R. Kerviler.

8. Descendant de Claude de Rosmadec (frère de Marc, gouverneur de Dinan en 1559) qui épousa la fille aînée et héritière de Jean de la Vallée et de Bonne Glé, sgr et dame de St Jouan. V. « Généalogie de la maison de Rosmadec, extraite d'un ms. de d'Hozier », à la fin de « la Science Héroïque », par Marc de Vulson de la Colombière (1644).

D'après l'Armorial de Guy Le Borgne, St-Jouan, baronnie, portait : *d'azur à cinq fusées d'argent en fasce.*

posées en pal, qui est St Jouan ; *au 2e de gueules à 7 macles d'argent*, qui est Molac [1] (que Mr de la Hunaudaye dit estre d'or, les maismes que celles de Rohan) ; *au 3e de gueules à 3 boucles ou fermaillets d'argent*, qui est de la Vallée (dont le marquis des Fossés est chef) ; *au 4e d'argent à la croix ancrée de gueules* [2] ; sur le tout, un escusson *pallé d'argent et d'azur de six pièces*, qui est de Rosmadeck.

Dans le cloistre des Jacobins, espine blanche, grosse comme le corps d'un homme un peu plus, haute branchue, estendue et palissadée, de 70 piés de circuit ; a un second estage fait en dôme, et est la plus belle espine que l'on scauroit veoir.

Mais le plus beau convent qui soit à Dinan et en toute la Bretagne, pour mendians, est celuy des Cordeliers, dont fut fondateur un Henry d'Avaugour [3], lequel à la fin se feit Cordelier et pélerin de Terre Sainte. (Les Armes d'Avaugour sont au grand vitrail et autres endroits, *d'argent au chef de gueules*. Les maismes armes sont aussy de Quintin qui est apanage d'Avaugour). Il est enterré sous une tombe plate, dans le sanctuaire ; mais il est représenté gisant en habit de St François, sur un tombeau de pierre élevé, dans l'arceau de la muraille boréale, au haut du chœur. Et encor plus ault, tout joignant, est une semblable sépulture d'un chevalier gisant, qu'ils estiment estre de Kersoson [4].

En la paroy opposite ou australe du sanctuaire, il y a une belle sépulture grillée où gist, en la place de devant, ou première et plus honorable, une dame vestue à la grandeur ; et à costé d'elle, qui est la deuxième place, un personnage vestu en Cordelier.

Contre la paroy joignant, il y a un épitaphe en lettre noire d'un Guillaume de Rosnyvinen qui eut pour femme une Perrine de Meulent, dame du Parc d'Avaugour [5], etc..., qui mourut au chasteau de Dinan le 16e juillet, l'an 1470. Il n'y a rien du déceds de luy qui est qualifié grand chambellan du roy Charles VII, conseiller et chambellan aussy du duc François Ier de Bretagne, capitaine d'hommes d'armes et de trait, maistre réformateur des Eaus et Forests de France, Champagne et Brye, capitaine de Vire et de St Aubin du Cormier. Ses armes, qui ressemblent à celles de Porc, sont au vitrail au dessus : *d'or au sanglier passant de sable, langué de gueules, aus deffenses d'argent, à la bordure engrêlée de gueules* [6]. Celles de la femme sont *équartelées au 1er et 4e échiqueté d'argent et de gueules, au 2e et 3e d'argent au chef de gueules*, qui est d'Avaugour.

1. Jean III de Rosmadec, Tivarlan, etc. épousa à Blois, en 1505, Jeanne de la Chapelle, seconde fille d'Alain de la Chapelle, baron de Molac, Sérent, etc. et de Louise de Malestroit. – V. « La Science héroïque », *ut supra*, p. 53, note 8.

2. Qui est Mauclerc.

3. Henri II d'Avaugour, vicomte de Penthièvre, de Goëllo et baron d'Avaugour (fils d'Alain II et d'Alix d'Aragon), épousa Marguerite du Mayne et de Dinan (fille de Juhaël, baron du Mayne, et de Gervaise, vicomtesse de Dinan. Juhaël était fils de Geoffroy et d'Isabeau de Meulant, fille de Galeran de Meulant). Il mourut en 1281 et fut inhumé aux Cordeliers de Dinan, qu'il avait fondés en 1251, sous le vocable de N.-D. de Vertus. V. du Paz : « Histoire généal. des vicomtes de Dinan » ; « *Id.* des maisons de Penthièvre et Avaugour ; » — « Anc. évêchés de Bret. », V. p. 330.

4. Kersauzon porte : *de gueules au fermail d'argent*.

5. Le Parc d'Avaugour est dans la paroisse de Brécé, près Gorron (Mayenne). La maison de ce nom tire son origine de Guillaume, tué à Auray en 1364 (fils de Henri d'Avaugour, mort en 1328, et de Marie de Beaumont-Brienne). V. M. Kerviler : « Bio-Bibl. Bret. », et « Hist. généalogique... », par le P. Anselme, II, p. 408, et VIII, p 580. Perrine de Meullent, baronne de Courseulles, dame du Parc d'Avaugour (fille de Thomas de Meullent, baron de St Paër et de sa deuxième femme, Jeanne d'Avaugour, fille elle-même de Guillaume d'Avaugour, bailli des exemptions de Touraine, Anjou, Maine et Poitou), épousa en 1453 : Guillaume de Rosnivinen, premier échanson du roi en 1446, puis chambellan du duc de Bretagne et capitaine de St-Aubin-du-Cormier en 1488, mort en 1495.

6. Rosnivinen porte : *d'or à la hure de sanglier de sable arrachée de gueules et defendue d'argent*. Mais les armoiries ne se sont fixées que tardivement. On trouve souvent, au XVe s. encore, les branches d'une même famille caractérisées par des brisures. V. sur les brisures, l'article de M. le vte O. de Poli, dans l'Annuaire du conseil hérald. de France, 1897, p. 347.

Derrière le rideau sont tombes plates de la maison de Vaucouleur [1], en Bretagne.

Mais en une chapelle de Montafilan, qui est très haute et très grande et toute peinte et armoyée, et qui sert de sacristie, sont, et au milieu et dans les arceaus des parois de ladite chapelle, tombeaus élevés, avec statues d'hommes et de femmes, gisans et grillés.

Les parois, les portes et les vitres sont pleines des armes de Montafilan [2], qui sont celles de Dinan : *de gueules à 4 fusées d'hermines posées en pal et cantonnées à chaque bout de trois besans d'hermines.* Elles sont presque partout *équartelées au 2e et 3e de gueules semé de fleurs de lys d'or*, qui est Chasteaubriant, et ès vitres, *de gueules fretté d'or, rempli ou cantonné de fleurs de lys de mesme.*

Tout au bas de la nef, ou plustost dans le portique couvert et fermé en avant nef, tombeau de grais élevé, avec une lame travaillée d'un chevalier gisant, en demi relief, et tout autour :

Cy gist misere Robert de Ben Menoir.

Ses armes [3] sont *unze billettes, 4, 3, 4.* — Voyez l'Itinéraire d'Anjou. —

En une chapelle du costé boréal, une sépulture pareille, sans légende. Les armes y sont et au vitrail : *d'or à sept macles de gueules, 3, 3, 1* [4]. Ils disent que c'est de la maison de l'Ermitage. — Voyez Bréhant, en St Michel de St Brieu. — Il y a un Ermitage prez Rhennes, marqué en la carte de Hardy [5], tirant vers Montfort la Cane.

Au reste, le cloistre est très beau, et en une petite court à costé il y a beau logement basti pour

1. Vaucouleurs porte : *d'azur à la croix pleine d'argent.*

2. Montafilant porte, comme Dinan dont il est un rameau : *de gueules à quatre fusées d'hermines en fasces, accompagnées de six besans de même.* Rolland de Dinan, issu d'une branche cadette de cette maison, fut désigné le premier, en 1304, sous le titre de seigneur de Montafilant, château situé près de Corseul. Son fils, Geoffroy, épousa Jeanne d'Avaugour, fit beaucoup d'aumônes aux Dominicains de Dinan et fut enterré chez eux. Charles de Dinan, arrière-petit-fils de Geoffroy, mourut en 1418, ayant réuni à Montafilant la baronnie de Châteaubriant qu'il tenait de sa grand'tante, Louise de Châteaubriant. (Celle-ci avait épousé Gui XII de Laval et mourut sans enfant, en 1383, laissant Châteaubriant à son petit-neveu, Charles de Dinan, petit-fils de Thomasse de Châteaubriant et de Rolland de Dinan-Montafilant). Il avait épousé Jeanne, sœur et héritière de Robert de Beaumanoir, compagnon et ami d'Olivier de Clisson. Leur fils Robert, épousa Jeanne de Châtillon, fille de Marguerite de Clisson. Après Robert, son frère Bertrand eut, en 1429, Châteaubriant et Beaumanoir et mourut sans postérité. Sa nièce, Françoise, fille de son frère Jacques de Dinan, hérita des biens immenses de ses oncles. Elle épousa Gilles de Bretagne, puis Guy XIII de Laval, enfin Jean de Proisy, écuyer Picard. V. « Anc. évêchés de Bret. », V., pp. 173-181, 353 et suiv. ; VI, p. 23 ; — « *Bio-Bibliogr. Bret.* », de M. Kerviler, art. *Beaumanoir, Chasteaubriant.*

3. Beaumanoir porte : *d'azur à onze billettes d'argent, 4, 3, 4.* Il s'agit sans doute ici de la tombe de Robert de Beaumanoir, beau-frère de Charles de Dinan.

4. Les Bréhan, vtes de l'Isle (en Plœuc), seigneurs du Bois-Bouëssel à la fin du XVIe s., portaient ces armes. Comme seigneurs du Bois-Bouëssel, ils étaient *fondateurs* de l'église St-Michel, à St-Brieuc. Toutefois, Dubuisson n'en dit rien, en mentionnant cette église. V. « Anc. év. de Bret. », I, pp. 242 et suiv.

Il y a deux paroisses appelées l'Hermitage : l'une, anc. trève d'Allineuc, auj. comm. du cant. de Plœuc, arr. de St-Brieuc ; l'autre, auj. comm. du cant. de Mordelles, arr. de Rennes, à laquelle Dubuisson fait allusion. Nous ne trouvons point que les Bréhan de l'Isle aient jamais été seigneurs d'aucune de ces deux paroisses.

5. « Duché de Bretaigne, désigné par le sr Hardy, mareschal des logis du roy » (*Amstelodami, apud Janssonium*, et Paris, Melchior Tavernier, s. d.). On cite un Claude Hardy, mathématicien, né au Mans, mort à Paris le 5 avril 1678 ; mais on ne dit pas qu'il ait fait des cartes.

un duc ou grand, où estoient Mr le duc de Brissac[1] et Mr d'Estampes Valençay[2] logés, les 20e, 21e, 22e de septembre 1636, et où, deux ans auparavant, au mois de décembre 1634, Mr de la Melleraye[3] estoit logé, durant qu'il tenoit les Estats de la province, qui s'assembloient dans une salle dudit convent.

Car et ceste maison et la ville sont les lieux les plus commodes à tenir les Estats de la province, au milieu quasi de laquelle on est, avec la largesse des logemens, bon marché d'iceux et de vivres, par le voisinage de la mer et subvention de la ville de St Malo qui n'en est qu'à 5 lieues.

XI

Chemin de Dinan à Lambale, par Jugon

De Dinan à Lamballe[4], il y a sept lieues vers Ouest, dont plus de la moitié est Jugon[5], gros bourg, mais avec qualité de ville, ainsy appellée comme elle estoit jadis une des 4 Chambres du duc, ainsy que j'ay dit cy dessus en Hedé[6].

Il y a deux beaus estangs, l'un principalement, dit le Grand Estang, qui est le plus oriental et est très long, et dans lequel donne une rivière, dite la rivière des Moulins, qui vient de Beaulieu, une lieue au dessus[7]. Dans l'autre estang, qui est occidental du premier, donne une rivière dite la rivière d'Erganon[8]. Le moulin au dessus de cest estang apartient à M. le marquis de la Moussaye[9],

1. François de Cossé, duc de Brissac, baron de Malestroit et seigneur de Châteaugiron, lieutenant-général au gouvernement de Bretagne; fils de Charles, maréchal de France, et de Judith d'Acigné. *Vide supra*, p. 17, note 6.

2. Jean d'Estampes-Valançay, conseiller clerc au Parlement, abbé de Bardelle, président au Grand Conseil, frère de l'archevêque de Reims et du cardinal de Valançay. Il fut le protecteur de Dubuisson qui l'accompagnait dans ses voyages diplomatiques. En 1636 il était en Bretagne, comme *commissaire du roi* pour assister aux Etats. V. « Journal des guerres civiles, par Dubuisson-Aubenay », édité par M. G. Saige (Soc. de l'Hist. de Paris, 1883, pp. XXII, XXV).

3. Charles de La Porte, duc de la Meilleraye (1602-1664), gouverneur ou *commandant-général* en Bretagne en 1634, maréchal de France en 1639.

4. Lamballe, ch.-l. de cant., arr. de St-Brieuc, C.-du-N.

5. Ch.-l. de cant., arr. de Dinan, C.-du-N. Jugon, célèbre par son château imprenable, était, avec Lamballe, Momontour et Cesson ou Turnegoët, une des quatre châtellenies composant la comté et baillie de Penthièvre. Elle comprenait sept paroisses et avait sous elle la seigneurie de la Moussaye (en Plénée-Jugon), la seigie de Tramain, le fief de l'abbaye de Boquen, la terre de St Rivoul et la terre du Lou en Dolo. D'abord possédée par les sires de Dinan, la châtellenie de Jugon retourna au Penthièvre à la fin du XIIe s., et fut confisquée en 1222, par Pierre Mauclerc, sur Henri de Penthièvre, avec tout le comté de ce nom, après la bataille de Châteaubriant. Enfin, en 1317, lorsque le duc Jean III reconstitua le Penthièvre pour son frère Guy de Bretagne, il se réserva Jugon qui, depuis 1222, fut toujours ainsi domaine ducal. V. « Essai sur la géographie féod. de la Bret. », pp. 160, 165-167, 187; — « Anciens évêchés de Bret. », V., pp. 15, 299, 323, 324. —

6. *Vide supra*, p. 23, note 1.

7. Dans le grand étang de Jugon se jettent trois rivières distinctes : le ruisseau de l'étang du moulin de la Rieulle, le ruisseau du moulin de la Rosaie, enfin la rivière de Rosette qui vient de l'étang de Beaulieu, ancienne abbaye de l'ordre de St Augustin, fondée en 1163, par Roland de Dinan, dans la paroisse de Mégrit. Beaulieu est aujourd'hui dans la comm. de Languédias, cant. de Plélan, arr. de Dinan, C.-du-N. V. « L'abbaye de Beaulieu », par G. L. S., recteur (Soc. archéol. des C.-du-N., 2e série, t. IV).

8. Lire : l'Arguenon, qui prend sa source près de Collinée (ch.-l. de cant., arr. de Loudéac, C.-du-N.), et se jette dans la mer, en face la tour des Ebihens, entre la plage de St Cast et la presqu'ile de St Jacut. V. « Hist. de Bret. », I, pp. 19, 20.

9. *Vide supra*, p. 50, note 6.

et celuy qui est au dessous de la bonde et dans Jugon maisme. Ils s'appellent aussy moulins d'Erganon. La rivière d'Erganon vient de Plener [1] et Gouray [2], aussy une lieue au dessus.

Ces deux estangs font moudre des moulins, chacun les siens, et laissent aller leurs eaus pour cela, lesquelles s'assemblent au dessous de la ville et vont ensemble à Plankouet [3], au dessous duquel lieu elles entrent en mer, dans un estuaire.

Or entre ces deux estangs, il y a le bout d'un costau finissant, sur lequel sont situés trois chasteaus, tous séparés par fossé et fermeture : l'un, grand quarré long, un plus petit quasi rond, et encor un plus petit, comme un guet, droit à la pointe du costau, sur le bourg.

Ces chasteaus regardent et commandent, des deux costés, sur les deux estangs, et du bout, sur le bourg. Mais ils sont commandés aussy des deux costés par les costaus qui sont sur lesdits estangs, ès costés d'iceux en dehors, plus aults que n'est ledit costau sur lequel sont situés lesdits chasteaus. Sans doute que c'estoient bonnes places, du temps que l'on se battoit à coups d'arbaleste.

A Jugon, il y a une chapelle de St Michel, deus églises et deus paroices jadis, à présent réduites en une par l'évesque de St Brieu, diocésain.

En l'une des églises, vers le chasteau, est une horloge; en l'autre est un prieuré [4] de 400 livres, séparé de la rectorerie qui ne vaut pas nourrir un prestre. Dans les vitres de ceste église, les armes du Pargo : *d'argent à la bande vivrée de gueules, accompagnée de six merlettes de mesme, 3 dessus et 3 dessous* [5], avec l'alliance de Vaucouleur, bien escrite et bien peinte : *d'azur à la croix d'argent ;* et celles de Beaubois, maison demi lieue au dessus de Jugon, apartenant au baron de Nevet, y sont : *d'or à trois fasces de sable* [6].

XII

Lambale

LAMBALE est à trois lieues de Jugon, chemin de lande. Comme vous arrivez à demi lieue prez, vous trouvez un assez gros ruisseau [7], faisant le bié d'un moulin et venant de la forest de la Hunaudaye. De là à quart de lieue, vous trouvez un autre plus petit ruisseau, dans un assez bas et estroit vallon, dit la rivière de Gouessan, qui circuit estrangement et tourne, en sorte que, arrivant au

1. Plénée-Jugon, comm. du cant. de Jugon, arr. de Dinan, C.-du-N.
2. Le Gouray, comm. du cant. de Collinée, arr. de Loudéac, C.-du-N.
3. Plancoët, ch.-l. de cant., arr. de Dinan, C.-du-N.
4. Prieuré de N. D. de Jugon, relevant de Marmoutier, fondé par Olivier de Dinan, seigneur de Jugon, dans les premières années du XIIe s. Ce prieuré n'eut jamais que cinq religieux, et depuis 1587, il n'y en eut plus qu'un. La cure de la paroisse, sous le vocable de St Etienne, était à la présentation de l'abbé de Marmoutier. V. « Anc. év. de Bret. », IV, pp. 329, 330.
5. Ces armes sont celles de l'Argentaye.
6. Beaubois était la maison seigneuriale de la paroisse de Bourseul (auj. comm. du cant. de Plancoët, arr. de Dinan), et portait : de *gueules à trois étoiles d'argent*, ou : *de gueules à la croix d'argent, guivrée d'or*. En 1610, Jacques de Nevet épousa Françoise de Tréal, dame de Beaubois ; mais Nevet porte : *d'or au léopard morné de gueules*. Le Moine porte : *d'or à trois fasces de sable* ; nous ne savons si cette famille a possédé Beaubois. V. « Histoire de la maison de Nevet, racontée par Jean, baron de Nevet (1644) », par M. J. Trévédy.
7. Le ruisseau du Gast.

fauxbourg de Lambale, vous la repassez plus large, et puis sortant, vous la repassez encor beaucoup plus grosse. Ainsy elle entoure Lambale plus qu'à demi. La rivière de Gouessan vient d'une source ainsy nommée dans la lande du Ménay [1], à demi lieue prez de la source ou puits de Rance, à 2 lieues de Lambale, au dessous de laquelle une lieue et demie, elle vient au pont dit le Pont Neuf [2], ayant un peu auparavant receu la rivière des Grands Moulins de Moncontour [3], qui passe au Pont Garnier. Du Pont Neuf elle descend, au bout de demi lieue, en mer.

Lambale fut jadis ville close [4]. Arrivant du costé de Jugon et de devers l'Est, au bout du fauxbourg et commencement de la ville, une porte antique à demi ruinée, de large pierre, et qui, principalement par le bout d'une frise sortant de la muraille, paroist avoir quelquechose de romain. Lambale est l'*Ambiliates* de Cæsar [5], selon quelques uns.

Il y a une porte à l'autre costé de la ville, plus entière que ceste cy, sortant au fauxbourg St Martin, dans lequel, situé au Nord Ouest de la ville, et par le bout duquel passe la rivière de Gouessan. Il y a une paroice [6].

Dans la ville il y a aussy une autre paroice, divisée en deux églises, dont l'une est aussy collégiale, qui est Nostre Dame [7], située sur le fin haut sommet de la montagne. Car Lambale est un *tumulus*, ou au moins un bout de costau, costoyé par la rivière de Gouessan et en très belle situation.

Joignant ceste église Nostre Dame, sont les mazures ou, comme ils parlent, les *mazières* du chasteau [8], bonne place ruinée en 1626, à cause des mouvemens de M. de Vendôme [9], épandus en Bretagne.

Au reste, il y a pour ces deux églises là, qui ne font qu'une seule paroice, trois recteurs (ou curés, à nostre façon de parler), qui sont semainiers alternativement; et vaut la rectorerie 12 cens livres par an, partageables en trois [10].

1. La rivière de Gouessan tire son nom d'un village de ce nom, près de sa source qui se trouve au sommet des Trois-Croix, en St-Glen, dans les montagnes du Méné. V. « Hist. de Bret. », I, p. 20.

2. Le Pont-Neuf, village en Morieux (comm. du cant. de Lamballe, arr. de St-Brieuc). V. la carte d'état-major, n° 59.

3. Aujourd'hui : ruisseau d'Evran. Nous ne trouvons point le Pont-Garnier sur les cartes.

4. V. « Anc. év. de Bret. », V, pp. 267-281 ; — Ogée : « Dictionn. de Bret. », 2e édit., I, p. 426. — « Notions histor. et archéol. sur la ville de Lamballe », par M. Quernest (Soc. d'émulat. des C.-du-N., XXIV, p. 47).

5. Lamballe ne tire point son nom des *Ambiliates* de César. On lui a donné comme étymologie : *Lan Paul* (*monastère de St Paul Aurélien*), qui est plus acceptable, bien que douteuse. V. « Anc. év. de Bret. », V, p. 268 ; — Ogée, 2e édit., I, p. 425.

6. Le prieuré de St-Martin, fondé en 1083 par le comte de Penthièvre, Geoffroi Botterel, dit le Vieil. V. « Anc. év. de Bret. », IV, p. 300.

7. Sur Notre-Dame de Lamballe, église fortifiée du XIVe s., v. « Anc. év. de Bret. », V, pp. 273, 274. L'autre paroisse était sans doute St-Jean, autre monument du XIVe s. (*Ibid.*, V, p. 261, note 2). Il y en avait une troisième : St-Sauveur (*Ibid.* et Ogée, 2e édit., I, p. 426), ce qui faisait quatre, avec St-Martin. V. « L'église de Lamballe et les vitraux de Moncontour », par M. de la Bigne Villeneuve (Assoc. Bret., VI, 1852).

8. V. « Le château de Lamballe », par M. A. de Barthélemy (Revue de Bret. et de V., 1863, 2e semestre, p. 200 :— « Mélanges d'archéol. et d'hist. », par le même, 2e série, 1er fascicule ; — « Relation des sièges de Lamballe », par M. Quernest (Soc. d'émulat. des C.-du-N., XIV, p. 174).

9. César, duc de Vendôme, fils de Henri IV et de Gabrielle d'Estrées (1594-1665). Il épousa la fille du duc de Mercœur qui lui céda le gouvernement de la Bretagne. De 1614 à 1616, il essaya de soulever cette province ; mais traqué par Richelieu, il fut emprisonné, dût s'expatrier, et ne rentra en France qu'en 1665. Il fut le grand-père du célèbre général de Louis XIV, Louis-Joseph, duc de Vendôme. Voir sur ses intrigues en Bretagne : « Mélanges histor. et archéol. sur la Bret. », par M. A. de Barthélémy, 3e cahier.

10. Selon les auteurs des « Anc. év. de Bret. » (V, p. 271, note 4), c'étaient même les quatre recteurs de St Martin, St-Jean, Notre-Dame et St-Sauveur, qui, « au milieu du XIVe s., réunirent leurs bénéfices et firent chacun sa semaine. « Les choses allèrent ainsi jusqu'au XVIIIe s., où il n'y eut plus que deux paroisses : St-Jean et St-Martin. »

Il y a un seul convent de religieux qui sont Augustins[1]; mais on parle que bientôt ils en auront deux de femmes[2].

Au reste, ils tiennent leur ville antique et du temps de Cæsar, et trouvent force monnoyes de cuivre-romaines, dont aucuns font amas et trafic.

Il y a à Lambale siège principal de la duché de Penthièvre qui comprend trois autres villes et seneschaussés et 150 paroices ou prez, qui en dépendent[3]. Cela apartient à Mr de Vendosme, de par sa femme qui en est duchesse[4].

Le séneschal vaut, d'achat de son office, 40 à 50 mil livres, l'alloué 20 mille, le lieutenant 10 mil, le procureur fiscal...

1. Les Augustins furent établis à Lamballe en 1337, par Olivier Tournemine et Isabeau de Machecou.

2. Les Ursulines, établies dès 1627, et les Filles de St-Thomas-de-Villeneuve, fondées à Lamballe en 1661, par le Père Ange Le Proust, prieur des Augustins, pour y desservir l'Hôtel Dieu. V. « Anciens év. de Bret. », I, pp. 360 et suiv.

3. Il ne faut pas confondre le Penthièvre proprement dit, qui ne comprenait, outre le comté de Penthièvre ou de Lamballe, que les châtellenies de Jugon, Moncontour et Cesson, avec l'immense apanage des divers princes qualifiés comtes et ducs de Penthièvre. Cet apanage, embrassant d'abord presque toute l'ancienne Domnonée (depuis le Couesnon, jusqu'à la rivière de Morlaix), subit, à plusieurs reprises, de grandes modifications (V. Essai sur la géogr. féod. de Bret. », pp. 60-65 et 160; — « Anc. év. de Bret. », V, pp. 1-51 et spécialement 49). En 1536, le Penthièvre, reconstitué par François Ier pour Jean de Brosse, mari de la duchesse d'Etampes, était réduit à Lamballe, Moncontour, Guingamp et le Minihibriac. Nous ne voyons que les trois premières de ces localités qui puissent passer pour villes; car Bourbriac, ch.-l. du Minihibriac, n'a jamais reçu ce nom.

4. Marie de Lorraine, fille du duc de Mercœur, qui avait épousé, en 1598, César, duc de Vendôme.

Nous croyons utile de rappeler ici brièvement les noms des divers comtes de Penthièvre, depuis sa reconstitution en 1317.

1°: En 1317, Guy de Bretagne (frère germain de Jean III, et consanguin de Jean de Montfort), mort en 1331, qui ép. : Jeanne d'Avaugour, héritière du Goëllo.

2°: Jeanne de Penthièvre, leur fille, qui ép. : Charles de Blois, en 1337.

3°: Jean de Blois, fils des précédents, mort en 1404, qui ép. : Marguerite de Clisson.

4°: Charles de Blois, sr d'Avaugour, 3e fils des précéd., qui ép. : Isabeau de Vivonne.

5°: Nicole de Bretagne, fille des précédents, qui ép. : Jean de Brosse, sur qui le Penthièvre fut confisqué, en 1465, par le duc François II.

6°: Jean de Brosse, gouverneur de Bretagne de 1542 et 1565, arrière-petit-fils des précédents, qui ép. : Anne de Pisseleu, duchesse d'Etampes. Le Penthièvre lui fut restitué par François Ier, en 1536.

7°: Sébastien de Luxembourg (fils de Charlotte de Brosse et de François de Luxembourg), neveu du précédent, pour qui le Penthièvre fut érigé en duché-pairie en 1569, et qui ép. : Marie de Beaucaire.

8°: Marie de Luxembourg, fille des précédents, née à Lamballe en 1562, qui ép., en 1579 : Philippe-Emmanuel de Lorraine, duc de Mercœur.

9°: Marie de Lorraine, fille des précédents. qui ép., en 1598 : César de Vendôme.

10°: Louis, duc de Vendôme, fils des précédents, qui ép. : Louise Mancini, et fut ensuite cardinal.

11°: Louis-Joseph, duc de Vendôme, le célèbre général, fils des précédents, qui, en 1688, vendit le duché de Penthièvre à :

12°: Marie-Anne de Bourbon, veuve du prince de Conti.

13°: Louis-Alexandre de Bourbon, comte de Toulouse, fils légitimé de Louis XIV, qui acheta ce duché de la précédente, six ans après, et qui ép. en 1723 : Marie-Victoire de Noailles.

14°: Louis-Jean-Marie de Bourbon, amiral, fils des précédents, qui ép.: Marie-Félicité d'Este, fille du duc de Modène.

15°: Louis de Bourbon-Penthièvre, prince de Lamballe, fils des précédents, qui ép. : Mie-Thérèse de Savoie-Carignan, odieusement massacrée en 1792, et qui mourut sans postérité.

16°: Adelaïde de Bourbon-Penthièvre, sœur du précédent, qui ép., en 1769 : Louis-Philippe-Joseph d'Orléans, dit Egalité.

XIII

Environs de St Brieu

St Brieu — dont la description et le catalogue des évesques sont dans Argentré, I, 10 — est à 4 lieues de Lambale, par Finiac [1].

C'est chemin de lande par 3 lieues ; puis vous dévalez à Finiac, ville, comme ils appellent, mais chétif bourg et d'une seule rangée double de maisons, de 150 pas, sans aucune fermeture. Il appartient à Madame du Pont de Courlay, héritière de Guémadeuc [2], maison voisine de là sur la mer, en retournant vers St Malo.

A la descente dans Finiac, vous trouvez un ruisseau, et à la sortie et remontée (car Finiac est en un fond), encor un autre, qui est la rivière d'Urne [3], bien que d'autres disent que c'est Gouedy qui a son propre nom : Urne.

Tous deux vont prendre dans un large vallon et marais au dessous de Finiac, plein de salines, où ils font du gros sel gris, au soleil, dans le marais [4], et du mesme sel blanc, dans des chaudières de plomb.

Ces salines sont à Mr de Vendosme, à cause de son comté ou duché de Penthèvre dont voicy les particularités :

Penthèvre est une ancienne comté et partage de Bretagne, duché et pairie soubz Mr de Mercœur [5]. Elle contient plus de 20 lieues de longueur, mais à pièces interrompües, depuis St Malo jusques prez de Morlaix. Et en icelle, 4 chastellenies et places principales, à scavoir : Lambale, principale et capitale, de 52 paroices, jusques à Dinart prez St Malo ; La Roche Suhart [6], jouxte St Brieu, de six paroices ; Montcontour, à 3 lieues, de 17 paroices ; et Guingam, à 6 lieues, de 72 paroices, jusques vers Morlaix [7]. Elle vaut 60 mil livres de rente à Mr de Vendosme, à qui

1. Yffiniac, comm. des cant. et arr. de St-Brieuc.

2. Marie-Françoise de Guémadeuc, qui épousa, le 29 juin 1626 : François de Vignerot, marquis du Pont-Courlay, général des galères, fils de la sœur du cardinal de Richelieu, et dont le fils, Armand-Jean, perpétua la maison de Richelieu. V. « Grandes seig[ries] de H[te] Bret. : Blossac » (Soc. archéol. d'I-et-V., XXIII, 1894, p. 49). — « La seigneurie et les seigneurs de Guémadeuc, en Pléneuf », par M. J. Trévédy (Soc. d'émul. des C.-du-N., XXVI, p. 165, et XXVII). Guémadeuc était un château en la paroisse de Pléneuf, auj. ch.-l. de cant., arr. de St Brieuc.

3. L'Urne prend sa source dans l'etang du Plessis, en St Carreuc, comm. du cant. de Moncontour, arr. de St-Brieuc. V. « Hist. de Bret. » de M. de la Borderie, I, p. 20.

4. Sur ces salines, v. « Dict. de Bret. » d'Ogée, 2e édit., art. *Hillion*.

5. Erreur : le Penthièvre fut érigé en duché-pairie pour Sébastien de Luxembourg, en 1569.

6. La *Roche-Suhart*, d'abord en Goëllo, fut réunie au Penthièvre en 1542, par Anne de Pisseleu, duchesse d'Etampes, qui l'acheta de Jean de Laval, petit-fils de Françoise de Dinan. V. « Anc. év. de Bret. », V, p. 182.

7. A la réformation du terrier, sous Louis XIV, les commissaires reconnaissaient au Penthièvre : les châtellenies de Lamballe, Moncontour, Guingamp et la Roche-Suhart (*Ibid.*, p. 47, note 2). Le comté de Plourhan avait pour ch.-l. le château de la Roche-Suhart, en Trémuson. Il s'étendait sur les six paroisses de Plourhan, Plouha, Goudelin, Trégomar, Tréméloir et Trémuson, mais était loin de les comprendre entièrement. V. « Géogr. féod. de la Bret. », p. 54 ; — « Melanges hist. et archéol. sur la Bret. », par M. de Barthélémy, 1re partie, pp. 12-21. Les renseignements de Dubuisson sont assez exacts. Selon M. de la Borderie, Lamballe, comprenait 48 paroisses (« Géog. féod. », p, 160) ; Moncontour, 21 paroisses (*Ibid*) ; Guingamp, plus de 60, sans compter les 5 du Minihibriac, son annexe (*Ibid*, pp. 53, 54 et 152). Il allait du Trieu au Douron. Lors de l'érection en duché du comté de Penthièvre, en 1569, il comprenait donc, outre Lamballe, Moncontour, Guingamp et Minihibriac, rendus par François Ier à Jean de Brosse, en 1536, le comté de Plourhan ou la Roche-Suhart, acquis par la duchesse d'Etampes, en 1542.

elle apartient par don de mariage avec Melle de Mercœur. — Voyez l'origine et estendüe de Penthèvre, en Argentré, III, en l'an 1093, et I, chap. de l'origine et ordre des comtés. —

Comme vous arrivez à St Brieu, vous descendez à la chapelle de Goëdy [1], et plus bas à un pont appellé pont de Goëdy, haut élevé en forme de chaucée pavée, soustenüe d'une muraille ou terrain muré, percé au bas de deux arcades fort basses au dessous de ladite chaussée ou chemin, par dessous lesquelles passe la rivière dite de Goëdy, provenant, demi lieue au dessus de là, de l'estang L'Evesque, nourry de quelques ruisseaus venant de plus loin.

Le Clerc, sr de la Grange, sénéschal royal, dit que la rivière de Goëdy ou Gouëdy pourroit estre, en son propre nom, Urne (qu'autres dient passer à Finiac cy dessus), et que c'est le vallon et moulin qui ont nom Gouëdy [2].

Il y a eu à St Brieu une famille très riche de Turnegouët [3], ainsy appelée parcequ'elle possédoit tous les fiefs entre Urne et Gouët. Ils ont donné les vitres australes de la nef des Cordeliers, ainsy qu'il est en leurs régistres.

La rivière de Goëdy est, avant que passer sous lesdites deux arcades, divisée en deux canaux ou lits, dont l'un, plus ault, fait, aprez estre passé soubz son arcade, moudre un moulin dit de Goëdy, et l'autre, plus bas et coulant par le fin fond du vallon creux, suit son chemin et, au dessous du moulin, reçoit l'autre qui tombe en luy [4].

De là elle s'en va, à demi lieue de là, tomber en la rivière de Gouët [5], cent pas au dessus de la pointe de Sesson [6], où sont les grèves de la pleine mer.

Comme il y a ceste rivièritte à l'arrière de St Brieu, il y en a une autre plus grosse à la sortie et au bout du fauxbourg.

1. Lire : Gouëdic, du nom de la petite rivière citée plus bas. La chapelle Notre-Dame de Gouëdic fut fondée vers la fin du XIIIe s., par les Frères Ponteurs ou Pontifes (« Anc. év. de Bret. », I, pp. 297 et suiv.). Le pont de Gouëdic fut reconstruit en 1612, puis en 1744 (*Ibid.*, I, p. 300).

2. Nicolas Le Clerc, qualifié aussi sr de la Ville Guiomar (« Anc. év. de Bret. », II, p. 137), d'une ancienne famille de St-Brieuc, qui fut sénéchal de la cour royale de cette ville, en 1628. Son opinion ne nous paraît pas soutenable. Le nom du Gouëdic est un simple diminutif de celui du Gouët, dans lequel il se jette. De plus, le regaire de St-Brieuc, qui relevait de la châtellenie de Cesson, se composait de la ville et de cinq paroisses : Langueux, Trégueux, Ploufragan, partie de St-Michel et partie de Cesson ; c'est ce que l'on appelait le Turnegouët, ou territoire d'entre Urne et Gouët. Or Langueux et Trégueux sont entre l'Urne et le Gouëdic. L'Urne doit donc garder son nom. V. « Essai sur la géogr. féod. de la Bret. », p. 161 ; — « Anc. év. de Bret. », II, pp. 257-332.

3. Turnegouët portait : *d'argent au houx arraché de sinople, à cinq branches*. Les auteurs des « Anc. évêchés de Bret. » (II, p. 220) remarquent que cette famille est éteinte depuis longtemps et ne figure dans aucun armorial. (*Ibid.*, II, pp. 219, 224, 228, 252, 253 ; et III, pp. CCLI, CCLIII, CCLVI). Nous ne trouvons point qu'elle ait jamais possédé le Turnegouët ; mais peut-être y avait elle exercé quelque charge, car elle était très ancienne. Elle portait ce nom comme patronymique, sans particule.

4. Tous ces détails se retrouvent sur la carte de Saint-Brieuc (Prud'homme, 1890).

5. Le Gouët descend du Méné. Il passe par Vieuxbourg, St-Bihy et Quintin. M. de la Borderie (« Hist. de Bret. », I, p. 20) fait dériver son nom de *goat*, *sang*, à cause de ses cailloux rougeâtres.

6. Cesson, petite châtellenie (une des trois du comté de Penthièvre), importante par son magnifique donjon, et qui se composait seulement de la partie de la paroisse de Cesson non comprise dans le regaire de St-Brieuc. V. « Essai sur la géog. féod. de la Bret. », pp. 161, 162 ; — « Anc. évêchés de Bret. », I, p. LXXIII, et II, pp. 323-332 ; — « La tour de Cesson et le fort de St-Brieuc », par M. J. Trévédy (Soc. d'émulation des C.-du-N., XXXI, p. 47) ; — Annuaire historique des Côtes-du-N., 1845 : « La tour de Cesson » ; — *Ibid.*, 1846 : « Découvertes à la tour de Cesson ». En 1598, Salomon Ruffelet, sénéchal de St-Brieuc, essaya de faire sauter le donjon de Cesson et ne réussit qu'à en faire écrouler une portion.

Vous suivez le vallon de l'Ingoguet [1], par lequel dévale le ruisselet de ce nom, sortant de la ville (qu'il traverse) par la rue de Gouet, et fait de quelques sources et nourry des égouts des fontaines de la ville et des ruisselets de la fontaine St Brieu, coulant en un vallon prochain, et de celle de Nostre Dame qui vient d'un peu plus ault [2]. Sur le cours de ce dernier, au costau droit, est planté le gibet à 4 postaus, dont 2 sont de la justice de l'évesque et les 2 autres de celle du fief de Bois Bouexel, dont le manoir est situé dans le vallon [3], à la rive droite de la rivière de Gouet, une arcbusade au dessus de l'endroit où, à certain pont dit le pont de Gouet, composé de 3 arches de pierre, ledit ruisselet de l'Ingoguet tombe en la rivière de Gouët, laquelle vient de Quintin et est limpide et claire, de 20 piés de largeur.

La rivière de Gouet s'enfle donc du ruisselet de l'Ingoguet, grossi lui-même, par un vallon à costé, des ruisselets de la fontaine St Brieuc et de deux autres ses voisines, puis de la fontaine de Nostre Dame, qui se rend là d'un peu plus ault.

Depuis le pont Gouet jusques à une pescherie d'un moulin sis au-dessous, il y a cent pas, et une rétention à ladite pescherie, contre laquelle donne la marée.

De là, la rivière, un peu serpenteuse, va, par la portée d'un fauconneau, jusques au Legay [4], — *vadum vel* port de Legay, *Legatum* ou Legué, ou *potius quasi* le Guuet, *resciso t, quod verisimilius* — qui est basti de maisons qui sont la pluspart greniers et magazins. Et y a une chapelle pour servir Dieu [5], à cause que l'église paroiciale de Plœrin [6] est trop éloignée. Jusques là devant viennent les vaisseaus à voiles de 15 et 20, jusques à 60 et 80 tonneaus.

Au dessous de ce port, la rivière poursuit encor, dans un vallon élargi et *fort* ouvert, une petite canonnade, jusques à ce qu'elle ait atteint la pointe de Sesson, un peu, tant soit peu au-dessus de laquelle elle reçoit la rivière de Goëdic, et avec elle s'en va au-dessous de ladite pointe, dans les grèves couvertes, comme le port rempli, de mer, quand la marée vient.

Au reste le port est de la seigneurie et dépendance de la Roche Suhart, vieil chasteau avec un autre manoir de présent, avec séneschaussée, l'un des 4 membres de la duché de Penthèvre; auquel membre est joint la comté de Plouan ou Plourhan, et faisant en tout six paroices [7].

Mais à l'embouchure de ladite rivière de Gouet, est la pointe de Sesson, fort haute élevée en cap

1. On désignait, à St-Brieuc, *sous le nom d'ingoguet, ingoyet*, ou même de *lingoguet*, tout égout ou écoulement d'eau. Ailleurs, en Bretagne, on dit *fouc*, dans le même sens. V. « Anc. év. de Bret. », II, pp. 215, 225, 235, 242, 543; — « A travers le vieux St-Brieuc », par M. du Bois de la Villerabel (Soc. d'émulat. des C.-du-N., XXVIII et XXIX).

2. A côté de la chapelle Notre-Dame de la Fontaine, était la fontaine St-Brieuc, aujourd'hui comblée, depuis 1891. Les auteurs des « Anc. év. de Bret. » (I, pp. 283-290) n'en font pas la distinction. V. « A travers le vieux St-Brieuc »; — « Hist. de Bret. », I, p. 303; — « La fontaine St-Brieuc, la fontaine Notre-Dame et la chapelle N. D. de la Fontaine », par M. J. Trévédy (St-Brieuc, Prudhomme, 1897), ouvrage d'abord publié par l'Indépendance Bretonne (janvier, février et mars 1897).

3. — Le manoir du Bois Bouessel devait être en ruines au temps de Dubuisson; car il fut brûlé en 1592. V. « Anc. év. de Bret. », II, pp. 231, 244-252.

4. Le port formé par le Gouët au-dessous de St-Brieuc, s'appelle aujourd'hui le Légué. Ce nom pourrait venir de *gué*, *vadum*. Cependant, comme il y a une rivière dont le nom certain est Léguer (« Hist. de Bret. » I, p. 20), qui forme le port de Lannion, nous inclinons à penser que les deux noms ont la même origine, et qu'il faut la chercher dans le breton. V. « Anc. év. de Bret. », II, p. 176, note 2; — Annuaire histor. des C.-du-N., 1854: « Notice sur le Légué », par M. Gaultier du Mottay.

5. V., sur le port du Légué, « Anc. év. de Bret. », II, pp. 173-182. Il n'y est point question de chapelle. Celle dont parle notre auteur était peut-être un reste du couvent bâti par l'év. Christophe de Penmarc'h, à la fin du XVe s., pour les Cordeliers, qui y résidèrent jusqu'en 1505 (*Ibid.*, I, pp. 303 et suiv.).

6. Plérin, comm. des cant. et arr. de St-Brieuc.

7. En Trémuson. V. « Anc. év. de Bret. », V, pp. 170-197, et *supra*, p. 60, notes 6 et 7.

rocheleux, sur le fin bout duquel est une petite chapelle, entretenüe de ceux de la Ville Bougaut[1], gentishommes voisins de St Brieu (où sont leurs armes, comme en leur chapelle de St Guillaume en St Brieu, qui sont *lyons de sable équartelés avec croissans de gueules*, comme semble)[2], et un dongeon[3] ou tour fendüe et abattüe par la moitié, de haut en bas, et qui n'est pas d'ouvrage romain. Là estoit une forteresse tenüe par la Ligue, et prise, en 1598, par le feu mareschal de Brissac, puis ensuite démolie comme d'importance au pays et commandant des deux costés, tant sur la baye de Finiac que sur le port de Légué et bouche de Gouët, et, pour ce, de situation considérable; où l'on parle, et dit-on vray, qu'il faudroit transférer la ville de St Brieu, dont on feroit la meilleure place de Bretagne.

La coste St Brieu, depuis Dinart et bouche de Rance jusques à Plankouet, est soubz la garde du marquis du Bois de la Motte[4], qui nous meit 5 à 6 mille hommes en armes, pour les veoir. De là, par St Brieu jusques à Pinpol[5], soubz le s[r] de Blanche Lande[6].

En tous ces quartiers, les cordiers sont comme infâmes, ont leur séance à part, au fin bas de l'église, et leur cemetière à part aussy. On les appelle *caquins* et ils sont comme excommuniés[7].

XVI

Ville de St Brieu

St Brieu est une très grande et bien belle ville[8], et qui n'a jamais esté murée — mais seulement avoit 4 ou 5 portes qui fermoient le bout des avenües. Il y a pourtant gouverneur qui est le s[r] de Bois-

1. La Ville Bougault, maison noble du Haut-Cesson, qui appartint aux Prégent, Le Bigot, Moro, etc. V. « Anc. év. de Bret. », II, pp. 280-283. Il n'y est point question de cette petite chapelle.

2. La chapelle St-André de la Ville-Bougault fut fondée, peu après 1556, en église royale et collégiale de St-Guillaume, par les héritiers de Jean Le Bigot. En 1625 elle était à Gille Moro qui portait : *écartelé au 1er et 4e d'or au lion de sable armé, couronné et lampassé de gueules, au 2e et 3e de gueules au croissant d'or*. V. « Anc. év. de Bret. », I, pp. 276-278.

3. *Vide supra*, p. 61, note 6.

4. V. sur les gardes-côtes : « Anc. év. de Bret. », I, pp. 143-146 ; — « La défense des côtes de Bretagne au XVIe et XVIIe siècles », par M. de la Lande de Calan (Revue de Bret. et de V., 1892, 2e sem., pp. 97, 198, 377). Bonne de Bellouan, dame du Bois de la Motte, ép. Robert d'Avaugour, en faveur de qui le Bois de la Motte fut érigé en marquisat, en 1621.

5. Paimpol, ch.-l. de cant., arr. de St-Brieuc.

6. « M. de Blanchelande, lieutenant et garde-côte », lisons-nous dans « La défense des côtes de Bretagne ». Il devait être du nom de Budes.

7. D'après les auteurs des « Anc. év. de Bretagne » (I, pp. 103 et 290, et II, pp. 221, 230), très-anciennement la profession de cordier n'était pas exercée exclusivement par les caquins; car, à St-Brieuc, la rue des Cordiers est située dans un autre quartier que la *caquinerie*. Voir sur les *caquins* : « La lèpre et les lépreux en Bretagne », par le Dr Aubry (Soc. d'émul. des C.-du-N., XXXIII, p. 126) ; — « Les cacous de Bretagne », par M. Rosenzweig (Soc. polymathique du Morbihan, 1871) ; — « Les races maudites en Bretagne », par M. Geslin de Bourgogne (Soc. d'émul. des C.-du-N., XI, 1873-74) ; — « Les lépreux et les cacous de la Basse-Bretagne », par M. Le Men (Soc. archéol. du Finistère, IV, 1876-77) ; — « Les caqueux devant le sénéchal de Quimper, en 1667 », par M. J. Trévédy (compte-rendu, dans la Soc. d'émul. des C.-du-N., XXIII, Bulletins, p. 10); — « Poésie des cacoux », par M. de la Villemarquer (Soc. archéol. du Finist., V, 1877-78) ; — « Notice sur les caquins de Bretagne », par Ch. Guimart (Bibl. Bret. de Ch. Lemaout, St-Brieuc, 1851).

8. V. « Histoire de la ville de St-Brieuc », par M. J. Lamare (Soc. d'émulat. des C.-du-N., XXII en entier); — « A travers le vieux St-Brieuc », par M. du Bois de Villerabel (*Ibid.*, XXVIII et XXIX) — « Annales Briochines... », par l'abbé Ruffelet (Edit. Ropartz, St-Brieuc, Prud'homme, 1850).

louët[1], demeurant à l'Espezet prez Hedé[2] — que depuis l'an 1629, que l'on a commencé à luy faire murailles, fort peu advancées en 1636, élevées seulement jusques au machecoulis et parapet[3], et une porte qui est à l'Est, vers Rhennes et Dinan, fort avancée[4].

Ils la désignent à 4 portes et à 4 bastions ou flancs, selon le dessin du sr de l'Essart.

Jusques à ceste heure cy, elle n'avoit point esté murée. Le circuit sera égal ou plus grand que celuy de Rhennes.

Ils ont 8 cens hommes portans armes[5].

Les armes de la ville, ainsy qu'elles sont en une fontaine très belle, dans la grande place, entre la Maison de Ville et le portail de la grande église, sont *d'azur à un gryfon d'or*[6].

La ville est bien au roy[7]; mais l'évesque y est aussy seigneur temporel, y ayant un fief sur lequel est assise la ville presque toute entière, excepté ce qu'il y a de subject au fief du Bois Bouexel, situé en bas, sur la rivière de Gouet, et dont relèvent deux posteaus du gibet planté entre le manoir et la ville, sur le costeau de l'Ingoguet; les deux autres de l'évesque[8].

Tellement qu'il y a deus séneschaux en la ville; un royal, dont l'office vaut 60 mil livres, un alloué, un lieutenant et un procureur du roy; et un séneschal *de franc regel*, comme ils parlent, ou *reguerres*, c'est-à-dire de franche régale et concession royale, dont les appels vont comme de pairie, droit au Parlement. Son office vaut 10 mille livres. Il y a un alloué, un lieutenant et un procureur fiscal[9].

La Maison de Ville[10] est sur la grande place, au dessus de la fontaine, et vis à vis du portail de la

1. Le sr de Boislouet, enseigne des gardes du corps, fut nommé gouverneur de St-Brieuc et de la tour de Cesson, dans la première moitié du XVIIe s., bien que cette tour fût en ruines (« Anc. év. de Bret. », II, p. 84). Il se nommait Jean de Rollée, sgr du Boislouet, Bonespoir et la Crozille (en St-Symphorien près Hédé), terre qu'il fit ériger en châtellenie, en 1643. Il avait épousé Françoise Le Mintier, fille de Lancelot Le Mintier, sgr de Carmené, dont il eut une fille posthume, née en 1645 et décédée jeune. Sa veuve se remaria à Jacques Le Gonidec, sgr des Aulnays, conseillr au Parlement. V. « Grandes seignries de Hte Bret. », I, p. 140 : « le Châtellier » ; — « Terres et maisons nobles en la paroisse St-Symphorien près Hédé », par M. Anne Duportal (Soc. archéol. d'I.-et-V., XXII, 1893, p. 94).

2. Il n'y a point d'Espézet en Hédé. V. « Grandes seignries de Hte Bret.: châtellenie de Hédé » (Soc. archéol. d'I.-et-V., XXIII, 1894, p. 239).

3. La première pierre des fortifications de St-Brieuc fut posée le 29 juillet 1628. L'entreprise fut abandonnée entre 1648 et 1670. V. « Anc. év. de Bret. », II, pp. 237-241.

4. La porte St-Guillaume, démolie en 1786.

5. Sur les milices, v. « Anc. év. de Bret. », I, pp. 136-142.

6. Les armes de St-Brieuc sont : *d'azur au griffon d'or, armé de gueules et onglé de sable*.

7. Comme souverain de Bretagne seulement ; c'est-à-dire qu'il y mettait un gouverneur, et qu'il y entretenait une cour royale.

8. L'évêque de St-Brieuc ne relevait que du roi. D'après un aveu de 1680, il avait « le fief et droit de juridiction « haute, moyenne et basse, tant dans la ville et faubourg, dont il est le seul seigneur proche ou supérieur, qu'aux « cinq paroisses, savoir de St-Michel, Trégueux, Langueux, Ploufragan, en entier, et de Cesson, pour la plus grande « partie. De plus il avait quelques villages en la Méaugon, Trémuson et Plérin » (« Anc. év. de Bret. », I, p. 96). L'évêque avait, à côté de lui, le fief du chapitre qui ne relevait que du roi, et sous lui, le fief du Bois Bouëssel (*Ibid.*, I, pp. 153-161 ; II, pp. 244-252). Ce dernier, qui s'étendait jusqu'à Cesson, comprenait aussi 80 maisons dans la ville et le droit de fondateur en l'église St-Michel. Le sgr du Bois Bouëssel était *prévôt* de l'évêque et *capitaine de St-Brieuc*. Ses attributions étaient l'exécution des condamnés, les publications judiciaires pour l'évêque, et les fonctions d'écuyer à l'entrée du prélat. Il ne parait avoir eu sur son fief que la justice moyenne et basse, et n'exerçait la haute justice que comme prévôt de l'évêque. Cependant il essaya à plusieurs reprises de l'exercer en son propre nom, ce qui explique le gibet commun dont parle Dubuisson (« Anc. év. de Bret. », I, pp. 109 ; II, p. 106, 248, 250, etc...). Il pouvait y avoir, sur ce gibet, et les armes de l'évêque et les armes du Bois Bouëssel. V. « Les prévôts féodés de Bretagne », par M. Rosenzweig (Soc. polymath. du Morbihan, XVI, 1871).

9. Sur la cour des regaires et la cour royale de St-Brieuc, v. « Anc. év. », II, pp. 104-141.

10. V. *Ibid.*, II, pp. 78, 219, 220 ; — « Le corps de ville de St-Brieuc au XVIe s. », par M. de Geslin (Assoc. Bret., 1852).

grande église, bastie, comme presque toutes les maisons de St Brieu, d'une pierre à grain un peu plus gros et plus gris que celui de la pierre de Kerinan et maisme de Chouzay. Ceste pierre de St Brieu est comme un grison de fort beau grain et serré.

L'Evesché, qui est à l'autre bout de ladite église, est basti de mesme et de peu d'apparence, mais a jardins assez spacieux [1].

C'est un evesché des 3 mixtes, qui, comme Nantes[2] et Vennes, est à moitié de Gallots et à moitié de Bretons. En la ville on parle moitié breton ; mais tout le monde scait françois.

L'évesque est de présent, en ceste année 1636, et dez l'an 1632, Mire Estienne de Villasel [3], jadis prédicateur du roy, et abbé de St Sever en Normandie. Il porte : *de gueules à la colombe d'argent tenant le rameau d'or au bec, au chef d'or chargé de trois estoiles d'azur.* — Voyez les armes du cardinal d'Ossat, évesque de Rhennes [4]. — Il afferme son évesché à 12 mil livres par an, avec réserve de la maison et terre des Chastelets [5], dite le Manoir des Chastelets, à une lieue de la ville, qui est agréable et bonne, avec beaucoup de bois. Le feu évesque affermoit ledit évesché à 14 mil livres [6].

L'indice [7] des évesques est une bande estroite de tapisserie, tendüe au chœur, au-dessus de la grande tapisserie [8] contenant la vie de St Brieu, qui fut donnée par le défunt évesque enterré ès Ursulines, Mire André Le Porc de la Porte [9], de la maison de Vezins en Anjou, ainsy que ses armes le tesmoignent, qui sont : *de gueules au croissant montant d'argent, chargé d'hermines,* qui est de la Porte, *mi parties d'or à la fasce crénelée de gueules,* qui est de la Tour Landry, *coupées sur gueules à 9 macles d'or, 3, 3, 3,* qui est de Rohan. Le sr de Vezins y adjouste *sur le tout, un porc,* comme on m'a dit. — Voyez une sépulture du Porc ès Jacobins de Dinan [10]. — Les armes du sr de Vesins, en Anjou, sont du Porc et de la Porte. Es piés de l'image Ste Ursule des Ursulines, qu'il a fait bastir, elles sont : *d'or au sanglier de sable avec deffenses d'argent, coupées sur gueules au croissant montant d'argent, chargé d'hermines, parties de gueules à 3 léopards d'or, tiercées d'azur à 3 fleurs de lys d'or* [11].

1. V. « Anc. év. », II, pp. 213-216.

2. Au XVIIe s, le breton n'était parlé, en l'évêché de Nantes, que dans quelques paroisses voisines de Guérande. De nos jours, il est encore parlé et compris dans certains villages de Batz. V. « Du langage populaire dans le départt de la Loire Infér. », par M. Alcide Leroux (Rev. de Bret. et de V., 1888) ; — « La langue bretonne parlée à Piriac, au XVIIe s. », par M. l'abbé Loger (Rev. des prov. de l'Ouest, V, 1857) ; — « Du dialecte breton de Vannes, au pays de Guérande », par M. G. Blanchard (Soc. archéol. de Nantes, XVII et XVIII) ; — « Etude sur le dialecte breton de la presqu'île de Batz », par M. Emile Ernault (Assoc. Bret., Châteaubriant, 1882).

3. Etienne de Villazel, de Toulouse, abbé de St-Sever en Gascogne et de St-Sever en Normandie, dioc. de Coutances, év. de St-Brieuc 1632-1641.

4. *Vide supra*, p. 15.

5. En Ploufragan. V. « Anc. év. de Bret. », II, p. 269.

6. V. « Le Regaire de St-Brieuc », par M. de la Bigne Villeneuve (Mélanges d'hist. et d'archéol. bret., I, 1855).

7. Cet *indice* était une série de portraits des évêques, avec les dates correspondantes à chacun d'eux.

8. Cette belle tapisserie des Gobelins fut détruite en 1707 (*Ibid.*, I, p. 56).

9. André Le Porc de la Porte (1620-1632), fils de René, baron de Vezins en Anjou, et d'Anne de La Tour Landry. François de La Tour Landry, grand-père de l'évêque, avait épousé, en 1564, Diane de Rohan, fille d'un lieutenant-général au gouvernement de Bretagne (*Ibid.*, I, p. 55).

10. *Vide supra*, p. 53.

11. Le Porc porte : *d'or au sanglier de sable en furie.* Jean Le Porc, épousa, en 1535, Marthe de la Porte, dame de Vezins. Les léopards et les fleurs de lys indiquent une alliance avec Goulaine. Mgr Le Porc de la Porte établit les Ursulines à St-Brieuc, en 1625, dans l'enclos du Pré-Tizon, en face les Cordeliers (*Ibid.*, I, pp. 340 et suiv.). En 1833, son tombeau a été transporté dans la cathédrale, près les fonts.

Dans le chœur de l'église[1] sont, au sanctuaire, les tombes plates des évesques qui n'ont point de fondation.

Derrière le chœur, dans la paroy mesme, est une *labbe*[2], qu'ils appellent, c'est-à-dire, selon le langage de St Brieu, une sépulture élevée, dans un arceau de muraille. On dit *le* et *la labe.*

Ceste labbe est de 1633, avec cest escrit :

François de Boisgelin[3],

et les armes, qui sont *équartelées au 1er et 4e d'azur à la molette d'argent, au 2e et 3e d'azur sans pièce.* Il semble que le 2e et 3e, équartelans contre le 1er et 4e, devroient estre de métal.

En la chapelle Nostre Dame de la Cherche[4], en la paroy boréale, une labbe peu élevée et tombeau bas, portant une statue gisante à l'épiscopale, sans légende, d'un évesque paysan. Ses armes sont sur l'arceau : *3 besches, la paelle en bas, le manche en haut, posées en pal, celle du milieu aboutée, à la poignée ou bout du manche, d'une croce surmontant, au lieu de thymbre*[5].

Dans le milieu de la chapelle, une tombe quasi rase, portant un personnage à demi relief, gisant en chemise ou tunique de macles.

Dans la paroy australe, une labbe ou sépulture élevée dans un arceau, la lame du tombeau gravée d'une effigie épiscopale, et la légende ainsy :

Hic jacet bo. me. G. (bonæ memoriæ Guillemus) Eder epüs Briocēn., qui obiit XXIII die decembris, anno Domini M CCCC XXXI. Orate pro eo.

Ses armes, qui sont de Beaumanoir Eder[6], y sont en sculpture, et en blason ès vitres : *de gueules à la fasce d'argent accompagnée de 3 roses aussy d'argent, 2 en chef et une en pointe.*

En la chapelle de St Christophle[7], à costé gauche de la précédente, dans l'époisseur de la balustrade, sépulture élevée, avec statue gisante à la canonicale, en pierre de grain, sans légende, de Messire Jean de Penmark[8], à ce que l'on m'a dit. Les armes sont *des merlettes ou autres oiseaus, onglés et béqués.*

Dans la chapelle, une labbe en la paroy opposite ou orientale, avec une statue gisante à l'épiscopale, de pierre sonnante, grillée de fer. Contre la paroy australe ou du bout de la chapelle, un long et prolixe épitaphe et narration, en lettre noire, dont voicy le commencement :

1. Dubuisson commence à parler ici de la cathédrale. V. « Anc. év. de Bret. », I, pp. 200-226, étude architectonique complète de ce monument; — *Ibid.*, pp. 235-239, sur les sépultures; — « Notice sur la cathédrale de St-Brieuc », par MM. Geslin de Bourgogne et l'abbé Prudhomme (Soc. archéol. des C.-du-N., vol. des Annales); — Bulletin monumental, 2e série, III, p. 586; — « Essai sur l'architect. relig. en Bret., aux XIe et XIIe s. », par M. de la Monneraye; — « Voyage dans l'Ouest de la France », par Mérimée; — Mémoire de M. Ramé (Assoc. Bret., 1847).

2. V. ce mot, au féminin, aux « Anc. év. de Bret. », I, pp. 219, 220, 237, 238, etc. Il vient du breton *lap, appentis, hangar.*

3. François de Boisgelin était chanoine de St-Brieuc en 1622. V. « Anc. év. », I, pp. 238, 402; — « La famille de Boisgelin », par M. Jules Lamare (Soc. d'émulat. des C.-du-N., I, 1865).

4. La chapelle de la Ste-Vierge, dite N.-D. de la Cherche ou de la Recherche, fut fondée en 1321, n. st., par Anne de Laval. Elle a été défigurée en 1813. V. « Anc. év. de Bret. », I, pp. 209 et suiv.

5. Nous doutons que ce tombeau ait été celui d'un évêque; car, dans la liste des évêques de St-Brieuc, nous n'en trouvons aucun à qui ces armes puissent convenir. Il s'agit peut-être d'un abbé.

6. Guillaume Eder de Beaumanoir, 1428-1431. Cette inscription inédite fixe la date de sa mort, douteuse jusqu'ici.

7. Fondée sous le titre de la Ste-Trinité, par Christophe de Penmarc'h. V. « Anc. év. de Bret. », I, p. 220.

8. Nous ne trouvons point de chanoine de ce nom. Peut-être est-ce une erreur pour Alain de Penmarc'h, chanoine en 1529.

En la labbe de ceste chapelle gist feu de bonne mémoire Messire Christophle de Penmark, qui gouverna cest évesché 27 ans et 5 mois et décéda le 16e jour de décembre 1505 [1].

Le bon prélat feit faire ceste chapelle à ses cousts et dépens, et y fonda une chapellanie à six messes chacune semaine, dont 3 se doivent dire en ceste chapelle, et 3 en la chapelle, de Messire Louis de Penmark, son frère. Les armes sont au vitrail, au dessus de la sépulture : *d'or à 3 merlettes ou oiseaus sans piés et sans bec, d'azur*, timbrées d'une mitre et crosse. Aucuns peintres les nomment pigeons, d'autres chouettes, tous oiseaus à bec et à piés. Elles sont mi parties et alliées *d'or et de sable fascé de 6 pièces* [2], et aussy *d'azur à un lyon rampant d'argent* [3]. Penmark estoit jadis bonne maison en Bretagne.

En une autre vitre, à costé, sont les armes de l'évesque Olivier du Chastel, successeur dudit Messire Christophle de Penmark, qui sont : *d'or et de sable fascé de 6 pièces*, comme j'ay dit [4].

Il y a apparence que ces Penmark sortaient d'une fille de du Chastel, et estoient parens avec cest Olivier.

En la chapelle prochaine, à main gauche, dite à tous les saints, une labbe en pierre blanche; statue gisante à la canonicale de Mire Louis de Penmark [5], frère de l'évesque susdit, Christophle. Ses armes y sont et en la clef de la voute : *d'or à 3 oiseaus de sable, onglés et béqués de gueules ;* et au vitrail ce sont *merlettes d'azur, 2, 1*, ainsy qu'ès précédents vitraux, en ceux des Cordeliers [6], de St Guillaume [7], et presque partout.

En la carolle boréale, joignant la paroy qui ferme le chœur, est une sépulture peu élevée et portant une statue de pierre dure, gisante à l'épiscopale, que les tiltres des archives portent estre un de la maison de Malestroit, fondue en celle d'Assigné à présent, et celle cy en celle de Cossé Brissac. Cest évesque s'appeloit Jean [8]. — Voyez le catalogue des évesques de Vannes [9]. —

Dans le bout boréal de la croisée qui, à l'antique, passe par dessus le chœur, il y a une labbe de pierre, grillée de fer, à statue gisante à l'épiscopale, et sur la lame est escrit :

Hic jacet Alanus [10], *Leon et Brioce., epus successive, qui obiit IIII junii, anno Domini M CCCC XXIIII. Oretis pro eo.*

Les armes sont un *lyon*. Les blasons sont, au grand vitrail au dessus, *de gueules au lyon ram-*

1. Christophe de Penmarc'h, fils de Henry et d'Alix de Coëtivy, fut d'abord év. de Dol, puis de St-Brieuc (1478-1505). Ses armes étaient : *d'or a trois colombes d'azur*, armes de la seigneurie du Colombier, passée aux Penmarc'h.

2. Qui est Coëtivy.

3. Qui est aussi Coëtivy.

4. Erreur. Olivier du Chastel (1506-1525) portait : *fascé d'or et de gueules de six pièces*. La conclusion qui suit est donc fausse.

5. Louis de Penmarc'h, archidiacre de Marseille, scholastique et chanoine de St-Brieuc, frère de l'évêque. Voir le testament de ce dernier aux « Anc. év. de Bret. », I, p. 388.

6. V. « Anc. év. », I, p. 388.

7. V. *ibid.*, p. 270.

8. Jean de Châteaugiron (dit de Malestroit, parce que cette maison s'était fondue en Châteaugiron, en 1352), év. de St-Brieuc en 1405, de Nantes en 1419, cardinal en 1440, mort en 1443. Il fut aussi chancelier de Bretagne. Sa nièce, Catherine de Malestroit, épousa Jean d'Acigné, après 1410. V. « Gdes seigies de Hte Bret. : Acigné » (Rev. de Bret. et de V., octob. 1892) ; — « Généalogie des sires de Malestroits », par M. l'abbé Le Mené (Soc. polym. du Morbihan, XXVI, 1880). Guillaume de Malestroit, neveu du président, fut év. de Nantes de 1443 à 1462.

9. Autre ms. de Dubuisson.

10. Alain de la Rue, d'abord év. de Léon, puis de St-Brieuc en 1419, membre du conseil du duc Jean V. Ses armes étaient *deux dauphins, accompagnés d'une billette et d'un croissant*. Le lion gravé sur son tombeau était sans doute une allusion à son premier diocèse.

pant d'argent, coronné et lampassé d'or, que la commune opinion porte estre les armes de Clisson. Elles sont dans ce mesme vitrail, de Rohan, mi parties de ce mesme Clisson. Une Marguerite ou Margot, héritière de Clisson, fille d'Olivier de Clisson, connestable, fut mariée en la maison de Rohan. Sa devise est: *Pour ce qu'il me plest* [1].

Aucuns disent que ce sont les armes de la baronnie ou principauté de Léon [2], à cause de laquelle M. de Rohan est baron des Etats de Bretagne, comme M. de la Trémouille l'est à cause de Vitrey, et que ce sont les mesmes armes qui se voient gravées, parties de Rohan (au lieu qu'en ceste vitre c'est Rohan qui est parti d'elles), au pié du chef de St Brieu ou de St Guillaume [3], *item* ès vitres de la chapelle Nostre Dame, hors la ville [4]. — Mais voyez les armes de Léon ès Cordeliers de Kimper Corentin, et de reste Marguerite de Clisson dans Argentré, en son histoire de Bretagne. —

En la chapelle de St Guillaume, la première au dessous de la croisée, dans la carolle australe de la nef et dans l'époisseur de la ballustrade qui regarde sur ladite carolle, grande sépulture avec statue gisante à l'épiscopale, de pierre sonnante; et contre le pillier qui est aus piés, il y a escrit en lettre noire:

Icy est la tumbe de St Guillaume [5].

En effet, c'est le tombeau de Guillaume Pinchon [6] évesque, qui, selon l'indice de la tapicerie du chœur [7], fleurit en l'an 1225 et fut enterré en ceste chapelle, bastie par un de ses prédécesseurs, l'évesque Jean Prégent, qui, selon la tapicerie susdite, vivoit en l'an 1180 [8], et qui a sa labbe ou sépulture en l'arceau de la paroy australe de ceste chapelle, avec la sculpture de ses armes, dont

1. Clisson portait: *de gueules au lion d'argent, armé, lampassé et couronné d'or*. Nous pensons que ce vitrail était du connétable Olivier de Clisson et de sa seconde femme, Marguerite de Rohan, veuve de Robert de Beaumanoir, qui, en 1406, firent deux fondations de messes dans la cathédrale de St-Brieuc (« Anc. év. », I, p. 233). D'ailleurs la devise: *pour ce qu'il me plait* était bien celle d'Olivier, et était peinte, avec la lettre M, sur la porte, aujourd'hui restaurée, de son hôtel à Paris (palais des Archives). L'écusson *parti de Clisson et de Rohan*, appartenant au connétable et à sa seconde femme, joint à la lettre M, plusieurs fois répétée, se retrouve dans la chapelle St-Gobrien, en St-Servant, cant. de Josselin, arr. de Ploërmel (« Récits de Bretagne », par M. l'abbé Guillotin de Corson, II, p. 135). Toutefois Jules Quicherat, dans son étude sur la « porte de l'hôtel Clisson » (Mélanges d'archéologie, II), remarque que le connétable fit construire son hôtel à Paris vers 1371, bien avant son second mariage, et pense qu'il faut voir dans la lettre M, qu'il prenait dès lors pour corps de devise, une allusion à quelque aventure de galanterie, selon l'usage du temps. La célèbre Margot de Clisson, 2e fille du connétable et de Béatrix de Laval, dame de Blain, épousa Jean, c[te] de Penthièvre (fils de Charles de Blois), en 1388, année où son père se remaria lui-même; mais sa sœur aînée, Béatrix, avait épousé le v[te] de Rohan (fils d'Alain VII). V. Le Père Anselme: « Hist. général... », VI, p. 201; — Levot: « Biographie Bret. », art. *Clisson*.

2. Léon portait: *d'or au lion de sable, armé, lampassé et couronné de gueules*. Mais Alain vicomte de Rohan (fils de Jean et de Jeanne de Léon) fit une fondation et une donation à la cathédrale, en 1414 (« Anc. év. », I, p. 233), et nous lisons dans le même ouvrage (I, p. 216), d'après un ms. de 1726, que l'év. Alain de la Rue fit faire « une grande vitre avec les armes de Léon et de Rohan par alliances ». C'est celle dont parle Dubuisson.

3. V. *ibid.*, I, p. 218.

4. La chapelle Notre-Dame fut bâtie par Olivier de Clisson et sa fille Marguerite. Nous en parlerons plus loin.

5. Cette statue tumulaire de St Guillaume est attribuée à l'év. *Jean Prégent ou Prigent (1450-1471)*. V. « Anc. év. », I, p. 217.

6. St Guillaume Pinchon, év. de St-Brieuc (1220-1234). V. Bolland., juillet, VII; — Albert Le Grand et D. Lobineau: « Vie des SS. de Bret. »; — « La vie, les miracles... de St Guillaume, év. de St-Brieuc, par L. G. de la Devison (reprod. de l'édit. de 1627, par M. Ropartz, 1876).

7. *Vide supra*, p. 65, note 6.

8. Grossière erreur. *Vide supra*, note 5.

les blasons sont au vitrail au dessus et en plusieurs autres vitraux : *d'azur à la face d'or, accompagnée de trois molettes* (ou *estoilles* en quelques endroits) *d'or aussy, 2 au dessus en chef et 1 en pointe.*

Outre ces sépultures épiscopales cy dessus, il y en a un grand nombre, qui presque toutes sont labbes, de chanoines gisans, en pierre, en habit d'aumuce ou chaperon, comme en ce temps là on les portoit.

En lesquelles est celle d'un *Golvinus* de la Boüessière [1] (qui est Gauvain, nom d'homme assez fréquent en Bretagne, et maisme illustre entre les chevaliers de la Table Ronde), située dans le bout boréal de la croisée, en la paroy qui ferme le chœur.

Et joignant le mesme rang, est une autre, sans statue, ains seulement gravée d'un :

M. J. Senus, hujus et de Clissio ecclesiarum decanus [2], *qui obiit 15 mensis decembris, anno Domini M°* [3],

ce qui monstre l'ancienneté de ceste église, dont pourtant et l'estoffe et la structure semblent plus nouvelles.

La sacristie a peu d'argenterie. Il y a une vitre où un cavalier priant porte pour armes : *de gueules au léopard d'argent ;* et au dessous est escrit :

Amaury de Bréhant.

On y veoit une petite chasse d'argent tout unie, où on a reserré quelques os de St Guillaume, tirés de son tombeau ; son chef en argent, et le chef de St Brieu de mesme. Car son corps, au moins son tombeau, est à St Serge d'Angers [4], où je l'ay veu et descrit ailleurs.

Il y a, ès archives des chanoines, une vraye espine de la sainte Coronne, et du saint bois de la vraye Croix, que l'on monstre aus gens de qualité [5].

Ceste église s'appelle Saint Brieu ; mais le patron est St Estienne, à qui elle est dédiée et dont l'image est au sommet et sur le milieu du frontispice du grand autel.

Il y a de prébendes 20, dont 3 sont affectées, l'une au théologal, l'autre à la psallette ou enfans de chœur, et la 3e au collège de la ville, pour le salaire des régens qui enseignoient encor, l'an 1636.

Au collège de St Brieu [6], on enseigne les 4 aultes classes d'humanité, point de philosophie. Il est proche des Ursulines [7] et bien joli. Au premier calendrier des Cordeliers, qui en sont les plus

1. Nous croyons que Dubuisson a mal lu, et qu'il faut restituer : *Guillelmus de la Bouessière*, nom d'un chanoine qui vivait en 1526. V. « Anc. év. », I, p. 182.

2. Il s'agit d'un doyen de la collégiale de N.-D. de Clisson (fondation testamentaire du connétable de ce nom, en 1406) et du chapitre de St-Brieuc. V. « Hist. de la collégiale N.-D. de Clisson », par M. l'abbé Grégoire (Rev. histor. de l'Ouest, 1886).

3. Le reste de la date devait être effacé ; car il n'y a rien dans la cathédrale de St-Brieuc qui soit antérieur à 1220. V. « Anc. év. de Bret. », I, pp. 202.

4. Le corps de St Brieuc fut transporté à St-Serge d'Angers, en 865, par le roi Erispoë, qui le mit ainsi à l'abri des Normands. Une partie de ses reliques furent restituées à la cathédrale de St-Brieuc, en 1210. V. Bibliothèque angevine : « Description de la ville d'Angers », par Péan de la Tuillerie (Nouv. édit. par M. Célestin Port, Angers, Barassé, p. 377).

5. Voir les autres reliques du trésor aux « Anc. év. de Bret. », I, p. 240.

6. V. « Anc. év. de Bret. », II, pp. 164-172 ; — « Le collège de St-Brieuc, du XVIe au XIXe s. », par M. J. Lamare (Soc. d'émulat. des C.-du-N., III, p. 65).

7. *Vide supra*, p. 65, note 10.

prochés, aprez les Ursulines, il se trouve cecy : *Le 13e may 1575, commença le collège aus Lettres, en la maison de Turnegouët.*

Les 17 autres prébendes sont remplies par chanoines, dont il y en a six qui ont dignité : le premier est le doyen ; le 2e, thrésorier ; le 3e et 4e, deux archidiacres[1] ; le 5e, le scholastique (*escolatre* en wallon), et le 6e, le chantre.

Le scholastique de l'église est appellé Mr de St Maudet, de la maison des vicomtes de Meneust[2], qui est bon vieillard, riche de 8 ou 10 mille livres de rente, chanoine logeant en la maison de sa prébende, qui est très belle et située en la grande place, entre l'Evesché et la Maison de Ville.

Mr Pinon, prieur de Condé, a la thrésorerie, 2e dignité, qui vaut 800 livres par an.

Les prébendes valent 800 livres par an. Ils sont curés de leur église qui est la seule rectorerie ou cure de toute la ville, et où il y a encor des fonts où l'on fait les baptesmes.

Dans ces fonts, il y a une chapelle des vicomtes de Lille[3], à 3 sépultures élevées, à statues gisantes en cavaliers, de pierre grise, comme celle de Tournay et de Cambray. Leurs armes sont : *de gueules à 7 macles d'or, 3, 3, 1* ; et *d'argent à 12 hermines, 5, 4, 3, au chef de gueules à 3 macles d'or*, qui est de Bois Bouexel[4].

Mais la grande messe paroiciale se dit en une église de St Michel[5], bastie exprez au bout et hors de la ville, qui est comme le secours de la grande église. Le recteur ou curé se dit seulement vicaire perpétuel, comme j'ay veu en la qualité d'un chanoine qui l'estoit et est ensépulturé dans la grande église.

Il y a aussy, dans la mesme ville, une église de St Guillaume[6], qui est collégiale de 20 chanoines qui ont leur doyen, mais qui sont tous pauvres, leurs prébendes ne valans pas nourrir un pauvre prestre. Sur le portail de ceste église sont des armes *fascées*, que l'on dit estre de du Chastel[7]. Elles sont aussy en la chapelle Ste Anne[8], où est une labe du sr du Plessis Herupet[9], conseiller au Parlement, du surnom de La Rivière, portant : *d'azur à la croix engrelée d'or.* Les mesmes armes *fascées* sont encor dans le chœur, où sont deux labbes, l'une au costé boréal, portant pour armes *trois jumelles*, qui sont, en la vitre[10], *de gueules en champ d'or*, qui est Petit Rosmadec, comme ès Cordeliers ; et l'autre, au costé austral, sans légende et sans armes, lesquelles toutefois un chanoine me dit estre, au vitrail de dessus : *d'azur à 9 macles d'or, 3, 3, 3 ;* et tenait que c'estoit

1. De Penthièvre et de Goëllo. V. « Anc. év. de Bret. », I, p. 152.

2. Lire sans doute : Mayneuf (en St Didier), vicomté en 1478 pour Gilles du Halay. Cette terre, dit M. de Courcy, passa ensuite aux Rosmadec-Gouarlot et aux Boisgelin. Nous ne savons si l'une de ces familles a jamais possédé St-Maudez, par. et auj. comm. du cant. de Plélan, arr. de Dinan.

3. La chapelle des fonts, anciennement de St Julien, est du XVe s. (« Anc. év. de Bret. », I, p. 218). Il s'agit des Bréhan, vicomtes de l'Isle (en Plœuc).

4. Jacquemine du Rouvre, dame du Bois Bouessel, porta ce fief aux Bréhan de l'Isle (en Plœuc), à la fin du XVIe s. (*Ibid.*, II, p. 249). Les Bréhan de l'Isle portaient en effet : *de gueules à sept mâcles d'or.* Quant aux Bois-Bouessel, ils portaient : *d'argent à dix hermines de sable, 4, 3, 2, 1, au chef de gueules, chargé de trois mâcles d'or.*

5. V. « Anc. év. de Bret. », I, pp. 242-267.

6. V. *ibid.*, I, pp. 268-282.

7. *Vide supra*, p. 67, note 4.

8. Bâtie du temps de l'év. Olivier du Chastel (1506-1525). V. « Anc. év. », I, p. 274.

9. En Plaintel, comm. du cant. de Plœuc, arr. de St-Brieuc ; à Olivier de la Rivière, conseiller en 1635.

10. On disait *petit Rosmadec* pour désigner une famille de ce nom, distincte de la *grande* maison de Rosmadec-Molac. Petit Rosmadec portait en effet : *d'or à trois jumelles de gueules*, et cette famille à possédé Buhen (en Plourhan), la vicomté de Mayneuf (en St-Didier), le Plessis Josso (en Theix). La branche aînée s'est fondue en Kerméno, celle de Mayneuf et Buhen en Boisgelin, et celle du Plessis Josso en Rosmadec-Molac. V. Courcy.

un de la maison de Plederem [1], qui est leur fondateur ou au moins leur bienfaiteur ou restaurateur, ayant esté jà fondés par un duc de Bretagne. Mais ces armes sont sans doute de Rohan, dont il y a des tombes à raiz de terre, au chœur.

Outre ces 3 églises, il y a des chapelles, comme celle de St Gilles [2], proche la grande église; celle de Nostre Dame [3], au bout de laquelle, soubz un portique, sourt une belle fontaine qui mesle son ruisselet avec celuy de la fontaine St Brieu, et s'en vont en celuy de l'Ingoguet, et tous ensemble tombent en la rivière de Gouet. La chapelle est fort jolie et a un vitrail fait de l'an 1447, où sont les armes des cadets d'Avaugour [4]. Au grand vitrail sont des armes, comme il y en a au vitrail du bout boréal de la croisée de St Brieu, à savoir : *de gueules au lyon d'argent coronné d'or, mi parties de gueules à 9 macles d'or*. Et partout ce sont M d'or et d'azur, coronnées d'or, avec cette devise : *Pour ce qu'il me plest*. C'est, en bonne orthographe : *Pour ce qu'il me plait*. La tradition porte que ce fut une Margot de Clisson, mariée à un de Rohan, qui la feit bastir. Mais cela seroit fort estrange que les armes de la femme fussent devant et au costé droit de celles du mary, veu que maisme le mary estoit de plus ancienne et illustre maison [5].

La chapelle St Pierre [6] est au bout de la ville, non loin des Capucins [7], qui sont tout a fait séparés et seront hors du nouveau circuit de la ville, quand il sera fait.

Les Bénédictines du Mont Calvaire [8] sont d'un autre costé, en la ville; et non loin d'elles, les Ursulines, où partout on veoit les armes, et dans leur chœur, la sépulture élevée en pierre, avec statue gisante à l'épiscopale, de Messire André Le Porc de la Porte, dernier évesque [9].

Puis les Cordeliers, laiz St Brieu [10], comme on parle encor; car ils sont hors les anciennes portes et fermetures des rües.

Et voilà tout ce qu'il y a d'églises à St Brieu.

1. En 1423, Jeanne de Malestroit et Henri de Plédran, son mari, avaient leur sépulture à St-Guillaume. (« Anc. év. », I, p. 270). Mais Plédran porte : *d'or à sept macles d'azur*, et Malestroit : *de gueules à neuf besans d'or*. Les armes dont parle Dubuisson devaient être de Rohan, bien que cette maison porte : *de gueules à neuf macles d'or*.

2. V. « Anc. év. », I, pp. 300-302.

3. *Vide supra*, p. 68, note 4.

4. M. J. Trévédy, dans « La fontaine de St-Brieuc et la chapelle N.-D. de la Fontaine » (pp. 36 et suiv.), fait remarquer que Dubuisson veut dire, sans doute : les armes d'Avangour, cadets de Bretagne, c'est-à-dire les armes des anciens Penthièvre, dépouillés de tout leur comté, moins le Goëllo, par Pierre de Dreux. Ces armes étaient *d'hermines, à la bordure de gueules*. Toutefois elle n'étaient placées là qu'en marque de la fondation faite par les nouveaux Penthièvre, possesseurs du comté rétabli, en 1317, par Jean III, pour son frère Guy. M. Trévédy pense que cette chapelle fut édifiée de 1403 à 1406, et que le connétable et sa seconde femme contribuèrent à sa construction, en même temps que Marguerite de Clisson, veuve alors de Jean de Penthièvre. Quant à la date 1447, elle n'indiquerait qu'une restauration de la vitre.

5. Ce vitrail étant du connétable et de sa seconde femme, Marguerite de Rohan, la difficulté est résolue; car il est naturel que les armes du mari soient à droite. *Vide supra*, p. 68, note 1.

6. V. « Anc. év. », I, pp. 293-297.

7. V. *ibid.*, I, pp. 319-324.

8. V. *ibid.*, I, pp. 350-354.

9. V. *ibid.*, I, pp. 341-350.

10. V. *ibid.*, I, pp. 303-319 et 583; — « Les Cordeliers de St-Brieuc », par M. Hipp. Raison du Cleuziou (Soc archéol. des C.-du-N., 1ère série, t. III).

XV

Quintin

De St Brieuc à Quintin[1], 2 très grandes lieues. A mi chemin, vous trouvez une petite rivière, au pont du Rillan[2], et à demi lieue plus oultre, une autre, au pont ou planche de Rocquinia[3]; et puis, au fauxbourg maisme de Quintin, une autre plus large, mais plate et où les chevaux ne trouvent pas à boire qu'à peine, passant sous un pont estroit de pierre, à 4 arches, sans garde fous. Ceste cy s'appelle Gouet, qui s'en va au port du Légué, au dessous de St Brieu, et reçoit les 2 autres cy dessus, lesquelles viennent de la forest de Quintin[4], à 1 ou 2 lieues des passages susdits.

Gouet aussy vient d'une source, dite la fontaine de Gouet[5], dans les enclaves de la forest de Quintin, puis coule aus moulins de Grand Isle, du Bois et de Garenne[6] et chapelle St Fiacre, et par le vallon dit le Vau de Gouët, au dessous du chasteau de Rocbihan[7]; et enfin passe dans les douves ou fossés de ce chasteau, d'où puis aprez, passant au moulin du Pont Renaud, puis, au bout d'une demi lieue, au moulin du Pré du Chasteau, il arrive au pont susdit de quatre arches.

Quintin est un partage des cadets d'Avaugour[8], baronnie voisine dont il relève et dont il porte les armes, avec un *lambel*. C'est un partage d'Avaugour avec surnom de Botherel, érigé en baronnie le 24e may, ès Estats de Vennes, 1455[9]. — Voyez Argentré, I, ch. de l'origine des comtes et barons; et Traité des Estats de Bretagne. —

Quintin a esté ville close[10]. Les murailles en sont à demi ruinées[11], avec les restes de trois portes.

1. Quintin est auj. ch.-l. de cant., arr. de St-Brieuc. Voir une « Notice sur Quintin », par M. Habasque, dans l'Annuaire histor. des C.-du-N., 1841.

2. Le Rillan est encore un village, sur la route de St-Brieuc à Quintin, mais bien plus près de cette dernière ville que ne le dit Dubuisson. La route y traverse un petit ruisseau, affluent du Gouët.

3. A Roquiniac, autre village, un peu plus vers Quintin, la route traverse un autre petit affluent du Gouët.

4. Auj. forêt de Lorges. Le maréchal de Duras, Guy-Aldonce de Durfort, acheta Quintin en 1680, des enfants du marquis de la Moussaye, et cette baronnie fut érigée en duché, en 1691. En 1706, le duché de Quintin prit le nom de duché de Lorges.

5. Le Gouet prend sa source dans les sommets du Méné, vers Vieux-Bourg. *Vide supra*, p. 61, note 5.

6. Les moulins de Grande Isle et de Garenne sont marqués sur la carte d'état-major, n° 59.

7. C'est le château de Robien, dont le nom a été remis dans son ancienne forme par notre auteur. V., sur la seigneurie de Robien, « Anc. év. de Bret. », V, pp. 126-131.

8. Quintin ou Kintin était une juveigneurie de Goëllo, détachée au XIIIe s. par Henri II de Penthièvre (descendant du frère d'Alain III, Eudon de Penthièvre, mort en 1079), pour son puîné, Geoffroi Botterel. Henri II avait déjà pris le nom d'Avaugour, château en Plesidi (comm. du cant, de Bourbriac, arr. de Guingamp). V. « Essai sur la géog. féod. de la Bret. », pp. 56-59, 156, 158; — « Anc. év. de Bret. », V, pp. 100-121 (pour le Quintin), et V, pp, 52-73 (pour le Goëllo). En 1480, le Goëllo devint la baronnie d'Avaugour, pour François, comte de Vertus et sire de Clisson, fils naturel du duc François II et d'Antoinette de Magnelais.

9. Quintin fut érigé en baronnie, ainsi que Derval et Malestroit, par le duc Pierre II, en 1451, pour Tristan du Perrier. Ce furent les trois premières baronnies régulièrement constituées. V. « Anc. év. », V, p. 37; — « La ceinture de la Ste Vierge, conservée à Quintin, avec généalogie nouvelle des seigneurs de Quintin », par M. de la Borderie (St-Brieuc, Prud'homme, 1890); — « Pièces justificatives de la nouvelle généalogie des srs de Quintin », par M. de la Borderie (Soc. archéol. des C.-du-N., 2e série, tome III).

10. V. « Rapport sur l'excursion dans Quintin » par Dom Guépin (Assoc. Bret., congrès de Quintin, 1880).

11. Voir un aveu de Quintin, du XVIe s., aux « Anc. év. de Bret. », V, p. 418; — « la seigneurie de Quintin » (Mélanges d'hist. et d'archéol. bret., I, 1855).

Il y a Maison de Ville. Sa communauté est de 4 à 5 cens feux, qui font plus de 12 à 15 cens communians ; mais il y en a encore des hameaux voisins, et le tout monte bien à 2000 communians.

Les fauxbourgs sont aussy grands que la ville. En l'un deux, vers Pontivi, est la paroice, dite St-Thurian.

Dans ce mesme fauxbourg, à costé, les Carmes de la mitigation de Rhennes ont un monastère, dit de Bonnes Nouvelles [1], fort beau et nouvellement basti, je dy fort beau.

Là, entre la porte de ville et le corps de garde qui fut, est la chapelle de Nostre Dame, dite de la Porte [2]. Il y a aussy une chapelle de St Jean, un peu plus oultre dans le mesme fauxbourg, vers le monastère de Bonnes Nouvelles et la chapelle St Fiacre.

Mais la principale église [3] est dans la ville, prez la halle : grand vaisseau, à un haut clocher de pierre de taille.

Il y a 12 chanoines, dont le doyen est un. Ils ont en garde la ceinture de Nostre Dame, qu'aucuns m'ont dit estre d'un tissu bleu, et dont ils ceignent les femmes grosses de la ville et voisinage, pour les faire accoucher facilement [4]. — Voyez la ceinture Nostre Dame de Loches, dans mes mémoires de Touraine et Anjou ; et celle des Cordeliers d'Angers, dans le *Kalendar. Fratrum Minorum Andegav* [5]. —

Dans le milieu de leur chœur, est une grande sépulture, élevée de 3 à 4 pieds sur terre, large de 4 ou 5, et longue de 6 environ, portant deux chevaliers armés, gisans, en pierre dure. Ce sont les anciens seigneurs de Quintin, dont les armes sont au grand vitrail et par tous ceux de l'église : *d'argent à un chef de gueules*, qui sont les maismes que d'Avaugour. — Voyez les Cordeliers de Dinan. Les vrayes armes de Quintin doibvent avoir un *lambel d'or*, et en ce diffèrent de celles d'Avaugour. —

Elles sont fort alliées, équartelées de Rohan, avec l'alliance de Milan [6]. Elles sont aussy équartelées avec autres armes qui sont : *d'azur à cinq billettes d'or, 2, 1, 2* [7]. En aucuns endroits, elles partissent ou équartèlent avec celles de Rohan, qui tiennent le premier canton.

Il y a aussy d'autres labes, dans ceste église, qui sont des chanoines ; et y ay remarqué, en la

1. Monastère de religieux Carmes. V. « Histoire des Carmes de Bret. : les Carmes de Quintin », par MM. de la Borderie et L. de Villers (Soc. archéol, d'I.-et-V.. XXVI, 1897).

2. V., sur N.-D. de la Porte, *ibid.*, V, p. 107.

3. Sous le vocable de Notre-Dame.

4. V. « La ceinture de la Ste Vierge, etc. », par M. de la Borderie, ouvrage déjà cité ; — « Notre Dame de Délivrance et la ceinture de la Ste Vierge, à la collégiale de Quintin en Bretagne » (Le Mans, 1881). Le fragment de cette ceinture, conservé encore aujourd'hui, est de couleur grise ; c'est un réseau de soie et de lin. Il paraît avoir été détaché de la ceinture de la Ste Vierge, conservée au Puy-Notre-Dame, à cinq lieues de Saumur, et apporté à Quintin, entre 1451 et 1457, par Isabeau de Montauban, femme de Tristan du Périer, baron de Quintin.

5. Le voyage de Dubuisson en Touraine et Anjou, pendant l'année 1647, est conservé à la Bibliothèque Mazarine, sous le no 2694 a V. le catalogue des mss. de Dubuisson-Aubenay existant à la Bibliothèque Mazarine, que M. Gustave Saige a placé en tête du « Journal des guerres civiles » (Soc. de l'Hist. de Paris, 1883).

6. Gui XVI de Laval, appelé d'abord Nicolas (fils de Jean de Laval, baron de Vitré, la Roche-Bernard et sgr de Bécherel, et de Jeanne du Périer, héritière de Quintin, mariés vers 1472), hérita de Quintin en 1504. Il épousa Anne de Montmorency. Leur fille aînée, Marguerite, épousa, en 1529, Louis de Rohan, sgr de Guémené, Corlay, Montauban, etc..., descendant, à la cinquième génération, de Guillaume de Montauban et de Bonne de Milan. Déjà la mère de Gui XVI de Laval, Jeanne du Périer, s'était remariée, après 1482, à Pierre de Rohan, baron de Pontchâteau, frère du vicomte de Rohan.

7. Il faut lire sans doute : *d'azur à dix billettes d'or*, armes du Périer, maison qui hérita de Quintin, en 1428.

paroy boréale, des armes de *feuilles de chesne*, en pierre, que je croy estre des Forestier [1]. On m'a dit que c'estoit un doyen.

Au dessus de ceste église, est le chasteau, tout ruiné et qui sert de prison à la justice du lieu. Il estoit basti de pierre de grais fort solide. Les armes de Quintin cy dessus, avec les mesmes alliances, y sont en pierre. C'est le siège et manoir de la comté, apartenant à présent à M. de la Trimouille [2].

La justice est d'un séneschal, d'un alloué, auquel est joint l'office de lieutenant ; et puis il y a le procureur fiscal.

Il y a une belle forest qui porte le nom de Quintin [3] : elle est fort grande, presque toute de fau [4].

Cela vaut à M. de la Trimouille 20 à 25 mille livres de rente. Il y a mis, pour gouverneur, intendant et maistre des Eaus et Forests, un gentilhomme voisin de demi lieue, le s^r de Rocbihan [5].

Le trafic et manufacture des toiles claires, dites *quintin*, [6] est là. C'est diocèse de St Brieu.

. . . . . .

XVI

Pontivi et Rohan

De Quintin à Pontivi [7], 7 lieues ; trois jusques à St Léon [8]. Passez fort peu de bois et un petit ruisselet ; puis, au bout de 2 lieues, arrivez au bas de Kerigan [9] et passez un ruisseau ; montez, passez le village et redescendez ; trouvez le précédent ruisseau qui se joint, au dessous de la planche ou pont de Kerigan, à un autre aussy petit, et guéable maisme aus gens de pié, sans emplir leurs souliers, lequel est bien universellement connu et nommé pour rivière d'Aust. — *Augusti, ut quidam commentantur ; certe vide et Ulto,* « *Oult* » [10]. —

1. Le Forestier porte : *de gueules à trois feuilles de chêne d'argent.*

2. Marguerite, fille de Gui XVI de Laval, mourut sans enfant, et la seigneurie de Quintin passa à sa nièce, Renée de Rieux, qui prit le nom de Guyonne et épousa son parent, Guy de Laval-Montfort. Le neveu de cette dernière, Paul de Coligny, possédait Quintin, en 1567. Il mourut sans enfant et Henri de la Trémoille (1605-1674) hérita de Quintin, comme de Laval, par représentation de sa bisaïeule, Anne de Laval, mariée à François de la Trémoille. En 1627, Henri de la Trémoille vendit Quintin à Amaury de Gouyon, marquis de la Moussaye, époux d'Henriette de la Tour d'Auvergne, sœur de Turenne. V. « Anc. év. », V, pp. 114-116.

3. La forêt de Lorges, anciennement Coët-Braz ou Coëtiaz. *Vide supra*, p. 72, note 4.

4. *Id est :* hètre, *fagus.*

5. Lire : de Robien. V. « La seigneurie de Quintin », par M. de la Borderie (Mélanges d'hist. et d'archéol. bret., I, 1855, p. 253).

6. V. « Les Etats de Bretagne et l'industrie des toiles », par M. Gaultier de Kermoal (Rev. de Bret. et de V.).

7. Pontivy, ch.-l. d'arr. du Morbihan. Cette ville tire son nom d'un pont, jeté sur le Blavet par St Ivi, saint peu connu, qui passa de Grande Bretagne en Armorique, à la fin du VIIe s., et que l'on confond souvent avec St David, Devi ou Divi, év. de Ménévie, fort honoré en Armorique, où il ne vint cependant jamais. V. « Hist. de Bret. », I, pp. 497, 498.

8. Village un peu au-dessous de Merléac. Il y passe un ruisseau qui va se jeter dans l'Out, au pont qui mène à Uzel (Carte d'état-major, n° 74). V. « Notice sur l'église St-Jacques, au village de St-Léon », par M. Geslin de Bourgogne (Soc. d'émulat. des C.-du-N., I).

9. Kerigan est un village, entre St-Martin-des-Prés et Allineuc. Il y passe un ruisseau qui se jette dans l'Out, un peu au-dessous. V. carte d'état.major, n° 59.

10. L'orthographe moderne est Oust. Il faut dire Out, la forme primitive étant *Uld*, qui a donné, en bas latin, *Ulda fluvius* (Grég. de Tours, X, 9), et *Ult*, *Ulto*, *Ultum* (Cartul. de Redon). Dubuisson ne s'est donc pas trompé, cette fois. V. « Hist. de Bret. », I, p. 30.

Elle vient de 2 lieues au dessus de là, du lieu dit le Tertre Coulon[1], territoire de la comté de Quintin ; et se renforce des eaus de quelques estangs, puis de cest autre ruisseau de Kerigan, au pont de ce nom susdit, à demi lieue au dessous duquel elle s'en va au pont d'Uzel[2], où elle reçoit encor un autre ruisseau cy aprez et s'en force, pour s'en aller vers Rhedon et Villaine[3].

Ce ruisseau est celuy qui, au bout d'une lieue de Kerigan, se rencontre dans un vallon, au pié de St Léon, petit bourg ou village des appartenances de Corlay[4], seigneurie acostière[5] du prince de Guimenay[6] ; et de l'autre costé du villaige de St Léon, un autre[7] encor coule et se rend, avec le précédent, au mesme pont d'Uzel.

De St Léon à Pontivi, 4 lieues, chemin uny et de lande, beau pays des deux costés. Comme vous arrivez, vous trouvez le ruisseau de Kerver, fort petit, qui sépare l'évesché de Cornouaille et présidial de Kimper Corentin ou Basse Bretagne[8], d'avec l'évesché de Vennes, dont est Pontivi.

On parle à Pontivi la langue bretonne, premiére, et la françoise, deuxième.

Aussy tost passé le ruisseau de Kerver qui, un peu au dessus des Cordeliers, à 2 cens pas de vous, tombe en la rivière de Blavet, vous entrez en la ville[9], ayant pour premier ædifice, à main droite, St François[10] ou les Cordeliers Récollets, de la fondation de la maison de Rohan, des armes de laquelle et de ses alliances les vitres sont toutes pleines.

Là vous voyez les *macles d'or sur gueules*, au nombre de neuf et aussy au nombre de sept, qui est l'ancien nombre et usité jusques à ce que Mrs de Rohan s'avisassent de mettre leurs armes en escu comme en bannière. Comme ils portoient leurs armes en bannière, ils mettoient 9 macles, pour mieux remplir ; et cela paroissant mieux, ils les mirent aussy comme cela sur l'escu.

A main gauche, en un terrain un peu plus élevé, est le chasteau[11], de pierre de taille, à 4 tours, dont l'une est ruinée ; les trois autres, rondes et pointues au sommet, subsistent. Par dehors cela paroist assez, et par dedans c'est peu de chose. Les *macles* y sont en pierre, partout au nombre de 9.

1. Le Tertre, sur la carte d'état-major, n° 59, dans les montagnes du Méné, entre le Haut-Corlay et la Harmoie. V. « Hist. de Bret. », I, p. 31.

2. Pont sur l'Out, entre Merléac et Uzel.

3. L'Out se jette en Vilaine, un peu au sud de Redon.

4. Ch.-l. de cant., arr. de Loudéac, C.-du-N.

5. *Id est : voisine*, du vieux français *acost*, *voisinage*.

6. Le Guémené-Guégan ou Guingam, ancien démembrement de Rohan, fut érigé en principauté, en 1570, par Charles IX, pour Pierre de Rohan, époux de Madeleine de Rieux. Il avait été acheté, en 1377, à Jean sire de Longueval, époux de Jeanne de Beaumer, par Jean, vicomte de Rohan, père de Charles, tige des s[rs] de Guémené. La châtellenie de Corlay était, avec Gouarec et Rohan, l'une des trois qui composaient la vicomté de Rohan. Elle en fut démembrée, au XVIe s., pour entrer dans la principauté de Guémené. V. « Essai sur la géogr. féod. de la Bret. », pp. 30, 123; — « Les arrière-fiefs de la seigneurie de Guémené », par M. L. Galles. (Soc. polymath. du Morbih., XII, 1867). Au temps de Dubuisson, le prince de Guémené était Charles (fils de Louis de Rohan et de sa cousine, Anne, princesse de Guémené, fille de Pierre susdit), duc de Montbazon ; qui épousa Jeanne-Armande de Schomberg, fille du maréchal de ce nom. V. « La vicomté de Rohan » (Mélanges d'hist. et d'archéol. bret., I, 1855).

7. Ce dernier ruisseau vient d'Uzel.

8. L'évêché de Quimper faisait une pointe à l'Est, au-dessus de celui de Vannes. Un peu au-dessus de Pontivy, est un village, écrit *Kervers*, sur la carte.

9. V. « Notice sur Pontivy, avant 1789 », par M. l'abbé Euzenot, recteur de Remungol (Assoc. Bret., congrès de Pontivy, 1886); — Le plan de Pontivy, par Thébaud (Pontivy, Lemaître, 1847).

10. Couvent fondé en 1457, sur l'emplacement de l'ancien château des Salles, par Alain, vicomte de Rohan, pour les Cordeliers. Les Récollets s'y installèrent en 1632.

11. Le château de Pontivy fut rebâti en 1485. Sur les monuments de Pontivy, voir le « Répertoire archéol. du Morbihan », par M. Rosenzweig (Imp[ie] imp[ale], 1863, col. 118 et suiv.).

Le capitaine est le s[r] de Rochebon, frère de l'alloué, s[r] du Pray, et, avec son frère, seul huguenot à Pontivi. Ils sont originaires de Rhennes.

Par delà le chasteau, c'est la halle, très belle et comparable à celle de Nyort et de St Germain, à Paris, où, deux fois l'an, se tiennent foires de toutes denrées. Il y a aussy foire célèbre de chevaux.

Mais par de là les Cordeliers et le long de leur église et convent, au dessous, passe la rivière appellée, en breton, Blavouët. On dit aussy : rivière de Blavet ou de Blavoët, comme ils prononcent. *Blaouech* ou *blauech* [1], en breton, signifie *une rivière*. Elle vient de deux endroits : l'un, à 7 lieues au dessus de Pontivi [2], de l'estang de Quelicouzo (1 lieue prez Rosternan [3]), d'où elle vient à Gouesech [4], villette de Mr de Rohan ; l'autre [5], à 5 lieues de Pontivi, de sources qui tombent en l'estang de Pelineuch, d'où elle vient rencontrer l'autre à Gouesech, et s'y joint, en ceignant ceste villette comme une isle. De là grossie, elle coule à Pontivi.

Ceste rivière naist donc 5 ou 6 lieues au dessus de Pontivi, et s'en va au Port Louis, auquel, cy devant, elle donnoit le nom de Blavet [6] ; duquel elle maine des saulmons jusques à la pescherie desdits Cordeliers, un peu au dessus du bout de leur église. Elle a 60 piés environ de largeur en cest endroit, et est limpide assez.

Cent pas au dessous de ladite pescherie et de l'église maisme, elle a un pont de pierre à 5 arcades, qui conjoint une partie de la ville de Pontivi à l'autre.

Outre les Cordeliers, il y a des Ursulines [7], un hospital [8] et la paroice de Nostre Dame, avec une tour assez jolie [9].

Pontivi est siège principal de la duché pairie de Rohan ou Rochan [10], maison de peu de grandeur et estendüe, située au voisinage de Pontivi, à 3 lieues prez, sur un roc. Et vaut Pontivi seul, avec Rohan, 20 mil livres de rente. Le s[r] de Lisle Doudart [11] en est fermier. Il y a un séneschal, un alloué, un lieutenant et un procureur fiscal, outre le capitaine du chasteau.

Les pièces de la duché de Rohan sont La Chaize [12] et La Trinité [13], valans 12 mille livres, et une

1. *Blawed, Blaouez*, auj. *Blawec'h*, sont en effet les noms bretons du Blavet. V. « Chrestomathie bret. », par M. J. Loth, I, pp. 110, 191.

2. Le Blavet a sa source au N. des montagnes du Méné ; il part du sommet de Landévet, comm. de Bourbriac (« Hist. de Bret. », I, p. 27.), qui est bien au dessus de Rostrenen (ch.-l. de cant., de l'arr. de Guingamp, C.-du-N.).

3. Peut-être l'étang nommé, sur la carte n° 59 : « étang du Blavet », entre Bourbriac et Peumerit-Quintin, à droite du village de Kerholain.

4. Lire : Goarec ou Gouarec, ch.-l. de cant. de l'arr. de Loudéac, C.-du-N.

5. C'est le Salon, qui part des environs de Vieux-Bourg-Quintin, et traverse l'étang de Pélinec. Il se jette en Blavet, un peu au-dessus de Goarec.

6. *Port-Louis* est auj. ch.-l. de cant., arr. de Lorient. C'était d'abord un simple village de pêcheurs, nommé Locperan, en Riantec. Des corsaires anglais, qui s'y retranchèrent, au commencement des guerres de la Ligue, lui donnèrent le nom de Blavet. Enfin en 1616, le cardinal de Richelieu, ayant chargé le maréchal de Brissac d'y construire une citadelle, un port et une ville nouvelle, l'appela *le Port-Louis*, en mémoire du roi régnant. Il existe une rare plaquette in-8°, de 8 pp., intitulée : « Edit du roy pour la construction d'une ville en Bretagne, au lieu maintenant nommé Port-Louis et ci-devant Blavet, du 17 juillet 1618 » (Paris, 1618). V. « Jérôme d'Arradon, s[gr] de Quinipily, et le port du Blavet », par M. Jégou (Soc. polymath. du Morbihan, 1865).

7. Les Ursulines de Ploërmel s'établirent à Pontivy, en 1633. V. Ogée.

8. L'hopital fut dirigé plus tard par les Dames de St Thomas de Villeneuve, fondées à Lamballe, en 1661.

9. Cette tour est de 1533.

10. Le duché de Rohan (auj. ch.-l. de cant., arr. de Ploërmel, Morbihan), créé en 1603, se composait de six châtellenies : Rohan, Pontivy, Gouarec, la Chèze, Loudéac et La Trinité-Porhoët. V. « Essai sur la géog. féod. de la Bret. », p. 127. Sur la vicomté de Rohan, telle qu'elle était au XVe s., *vide supra*, p. 75, note 6.

11. *Vide supra*, p. 19, note 5.

12. La Chèze, ch.-l. de cant., arr. de Loudéac, C.-du-N.

13. La Trinité-Porhoët, ch.-l. de cant., arr. de Ploërmel, Morbihan.

autre petite pièce, 1500 livres ou 2000. Voilà tout le bien du duché de Rohan, dont les appels vont droit au Parlement, de 34 mil livres de rente. Il fut érigé duché, en 1603. Josselin [1] vaut 16 mil livres.

De Pontivi à Rohan (*forte Reginea* [2] *antiq.*), 3 lieues, par Noyal [3], 1 lieue de Pontivi, grande paroice, exempte d'*impost et billot* [4] (et dans laquelle est située Pontivi, quoyque paroice aussy), où est la chapelle Ste Noyale [5] (*Noyala sancta ex Anglia*), et le plus beau, le plus droit chemin et le plus ferme que l'on scauroit veoir, planté de chesnes des deux costé, un peu éclaircis et ruinés par les Espagnols des garnisons de la Ligue. — Ces *rabines* sont appellées par les wallons : *drèves ;* par les Cauchois et Roanois : *chaînes d'arbres.* —

Ce chemin va jusques à Rohan. *An via sit militaris* [6], *Tab. itiner.* [7] *: e portu Nannetum Regineam.*

XVII

Baud et Hennebont

De Pontivi la rivière maine droit à Hennebont [8]. Par terre, vous allez à Baust [9], bourgade, 4 lieues.

A la sortie de Pontivi, un quart de lieue, passez le ruisseau de la Houssaye [10], entrant en la rive gauche de Blavet, puis encor quelques autres ruisselets, et, trois lieues et demie, celuy de Kerunian [11], assez grosset.

1. Josselin était le siège du comté de Porhoët qui comprenait, en outre, au XVe s., la châtellenie de la Chèze. Josselin fut acheté, en 1370, par Oliv. de Clisson, à Pierre cte d'Alençon, et passa aux Rohan, par le mariage de Béatrix, fille aînée du connétable et de Béatrix de Laval, avec Alain VIII, vicomte de Rohan. V. « Essai sur la géog. féod. de la Bret. », p. 123 ; — « Généalogie des comtes de Porhoët, par M. l'abbé Piéderrière (Soc. polymath. du Morbih., XVII, 1872) ; — « Le Morbihan, son hist. et ses monum. », par M. Cayot-Délandre, pp. 342, 343 ; — « Le comté de Porhoët » (Mélanges d'hist. et d'archéol. bret., I, 1855).

2. Erreur : il faut placer *Reginea* à Erqui, comm. du cant. de Pléneuf, arr. de St-Brieuc. V. « Géogr. anc. de la péninsule armoric. », par M. Ch. de la Monneraye (Assoc. Bret., 1883, p. 73) ; — « Hist. de Bret. », I, pp. 114, 122.

3. Noyal-Pontivy, comm. des cant. et arr. de Pontivy.

4. Impôt sur le vin.

5. Saint Noyal, en breton : *Noyal guen.* Ici le mot *guen* a le sens de *bienheureux*. Au XVe s., on commença à dire : *sainte Noyale*. V. « Chrestom. bret. », I, p. 209 ; — « Répert. archéol. du Morbihan », col. 123.

6. Aucun des auteurs qui ont traité des voies romaines en Bretagne n'en a trouvé à cet endroit.

7. Dubuisson appelle ainsi la table de Peutinger. L'original, se composant de onze pièces de parchemin, œuvre d'un moine de Colmar qui la copiait en 1265, est aujourd'hui à la Bibliothèque impériale de Vienne. Cette carte, qui représente le système du monde au temps d'Auguste, est copiée sur l'*Orbis pictus* d'Agrippa, avec remaniements postérieurs. Elle a été mise en lumière par Conrad Peutinger, d'Augsbourg, en 1508. C'est sans doute la rare édition de 1598 : ***Tabula itineraria ex illustri Peutingerorum bibliotheca***, etc.) que Dubuisson entend citer, mais qu'il n'avait pas sous les yeux ; car le chemin de Nantes à Erqui y passe par Angers et Rennes, bien loin de s'incliner vers Rohan. V. « Géogr. de la Gaule rom. », par M. E. Desjardins, IV, pp. 72 et suiv.

8. Ch.-l. de cant., arr. de Lorient.

9. Baud, ch.-l. de cant., arr. de Pontivy.

10. La Houssaie est un vill. en Pontivy. Le ruisseau qui se jette en Blavet, à gauche de la Houssaie, au dessus du village de Signan, s'appelle le Signan. V. « Hist. de Bret. », I, p. 28 ; — « La chapelle de la Houssaye, près Pontivy », par M. l'abbé Euzenot (Assoc. Bret., congrès de Lannion, 1884).

11. Nous pensons qu'il s'agit ici du ruisseau qui se jette en Blavet, à St-Adrien, et qui passe au dessus d'un écart, nommé, sur la carte : Keronian, non loin du château de Kermorvent. Dubuisson devait passer ce ruisseau, pour se rendre à Baud.

Baust a esté de la maison de Rohan [1], dont les 9 macles se voyent, en pierre, sur la chapelle de Nostre Dame de la Clairté [2], bien jolie et belle, joignant laquelle est celle de la paroice, en laquelle, ès bancs, sont les armes du s^r d'Aradon, qui sont : *de sable à 7 macles d'argent, 3, 3, 1*, ès vitres de la chapelle. Mais la maistresse vitre, en l'une et l'autre desdites églises, et la ceinture mortuaire ou litre, par dedans et par dehors, porte des armes *d'azur à 10 estoiles d'argent, 4, 3, 3*, qui sont les armes de Kerveno [3]. Elles sont aussy au vitrail du bout de l'église des Cordelliers ou Récollets de Pontivi. Cela a esté par eux acheté, et possédé par la veuve marquise de Kerveno.

A la sortie de Baust, on passe un ruisseau dans un vallon, entre Kinipini [4], maison du baron de Viel Chastel, gouverneur de Vennes, et le hameau de Revel [5] ; au bas duquel il y a la rivière, dite d'Evel [6], qui passe sous un pont à 5 piles de pierre, continuées de 3 autres, toutes les huit planchées de bois, et ladite riviere limpide et claire, large de 30 à 40 piés, guéable au dessous du pont, au dessus duquel entre en icelle le susdit ruisseau.

Puis, en l'espace d'une demi lieue ou peu plus, 3 autres ruisselets coulent en icelle, par le chemin de Hennebont, durant lequel, qui contient 4 grandes lieues de Bretagne, vous passez encor, dans les vallons, trois autres ruisseaus qui vont tous dans ladite rivière d'Evel, qui se restreint et aprofondit en ses rives et se va rendre, au Pont Augan, dans la rivière de Blavoët qui, par Lo Crist [7], arrive à Hennebont ; jusques où la marée donne, depuis le Port Louis, et maisme passe outre, jusques à quart de lieue plus ault, à l'abbaye de Joye [8], de filles Bernardines.

Le port de Hennebont est tousjours avec eau de 10 à 12 piés, aus plus basses eaus ; aus marées médiocres, de 20 ; aus plus grandes et æquinoxiales, de 25. Ainsy il y vient des vaisseaus de 200 tonneaus, en tout temps, et de plus, en certain temps, qui flottent tousjours dans le port, lequel estant à sec, il y demeure encor, dans la rivière, 10 à 12 piés d'eau, qui suffit pour les vaisseaus de 3 à 4 cens tonneaus. Ils viennent jusques au pont, qui est de piles de pierre, traversées et couvertes de pièces et planches de bois, à 6 passages ou arcades, outre lesquelles les bateaus à mast ne passent point.

Il y avoit un ancien pont, à arches faites de grandes pierres, sans mortier, que l'alloué de Vennes, La Coudraye [9], a veues jeune, son père estant là séneschal.

Au pont, il y a une porte de la ville, opposite à une autre de terre : voilà deux. La 3e est une

1. Baud était une seigneurie, détachée de la vicomté de Rohan. En 1479, la juridiction de la châtellenie de Rohan y avait un siége. V « Essai sur la géog. féod. de la Bret. », pp. 123, 124.

2. V. « N.-D. de la Clarté, à Baud », par M. l'abbé Guillotin de Corson. (Récits de Bretagne, II, pp. 45-50) ; — « Répertoire archéol. du Morbihan », col. 67.

3. En Pluméliau. Marquisat en 1624.

4. Le château de Quinipily était la maison seigneuriale de Baud, et a donné son nom à la seigneurie qui relevait du roi. Il appartenait, au temps de Dubuisson, à Pierre de Lannion, baron du Vieux-Chastel (en Plounévez-Porzay) et s^r de Sautron, qui avait épousé Renée, fille unique de René d'Arradon, s^r de Quinipily. Ce dernier se démit, en 1625, en faveur de son gendre, du gouvernement de Vannes et Auray, qu'il avait reçu du duc de Mercœur, en 1590. Quinipily avait passé aux Lannion, vers 1420, par le mariage de Jean de Lannion, chambellan du duc, avec Anne de Languéouez, héritière de cette seigneurie.

5. Nous ne trouvons plus ce hameau sur la carte.

6. L'Evel, un des plus forts affluents du Blavet, s'y jette au Pont-Augan, en Languidic, près de Baud. Il a sa source en Radenac.

7. Lochrist, village en Inzinzac.

8. L'abbaye de la Joye, fondée en 1252 par Blanche de Champagne, femme du duc Jean Ier.

9. Sans doute : Jacques de la Coudraye, fils de François, sénéchal d'Hennebont de 1598 à 1619, et frère d'un autre François, également sénéchal d'Hennebont. V. « François de la Coudraye, sénéchal d'Hennebont », par M. J. Trévedy (St-Brieuc, Prud'homme, 1893, pp. 8-10 ; et Assoc. Bret., 1892).

poterne, joignant les Carmes, où est une tour jadis de deffense, comme au lieu le plus éminent et commandant de la ville.

Le séneschal d'Ennebont est Louis de Perenno [1], gentilhomme, mary d'une très belle femme, Dame Katherine Couppé [2], d'auprez de Rhennes.

La ville est de petit circuit de murailles. Du costé de Pontivi et grande terre, est un grand fauxbourg, où est une grande église de Nostre Dame [3], qui pourtant n'est qu'un secours ou fillette de la paroice, qui est St Gilles, hors la ville.

A quart de lieue, hors la ville aussy, est l'abbaye de la Joye, dont l'abbesse, Madame Robert [4], fille de ce fameux advocat Robert, de Paris, est appelée: *Madame d'Ennebont*.

Les Capucins y sont aussy, se bastissans.

Les Carmes [5] seuls, qui sont de la réforme ou mitigation de Rhennes, sont au dedans de la ville. Ils sont au plus ault de la ville, et au plus bas est le port, avec un assez joli quay revestu de pierre, dans lequel tombe, le long des murailles de la ville, un petit ruisseau d'eau douce, et encor un autre, à 20 pas proche, lequel flue d'un vallon, au dessous des Capucins, et est tout d'eau douce, un peu plus gros que le premier.

Entbount, quasi : « ent an pount », le chemin du pont [6]*; Hambuntum, in « Vita S[ti] Gildæ ».*

Ce mot de Hennebont signifie donc : *le chemin du pont ;* parce que, par Hennebont, on passe le pont sur la rivière de Blavet, pour aller à Kimperlé, où finit l'évesché de Vennes, et, passé lequel lieu, commence celuy de Cornouaille et vraye Basse Bretagne ou bas pays, comme ils parlent.

Car l'évesché de Vennes, aussy bien que celuy de St Brieu et celuy de Nantes, est mixte, meslé de Gallois et de Bretons.

A Ennebont, ès faulses allarmes de la descente de l'ennemy [7], ès mois d'octobre et de septembre, il s'est trouvé sous les armes plus de six cents hommes.

Jadis il y eut un chasteau à Ennebont [8], sur le costau baigné de la rive droite de Blavet, droit commandant sur le pont. Il est rasé rez terre.

1. Louis du Pérenno, s[gr] de Penvern, époux, en 1633, de Dam[elle] Catherine Couppé, dame de Kerver, fille du lieutenant-général du duché de Rohan. V. « La noblesse de Bretagne devant la Chambre de la réformation, 1668-71 », par le c[te] de Rosmorduc, I, pp. 453, 456.

2. Sur les Couppé, s[grs] de la Salle, en St Symphorien près Hédé, voir l'étude sur cette paroisse, par M. Anne Duportal (Soc. arch. d'I-et-V., XXII, pp. 102 et suiv. ; XXVI, 1897, pp. 135-160 ; p. 148, sur Catherine Couppé).

3. Sur les monuments d'Hennebont, voir : « Répertoire archéol. du Morbihan », col. 26 ; — « Construction de l'église Notre-Dame de Paradis, à Hennebont », par M. l'abbé Luco (Soc. polymath. du Morbihan, 1875).

4. Louise Robert, abbesse de la Joye 1626-1647. V. « Gall. Christ. », XIV, col. 959.

5. V. « Fondation du couvent des Carmes d'Hennebont, en 1389 », dans le cartul. du Morbihan, de M. Rosenzweig, n° 606 (Rev. histor. de l'Ouest, mai 1897) ; — « Histoire des Carmes de Bretagne : Carmes de Hennebont », par MM. de la Borderie et L. de Villers (Soc. archéol. d'I-et-V., XXVI, 1897, p. 214) ; — « Incendie du couvent des Carmes d'Hennebont, en 1743 », par M. R. Kerviler (Assoc. Bret., 1892).

6. *Hent, hint*, en breton, signifie *chemin* ; mais M. J. Loth, dans sa « Chrestomathie Bretonne » (I, pp. 136 et 157), semble faire dériver le mot *Hennebont*, de *hen, vieux*, et *pont*, qui a le même sens en breton qu'en français. Le sens serait donc : *vieux pont*. Le « Cartulaire de Quimperle » (pp. 6, 173), document du XIIe s., donne les formes *Henpont* et *Henbunt*.

7. Les Espagnols.

8. Hennebont était le chef-lieu de l'ancienne circonscription féodale, appelée Quéménet-Heboi. V. « Essai sur la géog. féod. de Bret. », par M. de la Borderie, pp. 108-111 ; — « Les sires du Quéménet-Heboi et du Pontcallec », par le même (Rev. de Bret. et de V., 1862, 2e semestre, p. 213) ; — « Le Quéménet-Heboi et les seigneuries de la Roche Moisan, des fiefs de Léon et du Pontcallec », par le même (*Ibid.*, 1866, 2e sem., p. 372) ; — « Généalogie des seigneurs d'Hennebont », par M. l'abbé Le Mené (Soc. polymath. du Morbihan, XXIV, 1878) ; — « Cartul. de Quimperlé », pp. 6, 173.

Il se trouve un acte, au chapitre de Vennes, dans l'extrait que m'a presté le s^r Gouaut archidiacre, par lequel un Henry Parisy, sieur de Kerivalen, est qualifié: ***garde des chasteau d'Auray et forteresse d'Ennebont***, acte daté ***die Jovis post synodum Pentecostes, 1322***[1]. Il y a eu un Jean Parisy, évesque de Vennes[2]. Voyez le catalogue que nous en avons[3].

Es guerres de Charles de Blois, ce prétendant assiégea la comtesse de Montfort dans le chasteau d'Ennebont, qu'il ne put prendre[4]. Jean de Montfort y mourut puis aprez, en l'an 1345[5].

Un peu au dessous de ce chasteau, sur la rive droite de Blavet, est l'église et paroice de St Karadec[6], ***Caradioci***[7], vis à vis de laquelle, de l'autre costé de la rivière et sur sa rive gauche, une petite canonnade vers le Nord, au dessus de la ville d'Ennebont, est situé, dans le diocèse de Vennes, le monastère dit de la Joye, ***B. Mariæ*** ou ***B. Virginis de Gaudio***, accompagné d'un parc, de bois et d'une belle pièce et d'une belle fontaine d'eau vive et saillante, dans la court, tout prosche la rivière, jusques où et par de là monte la marée ; et s'y peschent saumons.

Ce sont religieuses de St Bernard, fondées, à ce que portent les dates que leur chapelain m'a donnés, tirés de leurs chartes, l'an 1254, par la duchesse Blanche de Navarre[8], au mesme temps que le duc Jean Ier, son mary, fonda l'abbaye de Prières, sur la mer, proche la bouche de Viglaine[9].

Elle est au maistre vitrail, représentée vis à vis dudit duc, son mary, tous deux prians, luy avec ses armes, qui sont : ***de Dreux, échiqueté d'or et d'azur, au franc canton de Bretagne, qui est d'hermines***[10] (Ce sont les armes de Dreux Bretagne, comme Pierre de Dreux et Jean Ier, son fils, et autres ducs de Bretagne de la branche royale de Dreux, les portèrent) ; et elle aussy, avec les siennes, qui sont ***équartelées de Navarre et de Champagne***.

Derrière ledit duc il y a une princesse aussy priante, qui a pour armes : ***de gueules à 2 léopards d'or***, partissant avec les armes de Dreux Bretagne.

Cela me fait croire que le vitrail est de Jean II, qui épousa Béatrix, fille de Henry, roy d'Angleterre ; y estant, en un costé du vitrail, représenté, luy et sa femme, avec les armes de Normandie

1. Dubuisson a sans doute mal lu. Henri Le Parisy, chevalier, cité dès 1381, était gouverneur d'Auray en 1421, grand-maître de la vénerie ducale et des Eaux et Forêts de Bretagne. V. D. Morice, Pr., I, col. 280, 711, 876, 1103, etc.

2. Jean Le Parisy, év. de Vannes 1312-1334.

3. *Vide supra*, p. 67, note 9.

4. En 1342.

5. Le 26 septembre.

6. St-Caradec est une ancienne paroisse, auj. réunie à Hennebont, pour le civil.

7. St Caradec ou Caradoc mourut en 1124. V. Bolland., avril, II, p. 151 ; — « Les deux saints Caradecs, légendes latines inédites », par M. de la Borderie (Mélanges histor., littér. et bibliograph., publiés par la soc. des Biblioph. bret., Nantes, 1878-1883, II).

8. Blanche de Champagne-Navarre épousa Jean Ier, en 1236, et mourut le 11 août 1283.

9. Abbaye de l'Ordre de Citeaux, fondée en 1250, dans la paroisse de Billiers (auj. comm. du cant. de Muzillac, arr. de Vannes), par le duc Jean Ier, qui mourut le 8 octob. 1284, et y fut enseveli. V. « Etude sur l'ancienne abbaye de Prières », par M. l'abbé Piéderrière (Soc. polymath. du Morbih., 1861, 1863, 1864) : — « Dict. de Bret. » d'Ogée, 2e édit., II, p. 382. — « Le Morbihan, son histoire, etc... », par Cayot-Délandre, pp. 227-229, Le cartulaire de Prières, par M. l'abbé Chauffier, doit être *prochainement* publié dans la Revue historique de l'Ouest.

10. On ne trouve point l'hermine avant Pierre de Dreux. L'opinion de D. Lobineau, défendue par M. de la Nicollière-Teijeiro, dans son « Etude sur l'hermine » (Rev. de Bret. et de V., juillet et août 1871), est que ce prince brisa l'écu de Dreux d'un quartier d'hermines, en 1213. L'on ne trouve l'écu d'*hermines plein*, sur les sceaux, que sous Jean III, en 1318, et sur les monnaies, seulement sous Jean IV. Des objections ont été apportées par M. P. de l'Isle du Dréneuc, dans le bulletin de la Soc. archéol. de Nantes de 1892 (« L'hermine de Bretagne et ses origines »), et M. de la Nicollière a répliqué dans le même bulletin de 1893.

derrière luy, pour celles d'Angleterre, et sa mère, Blanche de Navarre, à l'autre costé vis à vis, comme fondatrice.

Elle a sa sépulture au milieu du chœur de l'église ou sanctuaire, couverte de bois, avec des plaques de cuivre, où sont les armes de Dreux Bretagne, parties de Navarre soustenu de Champagne, et portant une statue gisante de stature, en habit de moniale, la teste appuyée sur un oreiller de bronze, gravé des armes de Navarre et de Champagne [1].

Ce qui monstre l'erreur d'Argentré, qui escrit (I, 10, art. de Vennes) que Jean Ier, duc de Bretagne, bastit l'abbaye de Prières, pour y estre prié Dieu pour les morts, y estant sa femme, Blanche de Navarre, enterrée. Elle mourut, selon les dates de Nostre Dame de la Joye, l'an 1274, et son mary, le duc Jean, l'an 1286 [2].

L'abbesse de ce monastère, Ordre de Citeaux, le mesme que celuy de Prières, est, ceste année 1636, Madame Robert, fille du fameux advocat de Paris, Robert, et sœur d'un Robert demeurant rue des Rosiers.

L'abbaye vaut, en tout, 4 mille livres de rente, et on appelle l'abbesse : *Madame d'Ennebont*, à cause de quelque petite jurisdiction qu'on luy souffre exercer dans la ville d'Ennebont, et que la chapelle de Nostre Dame, au fauxbourg d'Ennebont, dépend de ceste abbaye.

Allant de ceste abbaye à la ville d'Ennebont, vous voyez et passez proche de tous les dehors de ceste grosse tour des murailles d'Ennebont, située prez des Carmes, que le sr de Kerholin [3] prit, minant lesdits dehors, durant les guerres de Mr de Vendosme [4].

In opusculo Gorredeni [5] *monachi Kimperlegiensis ms.*, la charte *de Sancto Amando* [6], *inter dominum Rivallonum, noviter abbatem, et Soliman ibidem novum dominum Haenpunt. Et paulo supra : Guillermus filius Tanki* (Taneguy) *etc... apud castrum suum Henbunt.*

XVIII

Rivière de Blavet. — Ville de Blavet ou Port Louis et environs

De Entbont, vous descendez la rivière de Blavet qui, par terre, suivant ses rives, ou en bateau, vous conduit au Port Louis et à la mer pleine, au bout de 2 à 3 lieues.

1. Cette belle statue tumulaire est aujourd'hui conservée au Louvre, salle du moyen-âge no I, dite d'André Beauneveu, no 70bis. Elle est en bois, couvert de cuivre estampé, et a été exécutée à Limoges, au commencement du XIVe s. Sous les mains jointes de la duchesse, court une banderole, sur laquelle est gravée, en capitales gothiques, une légende se terminant par :... *vere si quod fuerit miserere.*

2. Erreur. *Vide supra*, p. 80, notes 8 et 9.

3. Jean Jegado, sr de Kerrolain (fils de Jean et de Suzanne Le Prestre de Lézonnet), gouverneur de Concarneau pour le roi, pendant la Ligue, et signalé par sa bravoure. Il épousa la dame de Kerlot, du nom de Trémillec, et en eût Pierre, qui fonda l'abbaye de Kerlot (en Plomelin), le 26 mars 1652. V. « Hist. de ce qui s'est passé en Bret., durant les guerres de la Ligue », par le chanoine Moreau, édit. 1857, pp. 28., 350, 356.

4. *Vide supra*, p. 58, note 9.

5. Gurheden, religieux de Ste-Croix de Quimperlé, et auteur du cartulaire de cette abbaye ; mort vers 1130. V. « Cartul. de Quimperlé », pp. 79, 80.

6. Loc-Amand, anc. par., et dep. 1790, vill. de la comm. de Fouesnant (Finist.). Cette charte est un accord, de 1164, entre Rivallon, abbé de Ste-Croix, et Soliman sr d'Hennebont, au sujet du prieuré de St-Michel-des-Montagnes et de l'Ile de Groix. Elle se trouvait sur le feuillet manquant au ms. que nous avons publié. Dom Le Duc (« Hist. de l'abb. de Quimperlé », édit. Le Men, pp. 220-222) la cite, d'après l'autre ms., aujourd'hui perdu, du même cartulaire. V. « Cartul. de Quimperlé », p. 270.

Comme vous arrivez, à une demi lieue prez, vous abordez, à la rive droite, la pointe de Codan [1], qui est terre d'une paroice ainsy nommée, et pointe assez large, s'estendant jusques à la rive gauche d'une autre rivière, un peu moindre que Blavet, et qui s'appelle Scor ou Score, *Scora*, vulgairement par les Bretons : Scorf [2], qui reçoit un ruisseau, Lec, venant de l'estang de Pont à Lec [3].

La rivière de Scorf vient de Guiménay [4], principauté des cadets de Rohan, au dessous duquel lieu, elle passe à Tronscorf, lieu ainsy dit du mot breton *tron*, qui est *thrône*, *siège* [5], et de là s'en vient à Pont Score [6], ainsy dit à cause du pont et passage qui là est, sur ceste rivière. Puis vient au chasteau du prince de Guimenay, appellé Trifaven [7], qui est sur la droite de ladite rivière, et aussy tost arrive à la susdite pointe de Codan (*sinus Codanus* [8], *in mari suevico germanico*), au dessous de laquelle immédiatement, elle rencontre et se mesle avec la rivière de Blavet où elle se perd, comme en un plus grand fleuve et plus que double d'elle.

En cest endroit, la rivière de Blavet, entrant entre la pointe susdite de Codan, où est celle de Begremene [9] ou de la Pierre, à la rive droite, et celle de Kersablé [10], à la gauche, n'a que cent pas ou peu plus, de largeur, et, de profondeur, 1, 2 et 3 braces au plus, en basse eau, et est douce et facile ; mais elle devient, par la rencontre du Score, forte et souslevante, de profondeur de 4, 5 et 6 braces, et de largeur de demi lieue et peut estre plus.

Là, à sa rive droite (qui seroit de Score, si ceste rivière avoit encor du nom), elle a le marais de Faoedy, puis la terre et pointe et la manche, avec le moulin de Faoedy [11] (qui est à M. de Kerholin cy aprez) ; ayant à sa gauche, depuis la pointe de Begremene ou de la Pierre, celle de Kerverne [12] ou de Kersablé, et puis celle de Lesenal [13], vis à vis de laquelle, à l'autre costé qui est la droite, commence la terre de Plemur [14] ; et en icelle le Bec de Groais [15], qui est une pointe de terre qui avance si fort en mer qu'entre elle et celle de Lesenal, la mer n'a pas la moitié de largeur et que le tiers de ce qu'elle avoit auparavant, c'est à dire environ 3 à 4 cens pas communs, au lieu qu'elle en a plus ault plus de mille ; et se réduit aussy à la profondeur de 1 brace.

1. Caudan, comm. du cant. de Pontscorff, arr. de Lorient.
2. Le Scorff, qui naît en la comm. de Lescoët, et traverse l'étang du Dourdu, en Langoëlan. V. « Hist. de Bret. », I, p. 29.
3. Lire : du Pontcallec, auprès du château de ce nom, en la paroisse de Berné, auj. comm. du cant. du Faouët, arr. de Pontivy. V. Cartul. du Morbihan, n° 638 (Revue histor. de l'Ouest, mai 1897).
4. Guémené-sur-Scorff, ch.-l. de cant., arr. de Pontivy.
5. Erreur : le manoir de Tronscorff est au-dessus de Guémené, vers Langoëlan. L'étymologie de notre auteur est fausse. *Tronscorff*, au XVe s. : *Tnouscorff*, composé de *tnou*, *bas-fond*, *vallée*, et de *Scorff*, signifie : *vallée du Scorff*. V. « Chrestom. Bret. », I, p. 233, note 9.
6. Pontscorff, ch.-l. de cant., arr. de Lorient.
7. Tréfaven, jadis Treisfaven, château sur le Scorff, en Plœmeur, un peu au-dessus de Lorient ; rebâti en 1482, par Louis de Rohan-Guémené, et siège des seigries de la Roche-Moisan et fiefs de Léon. V. « Géogr. féod. de la Bret. », p. 110 ; — « Le château de Tréfaven ; extrait d'un mémoire de M. Le Bayon-Gérard », par M. Rosenzweig (Soc. polymath. du Morbihan, 1857) ; — « Le Faouëdic, Tréfaven, et Plœmeur, en 1666 », par M. Jégou (*Ibid.*, 1868, 1869).
8. C'est la mer Baltique.
9. Beg-ar-Men, à l'extrémité de la pointe qui sépare l'embouchure du Blavet de celle du Scorff.
10. Kersabiec, village en face de Beg-ar-Men, de l'autre côté du Blavet.
11. Ce lieu, dont il faut lire le nom : Faouëdic, ne se retrouve plus sur la carte d'état-major n° 88, et est occupé par l'emplacement de la ville de Lorient. V. « La fondation de Lorient : Le Faouëdic, Tréfaven et Plœmeur en 1666 », par M. Jégou (Soc. polymath du Morbihan, 1868, 1869, 1870).
12. Kervern, gros village au-dessus de Kersabiec.
13. Aujourd'hui : de Lezenel.
14. Plœmeur, comm. des cant. et arr. de Lorient.
15. C'est la pointe à l'entrée de laquelle est situé le village de Kergroise.

Mais aussy tost, arrivant à l'isle St Michel, elle prend 6, 8 et jusques à 10 braces de fond.

Ceste isle St Michel est grandette et environ de la grandeur du Fort Louis ou un petit plus, de forme ovale pointue. Il y a force mazures de bastimens de pierre, et force brossailles et buissons. Il y a du lapin, et vers le gros bout mousse de ladite isle, est un puits d'eau douce. Au lieu d'icelle le plus élevé, est une chapelle de St Michel, siège d'un prieuré apartenant aus PP. de l'Oratoire de de Nantes, et de très bon revenu, dit le prieuré des Montagnes[1], dont doit dépendre ceste pointe de terre opposite, dite le Bec de Groais, parce que l'isle maisme de Groais[2], à 2 lieues de là, en dépend.

Dans ceste isle St Michel, que tient à ferme, à 2 escus de rente par an, le s^r de Chappeau, enseigne du Fort Louis, il y a force lapins.

Au reste, elle est bien plus proche de terre, du costé de ce Bec de Groais, qui est à la main droite, qu'elle n'est pas du costé gauche, où la mer avance en terre comme une petite et courte baye, au dessous de laquelle est situé le monastère de Ste Catherine, de Cordeliers[3] de la petite manche ou réformés, qui s'en vont bientôt passer en Recollets, comme ont déja fait les Cordeliers de Pontivi, de la fondation de Rohan, et sont aprez de faire tous les autres Cordeliers de Bretagne, afin de n'avoir avec lesdits Récollets qu'un seul provincial et général[4]. Ce monastere est pauvre et a esté spolié plusieurs fois, et, en l'an 1638[5], par la flote de Soubize. L'air y est bon, et sont une 20^aine de religieux qui s'y portent bien.

Es ornemens de leur église qui est petite, sont les armes de Rohan Guimenay, fondateur du monastère, comme elles sont en Armor[6] et en l'isle de Groais : *équartelées au 1er et 4e de Navarre et de Bourbon, et au 2e et 3e de Rohan, et sur le tout, de Milan*[7].

Au maistre vitrail, elles sont *équartelées d'Evreux et de Navarre, coupées de Rohan, le tout parti*

1. L'île St-Michel était dite jadis de *Tanguethen*, et le prieuré de St-Michel des Montagnes y fut fondé en 1037, par Huélin s^r d'Hennebont, en faveur de l'abbaye de Quimperlé. Celle-ci le céda à l'Oratoire de Nantes, en 1613. V. « Cartul de Quimperlé », pp. 111, 173 ; — « Hist. de l'abb. de Quimperlé », par D. Le Duc, édit. Le Men, pp. 71, 449 ; — « L'île de St-Michel », par M. Jégou (Soc. polymath. du Morbihan, 1866, 1867).

2. L'île de Groix forme auj. une comm. du cant. de Port-Louis, arr. de Lorient. L'ancienne forme de ce nom est *Groe*, *insula Groia*. V. « Cartul. de Quimperlé », pp. 6, 8, 112, 174.

3. Fondé en 1446, par Louis de Rohan s^r de Guémené et Louise de Rieux, son épouse.

4. Cette réforme, décidee au conseil provincial de Touraine, tenu le 1er juillet 1636, par le Père de Marigny, ne pût réussir partout en Bretagne, à cause des oppositions qu'on lui suscita. A Césambre, on remplaça bien les Cordeliers par des Récollets, et il semble qu'il en fut de même à Ste-Catherine ; car dans le « Pouillé de Vannes » de M. l'abbé Luco, p. 698, nous lisons que « le couvent des Récollets, fondé dans l'île Sainte-Catherine, en 1446, fut « transféré au Port-Louis, en 1656 » ; et à l'article *Port-Louis*, Ogée mentionne aussi le couvent des Récollets. Mais à Rennes, on essaya en vain d'en faire autant, et après plusieurs péripéties, désordres et procès, qui durèrent de 1636 à 1647, les Cordeliers y furent rétablis par l'autorité du Pape. V. « Pouillé histor. de Rennes », III, pp. 133, 145, 167 ; — « Dict. de Bret. » d'Ogée, 2e édit., II, pp. 598, 599 ; — « Récit véritable de ce qui s'est passé pour l'établissement de la réforme des religieux de St François de Rennes » (Rennes, J. Dinam, 1644), rare livret in-4°, de 4 pp., qui se trouve à la Biblioth. de Nantes, sous le n° 38.034.

5. Lire : 1625.

6. L'Armor, chapelle et village en Plœmeur, sur la côte, en face de Port-Louis.

7. Jean Ier de Rohan (fils d'Alain VII et de Jeanne de Rostrenen), mort en 1396, étant veuf de Jeanne de Léon, épousa, vers 1377, Jeanne, fille de Philippe III roi de Navarre et comte d'Évreux et de Jeanne de France, et en eut Charles, s^r de Guémené, mort en 1438. De ce dernier descendait Pierre qui, en 1570, fut premier prince de Guémené, avec les annexes de la Roche Moisan, Corlay, fiefs de Léon, Ile de Groix etc., et qui avait épousé Madeleine de Rieux. Quant à l'alliance de Milan, *vide supra*, p. 73, note 6.

de 5 besans d'or, 2, 1, 2, en champ d'azur, qui est Rieux, *coupé de vairé d'or et d'azur à 4 traits,* qui est Rochefort [1]. Ce sont les maismes armes que celles de Rieux, ès Cordeliers de St Brieu.

Là maisme sont celles d'Aradon aussy, *de sable à 7 macles d'argent, 3, 3, 1,* comme à Baust, entre Pontivi et le Fort Louis.

Ils ont belles pescheries, et tiennent à la terre ferme par un môle ou chaucée revestue de pierre, de 100 pas ou prez de long, et percée par un endroit recouvert en forme de pont, pour laisser passer la marée.

Passé ce monastère et suivant ceste coste, vous n'avez plus que le contour et arrondissement du port, sur le retour duquel arrondissement est située la ville, non murée ou bourg, jadis et de toute antiquité immémoriale appelé en langage breton : Loperran [2], c'est à dire : *vicus* ou *locus Petri ;* à cause de la chapelle (secours dépendant et fillette de la paroice de Rientek [3], à 3 lieues de là) qui y est dédiée à St Pierre, et qui a, sur sa porte et contre la muraille, les armes de Rome, *deux clefs passées en sautoir, les dents en dehors,* et ce date : 1553, qui est l'année, ce croy je, qu'elle fut bastie ainsy qu'elle est à présent. Elle est de pierre grisonne, couverte d'ardoise, de la sorte que sont basties toutes les autres maisons du bourg ; car ils ont la pierre chez eux et l'ardoise d'Anjou par Nantes, et de devers Chasteaulin ou bien de devers Rhedon.

A la teste de ceste ville, vers la terre, se veoit encor une tranchée avec un moulin à vent, que feirent les Espagnols quand, durant la Ligue et vers l'an 159..., Mr de Mercœur les y meit et logea [4].

Ce fut lors que ce lieu commença à estre appelé Blavet [5], à cause de la rivière qui y fait le port et qui s'appelle ainsy, comme nous dirons encor cy aprez.

Et va cestedite tranchée, embrassant et couvrant le bourg, où estoient logés les Espagnols, depuis le port et la rivière de Blavet jusques à la mer, de l'autre costé.

Ce bourg, on le désigne faire ville et clore bien, du costé de terre, et orner, du costé du port, d'un beau quay et d'un môle qui face un petit port à part, dans le grand. La carte de Bretagne par Tassin [6] a, en sa bordure, Blavet, le fort et la ville, en quelque sorte, selon que l'on la projette.

La péninsule, appelée Gavre [7], est séparée du bourg de Blavet par un bras de mer bien fort et courant, de cent pas de largeur ; là est le hameau avec la chapelle de St Gildas, siège d'un prieuré de bien 3 mil livres de rente, dépendant de l'abbaye de St Gildas ou Guédas [8], comme ils prononcent, en la péninsule de Ruy, entre Vennes et Morbihan.

1. Louis II de Rohan, s[r] de Guémené, baron de Lanvaux, épousa, en 1445, Louise de Rieux, fille de Jean, sire de Rochefort et de Jeanne de Rohan. Plus tard, Louis VI, s[r] de Guémené, épousa Eléonore de Rohan, comtesse de Rochefort, fille du s[r] de Gié.

2. *Vide supra*, p. 76, note 6.

3. Riantec, comm. du cant. de Port-Louis, arr. de Lorient.

4. En 1589. V. « Hist. de ce qui s'est passé en Bret., durant les guerres de la Ligue », par le chanoine Moreau, édit. 1857, pp. 115-118.

5. D'après le chanoine Moreau (*Ibid.*, p. 115), le nom de Blavet était déjà donné, avant cette date, au village de Locperan. *Vide supra*, p. 76, note 6.

6. Nicolas Tassin, né à Dijon, vivait encore en 1660. Géographe connu en son temps, il dessina beaucoup de cartes, parmi lesquelles, vers 1634, les « *Plans et profilz des principales villes de la province de Bretaigne*, avec la carte générale et les particulières de chascun gouvernement d'icelles », petit atlas, assez grossièrement gravé, contenant 28 cartes et plans. Il est aussi l'auteur des « Plans et profilz des principales villes » de la plupart des provinces de France, et de nombreuses autres cartes. Voir la liste de ses œuvres dans le « Dictionnaire historique » de Moréri, édit. de 1759, et dans la « Bibliothèque des auteurs de Bourgogne », par Papillon.

7. Gâvre, village dans la presqu'île de ce nom, en Riantec.

8. Abbaye de St-Gildas-de-Rhuys. Il en sera parlé au chapitre XXXV.

Le manoir dudit prieuré est une lieue de là [1], plus loin que Rientek une lieue et demie, tout au bout de ladite péninsule qui joint à terre ferme par un isthme de 150 ou 200 pas de largeur, un peu élevé et duquel on veoit, à l'Est, une autre péninsule très aulte et avancée en mer, vers Sud, appellée Quiberon [2].

Voilà 3 péninsules : Gavre la plus petite, Quiberon la plus élevée, Ruy la plus fertile et célèbre.

Au bout de l'isthme de Gavre, commence un estang d'eau douce qui est assez estroit, mais long d'une lieue et costoyant la mer, à 200 pas prez.

Ledit manoir est petit et possédé par le sr de Pontroger, gentilhomme normand d'auprez Granville, et neveu résignataire séculier du feu prieur, religieux de St Guédas de Ruy.

Mais de l'autre costé, qui est le costé droit et de l'Ouest, passé le Bec de Gouais, vous avez l'autre contour et arrondissement du port et la terre de Plemur (c'est à dire *plebs major, la grande paroice* [3]), assez basse et peu élevée, costoyant non seulement ledit port ou bacin d'iceluy, mais encor le canal ou chenal, comme ils parlent, jusques au village ou bourg d'Armor.

— L'Armor, en Surzur [4] (*unde Britannia Armorica* [5]) : il y a, à quart de lieue de Vennes, sur la rive gauche de la rivière, en descendant vers la mer, une gentilhommière, dite Armor [6]. En l'Armor de Plemur, il n'y a aucun vestige d'antiquité. En tout ce quartier là, les rivagers de la mer sont nommés *gens de l'Armor*, pour montrer que *Armor* est mot général pour toute la coste. Et ceux de la coste nomment ceux qui habitent vers Kimperlé, Pontscor et plus avant en terre, *gens de l'Arcouët* [7], c'est-à-dire des bois. A Vennes, on en use de maisme et, je croy, par toute la coste.

L'Armor [8] est situé sur le bord de la mer, en la terre et fief du prince de Guimené [9], et dépend, comme le Bec de Grohais, l'isle St Michel et le monastère de Ste Catherine, de Trifaven et Ault Pont Scor. Les armes du prince de Guimené y sont ès vitres de la chapelle, de mesme que j'ay dit qu'elles sont ès ornemens du monastère de Ste Catherine, secours ou fillette, c'est-à-dire chapelle dépendante de Plemur, *quasi Plemor, plebs seu paroecia ad mare* [10] (Il y a un Plemor du diocèse de Léon), comme Blavet ou Loperran l'est de Rientec [11].

L'Armor conserve un nom qui signifie, en breton, à ce qu'ils disent, la propriété de sa situation, c'est à dire *ad mare*, commune à beaucoup d'autres paroisses, et à toutes celles non seulement des deux costes de Bretagne, mais des deux costes des Gaules, et depuis les Pyrénées et l'Aquitaine

1. C'est-à-dire : de Blavet.

2. Ch.-l. de cant., arr. de Lorient. La presqu'île de ce nom, aujourd'hui absolument dénudée, était, au XIIIe s., couverte de forêts. V. « Cartul. de Quimperlé », p. 152.

3. De *ploe, plou, paroisse*, et *mur, grand*. Sur le *plou* breton, v. « Hist. de Bret. », I, p. 281 ; — « Chrestomathie Bret. », I, pp. 221, 225.

4. Comm. des cant. et arr. de Vannes. Nous ne trouvons point, en Surzur, de manoir s'appelant Larmor.

5. *Armor* signifie : *qui est près de la mer* ; de *ar, sur, auprès de*, et *mor, mer*. V. « Chrestomathie Bret. », I, pp. 188, 189, 221.

6. Le manoir de Larmor, à l'embouchure de la rivière de Vannes dans le Morbihan, et sur sa rive gauche, est dans la comm. de Vannes, ou peut-être dans celle de Séné.

7. De *ar, sur, auprès de*, et *coët, bois*. On a bien pû donner le nom d'Argoët à l'intérieur des terres, par opposition au bord de la mer ou Armor ; mais la grande baronnie de l'Argoët, dont le siège était au château de ce nom, aujourd'hui *tour d'Elven*, comprenait vingt paroisses, au Nord et à l'Ouest de Vannes, et s'étendait jusqu'au bord de la mer, dans cette dernière direction. V. « Géogr. féod. de la Bret. », pp. 111, 112 et carte féodale ; — « Seigneurie de Largoët, en Elven », par M. l'abbé Piéderrière (Soc. polymath. du Morbihan, 1867).

8. Larmor, en Plœmeur, était dans la seigneurie de la Roche-Moisan. V. « Géogr. féod. de la Bret. », p. 109.

9. *Vide supra*, pp. 75, note 6, et 83, note 7.

10. Erreur. *Vide supra*, note 3.

11. *Vide supra*, p. 76, note 6.

(*Aremorica ante dicta, Plinio teste* [1]) jusques à la coste de Flandres, ***extremosque hominum Morinos***, et peut estre jusques à la premiere bouche du Rhein, où les isles ***Arboricæ Strabonis, forte Armoricæ*** [2], qui sont de Zélande aujourd'huy, sont situées.

Fortunatus de Aquitanis :

« ***Gens inter geminos notissima clauditur amnes***
« ***Armoricana etc*** [3]... » —

Or ce canal ou chenal susdit est le cours de la rivière de Blavet, laquelle procède de 5 ou 6 sources, en un lieu appellé Blavet, selon la relation constante et asseurée de Mr de la Vigne Le Houx [4], beau père de Mr le président de Brie [5], et celle de quelques autres. Cela est en la paroice de Lanriven [6], et non loin par delà St Nicolas du Pellin, qui est un peu à costé [7].

La rivière arrive au moulin de Trosulon [8] (ou Tronsulon, *le trône de Sulon*), — ***Tresulon, derrière Sulon ; Trau Sulon, vallée de Sulon*** [9]. — qui appartient à Mr de la Vigne Le Houx, où elle reçoit, en sa rive gauche, la petite rivière de Sulon, qui vient de l'estang de Corlay [10], apartenant au prince de Guimenay. Les Bretons appellent le confluent de ces deux rivières, Blavet et Sulon : ***Coupl en dour, assemblage d'eaus*** [11].

Puis, un quart de lieue plus bas, Blavet arrose Goirec [12], villette ou bourg apartenant à Mr de Rohan, où il reçoit, en sa rive droite, une autre rivière, dite Orec [13], qui vient du costé de Rosternen, une lieue plus loin ; et ces deus rivières confluant enceignent la place de Goirec, forte de situation.

Puis Blavet poursuit, coulant aus moulins de l'abbaye de Bon Repos [14], de l'Ordre de St Bernard,

1. Pline, au livre de la Gaule Belgique (ch. XXXI, § 17 ; édit. Panckoucke, III, p. 251), s'exprime ainsi : « *Gallia .. appellata..., a Garumna ad Pyrenæi montis excursum, Aquitanica, Aremorica antea dicta* ». L'Armorique, au temps de César, comprenait 9 cités : *Namne'es, Veneti, Osismi, Curiosolitæ, Redones, Aulerci* ou *Abrincatui, Unelli, Esuvii* ou *Viducasses*, et *Caletes* : elle n'a jamais pû être confondue avec l'Aquitaine, située entre la mer, la Garonne et les Pyrénées. Toutefois les côtes de l'Aquitaine ont pû être appelées ***Armorique***, nom qui convient à tout lieu voisin de la mer. V. « Géographie de la Gaule rom. », par M. E. Desjardins, II, p. 704, et III, pp. 239 et 242 ; — et *supra*, p. 85, note 5.

2. Les Arboriques étaient les anciens habitants de la Zélande, prov. des Pays-Bas. Bécan, érudit flamand (1518-1572), dans ses « *Origines Antuerpianæ* », les place entre la Meuse et Anvers. Jamais, à notre connaissance, on ne les a confondus avec les Armoricains proprement dits.

3. Il nous a été impossible de retrouver ce vers, dans les œuvres de Fortunat. Dubuisson citait de mémoire et peu sûrement.

4. Lire : de la Vigne-le-Houlle.

5. François Loaisel, marquis de Brie, président à mortier en 1635, avait épousé, vers 1630, Mathurine de Baud, dont le père était seigneur de la Vigne-le-Houlle et d'Espinefort, en Languidic. *Vide supra*, p. 20, note 1.

6. Lanrivain, comm. du cant. de St-Nicolas-du-Pélem, arr. de Guingamp, C.-du-N.

7. Erreur : le Blavet prend sa source bien plus haut. Mais un affluent de ce fleuve traverse Lanrivain, et il y a, dans cette commune, un village nommé Traou-Blavet, sur la carte d'état-major nº 59. ***Vide supra***, p. 75, note 2.

8. Trozullon, village et moulin en Laniscat, non sur le Blavet, mais sur le Sulon, un peu au-dessus de son embouchure en Blavet. Dubuisson confond ces deux cours d'eau.

9. Fausse étymologie : ce mot vient de ***tro, à travers***, et ***Sulon***. V. « Chrestom. Bret. », I, p. 169.

10. Ce n'est point le Sulon qui sort de l'étang de Corlay ; mais bien son affluent, le Corlay.

11. Couplandour, village au-dessus de Goarec, précisément au confluent du Blavet et du Sulon. ***Dour*** signifie ***eau***, et l'étymologie de notre auteur paraît bonne.

12. *Vide supra*, p. 76, note 4.

13. La Lorette ou Doré, petit cours d'eau qui passe entre Rostrenen et Plouguernével, et se jette en Blavet, à Goarec.

14. L'abbaye de Bon Repos, en Laniscat, auj. en St-Gelvin, fut fondée, en 1184, par Alain III vicomte de Rohan et Constance de Bretagne, son épouse. V. « Anc. év. de Bret. », III, pp. 206, 209 ; VI, passim ; — « Gall. Christ. », XIV, col. 910.

où, justement au pont, se joint une autre riverette, dite de Dolas [1], à cause qu'elle vient de l'estang de Dolas, apartenant au prince de Guimenay.

De là, Blavet se rend à Pontivi et à St Nicolas de Blavet [2], et plus bas, reçoit la rivière de Plumelio [3], et puis vient à recevoir, en la rive droite, la rivière de Sars [4] qui, venant de devers Isiliac [5], passe au dessous de Siglien [6] et de Guern [7], vient à Meslerent [8] et, un peu au dessous de la chapelle St Rivalan [9], entre en Blavet, une lieue au dessus de Pont Augan [10].

De Pont Augan, sous lequel Blavet reçoit la rivière d'Evel, venant de Baust, comme nous avons dit, vient à Lo Christ, où il y a pont aussy, à arcades de pierre ; puis à Ennebont, où il y a piles de pierre, couvertes de bois, et jusques où vont les vaisseaux à voiles de 3 et 4 cens tonneaux, ayant, à la plus basse eau, dix piés ou deux braces [11] de profondeur ; et la marée passe encor un quart de lieue outre, jusques à l'abbaye de la Joye, de filles Bernardines.

De là, elle vient à la pointe de Codan, où elle reçoit la rivière de Scorf, en sa rive droite, et s'eslargissant presque de demi lieue, comme une baye ronde, se restrecit plus de la moitié, entre les pointes de Lesenal et du Bec de Grouais ; puis s'eslargit un peu, et passe entre l'isle St Michel, ou prieuré des Montagnes, et le monastère de Ste Catherine. Au dessous, Blavet fait ce grand bacin quasi rond que l'on appelle Port Louis où, en basse eau, la mer pourtant tousjours meslée, Blavet a tousjours 6 et 7 braces de profondeur, et fait ce beau port, capable de 4 ou 5 cens vaisseaux de toutes grandeurs, tousjours à nage et à flot, que l'on appelloit anciennement port de Loperran, puis de Blavet, à cause de la rivière qui le fait, puis enfin, depuis 20 ans, Port Louis, gisant Nord et Sud, et dont le canal ou, comme ils parlent, le chenal, c'est à dire le col ou destroit par lequel il se joint à pleine mer, gist Nord Est et Sud Ouest.

Ce chenal passe entre la terre de l'Armor et le Fort Louis, et descouvre, ès marées ordinaires, 2 rochers : le premier, dit le Pourceau, et l'autre, en pleine mer, dit la Jument, auquel, en l'an 1628 [12], on attacha un cable respondant et arresté, de l'autre bout, à la pointe du prochain bastion, qui est *l'irrégulier* du fort, et lequel on veut rendre régulier, en avançant sa pointe et son flanc hors du fort, vers la mer, autant que l'opposite bastion, appellé *le camus*, a la sienne avancée.

Depuis ledit rocher de la Jument jusques à la terre d'Armor, il y a environ autant comme il y a

1. Ruisseau de Doulas.
2. Gros village en Pluméliau.
3. Pluméliau, comm. du cant. de Baud, arr. de Pontivy.
4. Le Sar. V. « Hist. de Bret. », I, p. 28.
5. Silfiac, comm. du cant. de Cléguérec, arr. de Pontivy. Le Sary a une de ses sources; l'autre est en Langoëlan.
6. Séglien, comm. du cant. de Cléguérec.
7. Guern, comm. des cant. et arr. de Pontivy.
8. Melrand, comm. du cant. de Baud.
9. Chapelle et village de St-Rivalain, en Merland.
10. *Vide supra*, p. 78, note 6.
11. La longueur de la brasse semble avoir subi des variations, selon les temps et les pays. D'après le « Dictionnaire de marine » d'Aubin (Amsterdam, 1702), elle était, à cette époque, de six pieds. Actuellement, d'après le « Glossaire nautique » de Jal, elle est de cinq pieds, ou 1m,62.
12. Ce fut en 1625, alors que Benjamin de Rohan, sr de Soubise, général des protestants en Poitou, Bretagne et Anjou, attaqua Port-Louis et prit la ville le 18 janvier; mais échoua contre la citadelle secourue à temps. Il se retira peu après le 4 février. V. « Récit véritable de ce qui s'est passé à Blavet, maintenant dit le Port-Louys, entre Mr le duc de Vendosme et le sieur de Soubize, avec la sortie dudit sr de Soubize hors de Blavet, et sa retraite sur la mer. A Paris, chez Jean Martin, rue de la Vieille Boucleric, à l'Escu de Bretagne. MDCXXV », rare livret in-4°, de 16 pp., réimprimé à Nantes, chez V. Forest et E. Grimaud, en 1881, p. 10.

dudit rocher au fort, c'est à scavoir 120 toises [1] ; mais l'eau y [2] est seulement d'une demie brace de profondeur, et les petites chaloupes y frotent de leur carène le roc qui fait le fond, si ce n'est ès bien grandes marées, que les bateaus et navires y peuvent passer. De sorte que du fort à la terre d'Armor, il y aurait 240 toises, qui est une double portée de mousquet. Ainsy du rocher la Jument au fort, il y a une juste portée de mousquet.

Sur ce rocher, on propose de bastir une redoute ou tour pour faire le guet, et où sera attachée une chaisne, dont l'autre bout sera à la pointe du bastion susdit, qui est le plus prochain.

Le canal du rocher la Jument au fort a de profondeur, à basse eau, 14 braces.

XIX

Le Fort Louis

Le fort qui commande sur ce canal estoit autrefois appellé le fort de Blavet [3]. Aprez la mort du feu roy, qui fut en 1610, ès premiers remuments, sous la régence de la royne mère, M. de Vendosme, qui estoit gouverneur de Bretagne [4], s'empara de ceste pointe de Blavet, où il se fortifia de gazon.

Le roy y envoya un capitaine au régiment des gardes, le s[r] de la Sale, et puis des Suisses, et fut la fortification démolie. Mais, en l'an 1615, le maréchal de Brissac, lieutenant général du roy en Bretagne, acheta par le prix de 8 cens escus, du marquis de Marigny [5], cadet de Mr de Monbazon [6] et de la maison de Rohan, le sol ou terrain de ladite pointe à luy apartenant (et non celuy de devant et de la ville [7], qui apartient au roy en partie, et en partie à divers particuliers), contenant, selon les mesures du plan que nous en avons, environ 7 mil toises, qui sont 54 mil piés quarrés (Réduits en perches de 20 piés, à la mode de Paris, sont 2 mille 7 cents perches ou 27 arpens), en comprenant les fossés et rochers des dehors du fort, jusques où vont les pointes des bastions de devant et

1. La toise est de 6 pieds, et le pied vaut 0[m],32473.

2. De la Jument à la terre d'Armor.

3. V. « Plans et profilz des principales villes de la province de Bretaigne » par Tassin, et comparer avec la description qui va suivre, celle du même fort, au XVIIIe s., donnée par le « Dict. de Bret. » d'Ogée, 2e édit., I, p. 497 ; — « Hist. de ce qui s'est passé en Bret., durant la Ligue », par le chanoine Moreau, édit. 1857 : pp. 115-118, sur le siège de Blavet, en 1589 ; 372, sur la démolition du fort, en 1597.

4. *Vide supra*, p. 58, note 9.

5. Alexandre de Rohan, marquis de Marigny, chev[r] des Ordres du roi en 1619, qui épousa, en 1624, Lucette Tarneau, et mourut sans enfant. Il était le 4e fils de Louis VI de Rohan, prince de Guémené et baron de Marigny, et d'Eléonore de Rohan. Louis Ier de Rohan, s[r] de Guémené, Gié etc., qui mourut le 15 décembre 1457, avait épousé, le 24 avril 1443, Marie de Montauban, dame de Landal, Romilly et Marigny. V. La Chesnaye-Desbois, XII, p. 263 ; — et *supra*, p. 25, note 2.

6. Montbazon, auj. ch.-l. de cant., arr. de Tours, est un bourg à trois lieues de cette ville, sur l'Indre ; duché en 1540, pairie en 1558. Jeanne, héritière de Renaud de Montbazon, l'apporta, en 1374, à Guillaume de Craon, s[r] de Marillac, dont la fille, Marguerite, épousa Guy de la Rochefoucaud. La petite-fille de ces derniers fut mère de Renée du Fou qui épousa, en 1492, Louis III de Rohan, amiral de Bretagne, s[r] de Guémené et, par elle, de Montbazon. Les Rohan-Guémené descendaient de Charles, mort en 1438, fils de Jean Ier de Rohan et de sa seconde femme, Jeanne de Navarre.

7. V. « Loi relative à l'érection d'une paroisse, en la ville du Port-Louis, du 1er juillet 1792 » (Bibl. de Nantes, n° 11.380).

jusques où peuvent aller celles des trois bastions de derrière, si on les produit ; et aussy tout le terrain et roc compris entre iceux bastions, vis à vis des courtines, jusques à l'eau tant de la grande mer que du port, quand elle est basse.

Car de la pointe de l'un des deux bastions de devant, dits *premier et dernier bastions de Groais*, à la pointe de l'autre, il y a 80 toises de mesure. Puis du bout ou contrescarpe du fossé, qui est le commencement du pont (lequel pont est de 50 pas, qui est la largeur du fossé que la marée venant remplit), jusques au fin bout ou pointe du dernier bastion, toute la longueur de la place est de 115 toises.

Multipliant, à ceste heure, 115 toises par 80, je trouve 9.200 toises qui, chacune pour 6 piés de mesure, font, multipliées par 6, 55.200 piés qui, réduits à perches de 20 piés, font 2.760 perches dont les 100 valent un arpent ; et partant les 2.760 valent 27 arpens 3/5.

Et ce, supposé qu'il y eut autant de terrain de largeur sur la fin du fort et au milieu et partout, comme il y en a au commencement, entre les pointes des deux premiers bastions.

Mais comme les pointes des bastions ont esté gaignées sur la mer, et que le derrière du fort est beaucoup plus estroit que le devant, aussy s'en faut il beaucoup que ceste somme ne se trouve, en le mesurant précisément. Car, à faire le circuit entier pas à pas, on tient constamment qu'il y a 14 cens pas (je n'en trouve que 13 cens à moy, dont les 2 valent un pas de 5 piés de mesure) de tour, à conter tous les flancs et pans et oreillons des bastions.

Or les deux premiers et plus grands bastions, par dedans, ont d'oreillons et ensemble de pan ou face, 70 pas, de flanc, 16. Leur courtine, tant entre eux deux que de chacun d'eux aus autres bastions plus avant dans le fort, est de 75 pas.

L'un d'eux, qui est à droite, en entrant dans la place, s'appelle *le dernier de Groais* ou *bastion du havre;* l'autre opposite, qui est à gauche, est *le bastion de Groais*, pour ce qu'il regarde ceste isle.

De ce costé, qui est de pleine mer, est un bastion suivant, plus petit et néanmoins à oreillons, dit *le bastion des chambres*, pour ce que du logement désigné en quarré, au milieu du fort, pour les soldats, il n'y en a que le corps de logis occidental achevé, où logent les soldats qui y ont leurs chambres. Dans ce bastion est la poterne ou porte secrette de secours.

Et vis à vis et de l'autre costé, qui est vers le havre, est un bastion tout semblable et égal, dit *le bastion de la brèche*, pour autant que là, il y avoit une brèche et ouverture en la muraille, quand Soubize y vint, pensant le prendre, en l'an 1627 ou 1628 [1].

De ce costé du havre, suit un troisième bastion qui est sans oreillons et, pour ce, appelé *le camus*, beaucoup plus petit, et vis à vis duquel la place d'un semblable, qui est le troisième du costé de pleine mer, est apparente ; mais le bastion est irrégulier et a son flanc rentrant dans la place, au lieu que, comme son opposite et tous les autres, il devrait l'avoir en dehors, pour défendre.

Voilà trois bastions d'un costé, trois de l'autre, qui font six.

Le septième est au fin bout et derrière de la place, appelé *le grand bastion*, par abus, attendu qu'il n'a, en oreillons et en face, que 40 pas, au lieu que chacun des deux bastions de devant en a, comme j'ay dit, 70.

Mais, pour venir au plan de la place et juger ce qu'il contient de terrain, en dedans et entre les

1. En 1625. *Vide supra*, p. 87, note 12.

époisseurs des murailles, de courtine à courtine et non pas de pointe de bastion à pointe de bastion, il a de largeur 110 pas ou démarches, et presque le double, ou viron 220 pas de longueur. Ce sont 55 et 100 pas géométriques de largeur et longueur, lesquels multipliés font 5.500 piés de mesure, qui, divisés par 20, rendent 1.375 perches, qui font 13 arpens et 3/4, pour le terrain et plan du fort, sans comprendre le fossé ni les corps des bastions dans ce terrain qui, à ce compte, fut acheptė au prix de presque deux cens francs l'arpent.

Il y a, tout à l'entrée et sur le bord intérieur du fossé et du pont, un portail logeable où est la chambre de l'enseigne, Mr de Chapeau, du nom de Vert[1], Angevin, qui porte en ses armes: *échiqueté d'argent et de gueules.*

Passé le portail, vous trouvez une rue ou espace vuide de toute la largeur de la place, puis un corps de logis continu par toute ceste largeur du fort, ayant par le milieu une ouverture et passage avec un corps de garde; au bout occidental, le logement de Mr le duc de Brissac[2] (François de Cossé, duc de Brissac, porte: *de sable à trois fasces dentelées par bas à feuilles de scie d'or*), propriétaire de la place et gouverneur d'icelle, avec des offices sous terre ; et au bout oriental, celuy de Mr de Kerholin[3], capitaine du fort ou lieutenant de Mr le duc de Brissac, du nom de Jegado, vieil gentilhomme d'au dessus d'Ennebount, qui porte : *d'argent au lion rampant de gueules, tenant de sa main ou pate droite un cornet ou huchet de sable, pendu de mesme.* La chapelle du fort est là.

Il a, pour son sous lieutenant, le sieur de Mellay[4].

Au devant de tout ce corps de logis, est une belle rüe (comme il y en a une par derrière, entre luy et le portail), entre luy et le logement des soldats, désigné en quarré à 4 faces, chacune ayant son ouverture et passage selon les 4 parties du monde. Mais il n'y a que la face occidentale qui soit achevée, avec son passage en arcade droit au milieu. Les deux faces septentrionale et australe sont a demi faites et avancées jusques à leurs ouvertures et passages qui doivent estre en leur milieu. Il n'y a rien de la face orientale.

Tout le bastiment, à 4 faces, enclorra une court ou place d'armes quarrée, de 60 pas communs environ par dedans, où sera le rendez-vous, en cas d'alarme, et où l'on pourra faire les reveues et monstres de la garnison. A présent, il y a un grand creux, taillé dans le roc, cavé en forme de cisterne ou plustost de mare, où l'eau de pluie se réserve pour les lavanderies du fort, en cas de besoin.

Plus outre que ceste place, vers le bout du fort, seront les magazins, dont il n'y a encor rien.

En cest endroit, depuis 3 ans, on a fouy et trouvé un puits d'eau douce, qui est passablement bonne, comme est celle de la fontaine, au milieu de la grande place d'armes, située entre le fort et la ville, et entre la pleine mer et le havre, capable de 5 ou 6 mille hommes en bataille, et ayant une fontaine et un abbreuvoir d'eau douce, entre deux mers ; tout de maisme que, dans la ville ou bourg, tout au bout, il y a aussy une fontaine d'eau douce.

Mais en ceste grande place d'armes, au devant du fort, il y a, tout au bout, joignant la ville, du

1. Le Chapeau est un hameau et moulin sur le ruisseau d'Avort, comm. de Gennes, M.-et-L., et ancienne maison noble d'abord aux Boucineau ; puis, en 1611, y meurt Mlle de Vert, dame de l'Anjouère. Elle fut possédée par la famille de Vert jusqu'en 1790. L'Anjouère est dans la comm. de la Pouèze, et appartenait à René de Ver, en 1539. Ver est un fief, cité en 1539, dans la comm. des Ponts-de-Cé. V. « Dict. de M.-et-L. » par M. Célestin Port.

2. *Vide supra*, p. 17, note 6.

3. *Vide supra*, p. 81, note 3.

4. Probablement Mélay, comm. du cant. de Chemillé, arr. de Cholet, M.-et-L. Ce fief appartint jusqu'au XVIe s. à une famille de ce nom, encore nombreuse au XVIIIe.

costé du havre, une teste et éminence de terre meslée de roc, qui est en un lieu élevé, sur lequel, plantant du canon, on peut, à la portée qui n'est que de trois cens pas de mesure, battre le bastion de devant du costé du havre.

Tout de mesme qu'en l'autre costé opposite de ladite place d'armes, et au bord de la pleine mer, il y a un rocher à demi couvert en aulte marée, et tout sec et tenant à terre, en basse eau, sur lequel du canon planté, à moins que de portée, foudroiera le bastion de Groais et battra en courtine, entre luy et le bastion du havre, droit dans la porte et entrée du fort.

Pour à quoy remédier, il faut ruiner, destruire et consommer tant que l'on pourra, et ledit rocher, d'un costé, et ladite teste ou éminence, de l'autre.

Et cependant, parceque cela ne se peut faire qu'à longues années, on a desseigné une fortification, en dehors du fort, qui couvrira la porte et courtine, entre les deux grands bastions de devant, et commandera sur ledit rocher.

Ceste pièce détachée est un éperon ou triangle æquilatéral, au plus prez, ayant la base, ou costé du long du fossé du fort, un peu plus long et courbé ou anguleux, où il joint au pont et donne communication au fort, comme si c'estoient deux costés ou lignes droites, jointes en cest endroit, en angle si obtus qu'il ne paroist pas angle. Ce costé un peu courbe a bien 80 pas communs, ou 200 piés de mesure et plus, de longueur de muraille. Les deux autres costés, qui sont égaux entre eux, n'en ont guère moins, à scavoir 33 toises, ou 198 piés de mesure.

L'époisseur de la muraille est de 22 piés au fondement, à la couronne et sommité sera de 14 ; et aura 40 piés du fondement au sommet. Sur le milieu, elle sera de 18 piés d'époisseur, et plus ault et plus bas, à proportion. Le dedans sera rempli de terrein, et cela sera un peu plus bas que les terreins des bastions et rempars du devant du fort, qui y commanderont.

Le fossé de ceste pièce ne sera non du tout si large que celuy du fort, qui est prez de 50 pas, valans 120 piés ; et je le fais de 120 piés ou prez, qui sont 20 toises.

Cestui cy en pourra avoir 15. Il s'y trouve, en le creusant, force sources et veines d'eau douce.

La contrescarpe est revestüe de pierre, pour servir d'attente à estre un jour élevée en muraille soustenant un terrein, revestu encor en dehors et de son autre costé vers l'ennemy, d'une semblable muraille, le tout d'époisseur de 10 toises, couvrant et conduit par devant l'éperon ou pièce détachée déjà faite et les deux bastions maisme du devant du fort, pour les garantir des bateries de la teste de terre de la ville, et du rocher de la pleine mer, cy devant[1].

Garnison. — Au reste, il y a dans le fort bonne garnison et de bons hommes. Le gouverneur, qui est propriétaire du fonds, est M[r] le duc de Brissac[2]; le capitaine, en son absence, ou lieutenant, le s[r] de Kerholin Jegado ; le sous-lieutenant, le s[r] de Mellay ; l'enseigne, le s[r] de Chapeau de Ver[3].

1. Cet éperon ou pièce détachée, couvrant le fort du côté de la ville, n'a jamais existé qu'à l'état de projet. L'on a préféré enclore la ville elle-même d'une bonne fortification, travail commencé en 1652, par le maréchal de la Meilleraye, gouverneur de Port-Louis, et terminé vers 1655, par le duc de Mazarin, son successeur. V. « Dict. de Bret. » d'Ogée, 2e édit., I, p. 496. — « Le fort de Blavet ou du Port-Louis », plan ms. du 9 juillet 1705 (Bibl. de Nantes, n° 49.439).

2. V. p. 17, note 6. On lit dans les intéressants « Mémoires du sieur de Pontis » (Paris, 1678, I, pp. 314 et suiv.), que, quelques années auparavant, peu après la prise de Montpellier, en 1622, « Monsieur Arnaud, mestre-de-camp du régiment de Champagne », tacticien très-célèbre en son temps, était gouverneur du Fort-Louis. Ces mémoires ont été réédités à Amsterdam, en 1694, et à Paris, en 1715 (2 vol. in-12).

3. *Vide supra*, page précédente.

Le gouverneur a de traitement, par an qui n'a que dix mois, la monstre n'estant que de 35 en 35 jours :...... et deux cens escus de libéralités à distribuer.

Le capitaine lieutenant a 106 livres et la place ou paye d'un lancepessade, de 15 livres.

Le sous lieutenant a 56 livres et la paye d'un appointé, de 14 livres.

L'enseigne, 36 livres et la place ou paye d'un soldat, de 12 livres.

Ainsy le soldat a 12 livres, l'appointé 14, le lancepessade 15, le caporal 18, le sergent 25 livres.

Il n'y a qu'une seule compagnie de 200 hommes, dont il y eut recreüe de 30 hommes, au mois d'octobre 1636, conduite par un nommé La Rosée, sergent, venant du pays du Maine.

Outre ce, il y a 2 canonniers, payés à 12 mois par an, et à 30 livres par mois, qui sont 360 livres par an.

XX

L'isle de Groais ou Groys

— Groe, *in vita S*ᵗⁱ *Gurthierni* [1] *(Vide Monimenta Britonica)*. Il y a en Loire, au dessous de Nantes, une isle dite Belle Isle, située entre Perauges [2] et le village de Rohar [3], dont une partie s'appelle les Groys [4]. Apartient aus Jacobins de Nantes *(Albert Le Grand : SS. de Bret. ; catal. des év. de Nantes, 1516)* [5]. —

A la veüe opposite du Fort Louis et à 2 lieues de distance, est l'isle de Groais, *Groya insula, in ms. monasterii Kimperlegiensis* [6].

On s'embarque dans le Port Louis, dont on passe le canal, et range-t-on le rivage de l'Armor, laissé à main droite ; et puis, par le petit ou par le grand chenal de pleine mer, a costé du rocher dit l'Errant, vous abordez à un très petit port, au Nord de l'isle, dit le Port Tudi [7], où les petites chaloupes, capables du port de 20 hommes, peuvent aborder aveques la marée.

Du reste, l'isle est importueuse [8], hormis à l'autre costé opposite ou du Sud, comme nous dirons.

1. Saint Gurthiern, patron de Quimperlé, vivait à la fin du VIᵉ s. V. « Cartul. de Quimperlé », pp. 3-14 ; — « La légende de Sᵗ Gurthiern », par le vᵗᵉ de la Villemarqué (1880).
2. Aujourd'hui : tour-signal de Pierre Rouge, fanal dans la Loire, en face du bourg de Lavau. Au moyen-âge, on disait *Pierre Ange* ; c'était la limite des concessions de pêcheries dans la basse Loire. Depuis Ingrande jusqu'à l'embouchure de la Loire, il y avait quatre *pierres* dans le fleuve : Pierre Ingrande, Pierre Percée, Pierre Nantaise, Pierre Auge.
3. Rohars est un village sur le bord de la Loire, en la *comm.* de Bouée, près Savenay.
4. Les Groix étaient l'extension de Belle-Ile-en-Loire, en face de Frossay, et probablement ce qu'on appelle aujourd'hui : *la Maréchale*.
5. V. « Donation de l'île de Groye en Loire, entre Pierre Auge et Rohart, par le duc Jean V, à Jean Babouin, son valet de chambre, en 1426 » ; — « Donation de ladite île, par François Lespervier, sᵍʳ de la Bouvardière et de Briord, aux Dominicains de Nantes, en 1516 » (Archives de la Loire-Inf., H. 302, liasse ; et « Vie des SS. de Bretagne », par Albert Le Grand, édit. 1636, p. 433).
6. *Vide supra*, p. 83, note 2.
7. Aujourd'hui : Port-Tudy.
8. *Id est :* sans port. V. « Notice sur l'île de Groix, » par M. A. Gehin de Verusmor (Paris, 1838).

L'isle à 1 lieue grande de longueur, et demi lieue de largeur. Il y a force fontaines et ruisseaus d'eau douce, et deux grands trous ou cavernes, appellés l'un le grand, l'autre le petit Enfer.

Force croisiers, qu'ils appellent *bisets*, et pigeons sauvages nichent dans les rochers, et force *pyrrhocoraces* ou chouettes noires, à bec et piés rouges, qu'en françois ils disent estre dites *cigales*. Point de perdris : on y en a porté qui n'ont point subsisté.

La terre est labourable et fertile en blay, non en vin. Il y a, par cy par là, quelque lande et des arbres, mais rares et battus du costé des vens, comme s'ils estoient tondus exprez. Il y a néanmoins force lauriers.

Il y a force rochers dorés, quasi comme pyrites, et force autres pierres froides, belles comme marbre poli blanc.

Ils se chaufent de chaume, et, pour la pluspart, de bousée de vache, qu'ils font sécher, ainsy qu'en Armor et par ceste coste, plaquée contre des murailles exposées au soleil. Le feu en est puant. Ils ont peu de bestail.

L'air y est rude, mais fort sain. Les femmes, fort laides et à grandes tétaces pendantes. Ils se portent bien et vivent 80 ans, hommes et femmes.

Ils parlent breton naturel ; mais des hommes qui hantent terre ferme, il y en a qui parlent françois.

Il y a quelques gentilhommières, apartenantes à des gentilhommes de terre ferme, qui y ont leurs fiefs.

Ainsy l'isle est à plusieurs seigneurs dont le dominant ou supérieur est le prince de Guimené[1] (*Gui mane, mons Guidonis*[2]), de la maison de Rohan. Ceste isle, et tout ce qu'il y a en terre ferme au prince de Guimené, va plaider devant le séneschal de Pont-Score[3], en la Aulte Ville qui luy apartient.

La maison de Rohan seigneurioit le Fort Louis, vendu par le marquis de Marigny à Mr de Brissac, et seigneurie encor l'Armor, Trifaven, sur la rivière de Scor, et le Ault Pont Scor, maisme Bec de Groais et l'isle de St Michel, dans le Port Louis, vis à vis du monastère franciscain de Ste Katherine, aumosné aus Cordeliers par les princes de Guimené.

Dans ceste isle de St Michel, est le prieuré des Montagnes, apartenant aus PP. de l'Oratoire de Nantes, duquel, comme recteur primitif, dépend la cure ou vicariat perpétuel de Groais, dont est pourveu un grand veillard nommé Dom Charles, que ceux de terre appellent : *le Pape de Groais*. Cela vaut environ 300 livres de rente.

C'est diocèse de Vennes, et n'y a qu'une seule paroice, qui est St Tudi ou Tudini, *Stus Tugdinus*[4], au costé septentrional de l'isle, avec un petit bourg du mesme nom, qu'il communique au port ou abord de ce costé là.

1. *Vide supra*, pp. 75, note 6, et 83, note 7.

2. Fausse étymologie : *guémené*, en breton : *Kemenet*, est un nom commun indiquant une division territoriale ou son siège. On disait : *le Kémenet-Heboë*, *le Kémenet-Guégan*, *le Kémenet-Penfau*, *le Kémenet-sur-Scorff*. Ce nom paraît formé sur *Kemenn*, du latin *commendo*, et se traduit, en latin, par *commendatio*. V. « Chrestom. Bret. », I, pp. 99 et 196.

3. Pontscorff a été formé de l'ancienne paroisse de Lesbiens, qu'elle a absorbée. C'était sans doute la juridiction de la Roche Moisan, jadis à Tréfaven, qui s'y exerçait, au temps de Dubuisson. V. « Hist. des par. du dioc. de Vannes : Lesbin-Pontscorff », par M. l'abbé Luco (Soc. polym. du Morbih., 1878) ; — et *supra*, p. 82, note 6.

4. St Tudy vivait au VIe s. et sa fête tombe le 9 mai. V. Bolland., mai, II ; — « Vie des SS. de Bret. », par D. Lobineau.

Mais il y a une treuve, fillette ou secours, au costé austral de l'isle, avec un port plus commode et capable, un petit bourg et une chapelle qui luy donne le nom de Lomaria [1] (où sont les armes de Guimené, comme en la chapelle d'Armor et monastère des Cordeliers de Blavet). Là ils sont gens de marine, grands pescheurs de sardines, qu'ils salent et dont ils trafiquent tout un semestre de l'an, du printemps à l'automne, et aussi des rayes, congres etc., qu'ils éventrent, salent et séchent au soleil, à leurs fenestres.

Voilà 2 bourgs et 2 églises. En outre, il y a 31 hameaus ou villages, et unze ou douze chapelles, par toute l'isle, entre lesquelles est le prieuré de St Goyerre, *S^ti^ Gosierni* [2], apartenant à l'évesque de Cornouaille, de 80 ou 100 écus de rente.

Ils ont une espèce de mesure de terre, qu'ils appellent *pellene* [3], qui contient 8 journaux [4].

Ceste isle est fort aulte en mer et plus que n'est la terre ferme. On y vouloit mettre une tour de guet et de signal, pour respondre à Quiberon et à Penmarch, où aussy on en vouloit mettre, et par toute la coste.

Aussy est elle partout environnée de rochers, fors ès deux abords de St Tudi et de Lo Maria, où il y a ouverture, et en un autre endroit, du costé du Port Tudi, et aussy en un autre où la mer entre, du costé de Lo Maria.

En ces deux derniers endroits, on pourroit accommoder deux petits ports. Tout le reste est inaccessible. Les pirates mesme n'y peuvent aborder.

De là on descouvre, au Sud-Sud-Est, Belle-Isle [5], en breton : *Erguer Uder* [6] (*Vide Monimenta Britonica*), distante de 7 lieues; et à 7 lieues aussy vers Ouest, Glenan ou Gleran [7] (Gleran est aussy le nom d'un prince Breton, autrement dit Grallon [8]), qui sont 7 isles, à 3 lieues de la terre de Cornouaille que l'on veoit à clair; en l'une d'elles, appellée isle d'Aufred [9] (nom d'un prince Breton dans le ms. de Quimperlé), il y a un estang d'eau douce [10].

1. Loc-Maria, aujourd'hui gros village de l'île.

2. C'est le prieuré de St Goujarne, transformation du nom de St Guthiern. V. « Cartul. de Quimperlé », pp. 6, 14, 112; — « St Gurthiern, patron de Quimperlé », par la v^te^ de le Villemarqué (Assoc. bret., 1879).

3. Lire : *pellen*, qui signifie : *peloton de fil*. V. « Dict. breton-français » de Troude; — « Dict. du dialecte de Vannes », par Pierre de Châlons, édit. de M. J. Loth.

4. Le *journal* de Bretagne valait 46.080 pieds carrés, ou 80 *cordes* de Bretagne, chacune de 576 pieds carrés. On sait que le pied vaut 0^m^,32473.

5. Belle-Ile-en-Mer forme un canton (arr. de Lorient) qui comprend quatre communes : Palais, Sauzon, Bangor et Locmaria. V. « Belle-Ile-en-mer, description et histoire », par M. Louis Le Ray (1878); — « Histoire de Belle-Ile-en-mer », par M. Chasle de la Touche (Nantes, Forest, 1852).

6. Nous ne savons où Dubuisson a trouvé ces mots, qui ne signifient rien; sans doute il aura mal lû le nom moderne de *Guerveur, er Guerveur*, que les Bretons donnent à Belle-Ile. Primitivement cette île fut appelée : Guedel, Guerel, Guzel. V. « Chrestom. bret. », I, p. 208; — « Cartul. de Quimperlé », pp. 64, 65, 250, etc.; — « Dict. de Bret. » d'Ogée, 2e édit., I, p. 375.

7. Les îles de Glénan, au nombre de neuf principales, sont à trois lieues en mer, en la comm. et cant. de Fouesnant, arr. de Quimper. Nous ne trouvons point qu'on les ait nommées Gléran; *mais* cela a pû se faire par un phénomène de rotacisme, assez fréquent.

8. Jamais, à notre connaissance, le roi Gralon n'a été appelé Gléran. Dubuisson confond sans doute ce nom avec Glévian, nom breton que l'on trouve souvent aux XIe et XIIe siècles. V. « Cartul. de Quimperlé », pp. 135, 144, 228; — « Chrestom. bret. », I, p. 205.

9. Dubuisson parle sans doute ici d'Altfred, père d'un certain Cadoret, écuyer du duc Hoël V, et qui fit plusieurs dons à l'abbaye de Quimperlé, aux XIe et XIIe s. Ce nom d'Altfred, Aufred, Aufret, se rencontre d'ailleurs fréquemment, en Bretagne, à la même époque. V. « Cartul. de Quimperlé », pp. 148, 149, 183.

10. Dans le « Dict. de Bret. » d'Ogée (2e édit., I, p. 277), cette île est appelée : *de St Nicolas*.

En l'isle de Groais, il y a une église de St Gurthierne[1] qui, premièrement d'Angleterre, aborda en ladite isle, et puis, par le roy Grallon, fut invité à passer et se loger à Anaurot[2] qui est Kimperlé (*Vide Monimenta Britonica*[3]).

Dans le ms. de l'abbaye de Kimperlé : *Cartula S[ti] Michaelis de Insula*[4], en laquelle il se veoit que *Guillermus Tanki* (Taneguy) *filius, dominus de Henbunt,* estoit seigneur de l'isle de *Groe*. Et dit la charte : « *Guillermus suo ore testatus est episcopium*[5] *Corisopitium omnes decimas ipsius* « *insulæ et quinque villas, idest : Loc Gurthiern, Loc Maria, Caer Haelrech, Loc Melaer, Caer* « *Branken, omni exactione quietas* etc... »

Il faut que ce soit à cause du prieuré de St Goyern ; car l'isle est du diocèse de Vennes et non de cil de Cornouaille. Or ce St Michel de l'Isle, dont ceste charte parle, appellé *monasterium S[ti] Michaelis*, semble estre ou dans ceste isle, ou en chemin d'Ennebont à elle[6], parceque le moyne qui y est résidant est obligé à ce qui suit :

« *Adjicientes insuper ipsum prefatum provinciæ (Ennebunt) dominum, et qui omnes fuerunt,* « *transeuntes ad suam insulam Groe, prandium vel cœnam a monacho semel caritative accipere* « *debere*[7]. »

Et ce pourroit bien estre ceste isle St Michel de Blavet, de laquelle dépend la cure de Groais.

Or, selon ceste charte, le monastère St Michel de l'Isle apartenoit à l'abbaye de Ste Croix de Kimperlé, à laquelle il fut donné, par un Huélin, vassal d'Alain Cainnard[8], comte de Cornouaille, en l'an 1037.

« *Insulam quæ dicitur Tanguethen ecclesiæ Sanctæ Crucis Kimperlegiensi do et concedo* etc... « *Adjicimus insuper ecclesiam S[ti] Gorthierni, in insula Groe, et S[ti] Melorii, cum suis terris, ob* « *memoriam fraternitatis ejusdem Sanctæ Crucis, monachis, sponte sua pro hoc caritative nobis* « *offerentibus tres equos atque unum capetum (vel tapetum*[9]*, ut in alia cartula legitur)* etc...[10] »

Par où il appert que ce monastère de St Michel estoit en l'isle dite *Tanguethen*, et non pas en celle de *Groë* qui en est différente[11] (*Vide Monimenta Britonica*).

---

1. D'abord : Loc-Gurthiern, puis St Goujurne. *Vide supra*, pp. 92, note 1, et 94, note 2.
2. V. « Cartul. de Quimperlé », pp. 6, 7, 8, 14 etc.
3. *Vide supra*, p. 26, note 10.
4. V. « Cartul. de Quimperlé », pp. 173 et 269.
5. *Id est* : les droits épiscopaux. V. *ibid.*, p. 269.
6. St-Michel-de-l'Ile n'est autre que le prieuré de St-Michel-des-Montagnes, dans l'île de St-Michel, à l'entrée de la baie de Port-Louis. *Vide supra*, p. 83, note 1.
7. Ce passage est tiré de la charte, n° LXVIII (1114-1131) du « Cartul. de Quimperlé » (pp. 173, 174), dans laquelle il est question des droits de l'abbé de Quimperlé sur le prieuré de St-Michel-de-l'Ile, et des devoirs du prieur envers le seigneur d'Hennebont.
8. Alain Cainart, ou mieux : Canhiart, *id est* : *bellator fortis*, comte de Cornouaille (1026-1058). V. « Chrestom. bret. », I, p. 113 ; « Cartul. de Quimperlé », *passim*.
9. *Id est* : selle.
10. V. « Cartul de Quimperlé », pp. 111, 112, charte n° X. C'est la donation faite en 1037, par Huélin s[gr] d'Hennebont, à l'abbaye de Quimperlé, de l'île de St-Michel, alors dite *de Tanguethen*.
11. *Vide supra*, p. 83, note 2.

XXI

Kimperlé

— ON doibt dire Quemperlé[1], *quasi Quenver Le* (*id est* : *juxta Ellum amnem*[2]. En latin des régistres de l'abbaye noire[3] : *Quemperlegium, quasi ad Legiam amnem. Anaurut*[4] *antea, in ms Kimperl.*), c'est à dire : jouxte le fleuve Lé[5], *ad amnem Le* (*Elia fl. qui convenit cum Idola, Il et Isol*[6]. *Vide Monim. Briton.*[7], *p. 1 et 4, ubi Elegium flumen dicitur*), qui a sa source à la tour de Lé, *forte Legedia*[8] *itinerariæ Tabulæ*, bien avant en terre.

De toute antiquité, ce lieu s'appelloit Anaurut ou Anaurot, comme ils est porté dans le manuscript de l'abbaye de Ste Croix de Kimperlé, parlant de St Guthierne, « *qui parvo lembo trajecit in Groiam* « *insulam, unde postea evocavit eum in continentem consul Cornubiæ Grallonus, qui dedit illi* « *Anaurotam, ubi conveniunt Eleia atque Idola*[9]. »

Et en la charte ou bulle du Pape Calixte II, insérée au ms., du VI des ides de novembre 1119, de son pontificat 4e : « *Calixtus episcopus, servus servorum Dei, dilecto filio Gurchando, abbati* « *monasterii Sanctæ Crucis, quod in Minore Britannia situm est, in villa quæ dictur Anaurot,* « *nunc autem Kimperlegium vocatur*[10]. »

Et tout de mesme en celle du Pape Innocent II à l'abbé *Roenguallonus*, du XVe des kalendes de may l'an 1139, l'an 10e du pontificat[11].

Et en la fondation de l'abbaye de Kimperlé, *Gorredenus monachus*[12] escrit cecy, dans le mesme manuscript : « *Villam Kimperlegium, quam antiquitus coloni Anaurot nominaverunt*[13]. »

Et un peu aprez, parlant des possessions : « *Primum villam Anaurot quæ dicitur Kemper*[14]. » *Vide Monim. Briton.*, *p. 1 et aliis.* —

1. Quimperlé, ch.-l. d'arr., Finist. V. « Voy. dans le Finistère », par Cambry, revu et augmenté par E. Souvestre (Brest, 1835, pp. 189 et suiv.).
2. *Kemper* signifie : *confluent* ; Quimperlé a le sens de : *confluent de l'Ellé* (avec l'Isole). V. « Chrestom. bret. », I, p. 197.
3. Les deux exemplaires du cartulaire de Ste-Croix de Quimperlé, tous deux du XIIe siècle, dont un seul est connu aujourd'hui, et conservé au British Museum. V. « Cartul. de Quimperlé », pp. VII, VIII, 325.
4. V. *ibid.*, pp. 6, 7, 8, 14 etc.
5. L'Ellé, rivière qui prend sa source en Glomel, près du village de Kerviguen, dans les Montagnes-Noires. V. « Hist. de Bret. », I, p. 27.
6. L'Isole, rivière qui sort des mêmes montagnes, entre Roudouallec et St-Goazec, et, rencontrant à Quimperlé la rivière d'Ellé, forme avec elle la Laita. V. *ibid.*
7. *Vide supra*, p. 26, note 10.
8. *Legedia* est le nom donné, par la table de Peutinger, au chef-lieu des *Abrincatui*, c'est-à-dire Avranches. La même ville est appelée, par Ptolémée : *Ingena*, et ce nom semble une erreur de copiste. Aucun des deux ne se retrouve dans aucun autre document. V. « Géographie de la Gaule romaine », par M. E. Desjardins, I, pp. 330, 399 ; II, p. 488 ; IV, p. 139.
9. V. la vie de St Gurthiern, dans le « Cartul. de Quimperlé », p. 6.
10. Bulle de Calixte II, du 8 novembre 1119. V. *ibid.*, p. 263, no CXXXIV.
11. Cette bulle manque au ms. du cartulaire de Quimperlé, que nous avons publié. Elle a été citée par D. Le Duc (« Hist. de l'abbaye de Quimperlé », édit. Le Men, pp. 189 et suiv.), d'après l'autre ms., aujourd'hui perdu. V. « Cartul. de Quimperlé », p. 270.
12. *Vide supra*, p. 81, note 5.
13. V. « Cartul. de Quimperlé », p. 93, no I, charte de fondation (1029) ; — « Recueil d'actes inédits des princes de Bretagne », par M. de la Borderie (Rennes, Catel, 1888, p. 22).
14. V. « Cartul. de Quimperlé », p. 97, no II : *De possessionibus ecclesiæ Sanctæ Crucis.*

Il y a six lieues d'Ennebont par Pont Scor,[1], moitié chemin, et 5 du Port Louis, par Plemur[2], (*quasi Ple mar, plebs ad mare*[3], comme Ploermel[4], *plebs S*ti *Ermelli*[5]; Plévigné[6], *plebs Vignei sancti*[7], *ut mihi dictum est*).

Kimperlé est situé moitié ault, sur le penchant d'un costau, et moitié bas, sur les rivières.

Il n'y a rien de clos, et seulement quelques portaux et avenues distinguent les fauxbourgs d'avec la ville. Mais il y a eu closture autrefois, dont restent encore quelques quartiers de tours, sur le bout de dedans du pont d'Ellé, et quelques pans de murailles, le long de l'abbaye noire et à la porte du fauxbourg de Kimpercorentin.

François de Cossé, duc de Brissac[8], se tiltre: *gouverneur des villes et citadelle du Port Louis, d'Ennebont et Kimperlé.*

La ville commence au bas du fauxbourg et costau oriental, à la rive gauche du fleuve Ellé, *Erius Ptolemæi*[9], que *Massonus*, par une grand méprise, fait passer à Pont Score, pour couler en mer (*Vide Monim. Briton, pp. 1 et 4. Erius forte Ptolemæi. Quid si Legedia*[10] *itinerariæ Tabulæ turris illa Elle, a qua amnis originem et nomen ducit? Unde amnis quoque Legedia et Legia, et oppidum ad illum, Kimperlegium? — Non certe, quia nomen ei olim Anaurot*[11], *non Quemperle*). Sur cette rivière, il y a un pont de pierre assez estroit, de 6 arcades en tout, et de 30 ou 40 pas de long, lequel divise l'evesché de Vennes d'avec celuy de Cornouaille, quoyque la justice de la ville dépende, avec tous ses ressorts, encor de Vennes.

De l'autre costé de la ville, et vers l'autre costau occidental, allant vers Conquarneau[12], vous avez un autre pont à 3 arches de pierre, sur Idol ou Isole, autre rivière qui passe entre la aulte et basse ville, et les rejoint par ledit pont.

Elle vient d'auprez Scaer[13] ou Scadre, à 4 ou 5 lieues de Kimperlé, en Basse Bretagne, et sa source s'appelle Isole[14], dans la terre de Brenneben[15], appartenant à l'abbaye de St Maurice[16].

1. Pontscorff. *Vide supra*, p. 82, note 6.
2. Plœmeur. *Vide supra*, p. 82, note 14.
3. Erreur. *Vide supra*, p. 85, note 3.
4. Ploërmel, ch.-l. d'arr. du Morbihan.
5. Saint Armel, qui fonda Ploërmel, au VIe s. V. Bolland., août, III; — « Hist. de Bret. », I, pp. 344, 383-384; — « Vie des SS. de Bret. », par Albert Le Grand; — « Ploërmel et son historien », par M. de la Borderie (Revue de Bret. et de V., 1865, 1er sem., p. 24); — « Notice sur Ploërmel », par M. Ropartz.
6. Pluvigner, ch.-l. de cant. arr. de Lorient. V. « Soc. polym. du Morbih. », 1880, p. 52.
7. Saint Fingar, dit aussi Venier, Vignier, Guigner ou Guiner. (Ve s.) V. Hist. de Bret. », I, p. 34, note 1; — *Acta SS. Scot. et Hibern.*, par Colgan (1645); — « Vie des SS. de Bret. », par D. Lobineau, édit. 1725, p. 23; — Bolland., mars, III.
8. *Vide supra*, p. 17, note 6.
9. L'*Erius* ou *Herius* de Ptolémée nous paraît être la Vilaine, dont le nom était remplacé, dès l'époque de Grégoire de Tours, par celui de *Vicinonia*. Toutefois M. de la Borderie (« Hist. de Bret. », I, p. 101) préfère l'attribuer à la rivière d'Auray. V « Géogr. de la Gaule rom. », par M. E. Desjardins, I, pp. 292, 298; IV, p. 200. Remarquons que la Saône s'appelait primitivement: *Arar*, et changea ce nom, à l'époque franque, en celui de *Sagona*.
10. *Vide supra*, p. 96, note 8.
11. *Vide supra*, p. 96, note 4.
12. Concarneau, ch.-l. de cant., arr. de Quimper.
13. Scaër, ch.-l. de cant., arr. de Quimperlé, Finist.
14. L'Isole prend sa source entre le village de Queidel, en Roudouallec, et celui de Leign-Halec, en Saint-Goazec. V. « Hist. de Bret. », I, p. 27.
15. Brénében est un village en Roudouallec (anc. trève de Gourin, auj. comm. du cant. de Gourin, Morbihan).
16. Abbaye bernardine de Saint-Maurice-de-Carnoët, en la par. de Clohars-Carnoët, près de Quimperlé; fondée, vers 1170, sous Conan IV, par saint Maurice, abbé de Langonnet. V « Gall. Christ. », XIV, col. 908; — « Les cloîtres de Bret. », par M. Bigot (Soc. archéol. du Finist., 1884).

Elle vient joindre l'Ellé au quay de la ville, au dessous de l'abbaye noire, où les vaisseaus montent de pleine mer, distante de 2 lieues, dans la rivière, jusqu'au havre dont le quay est de pierre bien revestu, qui est havre de barre et difficile. Les vaisseaus qui passent 20 ou 25 tonneaus de port sont interdits d'y aborder[1].

La rivière d'Ellé n'a pas de largeur plus de 30 piés, et amasse force sable au bord gauche ; au droit, où elle appuye sur le quay et reçoit les vaisseaus, elle est fort creuse, jamais salée, quoy qu'elle soit refoulée par la marée qui monte seulement jusqu'à St Maurice, abbaye Bernardine, à 1 lieu et demie vers la mer, située tout proche de la rive droite et baignée de la marée qui y monte et afflue.

Ceste abbaye de St Bernard fut bastie, vers l'an 1171, par St Maurice, religieux de Langonet et premier abbé de là. Il mourut le 25e aoust 1191[2]. Son tombeau est élevé et reserré dans la paroy boréale du sanctuaire de l'église. Et dans le chapitre du cloistre, il y a une autre tombe fort élevée, en pierre dure, avec ces mots :

CARIOC' ABBAS,

qui fut le 6e abbé[3].

L'abbé d'à présent[4] est titulaire et religieux, comme celuy de Langonet et de quelques autres abbayes de St Bernard, en Bretagne. Il y en a eu aussy de commendataires[5].

Le plat[6] vaut 8 cens ou mil écus par an.

Cela s'appeloit anciennement : Trou de couleuvre[7].

Kimperlé est ville de barre ou justice royale, ayant un séneschal : Jehan Lohec, s^r^ de Trévosec ; un bailly, pour second juge : N. Gouello[8], s^r^ de Keriaval, et un procureur du roy. L'office de séneschal royal a esté vendu 30 mille livres, et celui de bailly, 8 mille livres. Leurs appels vont au Présidial de Vennes.

La communauté est assez jolie. Il y a 400 feux environ. On y fourniroit 5 ou 6 cens hommes en armes.

Leur trafic est de vin et de blay. Le s^r^ Aufret, hors ville, est principal marchand, et, dans la ville, le s^r^ Coquillart est de considération, capitaine au régiment d'Estissac.

Ils ont 2 paroices, dans la ville : St Michel[9] et St Colomban[10], et 8 ou 10 chapelles. Celle de Nostre Dame, avec un fort beau et haut clocher, couvert de plomb en l'an 1621, comme il est escrit dessus en lettre noire, a la plus belle représentation de toutes les églises[11].

1. V. « Ponts et quais de Quimperlé, en 1467 » (Mélanges d'hist. et d'archéol. bret., I, 1855, p. 213).
2. V. « Gall. Christ. », XIV. col. 906.
3. Il mourut en octobre 1295. V. *ibid.*, XIV, col. 909.
4. Guillaume Riou, abbé de Saint-Maurice-de-Carnoët, de 1616 au 30 septembre 1641. V. *ibid.*, XIV, col. 910.
5. Il n'y eut à Saint-Maurice que 6 abbés commendataires, de 1541 à 1595. V. *ibid.*, XIV, col. 909.
6. C'est-à-dire la mense, la table, d'où : le revenu.
7. En breton : *Toull-aer.*
8. Lire : de Gouvello.
9. L'église paroissiale de St-Michel tombait en ruines en 1765, et on la fit alors desservir dans la chapelle Notre-Dame, sa voisine. V. « Notice histor. sur la ville de Quimperlé », par M. A. de Blois (Quimperlé, Clairet, 1881, p. 48).
10. V. *ibid*, p. 41.
11. La flèche de la chapelle Notre-Dame fut posée en 1623, d'après les régistres de la ville, et démolie en 1763. V. *ibid.*, pp. 49, 50.

Il y a aussy 2 monastères : 1 de Ste Croix [1], de l'ordre St Benoist, dit l'abbaye noire, en la commende de Mr l'abbé de Gondy [2] ou de Brissac, à qui il vaut 4 mille livres de rente au plus, et qui est un assez beau vaisseau d'église ; l'autre, hors ville, qui est de Jacobins [3], vulgairement l'abbaye blanche.

XXII

Les Abbayes de Kimperlé

Abbaye blanche. — L'abbaye blanche est ainsy appellée, non à cause des habits blancs des Jacobins qui la possèdent, mais à cause de la duchesse Blanche de Navarre, femme du duc de Bretagne Jean Ier, qui donnèrent leur logis aus religieux et les y establirent [4].

Dans le réfectoire, il y a une vitre, derrière la chaire ou balcon, où sont les armes antiques de la fondatrice, *échiquetées d'or et d'azur de six traits, au franc canton de Bretagne*, qui sont les armes de Dreux Bretagne, *parties de Navarre coupé sur et soustenu de Champagne* [5].

Et plus bas, en un quarreau de vitre nouveau, est escrit sur verre, en lettre noire :

Fr. Yvo Pinsart Dinanensis, Parisiensis doctor, Corisopitensis theologus ac IIus prior, Joanni Io ac Blanchæ Navarræ, Britanniæ quondam ducibus et hujus domus munificis fundatoribus, necnon Sebastiano Venetensi [6] et Guillelmo Corisopitensi [7], illmis præsulibus sedentibus, ponebat 1635.

En une autre vitre, sont les armes de Bretagne : *d'argent à 9 hermines de sable, 3, 3, 3*, et pour tymbre, une hermine vive et *passante*, ayant une serviete, escharpe, pennonceau ou banderole herminée, attachée au col et séparée en deux moitiés distinctes et volantes, en forme de deux ailes ; et au dessous et tout autour de l'escusson aussy, ce mot :

a ma vye,

plusieurs fois répété [8]. — « A ma vye ». *An id ad naturam muris pontici refertur, qui, putata vita sua, non inquinatur. Unde illi aliud verbum :* « Plustost mourir » [9]. —

1. Sur l'abbaye de Sainte-Croix, v. Gall. Christ., XIV, col. 900-905 ; — « Hist. de l'abbaye de Ste-Croix de Quimperlé », par Dom Placide Le Duc (édit. de M. Le Men ; Quimperlé, Clairet) ; — « Hist. particulière de l'abbaye de Sainte-Croix », par F. Bonaventure du Plessix, publiée par M. F. Audran, à la suite de la « Notice histor. sur Quimperlé » de M. A. de Blois ; — « Cartulaire de l'abbaye de Ste Croix » (Paris, Lechevalier, 1896) ; — « De la fondation et des premiers abbés de l'abbaye de Quimperlé », par M. Audran (Soc. archéol. du Finist., VII, 1879-80) ; — « Etat des biens de l'abbaye de Quimperlé, au XVIe s. », par M. Audran (Soc. archéol. du Finist., XI, 1884).

2. Jean-François-Paul de Gondy, cardinal, abbé de Sainte-Croix le 10 août 1624, déposa le bâton en 1668.

3. V. « Notice histor. sur Quimperlé », pp. 182-196 ; — « Les Dominicains de Quimperlé, XIIIe-XIXe s. », par M. Audran (Soc. archéol. du Finist., III, 1875-76).

4. Nous pensons, tout au contraire, que l'abbaye des Jacobins de Quimperlé a été nommée : l'abbaye blanche, par allusion aux vêtements blancs de ses religieux, et par opposition au nom d'abbaye noire, que les vêtements noirs des Bénédictins avaient fait donner à l'abbaye de Sainte-Croix.

5. *Vide supra*, p. 81, note 1.

6. Sébastien de Rosmadec, év. de Vannes (1622-1646). V. « Mort et funérailles de Mgr de Rosmadec », par M. l'abbé Luco (Soc. polym. du Morbih., 1875, p. 90).

7. Guillaume Le Prestre, év. de Quimper (1614-1640).

8. *A ma vie* était la devise de l'Ordre de l'Hermine, institué par Jean IV, en 1381. D. Lobineau (I, p. 442) y voit une allusion aux dangers courus par le duc, pendant la conquête de la Bretagne. V. « Les origines histor. de la ville de Vannes », par M. A. Lallemand (Vannes, Cauderan, 1858), pp. 62-73 : armoiries de la ville.

9. Cette allusion à la qualité que la légende attribue à l'hermine, est bien conforme aux usages du temps, et nous y verrions volontiers l'origine de la devise : *A ma vie*, jointe à la représentation de cet animal.

Dans l'église, au chœur, plusieurs sépultures plates; une entre autres, gravée d'une longue croix, qui est la sépulture de Jean de Montfort[1], père de Jean le Vaillant, duc de Bretagne[2].

Au costé boréal du sanctuaire, la chapelle de Kaimerch[3], où, ès vitres, les armes sont: *d'argent à un croissant montant de gueules*, qui sont les anciennes armes de Cornouaille, *soustenant de ses deux cornes un escusson d'or chargé d'un autre petit croissant aussy montant de gueules, à la pointe et au dessus duquel, 2 tourteaus de gueules et un franc canton aussy de gueules*[4] (*Voyez les Cordeliers de S*t *Brieu*[5]).

Kaimerch est un chasteau[6] ou maison de gentilhomme, à 3 lieues de Kimperlé, sur le chemin de Kimper Corentin, siège d'une ancienne et principale maison de Bretagne. Aujourd'huy elle est possédée par ceux du nom de Tintiniac[7].

Partout ailleurs et en la mesme vitre, ces armes sont sans croissant dans l'escusson d'or; et au chapitre, au lieu de *2 tourteaus*, il y a *3 molettes*, bien rayées et percées, *de gueules*. Es vitres du chœur de la chapelle Nostre Dame, en la aulte ville, ce sont *2 tourteaus ou roses de gueules*.

En ceste église des Jacobins, a esté tout nouvellement enterré le Père du Paz[8], auteur de l'*Histoire généalogique de Bretagne*[9], dont Mr le baron de Vieil Chastel[10], gouverneur de Vennes, a les livres, reveus et corrigés de la main de l'auteur, depuis la première édition. Le convent luy a baillé ces livres au moyen de 6 escus de rente perpétuelle qu'il a constituée sur ses biens, pour ledit convent.

Ceste abbaye blanche a encor des sales et chambres de la vieille peinture et habitation des ducs de Bretagne; et dans le dortoir, sont les noms et éloges des saints de l'Ordre et province, entre lesquelz est le bienheureux Yves Mayeuk, évesque de Rhennes, de l'Ordre St Dominique, dit *le bon Yves*[11].

Il y a jardins et fruitiers bien beaus, et tant le jardin qu'un plan couvert d'arbres verds, en l'anti

1. Jean de Montfort, frère consanguin du duc Jean III, et fils d'Arthur II et de sa seconde femme, Yolande de Dreux, mourut à Hennebont, le 26 septembre 1345. Avant d'être porté aux Jacobins, son corps avait été déposé à l'abbaye de Sainte-Croix. V. « Les tombeaux des ducs de Bretagne », par M. P. de Lisle du Dréneuc (Vannes, Lafolye, 1894, pp. 34-36); — « Le tombeau de Jean de Montfort, à Quimperlé », par le vte de la Villemarqué (Soc. archéol. du Finist., 1884).

2. Jean IV, fils du précédent et de Jeanne de Flandre, mort le 2 novembre 1399, et enseveli à Prières. V. « Les tombeaux des ducs de Bret. », pp. 39-45.

3. Lire: Quimerc'h, anciennement: Kerimerc'h.

4. Quimerc'h portait: *d'hermines au croissant de gueules, surmonté d'un écu d'or chargé de 3 tourteaux de gueules*, qui est Hautbois, *maison* fondue en Quimerc'h, au XIVe s. Le *franc canton* dont parle notre auteur nous paraît une brisure de juveigneurie, et il semble que l'écusson intérieur qu'il décrit, ait contenu un mélange des armes des deux maisons. *Vide supra*, sur les brisures, p. 54, note 6.

5. V. la deuxième partie de cet ouvrage, n° I.

6. En Bannalec.

7. Lire: Tinténiac. La branche aînée de Quimerc'h s'est fondue dans Tinténiac, en 1520. Le château de Quimerc'h passa ensuite aux du Breil de Rais. V. « Grandes sries de Hte Bret.: Tinténiac » (Soc. archéol. d'I-et-V., XXVI, 1897, p. 43).

8. Jean-Augustin du Paz, célèbre généalogiste breton, religieux Dominicain; fit profession à Rennes et mourut au couvent de son Ordre, à Quimperlé, le 29 décembre 1631.

9. « Histoire généalogique de plusieurs maisons illustres de Bretagne, enrichie des armes et blasons d'icelles, etc... », Paris, 1619 et 1620 (La même édition porte ces deux dates). Le P. du Paz composa aussi une généalogie de la maison de Rosmadec et une de la maison de Molac.

10. *Vide supra*, p. 78, note 4.

11. *Vide supra*, p. 15, note 5; — et « Obsèques d'Yves Mahyeuc, év. de Rennes » (Mélanges d'hist. et d'archéologie bretonnes, I, 1855, p. 192).

court ou avant place du monastère, sont situés sur le bord de la rivière d'Ellé, un peu au dessous du confluent de la rivière d'Isole, et dans l'évesché de Vennes, hors le pourpris de Kimperlé.

A la pointe de ce confluent, entre les deux rivières, est situé l'autre monastère, dit l'abbaye noire, à cause des religieux de l'Ordre de St Benoist qui y sont [1]. Il est tellement situé, au défaut et jonction des deux rivières, que les murailles de l'arrière cour et jardin sont baignées par les grandes marées æquinoxiales qui font reculer et enfler l'eau de la rivière d'Ellé jusques là, encor qu'elle ne soit point salée.

Ceste rivière vient d'une source auprez d'une vieille et célèbre tour, appellée *la tour d'Ellé (An Legedia* [2] *Tabulæ itinerariæ?* [3]), dans le territoire de l'abbaye Bernardine de Langonet [4], un peu par de là le Faouët [5] et à six ou sept lieues de Kimperlé. Elle vient arroser et enclore ceste ville de sa rive gauche qui en baigne ou porte encor les restes des anciennes murailles, passant sous un pont de pierre de 35 pas environ de long, et costoyant les murs de l'abbaye noire, qui furent ceux mesmes de la ville ; à la pointe et défaut desquels, elle reçoit l'Isole, rivière plus petite qui sépare la basse ville d'avec la haute, et sur la rive gauche de laquelle, au dessous du pont de pierre à 3 arches qui rejoint lesdites 2 villes, paroissent encor 20 toises environ de muraille à large pierre de taille quarrée, qui sont les murailles de l'ancienne ville ou du *chasteau* [6], comme ils appellent. Car il est croyable que le palais ou chasteau des ducs de Bretagne occupoit toute ceste pointe au confluent des deux rivières, ou, pour le moins, que l'ancienne ville de Kimperlé estoit reserrée entre les deux rivières [7], et que la aulte ville a depuis esté bastie et habitée. — Au dessous de Kimperlé, Ellé va à un chasteau ducal et ruiné, dit Carnoët [8], de qui prend son nom une belle et grande forest qui, depuis l'issue de Kimperlé, va jusques à St Maurice, une lieue et demie de travers. Puis Ellé va à St Maurice et, demi lieue au dessous, entre en mer, au Polduc [9] *(bouillon d'eau, creux ou mare du duc* [10]*)*, havre de barre pour vaisseaux de 50 ou 60 tonneaus. La rivière y est large, en basse eau, de 80 ou 100 piés. Il y a, sur le bord, habitations de 3 ou 4 maisons. Karnoët et St Maurice sont aussy du costé droit. —

Ellé, ayant receu la rivière d'Isole à Kimperlé, fait le petit havre de barre ou port qui a un beau quay revestu de pierre, jusques vis à vis de l'abbaye blanche, et orné de bonnes et belles maisons,

1. *Vide supra*, p. 99, note 4.
2. *Vide supra*, p. 96, note 8.
3. *Vide supra*, p. 77, note 7.
4. Langonnet, auj. comm. du cant. de Gourin, arr. de Pontivy; siège d'une abbaye bernardine, fondée par Conan III, en 1136. V. Gall. Christ., XIV, col. 905.
5. Le Faouët, ch.-l. de cant., arr. de Pontivy.
6. Contrairement à l'opinion de D. Le Duc (« Hist. de l'abbaye de Sainte-Croix, édit. Le Men, p. 52), M. A. de Blois (« Notice histor. sur Quimperlé », pp. 163 et suiv.) pense que l'ancien château des comtes de Cornouaille était sur une hauteur, à côté de la ville actuelle, et non pas dans l'enceinte de celle-ci, comme l'a fait croire le nom assez moderne de la *rue du château*. Ce nom vient de l'hôtel du gouverneur et de sa garnison, qui s'y trouvait jusqu'en 1590. M. de Blois place l'ancien château sur le plateau Saint-Michel, à l'endroit où est aujourd'hui le couvent des Ursulines. V. « Le château de Quimperlé », par M. Audran (Soc. archéol. du Finist., VII, 1879-80) ; — Cession à l'abbaye, par Pierre Mauclerc, en 1214, de la place dite « du vieux château » (Arch. de la L.-Inf., E. 79 ; « Cartul. de Quimperlé », p. 271, n° 9; Soc. archéol. du Finist., IX, 1882).
7. La basse ville de Quimperlé se forma peu à peu, autour de l'abbaye de Sainte-Croix, dans le lieu jadis appelé : Anaurot. *Vide supra*, p. 96, notes 4 et 10.
8. Le château ducal de Carnoët, dont il reste quelques ruines dans la forêt de ce nom, assez près de la Laita. Il fut donné aux Dominicains de Quimperlé par Blanche de Navarre, en 1254.
9. Le Pouldu, village en Clohars-Carnoët, à l'embouchure de la Laita.
10. Mauvaise étymologie. *Poul du* signifie : *mare, trou d'eau noire*.

basties d'une pierre grise et à grain qui se tire du costau de la aulte ville, sur la rive droite d'Isole; de ceste pierre sont basties quantité de belles maisons, par toute la ville et fauxbourgs. Au reste, on les couvre d'ardoise qui vient de Chasteaulin [1] et Conquest [2].

Abbaye noire ou de Ste Croix. — Voyez sa fondation en l'extrait que nous avons d'un ms. de ceste abbaye, *Monimenta Britonica, p. 2 et 3* [3] Par ledit ms. il apert, en plusieurs passages, qu'il y avoit un cœmetière de St Gurthierne [4] en ladite abbaye; et ce pourroit avoir esté où est la chapelle antique située dans l'arrière court. Car, selon ledit ms., St Gurthierne vint là habiter [5]. Puis là, longtemps aprez, Alain Cainnard [6] bastit l'abbaye de Ste Croix [7]. Depuis, il y eut gens de qualité enterrés là dedans, au cœmetière St Gurthierne [8] *(Vide Monim. Briton., p. 1 et 5, postmed.)*. L'abbaye est en la protection du St Siège, *salva tamen Corisopitensi episcopo canonica reverentia* [9] (*Monim. Briton., p. 2, 14*). —

Dans l'arrière court de l'abbaye noire, est une chapelle fort antique, que l'on dit avoir esté là de tout temps et avant le monastère.

L'église [10] est ault élevée et superbe, bastie de grison. Par dedans elle est double, ayant l'église de dessous qui porte le chœur, et la croisée qui passe par dessus iceluy. L'église de dessous [11] consiste en 3 voutes séparées: la 1re, à areste ou fornice renouvelée; la 2e, à une simple voute très antique; la 3e et dernière, à une voute à arestes ou cordons, soustenüe de piliers, et au milieu il y a une sépulture de pierre, élevée et portant une statue gisante à l'épiscopale ou abbatiale, mitrée et crocée, qu'ils disent estre de l'abbé St Gurlois, *Gurloesius*, *Gurlosius* [12], mort l'an 1057, qu'Alain Cagnard, comte de Cornouaille, père d'un duc de Bretagne et fondateur de là, feit venir du monastère de Rhedon. Il luy donna, en 1029, son palais ou chasteau, dont les caves ou offices bas estoient ces voutes là et le reste d'une tour [13].

La sépulture d'Alain Cainnard se veoit encor dans le cloistre ou dans le chapitre, élevée sur

1. Châteaulin, ch.-l. d'arr. du Finistère. V. « Le château de Châteaulin », par le Dr Halléguen (Assoc. bret., 1851).
2. Le Conquet, comm. du cant de St-Renan, arr. de Brest.
3. Dans le recueil de notes qu'il appelle ainsi, Dubuisson avait inséré plusieurs extraits du cartulaire de l'abbaye de Sainte-Croix. *Vide supra*, pp. 26, note 10, et 95, notes 4 et 10.
4. V. « Cartul. de Quimperlé », pp. 120, 122; — « Hist. de l'abbaye de Quimperlé », par D. Le Duc (édit. Le Men, p. 21).
5. A la fin du VIe siècle. V. « La légende de St Gurthiern, fondateur de Quimperlé », par le v^te^ de la Villemarqué (Paris, 1880); — « Cartul de Quimperlé », pp. 10-14.
6. *Vide supra*, p. 95, note 8.
7. En 1029. Il n'y a aucun autre rapport que celui de l'emplacement, entre le monastère de St Gurthiern, fondé au VIe s., puis détruit par les Normands, au IXe, et le monastère de Ste-Croix, bâti par Alain Cainart, au XIe, en reconnaissance de sa guérison miraculeuse. *Vide supra*, p. 96, note 13.
8. V. « Cartul. de Quimperlé », pp. 120, 122.
9. Bulle de Calixte II, du 8 novembre 1119. V. *ibid.*, p. 263, n° C XXXIV.
10. Reconstruite en 1083, ou peu après. C'est un vaisseau circulaire, aux quatre côtés duquel s'élèvent des ailes ou branches de croix. V. « Essai sur l'architec. relig. en Bret., aux XIe et XIIe s. » (Assoc. bret., 1846); — « Notice histor. sur Quimperlé », par M. A. de Blois, pp. 30 et suiv.; — « Voy. dans l'Ouest de la France », par Mérimée (Paris, Fournier, 1836); — « Voy. pittor. en France », par Ch. Nodier, Taylor et Ad. de Cailleux (Bretagne, II, 1846); — « L'église Ste-Croix de Quimperlé; sa chute et sa reconstruction », par M. Bigot (Soc. archéol. du Finist., 1893).
11. La crypte n'est pas d'un style sensiblement différent de celui de la partie supérieure de l'église.
12. Saint Gurloës (Urlo, Urlou), religieux de St-Sauveur de Redon, premier abbé de Quimperlé, mourut en 1057 (« Cartul. de Quimperlé », p. 66). La levée de son corps se fit en 1083, et sa statue tumulaire ne peut-être antérieure à cette date. V. « Notice histor. sur Quimperlé », p. 33.
13. Erreur. *Vide supra*, p. 101, note 6.

terre, en pierre dure, portant une statue gisante, affublée par la teste, vestüe d'une casaque ou robbette courte ceinte, et tenant à son costé gauche un escu pur ou sans armoirie. Il vivoit il y a six cents ans, comme porte leur fondation[1].

Ils ont 8 religieux, et leur abbé[2] est celuy de Busay[3], neveu et successeur du feu cardinal de Rais[4], évesque de Paris, du nom de Gondy, dont les armes se veoient partout là : *d'or à 2 masses d'armes de sable, passées en sautoir et jointes d'un cordon ou lacet lasche, par en bas.* Ceste abbaye ne luy vaut pas plus de 3 mil livres de rente, les décimes, qui sont de 9 cens livres par quartier, la nourriture des religieux et autres frais payés.

Tout le revenu peut estre de 7 à 8 mil livres, consistant en les terres de Calac[5] et d'Ousillé[6], qu'un abbé de la maison de Gondy[7] donna à ladite abbaye, en eschange de l'isle de Belle-Isle (en la coste d'Auray et Blavet. Voyez Argentré, au chap. de Vennes, et *nostra Monimenta Britonica, p. 4 et 9 ac seq.*) qui lui apartenoit. Ceste isle est à présent à la maison de Gondy, en tiltre de marquisat, avec revenu de 40 mil livres de rente. De peur que l'on ne rescinde cest eschange, les Gondys ont mis peine et emporté, jusques à ceste heure cy, que l'abbaye ne tombat pas en main d'abbé autre que de leur maison.

Le roy représentant le duc de Bretagne et cestui cy le comte de Cornouaille, les abbés sont conseigneurs avec luy de la ville de Kimperlé (Il y a dans le ms. de Kimperlé une charte du partage de leurs ténemens[8]. *Vide Monim. Briton., p. 9, med.*) suivant le don de leur fondateur

1. Alain Cainart mourut en 1058. Gurheden, dans un fragment de chronique, inséré dans son cartulaire (p. 86 de *notre édit.*), relate qu'il fut enseveli dans l'église Notre-Dame, près la cathédrale de Quimper. Peut-être donc n'y avait-il, dans la salle capitulaire de Sainte-Croix, qu'un monument commémoratif du fondateur. En tout cas, cette statue « à robbette courte » ne nous paraît point avoir été faite au XIe siècle, et nous y verrions plutôt une œuvre du XIVe. V. « Cartul. de Quimperlé », pp. 66, 86, 96 ; — « Histoire de l'abbaye de Quimperlé », par D. Le Duc (édit. Le Men, p. 75) ; — et *supra*, pp. 95, note 8, et 96, note 13.

2. Jean-François-Paul de Gondi ; archev. de Paris, cardinal de Retz en 1652, abbé de Buzay de 1622 à 1675, 37e abbé et 6e commendataire de Sainte-Croix, du 10 août 1624 à 1668. V. Gall. Christ, XIV, col. 864, 905 ; — « Hist. de l'abbaye de Quimperlé » (Le Duc-Le Men, pp. 452-492).

3. Buzay, abbaye bernardine, fondée en 1136, par Conan III et sa mère, Hermengarde, en la paroisse de Rouans (auj. comm. du cant. du Pellerin, arr. de Paimbœuf, L.-Inf.).

4. Henri de Gondi, dernier év. de Paris, cardinal de Retz, abbé de Ste-Croix de l'an 1600 au 3 août 1622. V. *ibid.*, pp. 443-452.

5. Callac (auj. ch.-l. de cant. de l'arr. de Guingamp, C.-du-N.), anc. trève de Plusquellec (auj. comm. du cant. de Callac). V. Aveu au roi des religieux de Ste-Croix de Quimperlé, pour la châtellenie de Callac en Plusquellec, ressortissant à la barre royale de Carhaix (Arch. de la L.-Inf., B. 1108 : terrier de la réformation du domaine royal en Bretagne, en 1678).

6. Housillé, terre en la comm. de Vergéal, cant. d'Argentré, arr. de Vitré, I.-et-V.

7. Erreur. Ce fut Albert de Gondi, maréchal et duc de Retz, qui en 1572, représenta au roi Charles IX, que Belle-Ile avait besoin d'un seigneur laïc, pour la défendre. Le roi ordonna qu'elle fût distraite de l'abbaye de Sainte-Croix, et l'érigea en marquisat pour Albert de Gondi. Ce ne fut qu'en 1584 que l'abbé Silve de Pierre-Vive entra en possession, après un long procès, des terres de Callac et d'Housillé. Cet échange fut très-préjudiciable à l'abbaye, et les Gondi s'en doutaient si bien qu'ils firent disparaître les procès-verbaux d'évaluation et le contrat d'échange. Beaucoup d'autres terres de l'abbaye avaient déjà été cédées et aliénées, V. « Hist. de l'abbaye de Quimperlé » (Le Duc-Le Men, pp. 423 et suiv. ; 431 et suiv.) ; — « Notice sur Belle-Ile-en-mer », par M. Duval (Soc. académ. de Brest, 1864-65) ; — « Hist. de Belle-Ile-en-mer », par M. Leroy (Soc. archéol. du Finist., 1886) ; — « Belle-Ile-en-mer », par M. Le Ray, pp. 102, 103 ; — « Sur les divers seigneurs de Belle-Ile etc. », dissertation par D. Morice (Hist. de Bret., I, col. 998-1001) ; — « Etat des biens de l'abbaye de Quimperlé, au XVIe s. », par M. Audran (Soc. archéol. du Finist., XI, 1884).

8. C'est sans doute le n° LXXIV (1084-1096) du « Cartul. de Quimperlé », p. 182. Le duc Alain IV avoue qu'il n'a droit sur le bourg, qu'à cinq bouteilles de vin, aux bois du champ-clos et à la moitié du ban, quand l'homme de l'abbé combattra soit *avec l'homme* du duc, soit avec un étranger. Le duc avait d'abord réclamé la possession de la

et accordz que les anciens abbés et religieux en ont fait avec les ducs de Bretagne[1]. Pour ce, ils ont leur séneschal et bailly aussy, deus offices en la seule personne du Sr Verrier, domestique de Gondy, et qui a basti au fauxbourg du Goriker[2], du costé de Basse Bretagne, un fort beau logis, sur la rive droite de la rivière d'Ellé.

Au dessus de ce logis, dans la maisme rivière, se peschent les saulmons et *bécarts* ou *béqués* (Aucuns disent que ce sont les masles des saumons, autres que c'est un poisson différent, *lucius* en latin. Voyez nos *Rivières de Bretagne*[3]), et à filés traversans, comme j'ay veu en pescher et en prendre, le 10e octobre, 20 d'une seule trainée de filé, et à nasses, anses ou tonnelles, qu'ils appellent *guideaus*[4], parce que cela guide les saulmons en capture ou prison.

— On pesche aussy fort les saulmons dans la rivière de Blavet, à Lo Christ[5], au dessus de Ennepont ; mais principalement en la rivière de Chasteaulin. Il y a aussy de ces *béqués* à force dans Coësnon, comme raconte Argentré, L. I, chap. de la situation de Bretagne, où il les descrit fort bien[6]. Voyez nostre traité des *Rivières de Bretagne*. —

Ils ont, à cest effet, une chaucée, digue ou môle de pierre de taille, traversant toute la rivière, une mousquetade au dessus dudit fauxbourg, où elle a 10 ou 12 toises de largeur et est assez profonde. Ceste chaucée a 10 ouvertures d'une toise environ, chacune ballustrée ou fermée à treillis de bois de travers, en sorte que le poisson ne puisse passer. Ce treillis bouche l'ouverture de la chaucée, du costé d'en haut et de la venue de la rivière, et laisse libre et vuide tout l'espace de ladite ouverture autant qu'elle est, sinon qu'en son bas, ils tendent ceste nasse de filé ou *guideau*. Le saumon qui monte, trouvant les *guideaus* tendus, prend aus dents sa queue et se jette par dessus lesdits *guideaus*, pensant passer ; mais il trouve le treillis de bois ou rasteau qui l'arreste, et est contraint par le courant de l'eau, qui est là en glacis exprez (comme le tablier des aisseaus d'une gourt[7] ou bié de moulin), de retourner en arrière et se laisser aller sur ledit tablier, droit dans la bouche de la nasse qui le guide et conduit au fond de la poche, où il demeure pris.

Ils appellent ceste chaucée ou levée à 10 ouvertures et autant de piles de pierre qui les distinguent :

moitié du bourg. Il abandonna cette prétention, après enquête. L'un des ducs qui suivirent Alain IV et précédèrent Jean Ier, exigea, pour prix de sa protection, la moitié de la taille des habitants. Puis, sous Jean Ier, les droits respectifs de l'abbé et du duc furent constatés par témoins. Le duc avait la moitié des tailles et des amendes, et l'abbé, les ventes, le cens et la haute justice, sauf quelques restrictions. Enfin un siège royal s'établit, en 1566, au Bourg-Neuf, et les habitants prirent l'habitude d'y porter leurs causes. V., sur les fief, juridiction et administration de Quimperlé, la « Notice histor. » de M. de Blois, pp. 58-75 ; — Association de revenus, transaction et partage de revenus, entre Jean Ier et les religieux, en 1271 (Arch. de la L.-Inf., E. 79) ; — « Cartul. de Quimperlé », p. 272, n°s 14, 15, 16 ; — « Hist. de l'abbaye de Quimperlé » (Le Duc-Le Men, pp. 252 et suiv. ; 278 et suiv. ; 311, 495 et suiv. ; 616) ; — « Le domaine du roi à Quimperlé », par M. Audran (Soc. archéol. du Finist., 1884) ; — « Les armoiries de l'abbaye de Ste-Croix de Quimperlé », par le même (*Ibid.*, 1880-81) ; — « Note sur les foires de Quimperlé », par le même (*Ibid.*, 1884).

1. V. Archives de la L.-Inf., E. 79 ; — « Cartul de Quimperlé », pp. 270, 271.

2. La rue ou faubourg du Gorréquer (en français : *haute ville*) forme le prolongement de la rue du Château, hors les murs. C'est le chemin du Faouët et de Gourin, situé dans la partie supérieure de la basse ville. V. « Notice historique sur Quimperlé », pp. 5 et 42.

3. Petit ouvrage de Dubuisson qui ne nous est pas parvenu. Nous avons vu, p. 31, note 8, qu'il avait annoté la « *Descriptio fluminum Galliæ* » de Papire Masson.

4. Le *guideau* est un filet en forme de sac.

5. Lochrist, en Inzinzac. *Vide supra*, p. 78, note 7.

6. C'est la truite commune ou franche, que d'Argentré appelle *becquée*. Il désigne, par le mot *saulmonale*, la truite saumonée. V. « Hist. de Bret. » par d'Argentré, édit. de 1618, p. 37.

7. *Gourt*, ou *gord*, signifie : pêcherie. Voyez la note qui suit.

les gorrets[1]. Et ceste pesche, qui peut valoir 2 à 3 cents escus par an, apartient à l'abbé de Ste Croix qui la possède seul, privativement au prince avec lequel il partage les moulins, rentes, fief, seigneurie et justice de Kimperlé[2]. — Il y a aussy des *gorrets* sur la rivière d'Isole, à pareille distance de la ville. —

Au dessus de ceste chaucée *des gorrets*, les saulmons ne peuvent monter plus avant dans ceste rivière d'Ellé qui, comme j'ay dit, est apparemment l'*Erius* de Ptolémæé, et qui a donné le nom à la ville de Kimperlé ou Kimper Ellé, *id est : oppidum Elli seu Erii fluminis*[3].

Au reste, ce mesme abbé de Ste Croix est curé primitif des deux paroices de la ville, où il met des vicaires perpétuels qui ont fort peu de choses pour eux.

Le vicaire de St Columban, Messire Julien de Lousche, est tout proche l'abbaye et a 3 chapelles de sa cure, outre son église. Celuy de St Michel est en la aulte ville et a la chapelle de Nostre Dame (où il y a une très belle tour, à flèche couverte de plomb, portant les armes de Gondy et date de 1621, qu'elle fut faite ainsy[4]), tout voisine, et puis encor six autres qui sont de sa cure[5]; entre lesquelles est l'hospital de St Eutrope[6], situé sur un petit et gentil ruisseau qui vient d'une lieue plus ault, accompagné d'un autre voisin qui fait mouldre un moulin à tan, par aucuns appelé *le ru de Beaubois*[7], et par autres *de la tannerie (forte is qui Frutmur in Monim. Briton., p. 4, in fine*[8]).

XXIII

Conquerneau

— Conq[9] simplement, et *Conqkerneau* qui est: *Conq* en Cornouaille[10], appelée en breton : *Kernéau*, et en dialecte de Léon : *Kerné*[11]. Car Conq est la première ville de la seneschaucé de Cornouaille.

1. Diminutif de : *gord*, pêcherie consistant en deux rangs de perches, plantées dans le fond de la rivière et formant un angle dont le fond est fermé par un filet. La chaussée dite des Gorets existe encore et sert à faire mouvoir une minoterie. V. « Notice histor. sur Quimperlé », p. 47, note 2 ; — « Gloss. français » de Ducange, *verbo : gord*.
2. *Vide supra*, p. 103, note 8.
3. Grosses erreurs : *vide supra*, pp. 96, note 2, et 97, note 9.
4. *Vide supra*, p. 98, note 9.
5. La chapelle St Laurent et d'autres, situées sans doute dans la partie rurale de la paroisse.
6. V. « Notice histor. » de M. de Blois, pp. 51, 52.
7. Beaubois est un manoir, en Saint-Michel. Le célèbre historien D. Morice y naquit. V. *ibid.*, p. 55.
8. V. « Cartul. de Quimperlé », pp. 86, 97.
9. *Conq* signifie, en breton : *angle, coin*. V. « Chrestom. bret. », I, p. 120.
10. Le mot *conq* est entré dans la formation de plusieurs noms de lieux bretons, comme Le Conquet, Concoret, Beuzec-Conq. Beaucoup de localités portent le nom de Conques, dans le S.-O. de la France.
11. *Kerné* signifie en effet : la Cornouaille, que l'on nomme, en dialecte vannetais : *Kernèw*. Un habitant de la Cornouaille se dit : *Kernevad*, au plur. : *Kernevis*. La Cornouaille armoricaine, en latin : *Cornubia, Cornovia*, tire son nom des *Cornabii, Cornavii, Cornovii* de Grande-Bretagne, qui s'établirent au S.-O. de l'Armorique. V. « Chrestom. bret. », I, p. 34 ; — « Hist. de Bret. », I, pp. 285, 309-313.

Armes de Cornouaille : *d'argent à un croissant montant de gueules*[1] (autres disent : *3 croissans de gueules*), *esquartelé d'azur à un mouton d'argent*, qui sont les armes de Kemper[2]. —

De Kimperlé à Conq ou Conquerneau, 5 bonnes lieues. Vous passez l'Isole et les ruisseaus de la tannerie ou de Beaubois ; puis à 2 lieues, trouvez, en un creux vallon, le pont de Karadec[3], de larges et très grandes pierres, situées en forme de planches. Le ruisseau fort gentil, qui coule par dessous, se va rendre au port de Bellon[4], auquel il semble qu'il donne le nom ; et ainsy ce sera la rivière de Bellon[5].

Montez le costau qui suit : vous rasez du costé gauche, sur le costau, la chapelle de St Ouarneau[6], dépendant de la paroice de Riec[7], proche d'une canonnade en la plaine, au dessus du costeau.

Puis, au bas de ladite plaine, coule un autre ruisseau plus petit[8], couvert d'un semblable pont, dit : *pont ar bellec*[9], *le pont au prestre*. Les loups, chassés et pris à levriers, sont pendus à un arbre, sur ledit ruisseau.

Puis, au bout d'une lieue, trouvez le bourg de Pont d'Aven[10], par où passe la rivière d'Aven[11] qui vient d'au dessus de Rosporden[12]. Elle donne le nom au bourg, à cause que l'on l'y passe, toute pleine de rochers qu'elle est, sur un pont de 15 ou 20 pas ; elle s'en va, demi lieue au dessous, dans la mer où elle fait un port de barre, comme celuy de Bellon, à l'entrée duquel entrent les vaisseaus de 300 tonneaus, mais non plus avant, et n'en vient aucun jusqu'à Pont d'Aven.

Le bourg apartient à Mr de la Porte Neuve[13] (maison située sur le bord de la mer, proche du port de Bellon et non loin du Pont d'Aven), du surnom de Guer, qui a là ses armes en un posteau : *d'azur à 7 macles d'or, 3, 3, 1 ;* mais le marquis de Molac dit qu'elles doivent estre *frettées*[14]. Il a des alliances de Malestroit, qui sont *besans d'or*[15].

1. Ce sont les armes, non de la Cornouaille, mais d'une famille particulière, appelée : de Cornouaille, ou, en breton : de Kernéau.

2. La ville de Quimper porte : *d'azur au mouton passant d'argent, accorné et onglé d'or*. Quelquefois : *de gueules au cerf passant d'or, au chef de France* (Guy Le Borgne).

3. Près de Saint-Caradec, village en Mellac, entre ce bourg et celui de Trévoux, se trouve un pont. Mais notre auteur semble avoir passé le Bélon, bien au dessous, entre Baye et la chapelle Saint-Ouarneau, près de Riec.

4. Lire : Bélon. Les huîtres de Bélon passaient pour les plus grandes de l'Europe. V. « Voy. dans le Finist. », par Cambry, édit. 1835, I.

5. La rivière de Bélon entre en mer, un peu à l'Est de l'Aven.

6. La chapelle Saint-Ouarneau se trouve encore marquée sur la carte d'état-major n° 88, entre Baye et Riec, un peu après le passage du Bélon, en venant de Quimperlé. V. cette route dans l' « Atlas itinéraire de Bret. », par Ogée (1769), planche XI.

7. Comm. du cant. de Pontaven, arr. de Quimperlé.

8. C'est le ruisseau qui coule à l'Ouest de Riec, et, un peu plus bas, s'unit au Bélon.

9. *Bélek* signifie : *prêtre*.

10. Pontaven, ch.-l. de cant., arr. de Quimperlé.

11. L'Aven naît en Leuhan, et se jette en mer, entre Riec et Névez. V. « Hist. de Bret. », I, p. 26.

12. Ch.-l. de cant., arr. de Quimper.

13. La Porte-Neuve, château en Riec, qui passa à la maison Guer, en 1445, par le mariage de Catherine Morillon, héritière de cette seigneurie, avec Guillaume de Guer. V. « L'ancienne église de Riec et le château de la Porte-Neuve », par le marquis de Brémond d'Ars (Soc. archéol. du Finist., XV) ; — « Les ruines romaines de la Porte-Neuve », par le même (*Ibid.*, 1883).

14. Guer porte : *d'azur à sept macles d'or, 3, 3, 1*, qui est Le Sénéchal, *au franc canton d'argent, fretté de huit pièces de gueules*.

15. Malestroit porte : *de gueules à neuf besans d'or* ou : *de gueules à cinq besans d'or en sautoir*. Anne de Malestroit, dame du Pontcallec (en Berné), épousa, vers 1575, René Papin. Leur fille, Marie, fut mariée, en 1600, à Charles de Guer, sr de la Porte-Neuve. V. « La baronnie de Malestroit » (Mélanges d'hist. et d'archéol. bret., I, 1855) ; — « Généalogie des sires de Malestroit », par M. l'abbé Le Mené (Soc. Polym. du Morbihan, 1880).

De là à Conquerneau, il y a encore 2 lieues, presque toutes lande.

Conq ou Conkerneau [1] est une petite place environ de cent maisons, bastie ou fortifiée pour la nourriture et seureté des enfans des ducs, qui autrefois estoient là élevés, à cause du bon air.

Elle est située en mer qui l'environne à l'Est, par un canal communément appellé la Chambre, de 60 ou 80 piés de large et de profondeur de 20, en basse eau, de 40 ou 50, en aulte marée, et qui avance un quart de lieue plus outre et reçoit les ruisseaus d'eau douce de Fromeur [2] et de Lisivi, où l'on peut abbreuver les chevaux.

Ce bras est celuy qu'il faut passer en bateau, venant de Kimperlé, et lequel, quand la marée vient, la laisse aller autour de la ville, au Nort, puis aussy au Sud, de l'autre costé opposite, et a son entrée biaise du Sud à l'Ouest.

Il y vient peu de vaisseaus, et la place, durant basse eau, est de 3 costés à sec ; mais en marée, est de 3 costés environnée d'eau. Il n'y a que le canal à l'Est, dit la Chambre, qui demeure toujours plein.

Les deux costés : au Nort, qui n'est qu'un regorgement de la Chambre, et l'autre au Sud, qui est un œstuaire, se sèchent, comme j'ay dit.

A l'Ouest, c'est l'isthme ou terre qui n'a jamais d'eau, sinon par sous le pont levis et dans le fossé du dongeon.

Il n'y a que du costé d'Ouest que la place tient à terre ferme, par une langue de terre, comme fait St Malo par une levée, du costé de Nord Est.

La ville est bien ceinte de murailles de large pierre à gros grain, à tours, bastions et fers à cheval, et un gros dongeon qui, à la porte de terre, sert de réduit et de demeure au s[r] du Puy Robin qui y commande à 20 hommes mal entretenus, sous le gouvernement du sieur de Rouet, du nom de la Béraudière [3], jeune cavalier qui a succédé à son père, le s[r] de l'Isle de Rouet [4], en Poitou, et porte : *équartelé au 1er et 4e d'or à l'aigle à deux testes ou éployée de gueules, au 2e et 3e d'or à la croix de sable* [5]. Auparavant luy, cestoit le s[r] de Lesonnet, du nom de Prestre [6] (qui porte comme l'évesque de Cornouaille cy aprez), qui voulut tenir, en 1619, contre MM[rs] de Vendôme et le mareschal de Brissac, et en sortit mal [7].

La place est assez bonne, les murailles toutes à machecoulis, fort époisses, de pierre à gros grain qui se tire au proche terrein, et fort aultes, malaisées à escalader. Il y a force terrein par derrière. Une poterne y donne entrée, du costé de l'Est, aus passagers du canal ; une autre, du costé de terre, opposite et à l'Ouest, est tousjours ouverte ; une troisième, au Nord, dite *la porte des vins*, est murée.

1. V. la vue de « Conquerneau », par J. Peeters (Bibliothèque de Nantes, n° 49.298), et celle des « Plans et profilz des principales villes de Bretaigne », par Tassin. *Vide supra*, p. 84, note 6.

2. Fromeur, forme de Frut-mur, signifie : grand ruisseau. *Vide supra*, p. 105, note 8.

3. Probablement : François de la Béraudière.

4. Philibert-Emmanuel de la Béraudière, s[gr] de Lisle-Jourdain et de Rouhet, qui épousa : 1° Françoise Taveau, fille du baron de Morthemer (d'où François ci-dessus) ; 2° Jeanne de Tournemine, fille du marquis de Coëtmeur. V. « Diction. des familles de l'ancien Poitou », par Beauchet-Filleau (Poitiers, 1840-54, I, p. 290).

5. La Béraudière portait primitivement : *d'azur à la croix fourchée d'argent* ; puis : *d'or à l'aigle éployée de gueules, armée, lampassée et couronnée de sinople.*

6. Le Prestre, s[gr] de Lézonnet (en Loyat). Il y a eu trois gouverneurs de Concarneau de ce nom, depuis 1558.

7. *Vide supra.*, p. 58, note 9.

Une grosse tour qui sert de réduit et dongeon, accompagnée d'une autre tour *des munitions*, flanque et défend la porte de terre ou d'Ouest. Au Sud, un môle rompt les houles et coups de mer, et conserve une longue courtine en arc, entre deux tours ou plateformes. Mais du costé de l'Est, un costeau voisin, au dessus du canal, à la portée du mousquet, commande la ville tout à fait. On la peut battre aussy de 3 cens pas, et du costé du Sud et du costé du Nort, quand la mer est retirée, roulant, avec des clayes ou ponts, les canons sur la vase.

Il y a, dans la place, cisternes et puits d'eau douce, et entre autres, un dans le dongeon ou réduit du gouverneur.

Au reste, le trafic de vins et blais y est petit; la communauté, pauvre. Elle députe néanmoins aus Estats. Il y a bien cent hommes à porter armes, et, en un besoin, deux cents.

La paroice est hors ville et s'appelle St Busec [1], *S^{tus} Budocus* [2].

Dans la ville, il y a 3 églises: la grande chapelle de St Guennolé, *Vingaloeus, Guengaloeus* [3], bien jolie (*Judith comitissa relicta Alani Cornubiæ comitis, anno 1065 sepulta est in ecclesia S^{ti} Guengaloei* [4]. — *Ms. Kemperleg.*); celle de Nostre Dame du Portail, et l'hospital de la Trinité. Le recteur de St Busec est recteur de Conquerneau et y demeure.

Yves de Quellen, s^r de Crecholin [5] (qui a épousé la fille de Mr de Kerholin [6], lieutenant gouverneur du Port Louis) porte: *d'argent*, à ce que l'on m'a dit, *fascé de gueules* [7]. Toutesfois les Quellen de Rhennes portent: *d'argent à 3 feuilles de houx de sinople* [8], et *quellen* [9], en breton, signifie: *du houx*.

Il y a justice ou barre royale, séneschal, dont l'office vaut 8 à 9 mille escus; lieutenant, 10 mille livres, et procureur du roy.

De Conq à Kimper Corentin il y a 4 lieues. On passe au bout des œstuaires ou bras de mer, dits de St Jean et puis de St Laurent, où il entre une rivière d'eau douce qui peut estre celle que l'on passe à guay un peu aprez, et où il y a un petit pont de pierre, pour les piétons.

1. Beuzec-Conq, auj. comm. du cant. de Concarneau, arr. de Quimper.

2. St Budoc, mort vers l'an 600, fêté le 9 décembre. V. « Vie des SS. de Bret. » par Albert Le Grand, et celle de D. Lobineau; — « Biographie bret. » de Levot, I, p. 212; — « Hist. de Bret. », I.

3. St Guénolé, *en latin: Winwaloeus* ou *Guingualoeus*, né vers 465, fondateur du monastère de Landévénec vers 493, mort en 532, fêté le 3 mars. V. Bolland., mars, I; — « Vie des SS. de Bret. » par Albert Le Grand, et celle de D. Lobineau; — « Cartulaire de Landévénec », par M. de la Borderie (Rennes, Catel, 1888; et Annales de Bretagne, IV (1888-89), pp. 295-364); — « Hist. de Bret. », I, pp. 316-326, et *passim*; — « Cartulaire de Landévénec », par MM. Le Men et E. Ernault (Documents inédits, V, 1886); — « Landévénec et St Guénolé », par M. J. Loth (Annales de Bret., VIII, p. 488); — « Rapport sur une excursion à Landévénec » (Assoc. bret., 1856); — « Note sur les ruines de Landévénec », par M. Bigot (Soc. archéol. du Finist., 1883); — « Encore le cartul. de Landévénec », par M. de la Borderie (*Ibid.*); — « Les cloîtres de Bret.: Landévénec », par M. Bigot (*Ibid.*, 1884); — « Rapport sur la pierre tombale de Landévénec », par M. Clérec (Soc. académ. de Brest, I).

4. C'est-à-dire: à Landévénec. V. « Cartul. de Quimperlé », p. 84.

5. Lire: Crec'holen, en Ploufragan.

6. Lire: Kerolain (en Lanvaudan), du nom de Jegado. *Vide supra*, pp. 81, note 3, et 90, note 3.

7. Quélen portait: *burelé de dix pièces d'argent et de gueules*.

8. D'après M. de Courcy, cette maison est différente de la précédente.

9. Lire: *quelen*.

XXIV

Environs de Kimper ou Kimper Corentin

Le Breton escrit cela : *Quemper Chaurintin, (id est : ad, seu juxta templum Chorentini*[1]), à cause de l'église cathédrale qui a donné le nom à la ville, comme nous dirons. Car auparavant, ce n'estoit qu'un ermitage ou lieu solitaire, comme porte la tradition, quoy qu'il y ait apparence qu'à cause de la commodité du port et du confluent de deux rivières, ce lieu ait pu estre habité par les Romains, sa situation estant vrayment romaine.

La ville[2], pour le présent, est bien ceinte de muraille à machecoulis, à 6 portes (dont l'une s'appelle Mertdar, *porte de Mars*[3]) et d'un grand quart d'heure de chemin de tour, ayant fossé d'un costé, qui est Nord et derrière les Jésuites[4], quoyque peu creux, la muraille basse, aisée à escalader, et le terrein de derrière encor commandant, au moins avantageux pour y siéger, approcher et batre ; et des autres costés ceinte d'eau, ayant à l'Est un ruisseau qui coule dans le fossé, quoy que fort petit et de peu de considération, et roule dans la rivière qui passe au Sud.

Ceste rivière, dite Audet[5] ou Oder (*Oderus Massono*, Oder en la carte d'Argentré), vient du Nort, bien avant dans les terres, du costé de Karaes[6].

1. *Quemper* signifie : *confluent*, par allusion à la rencontre de l'Odet et du Steir. On y a joint le nom du patron de la ville, saint Corentin, fêté le 12 décembre. La forme ancienne de ce nom est : *Courentin*, qui se prononce : *Caourentin*; et en dialecte vannetais, on appelle souvent : *Caourant*, les gens qui portent le nom de Corentin. V. la « Chrestomathie bret. » de M. Loth (I, p. 118). Sur saint Corentin, mort au VIe siècle, v. « Hist. de Bret. », I, pp. 320-321 ; — « Hist. de saint Corentin », par M. l'abbé Thomas (Quimper, 1887) ; — « Vie des SS. de Bret. » de D. Lobineau et d'Alb. Le Grand ; — « Biographie Bret. » de Levot ; — « Vie inédite de saint Corentin », par D. Plaine (Soc. archéol. du Finist., XIII, 1886).

2. V. « Les anciennes fortifications de Quimper », par M. Ducrest de Villeneuve (Assoc. bret., Quimper, 1895) ; — « Plan de la ville de Quimper, en 1764 », par M. J. Trévédy (Soc. archéol. du Finist., VIII, 1880-81) ; — Evêché et ville de Kemper » (documents inédits), par M. A. du Châtellier (Soc. d'émulat. des C.-du-N., XXV, p. 81) : — « Quimper », par M. Aymar de Blois (ms. n° 49.243 de la Bibl. de Nantes, fonds français).

3. La vraie forme est : *Médard* ou *Mézard* (« Chrestom. bret. », I, p. 220) ; — « Hist. de ce qui s'est passé en Bretagne, durant les guerres de la Ligue », par le chanoine Moreau (édit. Le Bastard de Mesmeur, pp. 157, 196). Nous verrions dans ce mot, un souvenir plutôt de saint Médard que du dieu Mars. On disait : *la porte de Médard*, et l'expression : *pons Mezardi* se trouve dans le cartulaire de Quimper, ms. du XIVe siècle.

4. Les Jésuites, établis à Quimper en 1615, dirigeaient le collège dont la chapelle existe encore : c'est celle du lycée de la ville.

5. L'Odet prend sa source en Saint-Goazec, dans les Montagnes Noires. Il se joint, à Quimper, avec le Steir, qui sort du Ménez-Kerqué, en Cast. V. « Hist. de Bret. », I, p. 26.

6. Carhaix, ch.-l. de cant., arr. de Châteaulin, Finist. La forme ancienne de ce nom est : *Caer-Ahes*, *Kerahes*. Dans sa « Chrestomathie bretonne » (I, p. 186), M. Jules Loth en parle ainsi : « On a établi une relation entre le « nom *Ahes* et celui des voies romaines qui, en certains endroits, portent le nom de *hend-ahes*. Or le premier sens, « donné par le Dictionnaire gallois de Silvan Evans pour *aes*, est celui de *terrain uni*, *plan*. Il se pourrait donc que « ce nom n'eût rien de mystérieux. Quand à la légende de la *vieille Ahès*, ou plutôt du *vieil Ohès*, voir le Roman « d'Aquin (édit. Joüon des Longrais, p. 174) ». On trouve un Carahais en Pleucadeuc, et deux Carhaix : l'un en Trédion, l'autre en Bréhan-Loudéac. V. « Chrestom. bret. », I, p. 187 ; — Annuaire de Bretagne, par M. de la Borderie, 1861, p. 177 : « La vieille Ahès, chant populaire » ; — « Sur l'étymologie du nom de la ville de Carhaix », par Bizeul (Assoc. bret., 1845, pp. 9-29) ; — « Des voies rom. du Morbihan », par le même (Annuaire histor. du Morbih., 1841, pp. 220-223) ; — « Précis histor. sur la ville de Keraës, en français : Carhaix », par La Tour-d'Auvergne-Corret (Dict. d'Ogée) ; — « Carhaix », par Guillaume Le Jean (Soc. d'émulat. de Brest, 1861) ; — « Rapport sur les fouilles faites à Carhaix, en nov. 1850 », par Bizeul (Ms. franç., n° 49.297, à la Biblioth. de Nantes) ; — « Découverte de monnaies rom. et objets divers, à Carhaix », par M. Nédellec (Soc. archéol. du Finist., 1890).

Estant à quart de lieue prez de Kimper, elle reçoit une autre rivière, à soy peu prez égale, qui, passant le long de la gentilhommière des Cleuziou [1] (c'est à dire, en breton : *des fossés* [2]) et sous le petit pont de pierre, dit du mesme nom de Cleuziou, une arcbusade au dessous, entre en la rive gauche de l'autre susdite, nommée Audet ou Oder. Coste rivière est dite Zet ou Zé, comme autres prononcent, qui, en langue celtique, signifie *palus* ou *mare* [3]. Elle sourt au bois taillis et buisson de Trcenna [4] en la paroice de Eliant [5], district de Konkerneau, et vient aus moulins et prairies de Treenna, où en tout temps elle est guayable, mais en hyver elle ne l'est plus, jusques à son confluent dans Odet.

Odet, peu au dessus dudit confluent, a un pont de pierre, à présent rompu et dit Pont Audet, au dessous d'un guay ou passage, dit Tréaudet [6], par lequel pont rendoit le chemin de Kimper à Keraes.

Ce chemin allant contre la rive droite d'Audet, à ceste heure, depuis Kimper jusques au Pont Audet, est abandonné, à cause de la rupture du pont, et dit on qu'il estoit plein de trous et fort mauvais.

On va, à présent, contre la rive gauche d'Audet, passer Zet au pont de Cleuziou [7], et on ne passe plus Audet ; ains, passé Zet, on rapproche à la portée du pistolet la rive gauche d'Audet, et incontinent et vis à vis du pont d'Audet, on retrouve l'ancien chemin, lequel est ault élevé, dossu, droit, en quelques lieux pierroté, avec beaucoup de marques de voye romaine. Il entre dans les clos et parcs de hayes qui ont gaigné sur luy, puis ressort et continue ainsy, une grande demi lieue, jusques aus clos du commencement de la rabine de Léserqué [8], maison de Mr de Missirien [9] qui, conformément à ce que m'a dit le sr du Rubien [10], gentilhomme curieux de vers Karaes [11], tient que ce chemin est très antique et qu'il en a leu, dans un vieil manuscript, qu'une royne demeurant à Karaes l'avoit fait faire, pour aller à Kimper et à la mer [12].

1. Le manoir de Cleuyou, en Ergué-Gabéric, près Quimper.

2. *Clod, cloz, cleuz, cluz*, au pluriel : *cleuziou*, signifient en effet : fossé avec talus, tranchée. V. « Chrestom. bret. » de M. Loth, I, p. 198.

3. Dubuisson a mal entendu : c'est le Ged ou Jet, qui part du village de Coatspern en Corai, et se jette dans l'Odet, une demi lieue avant Quimper (« Hist. de Bret. », I, p. 26). Ce nom, qui s'est écrit : *iud* et *iez*, est entré dans la composition de beaucoup de mots bretons (« Chrestom. bret. », I, p. 215). Il signifie : *combat*, ce qui nous fait douter de cette étymologie. Dubuisson fait sans doute allusion au mot breton : *geun*, qui signifie : *marais*.

4. Lire : *Treanna*, terre et seigneurie en Elliant. Ce n'est qu'un des ruisseaux, affluents du Ged, qui naît de ce côté.

5. Elliant, comm. du cant. de Rosporden, arr. de Quimper.

6. Tréodet, village marqué sur la carte d'état-major n° 73, un peu au-dessus du confluent de l'Odet et du Ged.

7. *Vide supra*, note 1.

8. Lezergué (*Lez-Ergué*, c'est-à-dire : la cour d'Ergué), seigneurie et manoir en Ergué-Gabéric, près Quimper.

9. Guy Autret, sgr de Missirien et de Lezergué, en Ergué-Gabéric, érudit et généalogiste breton, rééditeur, en 1659, de la « Vie des SS. de Bret. » d'A. Le Grand, et mort en 1660. V. Biographie bret. » de Levot ; — « Bio-bibliogr. bret. », de M. R. Kerviler, art. *Autret*.

10. Peut-être faudrait-il lire ici : Robien. Il s'agirait alors de Christophe Gautron, fils de Jacques, vte de Plaintel, et de Claudine, héritière de Robien. Il prit, pour lui et ses descendants, le nom de Robien, et fut l'aïeul du président Christophe-Paul de Robien, si connu par ses travaux archéologiques, dont il aurait ainsi tenu le goût de son ancêtre.

11. Plaintel et Robien (près Quintin) sont bien à l'Est de Carhaix, et dans l'évêché de St-Brieuc. *Vide supra*, p. 72, note 7.

12. Il y avait une voie de Carhaix au cap Sizun. V. « Des voies romaines sortant de Carhaix ». par Bizeul (Rennes impie de Caila, 1849 ; et Assoc. bret, 1845, 1849 et 1851) ; — « Aperçu général sur l'étude des voies rom. », par le même (Assoc. bret., 1844).

Or la table de Peutinger[1] met trois chemins romains en toute la Bretagne[2] : l'un, suivant la coste australe l'espace de 148 milles, qui font 49 lieues de Bretagne et plus, est depuis Nantes jusques à *Gesocribate*[3], qui peut estre *Brivates portus*[4] des géographes ou Brest ; l'autre, tendant à la coste septentrionale, part de *Condate Rhedonum*[5] qui sera Rhennes ou Rhedon, jusques à *Coriallo*[6] qui peut estre Lanion ou quelque part vers St Paul de Léon, contenant 96 milles qui font 32 lieues de Bretagne ; un troisième, partant du mesme *Condate*, prend le milieu des terres et s'en va à 25 milles, jusques à *Fano Martis*[7] qui pourroit estre Mertdrignac[8] (car *Mert*, en breton, est *Mars*[9], et, à Kimper, la porte de Mertdar est la porte de Mars[10], qui maine de la ville à la Terre au duc[11], confluent des rivières, guay, bouche de la rivière, cap de Penmarch[12] et cap de Siun[13], où sont mazures d'habitation romaine[14]), et de là, par 24 autres milles, à *Reginea*[15] où il finit, n'ayant fait que 49 milles ou 16 lieues de Bretagne, depuis Rhennes jusques audit *Reginea* que Sanson, en sa carte de Gaule antique, estime estre Rohan. Mais, si les distances n'y répugnent, ce pourroit bien estre Keraes, qui est : *la ville de la royne Aes*[16], comme portent leurs traditions et vieux livres. De *Reginea* à *Regina* il y a si peu à dire qu'ils en pourroient bien avoir inventé le nom de la royne Aes, ne sachans à qui attribuer la fabrique de ce chemin et le changement du nom *Reginea* en celuy de Keraes.

Or ce chemin cy finissant, en la Table de Peutinger, en *Reginea*, à 16 lieues de Rennes, dans les terres, n'est pas à dire qu'il y finisse à Rohan ou à Keraes en effet ; mais cela signifie en ladite Table, comme j'ay éprouvé en beaucoup d'autres chemins d'icelle, que ceste voye va droit de

1. *Vide supra*, p. 77, note 7.
2. Dubuisson interprète mal la Table de Peutinger, sans doute d'après l'édition qu'il avait sous les yeux. V. « Géogr. de la Gaule rom. », par M. E. Desjardins, I, pp. 333-336 ; IV, planche X.
3. *Gesocribate* doit très-probablement être identifié avec Brest. V. Hist. de Bret. », I, pp. 108, 109 ; — « Géogr. de la Gaule rom. », IV, pp. 76 et 140 ; — « Les murailles romaines du château de Brest », par Bizeul (Revue des prov. de l'Ouest, 1857) ; — « Hist. etc... » par le chanoine Moreau, édit. 1857, p. 369 ; — « Monographie du château de Brest », par M. Fleury (Soc. académ. de Brest, III) ; — « *Gesocribate* et *Saliocanus portus*, par le baron de Rostaing », par M. Ant. Dupuy (*Ibid.*, VI).
4. Ce port se trouvait plutôt à l'embouchure du Brivet, rivière qui se jetait dans la Loire, près St-Nazaire, par l'étier de Méan, en traversant la Brière. V. « Hist. de Bret. », I, pp. 39, 86, 87 ; — « Géogr. de la Gaule rom. », I, pp. 291 et 292. Ce nom est fourni par Ptolémée et ne se trouve pas dans la Table de Peutinger.
5. Rennes. « V. Hist. de Bret. », I, p. 133 ; — « Géog. de la Gaule rom. », IV, p. 139.
6. Le *Coriallum*, ou mieux *Coriallo*, de la Table de Peutinger, d'abord placé vers Brest ou Crozon, par une erreur des éditeurs allemands de 1753 et 1824, est le ch.-l. du *pagus Coriovallensis* (VIIIe s.), et se trouvait aux environs du cap de la Hague, en Normandie. V. « Géogr. de la Gaule rom. », I, pp. 333 et suiv., 399 ; IV, planche V.
7. *Fanum Martis* doit-être identifié avec Corseul (ch.-l. de cant., arr. de Dinan). V. « Hist. de Bret. », I, pp. 113 et suiv. ; — « Géogr. anc. de la péninsule armoricaine », par M. de la Monneraye (Assoc. bret., 1883, pp. 68-73) ; — « Géogr. de la Gaule rom. », I, pp. 322, 327 ; IV, planche X.
8. Lire : Merdrignac, ch.-l. de cant. de l'arr. de Loudéac, C.-du-N.
9. Nous proposerions au contraire, comme origine de ce nom, la forme latine : *Martiniacum*.
10. *Vide supra*, p. 109, note 3.
11. La *terre au duc* était un faubourg, compris entre l'Odet et le Steir. Elle était soumise à la justice ducale, et on la nommait ainsi, par opposition à la terre des regaires, qui relevait de l'évêque ; V. « Hist. etc... », par le chanoine Moreau, édit. 1857, pp. 286, 287.
12. V. « Excursion à Penmarc'h », par G. de Ritalongi ; — « Penmarc'h et les barons du Pont », par M. l'abbé Peyron (Soc. archéol. du Finist., 1890).
13. Lire : cap Sizun. V. « Notes archéol. sur le cap Sizun », par M. Le Carguet (Soc. archéol. du Finist., X, 1883).
14. V. Soc. archéol. du Finistère, II, p. 124 ; — « Hist. etc... », par le chanoine Moreau, édit. 1857, pp. 7-12 ; — « L'arc de Sizun » (Soc. archéol. du Finist., 1886).
15. C'est auj. Erqui. *Vide supra*, p. 77, note 2.
16. *Vide supra*, p. 109, note 6.

Condate à *Reginea*, d'où elle tourne et va retrouver l'un des deux autres chemins, ou celuy de *Coriallo* ou celuy de *Gesocribate*[1]. C'est ce dernier que je croirois qu'elle iroit reprendre, attendu les vestiges que l'on m'a dit y avoir prez Keracs, vers Kimper, et ceux que j'ay veus depuis les clos de Léserqué, qui, de suite et droiteur, respondent à une croix au dessous de Léserqué, par laquelle passe ladite voye qui entre et se perd dans lesdits clos, laissant, par un grand arc, aller un chemin moderne tout alentour desdits clos, au bout desquels se retrouve ladite voye, jusques auprez du pont de Cleuziou.

Elle alloit anciennement passer de là au Pont Audet et droit à Kimper, où ceste porte de Mars fait croire qu'il y avoit habitation romaine[2]. De là s'en alloit à la pointe de Cornouaille et cap de Sizun ou de Sain, isle célèbre[3] dans *Pomponius Mela* (« *Sena Osismicis*[4] *adversa littoribus* »), pour y avoir eu un oracle, et sans doute habitée, au moins connue des Romains qui ne devoient pas estre logés bien loin de là.

— *Osismici qui Cæsari Osisimici, Sisimli ou Sismii Solino*[5]; *Straboni, Timii : Osissimor, Léon, Argentræo, I, 10, in Leon.* —

L'isle de Sain ou de Sizun, en breton (« *Osisimiis populis Sena, Gallici numinis oraculo et sacerdotissis Gallicenis vel Senis, quæ naufragis futura prædicebant celebris* », *apud Pomponium Melam*), est à présent habitée de gens sauvages qui courent sus aux naufragans[6], vivans de leurs débris et allumans des feux en leur isle, en des lieux de péril, pour faire faire naufrages aus passans le *raz*, ainsy que Nauplius feit jadis aux Grecs passans le Caphanée. Le *raz* et Basses Froides sont en la coste de Cornouaille, où commence Léon, « *Osismicis* (cap de Osizun, Sizun ou Siun) *adversa littoribus* ». Ce *raz* est un destroit de deux lieues, plein de rochers ou escueils descouverts, très dru semés et où se fait le concours et rencontre de diverses marées, voisins aucuns de 50 pas l'un de l'autre, entre lesquels il faut que les vaisseaus passent adroitement, entre ladite isle, qui est deux lieues en mer, et la terre ferme du cap de Siun. Autrement faudroit que les vaisseaus feissent 60 ou 80 lieues de circuit alentour de l'isle et des Basses Froides, qui sont rochers couverts et à fleur d'eau, derrière l'isle, bien avant en mer (Voyez les cartes marines).

1. Toute cette dissertation est pleine d'erreurs et faite d'imagination.

2. La station romaine était *Aquilonia*, auj. le faubourg de Locmaria, près Quimper. On ne trouve rien de romain dans cette ville, fondée par les Bretons émigrés, à la fin du Ve siècle, au confluent de l'Odet et du Steir. V. « Hist. de Bret. », I, pp. 109, 110.

3. En breton : *Enez Sizun* ; en latin : *Sena* ou *Sina*. V. « Hist. de Bret. », I, p. 112 ; — « Sur l'île de Sein », par M. Audran (Soc. archéol. du Finist., VIII, et Assoc. bret., 1881) ; — « L'île de Sein ou de Sizun », par le même (Soc. archéol. du Finist., IX, 1882) ; — « Diablintes, Curiosolites, Corisopites » (Assoc. bret., 1881, pp. 305-308) ; — « L'île de Sein, aux temps préhistor. », par M. Le Carguet (Soc. archéol. du Finist., 1897).

4. Les Osismes (*Osismi* ou *Osismii*) occupaient à peu près ce qui devint la Cornouaille et le Léon. Ils avaient pour capitale : *Vorganium*, auj. Carhaix. V. « Hist. de Bret. », I, pp. 101 et suiv. ; — César : *De bello gallico*, II, 34 ; — « Géogr. histor. de la péninsule armoricaine », par M. de la Monneraye (Assoc. bret., 1883, p. 34) ; — « Géogr. de la Gaule rom. », I, pp. 318-320 ; II, pp. 486, 488, 493, 495 ; IV, p. 122 ; — « Sur Ossismor et la cité des Ossismiens », par M. Lukis (Soc. d'études scientif., Morlaix, V, 1883) ; — « Mémoire sur *Vorganium*, *Vorgium* et la cité des *Osismii* », par Le Men (Soc. archéol. du Finist., II, 1874-75) ; — « Sur la découverte de *Vorganium* », par le même (*Ibid.* III) ; — « Des *Osismii* », par Bizeul (Assoc. bret., Morlaix, 1850) ; — « Note sur l'ancienne cité d'Occismor », par Miorcec de Kerdanet (Brest, Rozay, 1829) ; — « Notices sur les villes d'Occismor et de Tolente », par le même (Brest, Lefournier, 1853) ; — « Les anciennes cités du pays des Osismiens », par M. A. de Blois (Revue de Bret. et de V., 1863, 1er semestre).

5. *C. Julius Solinus*, auteur du « *Polyhistor. seu de mirabilibus orbis* », vers 230. Il imite et copie Pline.

6. V. « Le droit de naufrage (15 décembre 1233) », par M. Marchegay (Revue des prov. de l'Ouest, II, 9).

Argentré [1] dit qu'en breton, Léon est appellé Osisimor ; mais il se trompe de mettre le *raz* au cap St Mahé [2].

Ceux de Sain sont chrestiens et viennent se faire baptizer en terre ferme.

De fait, il y a dans ceste pointe de Cornouaille et cap de Sizun, Siun ou Sain, tout au bout, en la paroice de Clédent [3], le long du golfe de la pesche des sardines, des murailles encor fort ault élevées hors de terre, que les Bretons appellent : *moguer Greguy* ou *Greguen, les murs des Grecs* [4] ou *des coquilles* [5]. Mais l'ouvrage qui est, à ce que l'on m'a constamment raporté, *opus reticulatum*, avec des chaines ou ceintures de brique, monstre qu'il est ouvrage des Romains, et non point des Grecs qui jamais n'habitèrent par là.

Semblables murailles se voyent encor assez loin de là, le long du golfe mesme de la pesche des sardines, jusques à l'autre bout, à scavoir vis à vis de l'isle de Tristan, ès environs de Douarannes [6] (ville dont le nom signifie : *terre d'isle* [7]). En ce lieu, la tradition et vieilles histoires de Bretagne portent que fut la ville d'Ys ou d'Yns (Belon [8], en ses « *Observations* », dit que Paris est ainsy appellé *quod sit par Ys*, égal en grandeur à la ville d'Ys qu'il prend pour le Caire), abismée du temps d'un roy Grallon, par la meschanceté de sa fille, laquelle, par le commandement d'une voix céleste, il jeta de dessus son cheval et abandonna en la mer qui gagnoit et le suivoit, luy fuyant à cheval et se sauvant, comme Loth de Sodome [9].

Voilà les vestiges qu'il y a en ce quartier là d'antiquité romaine ; à quoy je rapporte ce que Mr le baron de Vieux Chastel, Pierre de Lannion [10], m'a dit, à scavoir que ce chemin susdit de Keraes vient jusques à Vennes [11] (*Voyez l'extrait du ms. de Quidalet, p. 4*).

Et de fait, à 7 lieues de Kimper, sur le chemin de Vennes, entre le bout des rabines de Kaimerch [12] ou Banalec et Kimperlé, j'ay rencontré, une lieue durant, vestiges de voye ressemblant à romaine.

1. V. Argentré : « Hist. de Bret. », édit. 1618, p. 138.
2. V. « L'abbaye de St-Mathieu de Fine-Terre », Par Levot (Soc. académ. de Brest, VIII) ; — « La pointe Saint-Mathieu », par M. H. Urscheller (*Ibid.*, XIV).
3. Lire : Cleden-cap-Sizun, auj. comm. du cant. de Pont-Croix, arr. de Quimper.
4. Le mot *Grigueny* indique toujours la présence d'antiquités romaines. V. « Hist. etc... », par le chanoine Moreau, édit 1857, pp. 7-13 ; — « Hist. de Bret. », I, p. 111 ; — Réformation du domaine, 1678-81 (Arch. de la L.-Inf., série B ; aveux de Vannes, tome 10 : aveu du chapitre, folio 2, recto) : «... l'antique porte Grigueny... » ; — « La ville de Vannes et ses murs » (Soc. polym. du Morbih., 1887, p. 31) ; — « Les villes disparues des Namnètes », par L. Maître, I, p. 148.
5. Coquille se dit, en breton : *krogen*, au pluriel : *kregin*.
6. Douarnenez, ch.-l. de cant., arr. de Quimper.
7. Des mots bretons : *douar*, terre, et *enes*, île. Selon le P. de Rostrenen, dans son Dictionnaire français-breton, il faut entendre : *la terre de l'île Tristan*, située tout près.
8. Pierre Belon, naturaliste Manceau (1517-1564) ; auteur, entr'autres ouvrages, des « Observations de plusieurs singularitez et choses mémorables, trouvées en Grèce, Asie etc... » (1553).
9. La baie de Douarnenez, est tout entourée de vestiges d'habitations romaines. V. « Hist. de Bret. », I, pp. 9, 10 ; — « Le roi Grallon », par MM. Lallemand et de Blois (Assoc. bret., 1857) ; — « La Cornouaille au temps du roi Grallon (480-505) », par M. de la Borderie (Revue de Bret. et de V., 1862, 1er semestre) ; — Annuaire de Bret. du même auteur, 1862, pp. 9-13 ; — « La naissance et le nom du roi Grallon », par M. Le Carguet (Annales de Bret., X, p. 63) ; — « La submersion de la ville d'Is » (Barzaz Breiz de M. le vte de la Villemarqué, édit. 1867, pp. 39-44) ; — « La légende d'Is », par M. Le Guyader (Soc. académ. de Brest, V, 1868).
10. *Vide supra*, p. 78, note 4.
11. C'est la voie romaine de *Vorgium* à *Dartorigum* ou Vannes, par *Sulis* ou *Sulim* (auj. Castennec), marquée sur la Table de Peutinger. V. « Des voies romaines de la Bretagne, et en particulier de celles du Morbihan : voie de Rennes à Carhaix, par Castel-Noëc », par Bizeul (Annuaire histor. du Morbihan, 1841, pp. 216 et suiv. ; 1842, p. 133 ; — « Géogr. de la Gaule rom. », IV, planche X.
12. Lire : Quimerc'h. *Vide supra*, p. 100, notes 3, 4, 6, 7.

Depuis Kimperlé jusques à Pont Score[1], 3 lieues, je n'ay pas fait le chemin droit; mais au sortir de Pont Score à Entbont, il y a une pièce de voye romaine, au ault du costau, que l'on perd tout à l'heure, prenant à gauche le chemin moderne à Ennebont, au lieu qu'il faudroit prendre à droite le vieil, lequel on m'a dit exister encor, mais estre fort rompu.

Et ce pourroit estre chemin romain; car ce mot: *Ent an bount (corrupte*: Enbount ou Ennebount), qui signifie *le chemin du pont*[2], monstre qu'il y a eu quelque chemin célèbre passant le fleuve Blavet en cest endroit, où le pont et ceste ville ont esté basti.

Et de fait, c'est l'unique passage de toute la coste australe de Bretagne, pour aller de Nantes, Vennes et Kimper jusques à Brest; en sorte qu'il y a grande apparence que par là passoit le chemin de la Table peutingériane, *a Portu Nannetum usque Gesocribate*[3].

D'Ennebont puis aprez, jusques à Vennes, qui sont 10 lieues, je n'ay pas fait le chemin, sinon que, venant de Keranna[4] à Vennes, comme vous approchez une lieue prez Vennes, vous retrouvez le chemin d'Ennebont. Mais le ms. de Quidalet et la tradition conforme de tous ceux de devers Lambale, Dinan et St Malo, portent, comme j'ay annoté, p. 8 de l'extrait dudit ms., que le chemin de Kares, appellé de tout le monde, encor aujourd'huy : *le chemin ferré*, vient, par le bourg de Chemin Chaucée[5], droit à Courseu[6], place romaine avec mille vestiges et marques infaillibles, et que je tiens estre *Cosedia*[7] de la Table itinéraire, comme *Coriallo*[8], Carès, par syncope de *Corallès*. Et peut estre le latin devoit il estre : *Keriallo*. Le ms. de Quidalet donne 20 lieues d'estendue à ce chemin de Kares à Courseu[9].

Et à Courseu, le couppe un autre chemin semblable, vulgairement appellé le Strat, *stratum* en latin, qui est voye romaine venant de Rhennes ou de ces quartiers là à Quidalet[10].

1. Lire : Pontscorff.

2. V. « Les voies romaines de la Cornouaille », par le Dr Halléguen (Assoc. bret., 1857); — « Voie de Vennes vers Hennebont », par Bizeul (Annuaire histor. du Morbihan, 1841, pp. 182-185); — et *supra*, p. 79, note 6.

3. C'est la grande voie romaine de Nantes à Brest, indiquée par la Table de Peutinger. V. « Géogr. de la Gaule rom. », IV, planche X.

4. Aujourd'hui : Sainte-Anne-d'Auray.

5. Chemin-Chaussée était un village en Plédéliac, où se trouvait l'auditoire de la baronnie de la Hunaudaye (« Hist. de la par. d'Hénansal », dans l'Annuaire des C.-du-N. de 1869). Ce mot indique le passage d'une voie romaine, et, dans l'espèce, il s'agit en effet de celle qui menait de Carhaix à Corseul. L'on appelait en général toute voie romaine : *chemin chaussé, haussé, ferré*; et l'on donnait, paraît-il, tout spécialement le nom de *chemin chaussé* ou *chemin-chaussée* à la voie de Vannes à Corseul. V. « Géogr. de la Gaule rom. », IV, p. 233; — « Dict. de Bret. » d'Ogée, 2e édit., II, p. 291; — la carte qui accompagne le « Cartulaire de Redon » de M. de Courson (Documents inédits, 1863); — « Recherches sur les voies rom. des C.-du-N. », par M. Gaultier du Mottay (St-Brieuc, Guyon-Francisque, 1869), p. 111; — Annuaire histor. du Morbihan, 1841, p. 123 : « Voie de Vannes à Corseul », par Bizeul.

6. Corseul. *Vide supra*, p. 111, note 7.

7. Coutances. V. « Géogr. de la Gaule rom. », IV, p. 139.

8. *Vide supra*, p. 111, note 6.

9. Il y avait une voie de Corseul à Carhaix, par Lamballe; mais notre auteur travaille d'imagination, et tous ses raisonnements sont sans valeur. Il veut parler, en la désignant fort mal, de la voie romaine, marquée de Coutances à Rennes, par Corseul (ou *Fanum Martis*), sur la Table de Peutinger. De Rennes partait une voie pour Carhaix, par Loudéac, et une autre, pour la même ville, par Castennec. Cette dernière coupait celle de Vannes à Corseul, près de Plaudren. V. « Géogr. de la Gaule rom. », IV, pl. X; — « Dict. de Bret. » d'Ogée, 2e édit., I, p. 148; — la carte qui accompagne le « Cartulaire de Redon »; — Recherches sur les voies rom. des C.-du-N. », pp. 63, 174; — « Voie de Vannes à Corseul, suite », par Bizeul (Annuaire histor. du Morbih., 1842, p. 128); — « Réseau des voies romaines en Armorique », avec plan, par M. Kerviler (Armorique et Bretagne; Paris, Champion, 1893, tome I).

10. C'est la voie de Rennes à Erqui, par Corseul, avec embranchement sur Aleth. V. les ouvrages précédemment cités, et spécialement les « Recherches sur les voies rom. des C.-du-N. », p. 129.

Adjoustez la pièce de voye romaine que nous avons veue entre Dinan et Rhennes [1], qui pourroit estre une pièce de ce Strat rendant à Rhennes, au *ault chemin*, au fauxbourg de la rivière de l'Isle ; et le chemin de Téveron [2], dont nous avons fait mention en Dinan.

Il y a à Landmeur [3], 3 lieues de Morlaix, sur mer, diocèse de Dol, enclave de Tréguer, un ms. en parchemin, petit folio, gros de 3 ou 4 doigts, légendaire de St Melaire [4], patron du lieu ; où il est escrit que Kaerais estoit comme la matrice ou centre de Bretagne, d'où partoient 7 chemins *ferrés* et ault élevés, qui se divisoient comme rais d'une estoile et s'espandoient par toute la Bretagne [5].

Mais, pour retourner à Kimper Corentin, la ville est située au défaut d'un costau, tombant au confluent de la rivière d'Oder ou Odet (qui sourt en la paroice de Spezet [6], d'une fontaine nommée Audet. *Vide Flum. Britan* [7].) et d'une autre appellée, par le greffier civil Stanger : rivière d'Aune ; par les paysans et vulgaire : Ster Aon, *la rivière d'Aon* [8] ; et creue estre un bras dérivé de la vraye rivière d'Aon (*Massono* [9] *Notus est amnis*) qui se rend, à Chasteaulin, dans le golfe de Brest, et laquelle vient de prez Keraes, et est la plus saumonneuse de toute la Bretagne [10].

A cause de quoy Mr de Missirien, Guy Autret [11], estime qu'elle a ce nom d'Aon qui, en vieil breton, signifiait *un saumon* (qu'à présent, par corruption et emprunt du latin ou roman, ils appellent *saoumoun*). En tesmoignage de quoy, une ancienne maison, située sur ceste rivière, est appellée : Penneoc [12], Penneou, et par les paysans qui conservent mieux l'antique et vray langage : Penneon et Penaon, c'est à dire : *teste de saumon*, en vieil breton; et porte encore aujourd'huy, pour ses armes : *trois testes de saumon d'argent en champ d'azur*. L'alloué de Vennes [13] dit que *eoc*, en breton, signifie : *saumon*, et *pen eoc : teste de saumon. Variare potest dialectus et pro eoc fieri eon et aon.*

Mais M^r le marquis de Molac, Sébastian de Rosmadec [14], m'apprend que la rivière qui conflue à Kimper avec Audet s'appelle Air [15], et qu'il a une maison et fief dans la Terre au duc, joignant les moulins de ladite rivière, qui sont à luy, qui s'appelle Prat Air, *le pray d'Air* [16], pour estre située

1. C'est sans doute la même que la précédente.
2. Près de Tréveron (comm. des arr. et cant. de Dinan), la voie romaine de Rennes à Corseul était coupée par une autre voie de Rieux à Aleth, qui passait près de Dinan. *Vide supra*, p. 49, note 7.
3. Lanmeur, ch.-l. de cant. de l'arr. de Morlaix.
4. Saint-Mélar ou Méloir, fils de Méliau, comte de Cornouaille. Il fut assassiné vers 544. V. « *Vita S. Melarii* » (D. Morice, Pr., I, col. 225) ; — « Hist. de Bret. », I, pp. 378-380, 401 403.
5. *Vide supra*, p. 109, note 6.
6. Spézet, comm. du cant. de Carhaix, arr. de Châteaulin. *Vide supra*, p. 109, note 5.
7. *Vide supra*, p. 104, note 3.
8. Jamais nous n'avons vu ce nom donné au Steir qui se jette, à Quimper, dans l'Odet. Son véritable nom est le Teyr, que l'on a faussement identifié avec *Ster* qui signifie : *rivière*. V. « Chrestom. bret. » (I, pp. 232-233).
9. *Vide supra*, p. 28, note 8.
10. C'est l'Aune, qui a ses sources en Lohuec et en Plougras. Son ancien nom était : *Hamn*, forme de la même racine qui a donné le gallois : *avon*, et l'armoricain : *aven*. En breton moderne, on l'a nommé, en effet : *Aon* et : *Ster Aon*. Saumon se dit : *eucq* ou *eaucq*. V. « Chrestom. bret. » (I, pp. 96, 136) ; — « Dict. bret. » de Grégoire de Rostrenen.
11. *Vide supra*, p. 110, note 9.
12. Penneaucq, maison noble en Guiscriff. V. « Dict. bret. » de Grégoire de Rostrenen, article : *saumon*.
13. *Vidi supra*, p, 78, note 9.
14. Gouverneur de la ville, depuis 1634. Il était fils de Sébastien, marquis de Rosmadec, baron de Molac etc..., et de Françoise de Montmorency. *Vide supra*, p. 51, note 2.
15. *Vide supra*, note 8.
16. Ce serait plutôt : Prat-Teyr, ou : *la prairie du Teyr*.

dans une prairie ou champ, joignant la rivière d'Air (Aucuns disent : Tair, Their. *Vide Flum. Britan.*[1]).

Quoy qu'il en soit, ceste rivière conflue et se perd en Odet, une portée d'arbaleste au dessous de la muraille de la ville, jusques où abordent les bateaus à voile de 40 et 50 tonneaus de port. Et à cedit confluent monte la marée, voire beaucoup plus ault et au dessus de la ville, sans pourtant que les rivières soient salées, si ce n'est aus plus grandes malines.

A ce mesme confluent, commence le quay du costé d'Air, bien revestu de pierre, tout le long de la Terre au duc, et non pas de l'autre costé dit le Peniti, auquel il y a une longue et belle rabine de chesnes, finissant à un petit bourg dit Lo Maria[2], au bout duquel se trouve le pont de bois tournant sur pivot et se séparant et déjoignant, pour laisser passer les vaisseaus (au lieu qu'en Flandres les ponts se lèvent en ault, tout d'une pièce). Cestui cy se sépare en deux, et se rangent les deux pièces le long des deux costés du quay, puis se repoussent et rejoignent. Estant rejoint, on passe dessus à pié et les plus hardis aussy à cheval ; mais ce n'est pas sans qu'il tremble, n'estant soustenu par le milieu et jointure d'aucune chose, sinon par le contrepois des deux bouts et queues qui portent sur les deux terrains ou costés du quay, c'est à dire le costé de Lo Maria ou Peniti, et le costé du vray quay revestu, lequel finit là.

La rivière est large là de 10 ou 12 toises et bien profonde ; puis elle va descendre, au bout de 3 lieues, en la mer, où elle fait un port dit vulgairement : Ben Audet ou Pen Audet[3], c'est à dire : la teste ou chef d'Audet, *caput Odeti vel Oderi*, parceque il y a là une pointe de terre ou petit cap, à l'embouchure d'Odet. Et en ce port là, voire à moitié chemin de là à Kimper, les vaisseaus de toutes grandeurs peuvent arriver.

XXV

Ville de Kimper Corentin

— Voyez Argentré, L. I, ch. 10. —

La ville de Kimper Corentin[4] porte pour ses armes : *d'azur à un mouton d'argent, au chef d'hermines*[5].

1. *Vide supra*, p. 104 note 3.

2. Loc-Maria, près Quimper, est l'ancienne *Aquilonia* des Romains. Au XIe siècle, un monastère de religieuses Bénédictines y était déjà fondé. V. « Gall. Christ. », XIV, col. 891 ; — « Essai sur l'architecture religieuse en Bret., aux XIe et XIIe siècles », par M. de la Monneraye (Assoc. bret., St-Brieuc, 1846) ; — « Quelques observations faites dans l'église de Loc-Maria, près *Quimper* », par M. Le Covec (Soc. archéol. du Finist., X, 1883) ; — « Les cloîtres de Bret. », par M. Bigot (*Ibid.*, 1884) ; — « Armoiries d'ouvriers dans l'église de Loc-Maria de Quimper », par M. Faty (*Ibid.*, 1883) ; — « Le moulin du prieuré de Loc-Maria » (*Ibid.*, 1890) ; — « Origines de Loc-Maria », par M. l'abbé Peyron (*Ibid.*, 1890) ; — « Chartes anciennes du prieuré de Loc-Maria, près Quimper », par M. de la Borderie (*Ibid.*, 1897).

3. Benodet, comm. du cant. de Foucsnant, arr. de Quimper.

4. V. la notice sur Quimper, de M. Aymar de Blois, à la suite de l'article sur cette ville du « Dictionnaire de Bret. » d'Ogée, 2e édit. ; — « Quimper », par le même auteur (ms. français, no 49.243 de la Bibl. de Nantes) ; — « Evêché et ville de Quimper ; documents inédits », par M. A. du Châtellier (Soc. d'émulat. des C.-du-N., XXV) ; — « Promenade archéol. à Quimper », par M. Trévédy (Soc. archéol. du Finist., XII, 1885) ; — « Hist. etc... » du chanoine Moreau, (édit. 1857, pp. 285-290) : curieux renseignements sur les rues de Quimper.

5. La ville de Quimper porte : *d'azur au mouton passant d'argent, accorné et onglé d'or, au chef d'hermines.*

Les six valets de la ville [1], portans hallebarde, les ont au milieu de leur casaque blanche herminée.

La Maison de Ville est par dedans et attenant la chapelle de Nostre Dame de Cité [2]. Ils ont le procureur des bourgeois, pour faire les affaires. Ils n'ont point de miseur, comme à Rhennes, à St Malo et ailleurs [3].

M. le marquis de Molac est gouverneur [4].

La ville est bien murée [5] à machecoulis et bien baignée de deux rivières : au Sud, Odet [6], et à l'Ouest, Air ou Teir [7], qui confluent au Sud. Mais à l'Est, il n'y a qu'un petit ruisselet, coulant dans le fossé qui n'est pas si mauvais qu'au Nord, où la ville est commandée par la aulteur du terrain et peu couverte par une pièce de gazon détachée. Du costé du Sud, un costau [8] (bien qu'Odet et son confluent entre deux) commande et meurtrit tout à fait dans la ville ; et aussy estoit ce là, un peu à costé du gibet, que fut planté le canon, durant les guerres de la Ligue, quand Kimper fut pris [9].

La ville est peuplée assez. Les maisons toutes de pierre grisonne, tirée ès environs, et couvertes d'ardoise provenant de Chasteaulin et de 5 ou 6 lieues du voisinage de Kimper, ce qui rend la ville fort agréable.

Au fin milieu, il y a une belle place où se font les exécutions de justice, bornée de maisons prébendales. Ils appellent cela : *le tour du chasteau,* et estiment que jadis là estoit le chasteau ducal qui fut aumosné à l'église. Cela se peut aussy appeler *la cité ;* car l'église ou chapelle joignant icelle place s'appelle Nostre Dame de la Cité, qui est une chapelle, fillette, secours ou *treuve*, comme ils parlent, de la paroice. Du chasteau et cité il y a encor une petite porte du costé de ladite Nostre Dame de Cité, et une autre dans la rue ou passage à la Croix et place Maubert, où est le logis de la vve Tripier, belle mère de Mr Bourgoin. Dans l'église Nostre Dame, est enterré *Jungomarius* [10], abbé de Kimperlé, tenu pour saint *(Vide Abbat. Kimperleg.* [11]*)*. En ceste église ou chapelle Nostre Dame de la Cité, est l'entrée de la Maison de Ville qui est attenant, et qui a un procureur syndic ; et de ceste maisme église parle le ms. de Kimperlé ainsy : « *Vixit Alanus consul cognomento Cainnard, postquam construxit abbatiam in honore Sanctæ Crucis apud Kemperle, 3o annis et mortuus est, sepultus in ecclesia B. Mariæ quæ adjacet ecclesiæ Sti Chourentini* [12]. »

La paroice est unique en Kimper Corentin [13]. L'évesque [14] est seigneur temporel, comme nous

1. V., sur les valets de ville, « L'administration municipale en Bretagne, au XVIIIe s. », par M. A. Dupuy (Annales de Bret., III, p. 367).

2. Démolie vers 1830. On l'appelait aussi : N. D. du Guéaudet ou Guéodet, parce qu'elle était près du gué de l'Odet. V. « Dict. français-breton », de Grég. de Rostrenen, art. *Guéaudet* ; — « Dict. de Bret. » d'Ogée, 2e édit., II, p. 421 ; — « Histoire etc... », du chanoine Moreau (édit., 1857, p. 241).

3. V. « L'administration municipale en Bret. », chap. I (Annales de Bret., III, pp. 299 et suiv.).

4. *Vide supra*, p. 115, note 14.

5. V. « Plan de la ville de Quimper, en 1764 », par M. J. Trévédy (Soc. archéol. du Finist., VIII, 1880-81).

6. *Vide supra*, p. 109, note 5.

7. *Vide supra*, p. 115, note 8.

8. Le Mont-Frugy.

9. Le 10 octobre 1594. V. Hist. etc... », par le chanoine Moreau, 2e édit., 1857, pp. 228 et suiv.

10. V. « Hist. de l'abbaye de Ste-Croix de Quimperlé », par D. Le Duc (édit. Le Men, p. 253).

11. Autre ms. de Dubuisson, qui ne nous est pas parvenu.

12. Ces mots se trouvent dans un fragment de chronique, inséré dans le cartulaire de Quimperlé. V. « Cartul. de Quimperlé », pp. 83, 96 ; — et, au sujet de N.-D. de Quimper, *ibid.*, pp. 85, 168, 253.

13. V. « Les diverses paroisses de Quimper, au moyen-âge », par M. A. de Blois (Assoc. bret., VIII, 1857).

14. V. « Hist. des évêchés de Cornouaille et de Léon », par M. du Châtellier (Soc. académ. de Brest, III).

dirons, et la ville et fauxbourg, et territoire temporel et fief de l'évesque, est divisée en 5 parcelles, régions ou quartiers, à chacune desquelles il y a un curé ou vicaire destituable et semi prebendé, establi par le chapitre qui est recteur primitif et qui a les fonts baptismaux dans la grande église de St Corentin[1] ou cathédrale, et nulle part ailleurs. Chacun de ces 5 vicaires est semainier, pour dire la messe paroiciale et faire tout office solennel et de paroice; mais pour l'administration des sacrements, le baptême, confession, eucharistie, extrême onction, mariage, chaque vicaire les administre en sa région et quartier.

Ils disent la messe paroiciale dans la grande église, en un autel à ce dédié, font eau bénite et pain bénit, comme ailleurs, en toute la Bretagne.

Et cependant M^{rs} les chanoines font leur office dans le chœur, et sont 16 prébendés, outre les 5 vicaires qui sont semi prébendés. Il semble qu'il y avoit jadis un doyen, selon la charte de la comtesse Constance en l'an 1088[2] (*Vide Monim. Briton., p. 8, et Episcopos Corisopitenses, in Benedicto*[3]). Il y a, à ceste heure, 4 dignités: archidiacre de Cornouaille, le premier; chantre, trésorier; et le 4e ou dernier, archidiacre de Porhouët.

L'évesque (celuy d'aujourd'huy se nomme Guillaume Le Prestre[4] et porte: *de gueules à 3 escussons d'argent, chacun d'eux chargé de 3 hermines*[5], *à la bordelure engrelée d'or*[6]) est seigneur temporel de la ville et fauxbourgs, hormis la Terre au duc, qui est le fauxbourg, le long du quay, cy aprez.

Il a dix mil livres de rente et son hostel épiscopal, dit *le Manoir* (basti par un évesque de la maison de Rohan[7], qui partout y a mis ses armes, à *9 macles*), qui aboutit sur la muraille et fossé de la ville, où passe la rivière d'Oder[8] qui, en cest endroit, s'appelle: *l'estang l'Evesque*, parcequ'elle est élargie et retenue comme une gour[9] à faire moudre les moulins de l'évesque, qui sont au pont et abord de la ville, joignant la porte de laquelle, par dedans, est tenante à l'Evesché une chapelle de l'évesque et la prison de la cour épiscopale.

Ceste cour a son séneschal bailly, dont l'office vaut deux mille escus, et procureur fiscal. On les appelle *les officiers de reguerre* (ou régale, comme à St Brieu), à cause que ceste juridiction a esté concedée jadis à l'évesque par les rois ou ducs de Bretagne, que représente le roy à présent[10].

1. V. « Liste des patrons des églises du diocèse de Quimper », par M. de la Borderie (Assoc. bret., Lannion, 1884).
2. Du 1er août 1088. C'est une charte de confirmation à l'abbaye de Sainte-Croix de Quimperlé, d'une donation précédente. V. « Cartul. de Quimperlé », pp. 230, 281.
3. Par ces mots, Dubuisson entend nous renvoyer à un catalogue des évêques de Cornouaille, composé par lui (et qui ne nous est point parvenu), et à l'article concernant l'évêque Benoit (1074-1113), fils d'Orscant.
4. Ev. de Quimper, 1614-1640.
5. Lire: *de gueules à trois écussons d'hermines*, qui est Coëtlogon.
6. Brisure que Jacques Le Prestre ajouta, en 1520, aux armes de sa femme, Jacquette de Coëtlogon, qu'il avait prises pour lui et ses descendants. *Vide supra*, p. 54, note 6.
7. Claude de Rohan, qui ajouta le « logis » de son nom au palais épiscopal, fut d'abord archidiacre de Porhoët, puis év. de Quimper (1501-1540). L'Evêché avait été construit primitivement par Bertrand de Rosmadec (1417-1445); il fut brulé en 1595, et rebâti, en partie, depuis 1614, par Mgr Le Prestre de Lézonnet. V. « Hist. etc... » du chanoine Moreau (édit. 1857, p. 390); — « Monographie de la cathédrale de Quimper », par M. Le Men, p. 229; — « L'incendie de l'Evêché de Quimper, en 1595 », par M. l'abbé Peyron (Soc. archéol. du Finistère, 1892).
8. *Vide supra*, p. 109, note 5.
9. *Vide supra*, p. 104, note 7.
10. C'est bien là l'étymologie, généralement acceptée, du mot *régale* (en Bretagne: *regaire*). Toutefois, d'après quelques auteurs, ce n'est point parce qu'il avait été concédé par des rois, que l'on appela *régale* ou *regaire* le fief de l'evêque; mais bien parce que le roi y exerçait les droits de l'évêque, durant la vacance du siège. V. « Glossaire du droit français » d'Eusèbe de Laurière; — « Notes sur la régale », par M. l'abbé Luco (Soc. polym. du Morbih., 1876).

— Regaire *rectius Argentræo*, V, 36. *Vide eum: de jure* des regaires en Bretagne, V, 17[1], où il distingue bien cela des régales de France. Voyez aussy le livre des régales de Bretagne, du sr de Launay Paliodeau[2]. —

Et ce, en différence du séneschal royal qui est l'un des 4 grands séneschaux de Bretagne, et par toute l'estendue du présidial de Kimper Corentin, qui contient les éveschés de Cornouaille et de Léon, comme celuy de Rhennes, les éveschés de Landtriguer[3], St Brieu, St Malo, Dol et Rhennes. Cet office vaut 20 mille escus, exercé par Maistre Yves de Kerouart[4], gentilhomme. C'est à luy de convoquer l'arrière ban de ces deux éveschés.

Aprez luy est le bailly, ailleurs appellé alloué ; puis le lieutenant particulier, enfin le juge criminel.

Mais au devant d'eux tous, sied et marche le président du Présidial, du nom de Séneschal[5], frère du sr de Kercado[6], conser en Parlement à Rennes, et porte 7 *macles d'or, 3, 3, 1, en champ d'azur*, comme le sr de la Porte Neuve, du nom de Guer[7], cy dessus. Son office vaut 24 mil livres d'achat seulement, à cause du peu de profit qu'il luy fait, comme n'ayant qu'une seule audiance, qui est le vendredy, le séneschal occupant le reste.

Au siège présidial, on plaide en françois et non en breton.

Il y a 8 conseillers du Présidial, qui est l'un des 4 Présidiaux de Bretagne. Les gens du roy sont le procureur : le sr de Kermenizic, et l'advocat : le sr de Tréaudet.

Ils tiennent tous, tant qu'ils sont, leur jurisdiction, dans une sale, vrayment sale et vilaine, du convent des Cordeliers[8].

Ce convent (J'ay, en un cayer à part, la fondation et description de l'église et curiosités des Cordeliers[9]) est le seul convent qui soit dans la ville, au plus bas d'icelle, excepté les Jésuites[10], qui se bastissent tout à l'opposite et au plus ault.

Ceux cy ont desjà deux corps de logis en potence, de pierre de taille, fort beaus et de grande et éminente apparence, comme pour veoir et commander sur la ville. Le P. Thomas y travailloit au

1. Edit. 1618.

2. Albert Padioleau, sr de Launay, auditeur à la Chambre des Comptes de Bretagne, auteur d'un ouvrage intitulé : « Belle et curieuse recherche, traictant de la jurisdiction souveraine de la Chambre des Comptes de Bretagne, sur le fait de la régale, ouverture et closture d'icelle etc... » (Nantes, Sébastien de Heuqueville, 1631).

3. Lann-Tréguer, auj. : Tréguier ou mieux : Tréguer. V. « Hist. municip. de Tréguer », par M. de la Borderie (Soc. d'émulat. des C.-du-N., 1894).

4. Lire : Kerouartz, ancienne maison de Cornouaille.

5. Lire : Le Sénéchal, ancienne maison dont on trouve des membres dès le XIIe s. V. « Cartul. de Quimperlé », pp. 124, 207 ; — « Nobil. de Bret. » de P. de Courcy.

6. Lire : Carcado, en Saint-Gonnéry ; baronnie en 1624.

7. *Vide supra*, p. 106, note 13.

8. Fondés vers 1232, par l'évêque Renaud qui revenait d'Italie, où il avait connu les Frères-Mineurs. V. « L'église des Cordeliers de Quimper », par M. Aymar de Blois (Quimper, Blot, 1845) ; — « Essai sur l'architect. relig. en Bret., aux XIe XIIe s. (Assoc. bret., 1846) ; — « Notice architectonique sur l'anc. église des Cordeliers de Quimper », par M. Bigot (Soc. archéol. du Finist., 1883) ; — « Extrait d'une notice sur les... », par feu Aymar de Blois (*Ibid.*) ; — « Les Cordeliers de Quimper », par M. Trévédy (*Ibid.*, 1882, 1883) ; — « Notice sur les nécrologes du couvent de St-François de Quimper », par le même (*Ibid.*, 1884) ; — « Notice sur l'anc. couvent des Franciscains de Q., écrite au XVIIe s. », annotée par D. Plaine (*Ibid.*, 1885) ; — « Derniers débris du couvent de St-François de Q. », par M. Trévédy (*Ibid.*, 1887) ; — « Le couvent de St-François de Q. », par le même (*Ibid.*, 1890) ; — « *Le* couvent de St-Fr. de Q. : quelques épisodes de son histoire », par le même (*Ibid.*, 1894).

9. Ce cahier a sans doute été perdu ; car il n'est pas joint à ceux qui composent cet Itinéraire.

10. *Vide supra*, p. 109, note 4.

Dictionnaire breton[1], qu'il fera imprimer par l'un des deux libraires qui sont en la ville, dont l'un, Alliene[2], est libraire à Morlaix et à Roan aussy. Ils ont toutes les classes, excepté la théologie et les deux autres aultes disciplines, qui ne sont pas de leur profession.

Mais hors la ville, il y a force monastères, comme, à la Palu[3], des Bénédictines du Calvaire[4], assez loin de la ville; et à Lo Maria, encor assez loin, au bout de la rabine, vis à vis du quay et proche le pont tremblant, autres Bénédictines de Nostre Dame, qui ont donné le nom au bourg de Lo Maria, *locus Mariæ*[5].

Mais de l'autre costé et sur le quay mesme, il y a des Cordelières[6], fort pressées en une petite maisonnette; et plus avant en terre, les Ursulines[7], en un fort beau bastiment.

Au dessus et plus loin, sont les Capucins[8], et tout cecy, de ce costé du quay, est dans le fauxbourg de la Terre au duc, ainsy dit à cause qu'il est tout entier dans le fief et mouvance du duc de Bretagne qui est à présent le roy, au lieu que la ville est dans le fief de l'évesque.

Ce fauxbourg est grand et fort beau, ayant à son entrée, proche la porte de la ville, dite porte Mertdar[9], une place assez grandette, bastie de petites maisons ornées de quelque peinturage, de mesme parure et de fort bonne grâce.

Il y a un fort beau jeu de paume un peu plus avant, et le quay et port des vaisseaus sert de grand ornement.

Ce fauxbourg a aussy sa paroice à part, dite St Mathieu, qui est une grosse tour[10] au milieu du bourg, dont dépend une chapelle sur le quay[11].

Tous les bastimens y sont de pierre grise, couverts d'ardoise comme en la ville, à laquelle je reviens, pour dire que l'autre fauxbourg, opposite à celuy de la Terre au duc, la rivière entre deux, est bien grand aussy et dépendant de la ville. Il y a une longue rue, dite la Rue Neuve, au bout de laquelle, au pié du costeau, est un cœmetière muré, avec une maisonnette remplie d'os. Là est la sépulture des faiseurs de cordes, qu'ils appellent *caquins*, estimant vulgairement que, le vendredy sainct, ils souffrent le flux de sang, et sont de ceux qui lièrent Jésus Christ et feirent ceste imprécation : *Sanguis ejus super nos et super filios nostros !* Aussy en ce pays là, le mestier de cordier ou *caquinerie* est comme celuy de bourreau ailleurs, qui est de père en fils et fort infâme et ignominieux. Les cordiers ou caquins sont appellés en breton : *cacous* (Voyez la fin de St Brieu[12] et de Vennes).

1. Ce Dictionnaire ne nous paraît pas avoir jamais été imprimé.
2. Georges Allienne, imprimeur à Morlaix, de 1621 à 1650; à Quimper, depuis 1650. Il était de Rouen. V. M. R. Kerviler : « *Bio-Bibliogr. bret.* »; — « *Essai historique sur les origines et les vicissitudes de l'imprimerie en Bretagne* », par D. François Plaine, Bénédictin de Ligugé (Nantes, Morel, 1876), p. 19.
3. Lire : la Palue, ancien manoir près de Quimper.
4. Les Calvairiennes, fondées par le célèbre Père Joseph, en 1621, s'établirent près de Quimper, en 1634. V. « Les cloîtres de Bret. », par M. Bigot (Soc. archéol. du Finist., 1884).
5. *Vide supra*, p. 116, note 2.
6. Les Cordelières ou Franciscaines s'établirent ensuite, vers 1650, dans le couvent dit de Saint-Joseph, où sont actuellement les Pères Jésuites. V. « Dict. de Bret. » d'Ogée, 2e édit., II, p. 422.
7. Installées à Quimper, en 1621, près la place Saint-Mathieu, par Sébastien de Rosmadec, marquis de Molac. V. « L'église Saint-Mathieu de Quimper », par M. l'abbé Abgrall (Soc. archéol. du Finist., 1893).
8. Etablis en 1601.
9. Lire : porte Médard. *Vide supra*, p. 109, note 3.
10. Abattue vers 1850. V. « Dict. de Bret. » d'Ogée, 2e édit., II, p. 420.
11. Probablement la chapelle de la Croix. V. *ibid.*, p. 423.
12. *Vide supra*, p. 63, note 7; — « La léproserie de Quimper : les caqueux devant le sénéchal, en 1669 », par M. Trévédy (Soc. archéol. du Finist., 1884).

Au bout du cœmetière, commence la rabine, dans le milieu de laquelle est la chapelle de Peniti [1], dépendant, comme la chapelle Nostre Dame de la Cité [2] et les 4 hospitaux, de la grande église.

Des 4 hospitaux, un est dans la ville, proche les murailles, derrière les Jésuites, dit de St Antoine [3]. Les 3 autres : St Yves [4], St Julian [5] et le plus riche de tous, Ste Catherine [6], qui est au pont levis de la ville, proche l'Evesché, sont hors ville. Cestui cy de Ste Catherine fut, au mois d'octobre 1636, demandé par les Frères de la Charité, afin de s'y establir et panser les vieillards et malades, non autres que ceux que le syndic des bourgeois y envoyeroit avec un méreau, et à condition de 4 cens livres de rente, pour nourrir les 4 Frères qu'ils prétendent y mettre, et de 4 sols par jour, par teste de tous les vieillards ou malades qui y seroient envoyés. Le reste du revenu, qui est de 8 cens livres par an, seroit joint au revenu de St Antoine, qui seroit destiné pour la retraite des femmes vieilles et malades.

XXVI

Eglise de Kimper. Remarques sur la Cornouaille

ÉGLISE de Kimper. — L'église cathédrale est dédiée à St Corentin, à cause de quoy la ville a nom Kimper Corentin, que *Massonus, Lib. de flum.*, explique : *fanum Corentini*. Le Breton dit : *Kemper Chaurintin* [7] (*Chourentinus*, par tout le ms. latin de l'abbaye de Kimperlé), et *Kemper* semble signifier le mesme que *Ker, une ville* [8], comme dit *Massonus*. Autres disent : *Quenver, id est : ad vel apud. Quenver Chaurintin : ad Sanctum Corentinum*, comme *Quenver Elle* ou *Quenverle : ad Ellum amnem, seu juxta Ellum flumen*. —

Ceste église [9] est dans la grande place, bastie de pierre grisonne, fort élevée, ayant un large

1. V. Dict. de Bret. » d'Ogée, 2e édit., II, p. 423 ; — « Notice sur la chapelle de N.-D. du Pénity », par M. Diverrès (Soc. archéol. du Finist., 1886).
2. *Vide supra*, p. 117, note 2.
3. Près la porte de ce nom, dans le quartier Mescloaguen, ou paroisse Saint-Sauveur. V. Ogée, 2e édit., II, pp. 417, 420.
4. *Au N.-O. de la ville, près le manoir des Salles.*
5. A l'extrémité du faubourg de la Rue-Neuve. La montagne, encore nommée : *montagne de St-Julien*, en rappelle le nom.
6. V. Ogée, 2e édit., II, p. 420 ; — « Histoire etc.,. » du chanoine Moreau (édit. 1857, p. 288) ; — « Les hopitaux de Quimper », par M. Faty (Soc. archéol. du Finist., 1883) ; — « Le rentier de l'aumônerie de Quimper, en 1580 », par le même (*Ibid.*, 1880-81).
7. *Vide supra*, p. 109, note 1.
8. Erreur : *Kemper* signifie : *confluent*. *Vide supra*, p. 109, note 1.
9. V. « Dict. de Bret. » d'Ogée, 2e édit., II, pp. 418 et suiv. ; — « Monographie de la cathédrale de Quimper », par M. Le Men (Quimper, 1877) ; — « Visite de la cathédrale de Quimper », par M. l'abbé A. Thomas (Quimper, A. de Kerangal, 1892) ; — « Notice histor. sur la cathédrale de Quimper », par M. Bigot (Soc. archéol. du Finist., 1890) ; — « Fenêtres des églises du Finist. », par le même (*Ibid.*, 1892) ; — « Statistique monumentale du Finist. », par M. l'abbé Abgrall (*Ibid.*) ; — « Notice sur la construction des flèches de la cathédrale de Quimper », par M. Bigot (*Ibid.*, 1883).

frontispice, avec 2 tours quarrées par en haut, d'autre pierre plus belle. Outre lesdites deux tours, il y avoit un clocher fort beau, qui a esté ruiné par le feu du ciel [1].

Au frontispice du portail, au costé droit, sont armes de *pals à 6 pièces*, tymbrées d'une mitre et crosse, qui sont celles de l'évesque de Rosmadec [2], par où appert de l'aage du portail, par les marques de l'évesque qui lors estoit et que vous trouverez cy aprez. Au costé gauche, sont armes d'une seule *macle*, que je tiens pour Tréanna [3], que vous trouverez aussy cy aprez.

Par dedans, les voutes sont bien élevées, et soustenues de beaus cordons de pierre blanche, et néanmoins crevées et ouvertes en quelques lieux, au chœur principalement.

Belle croisée, belles carolles avec chapelles, des deux costés de la nef et tout au tour du chœur.

Au milieu du chœur, tombeau élevé de 3 piés, couvert d'une lame de cuivre, portant une statue de cuivre, gisante à l'épiscopale. Autour de la lame :

Hic jacet magister Herveus de Landeleu [4],
quondam episcopus Corisopitensis,
qui decessit in vigilia Beati Laurentii martyris [5],
anno M CCLXI [6].
Orate pro ipso, fideles.

et quelques vers, en forme de bref et fort commun éloge [7].

Sur le grand autel, châsse où il y a quelque relique sainte, non de St Chorentin, dont le corps est à Mairmoustier lez Tours [8].

Derrière le chœur, en la chapelle de la Trinité d'en ault, tombeau élevé avec statue épiscopale gisante, de pierre sonante, et tout autour de la lame :

Omnibus urbanus de Moncellis Gacianus [9],
Præsul Cornubiæ jacet hic, servusque Mariæ,
Sagax, facundus, de Nannetis oriundus.
Ipse chori voltas fieri fecit pius altas;
Rexit subjectos octo cum mense per annos.

1. La flèche centrale a été incendiée le 1er février 1620, événement qui a été relaté dans une rare plaquette, intitulée : « La vision publique d'un horrible et très épouvantable démon sur l'église cathédrale de Quimper-Corentin en Bretagne, le 1er jour de ce mois de février 1620; lequel démon consuma une pyramide par le feu et y survint un grand tonnerre et feu du ciel. Paris, Abraham Saugrain, 1620 ». Cette plaquette a été reproduite dans le « Recueil de dissertations sur les apparitions etc... » de Langlet-Dufresnoy (1752, I), et dans la « Monographie » de M. Le Men.

2. Bertrand de Rosmadec, év. de Quimper (1417-1445), qui portait : *palé d'argent et d'azur, de six pièces*. Il fonda l'aumônerie, en 1431. *Vide supra*, p. 121, note 6.

3. Tréanna portait : *d'argent à la macle d'azur.*

4. Év. de Quimper, de 1245 à 1260. V. « Gall. Christ. », XIV, col. 880.

5. *Id est* : le 9 août.

6. Cette épitaphe se trouve rapportée au « Gall. Christ. » (*Ibid.*); mais avec la date 1260.

7. Voir ces quatre vers au « Gall. Christ. » (*Ibid.*).

8. Salvator, év. d'Aleth, fuyant devant les Normands, apporta le corps de St Corentin à Paris, vers 965. L'abbaye de Marmoutier le reçût ensuite, et c'est d'elle qu'en 1643, l'église de Quimper obtint un bras de son saint patron. V. « Monogr. de la cathédrale de Quimper », pp. 351 et suiv.

9. Gatien de Monceaux, év. de Quimper, 1408-1416.

Post hæc, milleno bis et octo C quater anno,
Octobris sexta decima, migravit ad alta.
Quisque Deum poscat cum sanctis pace quiescat,
Ac felix agmen Sanctorum concinat. Amen [1].

Ses armes sont au bout du tombeau et aus clefs de la voute du chœur, comme aussy en un vitrail de chapelle australe, au chœur : *d'azur à la fasce d'or cantonnée de 3 estriés d'argent, 2 en chef et 1 en pointe* [2].

Dans les parois de la mesme chapelle de la Trinité d'en haut, au costé boréal, il y a une labe élevée, à statue d'évesque gisant, sans légende ni marque que des armes taillées et aussy blasonnées, mais de couleurs effacées ; et semble que ce soit : *de gueules à 7 billettes d'argent, 4, 3 ;* ou que ce soit : *de gueules au chef échiqueté d'argent et* [3]...

Il y a, de rang plus bas, un autre labe sans statue, dont le commencement de la légende ne se peut lire, à cause du mortier qui le couvre. La fin est ainsy :

Anno Domini millesimo ducentesimo octuagesimo nono [4].

En la paroy opposite ou australe, un labe à statue et ceste légende :

Hic jacet Alanus eps Corisopitensis.
Oremus pro ipso [5].

En la chapelle de Rosmadec, australe au chœur, armes ès vitres, *palées d'argent et d'azur de six pièces.*

Tombeau élevé, à l'entrée de la chapelle, avec statue d'évesque gisant et ceste légende en françois, ce qui est rare en Basse Bretagne :

Cy gist Révérend Père en Dieu Bertrand de Rosmadec, jadis évesque de Cornouaille par l'espace de 28 ans, qui décéda le 7e jour de février, l'an 1445. Priez Dieu pour son âme [6].

En la chapelle de la Magdelaine labe élevé, avec statue à l'épiscopale et ceste légende :

Cy gist feu bo. me. M. Alain Le Moult, évesque jadis de Léon et dampuis de Cornouaille, qui décéda le.... jour de novembre 1493 [7].

Ses armes sont : *d'argent au chevron jumeau d'azur*, ou : *à la jumelle brisée, posée en chevron d'azur* [8].

Au bout australe de la croisée, labes dont l'un est creu estre (mais à tort, parceque c'est ès Cordeliers, comme il appert par le traité que nous en avons à part [9], de l'évesque L'Espervet [10], de

1. Cette épitaphe est rapportée au « Gall. Christ. », XIV, col. 885.
2. D'après M. de Courcy, les armes de Monceaux étaient : *d'azur à la fasce d'argent, accompagnée de trois étriers d'or.*
3. Cette tombe devait être celle de Charles du Liscoët, év. de Quimper (1583-1614). Il portait : *d'argent au chef de gueules, chargé de sept billettes d'argent, 4, 3.*
4. C'était la tombe d'Even de la Forest, év. de Quimper en mai 1283, mort le 14 mars 1290, nouv. style.
5. Cinq év. de Quimper portèrent le nom d'Alain : Alain Morel (1293-1320), Alain Gonthier (1333-1335), Alain An Gall (1336-1358), Alain de Lespervez (1444-1451), Alain Le Maout (1484-1493). Mais il ne peut être question ici que de l'un des trois premiers ; car la tombe des deux autres sera citée plus bas.
6. Bertrand de Rosmadec, fils de Guillaume et de Marguerite du Châtel, fut sacré en 1417 et abdiqua en 1444.
7. Alain Le Maoût, élu en mars 1484, mourut le 2 novembre 1493.
8. D'après M. de Courcy, il portait : *d'argent au chevron d'azur, bordé d'or.*
9. *Vide supra*, p. 119, note 9.
10. Alain de Lespervez fut év. de Quimper de 1444 à 1451, année en laquelle il abdiqua en faveur de son neveu, Jean de Lespervez, qui mourut en 1472.

qui les armes[1] sont ès deux piliers qui bornent le doxal ès deux bouts, et séparent le chœur d'avec la croisée, lesquels par conséquent cest évesque a fait faire (Voyez le temps qu'il mourut en la description des Cordeliers).

Le crucifix qui est au doxal, est à 4 clous et couvert d'argent par un homme condamné à cela, à cause de conviction de perfidie à son ami, auquel il retenoit un dépost d'argent, et juroit frauduleusement ne l'avoir pas, en présence d'un autre crucifix très antique qui est encor, couvert, en la carolle boréale, aussy à 4 clous, et qui rendit du sang gardé au trésor de l'église, et feit miracle grand.

Dans la nef, contre un pilier de la carolle boréale, est une sépulture de pierre, élevée, et un banc de bois au bout, portans l'un et l'autre : *d'hermines à 3 chevrons de gueules par dessus*, qui sont de Plouec ou Pleuc[2], apartenant au marquis de Timur[3] (Les armes de Plœuc, qui sont de Mr de Timeur, se voient aussy à l'hospital de Ste Anne[4], à demi lieue de Kimper, sur le chemin de Rosporden).

Tout au bas de la nef, en la dernière chapelle boréale, dite de la Trinité d'en bas, labe avec une statue à l'épiscopale, le tout en pierre de Doulas[5] (qui est une abbaye[6] non loin de Brest, en Léon, appartenant à.... de Rieux[7], jadis évesque de Léon), qui est une pierre sonante et luisante, noiratre, de grande estime ; et y a escrit :

Hic jacet corpus bo. m. D. Radulphi Calvi[8], quondam episcopi Corisopit., parociæ de Faoeto oriundi, qui obiit ultima maii, anno D. M Do primo ; cujus aīa req.

Il estoit paysan du Faoët, enfant de chœur à Kimper, et par bonne fortune devint évesque. Il feit mettre au vitrail, pour ses armes : *d'azur à un chevron d'hermines, cantonné de besans d'or.*

En la chapelle au dessus, et tout vis à vis des fonts baptismaux, qui sont entre deux piliers de la carolle, 2 labes sans marque.

En d'autres chapelles, autres labes.

Au bout boréal de la croisée, la sépulture d'un chanoine, *Baillivi*[9], porte pour armes : *escartelé*, comme Tournemine, mais je ne scay si c'est *d'or et d'azur* aussy[10].

Dans la paroy, labe à statue d'évesque gisant, avec ceste légende :

Gaufridus An Marhec[11], magister in artibus, medicinæ et theologiæ licenciatus, episcopus Corisopitensis, anno Domini MCCCLVI, die XX martii[12].

1. Lespervez portait : *de sable à trois jumelles d'or.*
2. Lire : de Plœuc (auj. ch.-l. de cant. de l'arr. de St-Brieuc).
3. Le Timeur (en Poullaouën) fut érigé en marquisat, l'an 1616, en faveur de Vincent de Plœuc ; puis, à partir de 1673, passa aux Percin de Montgaillard, Ferret, La Bourdonnaye-Blossac.
4. C'est la chapelle de Sainte-Anne-du-Guélen (en Ergué-Armel). On en voit les ruines, accompagnées de celles d'autres bâtiments, provenant sans doute des Templiers, à une lieue et quart de Quimper, sur la route de Vannes.
5. Daoulas, ch.-l. de cant., arr. de Brest.
6. Abbaye fondée, vers 1125, par Alain de Rohan et Constance de Bretagne, son épouse. Il en reste de fort curieuses ruines. V. « Essai sur l'architect. relig. en Bret., aux XIe et XIIe s. », par M. de la Monneraye (Assoc. Bret., 1846) ; — « Histoire de l'abbaye de Daoulas », par M. le chanoine Peyron (Soc. archéol. du Finist., 1897) ; — « Daoulas et son abbaye », par M. Levot (Soc. académ. de Brest, 1876).
7. René de Rieux de Sourdéac, év. de Léon peu après 1613, accusé de lèse-majesté et fugitif en Allemagne en 1635, revint dans son évêché en 1648, et mourut en 1651, dans son abbaye du Relec, en Plounéour-Ménez.
8. Raoul Le Moël (mot breton qui signifie : *chauve*), élu év. de Quimper en 1493, mort le 31 mai 1501. V. Monographie de la cathédrale de Quimper », p. 147.
9. Lire : Le Baillif.
10. Il portait : *écartelé d'or et de gueules.*
11. Geoffroi An Marhec (en français : Le Marhec ou Le Chevalier), élu en 1357 et mort en 1383.
12. C'est la date de son élection. Lire : 20 mars 1357, nouveau style. La date de sa mort manque à cette épitaphe. V. « Monogr. de la cathédrale de Quimper », p. 87.

Ses armes, en pierre, ont *un chef chargé de 3 estoiles ou molettes*[1].

Il y a eu un Alain Marhec, séneschal de Rhennes, qui a signé au contract de la duchesse Anne avec le roy Louis XII, l'an 1498. Il estoit conseiller au Parlement de Bretagne de lors, et maistre des Requestes (Argentré, XIII, 62[2]).

Plus ault, en la carolle australe du chœur, chapelles, où il y a labes de chanoines, vitraux de plusieurs armes ; entre autres, un vitrail très beau d'un évesque de Rohan[3] qui y a ses armes, et un autre encor plus ault, joignant la chapelle de la Trinité d'en haut, dans lequel sont chevaliers et dames prians, avec armes *d'argent à une macle d'azur*, qui sont, comme je pense, les maismes, en pierre au portail de l'église, et que l'on m'asseure estre de Tréanna.

J'omets grand nombre d'armes qui sont ès vitraux, tant des carolles du chœur et du chœur maisme que de la nef et chapelles des carolles de la nef.

Remarques sur la Cornouaille. — Il est remarquable que le pays s'appelle Cornouaille (*Cornugallia*, *Cornubia*, *Corisopitum*), en breton : *Kernéau* ; *Kerné*, en élégant breton[4]. *Kornaouec* est *Occident*, en bas breton. On a *Cornéau vel Kornéau ab illo, quasi regio occidentalis*. D'ou : *Kernéau*, dont est fait le latin *Cornubia*[5].

Dans l'Itinéraire d'Antonin, il y a : « De *Corisopitum* au chemin d'*Aliante prætorium*[6] ».

Dans la vie de St Brieu, il y a une région d'Angleterre, dont il estoit natif, appellée *Coricitana*[7].

Il est certain qu'il y a en Angleterre une Cornouaille, dont vient le bon estain, autrement dite Walles ou Galles, apennage de l'aisné fils du roy. Et si il est de croire que, Walles et Galles et Cornouaille estans ainsy dits, *quasi Gallia et Cornugalliæ*, ces noms ont esté donnés en Angleterre, par gens de la Gaule qui venoient d'un pays ou quartier de tel nom, ce pays ne peut estre autre que la Cornouaille de Bretagne, ainsy dite pour estre vrayment une corne, coin ou pointe de la Gaule. Walles ou Galles fut donc nommé par ressemblance, et comme estant une corne d'Angleterre (*Albion*, *quasi Gal bihan*, petite Gaule), représentant une petite Gaule, peuplée de Gaulois, ou opposée et regardant à la Gaule[8].

Argentré, au chap. de Kimper Corentin, estime que la ville de Kimper s'appelle *Corisopitum*[9] ;

1. D'après M. de Courcy, il devait porter : *d'argent au lion de gueules, armé, lampassé et couronné d'or, à la fasce de sable brochant, chargée de trois molettes d'argent.*

2. Edit. 1618, p. 1027.

3. Claude de Rohan (1501-1540). *Vide supra*, p. 118, note 7.

4. V. « Etendue de la Cornouaille », par M. de la Borderie (Assoc. bret., III, 1849) ; — et *supra*, p. 105, note 11.

5. C'est, tout au contraire, *Kernéau*, *Cornau*, *Kernaw*, qui a été formé sur : *Cornubia*, patrie des *Cornabii* de Grande-Bretagne, qui vinrent coloniser le S.-O. de l'Armorique. V. « Hist. de Bret. », I, p. 309 ; — et *supra*, p. 105, note 11.

6. Nous ne savons où Dubuisson a pris le nom de cette localité, ni avec quelle ville moderne elle peut être identifiée. D'ailleurs ni l'Itinéraire d'Antonin, ni la Table de Peutinger ne mentionnent *Corisopitum*. V. « Géogr. de la Gaule rom. », par M. Desjardins, tome IV.

7. Lire : *Coriticiana regio*. D'après M. de la Borderie (« Hist. de Bret. », I, p. 301), ce serait la *civitas Coritiotar* ou *Coritiotan*, mentionnée par le Géographe de Ravenne, aujourd'hui : la ville de Jedburg, dans le Teviotdale.

8. Cornouaille, calque du latin : *cornu Galliæ*, a été donné à tort, comme traduction de *Cornubia*, tant en Armorique qu'en Grande-Bretagne. Quant à *Walles*, *Galles*, c'est le nom donné par les Anglo-Saxons, aux habitants de la Cambrie, formant la principauté de Galles actuelle. V. « Hist. de Bret. », I, pp. 245, 309.

9. Ce nom, donné à la ville fondée par les émigrés Bretons, à côté de l'ancienne cité romaine d'*Aquilonia* (auj. Loc-Maria), est celui de quelque cité de Grande-Bretagne, patrie de ces émigrés. Celui de *Kemper, Quimper*, a prévalu. V. « Géogr. de la péninsule armoricaine », par M. de la Monneraye (Assoc. bret., 1883, p. 54) ; — « Diablintes, Curiosolites, Corisopites », par M. de la Borderie (Assoc. bret., 1880, pp. 309 et suiv.) ; — « Nouvelle opinion sur le nom de *Corisopitum* donné à Quimper », par le même (Annuaire de Bret., 1861) ; — et *supra*, p. 44, note 2.

mais le peuple du pays, *Curiosolitæ* de Cæsar, et *Curiosolites* de Pline [1], n'y ayant rien dans Strabon et dans Ptolémæé. Toutesfois nous croyons que la ville estoit appellée *Aquilonia* [2] (V. les SS. de Bret. d'Albert Le Grand et nostre extraict du ms. de Quidalet, p. 8. *Item Usuardi* [3] *martyrologium, I Kal. maii : « In Britannia Minore S^ti Chorentini, episcopi civitatis Aquilæ »).* Car en un acte du monastère Bénédictin de St Sulpice *de Nido Merulæ* [4], vers Rhennes, il est dit que *Benedictus, episcopus et comes Cornubiensis* [5], *dedit tertiam partem ecclesiæ de Kernourlizan* [6] (C'est vers Douarnenes) *monasterio S. Mariæ, in civitate Aquiloniæ.*

XXVII

Chemin droit et ordinaire de Quemper Chorintin à Vennes

De Quemper, il y a 5 lieues, la pluspart en lande, jusques à Rosporden [7] (Roche Pordan [8] *aliis*), gros bourg apartenant au roy et, par engagement [9], au s^r de Challain Fouquet [10], président au Parlement de Bretagne. Il y a église paroiciale.

Le bourg, qu'ils appellent ville, est rebasti de neuf, ayant esté brûlé, durant les guerres de la Ligue, par le s^r de Kerholin [11], aprez que les Espagnols, qui y estoient comme tenans garnison, en furent sortis. Il y a un très bel estang qui l'environne de trois costés, à scavoir Nord, Est et Sud, nourry d'un ruisseau qui vient de 2 ou 3 lieues plus ault, ayant son origine outre la forest de Kouetlouch [12], territoire de Kergana [13].

Au bout austral dudit estang, il y a une chaussée ou bonde, bien revestue de pierre et de plus de 100 pas de long, percée, ès deus bouts, d'une petite arcade élevée et, au milieu, d'une petite ouverture, avec une pale ou aisseau, pour lascher l'eau à faire aller un moulin à blay, à 3 roues, chacune ayant son goulet ou canal fermant à pale, à part, ainsy qu'ils les font d'ordinaire en Bretagne (A Vennes, les moulins du duc sont un corps de logis, portant 4 roues pour moudre

1. Les Curiosolites étaient autour de Corseul, anciennement : *Fanum Martis*. V. la note précédente.
2. *Vide supra*, p. 112, note 2.
3. Usuard, l'auteur de ce célèbre martyrologe souvent réimprimé, était un moine de St-Germain-des-Prés, mort vers 877.
4. Monastère de femmes, de l'Ordre de St Benoît. V. « Gall. Christ. », XIV, col 786 ; — *et supra*, p. 10, note 10.
5. Entre 990 et 1022.
6. Kernorlizan, dans le « Gall. Christ. » (XIV, col. 875). V. D. Morice, Pr., I, col. 390.
7. Ch.-l. de cant., arr. de Quimper.
8. *Ros*, en breton, signifie : tertre, spécialement : tertre couvert de bruyère (« Chrestom. bret. »). Quant au second membre du mot, nous ignorons d'où il provient. C'est peut-être un nom propre.
9. Aliénation révocable, ou faite pour un certain temps, des biens du domaine, qui ne pouvaient s'aliéner.
10. Christophe Fouquet, président à mortier en 1631.
11. *Vide supra*, pp. 81, note 3 ; 90, note 3, et 108, note 6.
12. Forêt de Coëtloc'h ou Coëtlouc'h, en Scaër. « V. « Hist. des grandes forêts de la Gaule », par M A. Maury, p. 340 ; — « Hist. de Bret. » de D. Lobineau, I, p. 48, et II, col. 53.
13. Ce mot est dû à une confusion de notre auteur, qui aura mal entendu quelque nom de lieu voisin de cette forêt.

blay). Et ces trois eaus, coulantes par ceste pale grande et deux arcades, se rassemblant au dessous du moulin, s'en vont, sous le nom de rivière d'Aven, au pont de Siaven[1], une lieue plus bas, recevoir une autre rivière, et encor une lieue plus bas, passer au Pont d'Aven[2], comme j'ay dit.

A deux lieues de Rosporden, vous descendez en un vallon, où est un moulin de l'abbaye noire de Quemperlé, et une chaucée de grosses pierres, en forme de pont, sur une petite rivière[3], fort limpide et guayable, qui, à demi lieue de là, s'en va au pont de Siaven ou Dore, entrer dans la rive gauche de la rivière de Rosporden ; à cause de quoy, aucuns la confondent avec ceste dernière rivière, la nommans : rivière d'Aven ; autres l'ayment mieux appeler : rivière de Siaven, du nom de ce pont où elle se rend.

Communément on l'appelle rivière de Tréballé[4], à cause que (provenant 1 lieue ou 2 encor plus ault, de devers Coray[5] et forest de Kouetlouch) elle vient d'un territoire ainsy nommé, dépendant de la paroice de Banadec[6], gros bourg à quart de lieue plus outre, sur le chemin vers Vennes. Outre ce bourg, apartenant au baron de Kaimerch, à une canonnade prez, est le chasteau de Kaimer ou Kaimerch, *vulgo* Kimer[7] (dont le nom est aujourd'huy esteint et la seigneurie passée en la maison de Tintiniac[8], prez de Hédé), ancienne baronnie et la plus illustre noblesse du nom maisme, dans le pays de Cornouaille, dont maisme ils portoient les armes[9], à scavoir : *d'argent à un croissant montant de gueules*[10], mais brisées d'autres alliances, comme j'ay remarqué ès Cordeliers de St Brieu et Jacobins de Kimperlé[11]. Ce chasteau est assis sur un bel estang, et rebasti de nouveau en partie. Il est à un cavalier du nom de Tintiniac.

Au bout des rabines de Banadec, on trouve une voye aulte, dossuë et relevée, et fort droite une lieue durant, ressemblant fort une voye romaine, sinon que, par endroits, elle est pavée de menu pavé ou caillou, à la moderne. Je croirois bien qu'elle auroit esté réparée, et que ce pourroit estre une portion de ce grand chemin élevé, que les Bretons estiment et content avoir esté fait par la royne Ahez, qui conduit depuis Vennes jusques à Keruhez ou Karhez[12] ; d'où, puis, aprez, il descend à Kemper Corentin, comme j'ay dit là.

Au bout d'une lieue, les vestiges cessent, et y a encor de là jusques à Kemperlé, une lieue et demie, qui sont 5 de Rosporden, et 10 de Kemper Corentin.

Nous avons desjà descrit Quimperlé.

De là à Pont Scorff, il y a 3 lieues ; mais je n'ay point fait le droit chemin, et ne puis dire s'il y auroit voye romaine, peu ou point[13].

1. Nous ne retrouvons aucun nom analogue, sur les cartes d'état-major, n°s 73 et 88, qui donnent le cours de l'Aven. Nous pensons qu'il s'agit de quelque lieu, dit jadis : *Ty-Aven (maison d'Aven)*.
2. *Vide supra*, p. 106, notes 10 et 11.
3. C'est la rivière de Saint-David, qui naît près de Scaër. V. « Dict. de Bret. » d'Ogée, 2e édit., I, p. 26.
4. Elle passe près de Trébalay, trève de Bannalec.
5. Comm. du cant. de Châteauneuf-du-Faou, arr. de Châteaulin.
6. Bannalec, ch.-l. de cant., arr. de Quimperlé. L'ancienne forme est : *Banadluc, genétaie*. V. « Cartul. de Quimperlé », p. 99.
7. *Vide supra*, p. 100, notes 3 et 6.
8. *Vide supra*, p. 100, note 7.
9. *Vide supra*, p. 106, note 1.
10. Quimerc'h portait : *d'hermines au croissant de gueules*. *Vide supra*, p. 100, note 4.
11. *Vide supra*, p. 100, notes 3, 4, 5, 6, 7.
12. C'est la grande voie de Nantes à *Gesocribate*, par Vannes et Carhaix. V « Géogr. de la Gaule rom. », IV, pl. X ; — *et supra*, p. 114, notes 2 et 3.
13. La voie romaine citée à la note précédente, entre Quimperlé et Hennebont, passe un peu au dessus de Pontscorff.

Pont Scorff[1] est un assez gros bourg, situé sur le costau au pié duquel passe la rivière de Score ou, en breton : Scorff, ainsy dite du nom de sa source ; sur laquelle il y a un pont de pierre, à 4 arcades, jusques ausquelles montent, avec la marée, les bateaus de 12 et 15 tonneaus. La rivière est extrêmement petite, quand la mer est retirée. Car elle n'a pas d'eau de largeur plus de 30 piés, et de profondeur 2 ou 3, au plus creux de cest endroit là.

En la aulte ville, il y a paroice et séneschaucé, dont dépendent Trifaven, puis Bec de Groais, l'isle St Michel, l'Armor, le tout en terre ferme ; et en pleine mer, l'isle de Groais. Tout cela, aussy bien que Pont Scorff, apartient au prince de Guimené, cadet de la maison de Rohan[2].

Mais de l'autre costé de la rivière, il y a la basse ville[3], qu'ils appellent, de paroice différente, et apartenant à l'héritière de la Thévinière[4], madame de la Porte Neuve[5] ; et n'a rien de commun avec la haute ville.

Au sortir de la basse ville, vous montez le costau, au ault duquel paroist un très beau reste de voye romaine, ayant son élévation, forme ou figure, et fermeté, qui signifie que ç'a esté un chemin romain ; mais, à ce que l'on m'a dit, il est comme creux, mauvais et rompu par endroits[6]. Je ne l'ay pas veu en sa suite ; car nous prinmes à main gauche et vinmes, par le chemin moderne et ordinaire, à Ennebont, qui est de 2 lieues.

Ennebont, quasi « *Entderbount*[7] », *le chemin du pont*. Ce nom monstre qu'il y a par là un chemin célèbre, qui est ceste grande voye de la royne Ahez, qui va de Vennes à Karhez[8]. Car il n'y a pas d'autre passage pour tout le chemin de devers Vennes, c'est à dire depuis Nantes jusques en Basse Bretagne et à Brest, que celuy d'Ennebount, sur ceste rivière de Blavet.

Le chemin ordinaire, pour la commodité des repeües, estoit par Auray, avant qu'il y eust hostellerie à Keranna[9].

D'Ennebont, la voye romaine va, par Landeven[10], Landole[11] ou Lanvaux[12], passer aus hayes d'un hameau ou meschant petit village, dépendant de la paroice de Ploeneret[13], diocèse de Vennes, et appellé de toute antiquité : Keranna.

---

1. *Vide supra*, pp. 82, note 6, et 93, note 3.
2. *Vide supra*, pp. 75, note 6 ; 82, notes 7 et 15, et 83, notes 1, 6 et 7.
3. Le Bas-Pontscorff, vill. en Cléguer, de l'autre côté du Scorff, sur sa rive gauche. Ce village dépendait du château de Tronchâteau, qui appartint à la maison de Guer.
4. Seigneurie en Gesté (M.-et-L.).
5. Marie Papin, dame du Pontcallec et de la Thévinière, épouse de Charles de Guer, s[r] de la Porte-Neuve, en Riec. *Vide supra*, p. 106, note 13.
6. *Vide supra*, p. 127, note 13.
7. *Vide supra*, p. 79, note 6.
8. *Vide supra*, pp. 109, note 6, et 113, note 11.
9. Sainte-Anne-d'Auray.
10. Landévant, comm. du cant. de Pluvigner, arr. de Lorient.
11. Landaul, comm. du même cant.
12. Sans doute : Lanvaux, village en Pluvigner, qu'il ne faut pas confondre avec l'abbaye Cistercienne de Lanvaux (jadis en Grand-Champ, auj. en Brandivy, anc. trève de Grand-Champ). V. la « carte de la Bretagne armoric., avec ses voies rom. », qui accompagne le « Cartulaire de Redon », par M. de Courson.
13. Pluneret, comm. du cant. d'Auray ; jadis : *Ploenerec*. V. Soc. polym. du Morbihan, 1880, p. 46.

XXVIII

Sainte-Anne

On estime que *Keranna*[1] signifie : *la ville d'Anne*, c'est à dire de sainte Anne. Et comme tout le peuple Breton honore extrêmement ce nom d'Anne, et est enclin à la dévotion vers sainte Anne, en sorte qu'il y a beaucoup d'hospitaux et chapelles de ce nom en Bretagne, on est persuadé qu'autrefois et passé 7 cens ans, il y avoit eu là une église de sainte Anne[2] et un chasteau, dont on trouve encor, en terre, les fondemens qui sont de brique[3]. Ce que un paysan laboureur, encor vivant et demeurant en la paroice de Pleuneret, 1636, a dit avoir eu en révélation, et de plus asseuré que le 7° mars 1625, labourant la terre audit village de Keranna, dans le clos du Boccenno, il avoit trouvé une image de bois de ladite sainte Anne, laquelle il auroit esté lever de terre, à minuit du jour maisme, avec 4 de ses voisins, pris pour tesmoins ; disant avoir eu tout cela par révélation, et qu'il y avoit 724 ans et demi que ceste image estoit là enterrée.

Ce paysan s'appelle Yves Nicolasic, et tous ceux qui ont veu ceste image, ausquels j'ay parlé, disent qu'elle estoit fort mutilée et gastée, et toutefois reconnoissable.

A ceste première rumeur et relation de Nicolasic, se feit concours de peuple, et luy bastit une cabane d'ais et de planches, où il exposa l'antique image gastée, par luy trouvée.

Là dessus, les Carmes, religieux mitigés ou réformés de la congrégation ou réforme de Rhennes, y furent establis par l'évesque qui en feit le décret, le 25° octobre 1627[4]. Le recteur de Pleuneret y contribua puis aprez, et le s' baron de Ponsal[5], Nicolas de Talhouët[6], autrement Mr de Kerservan[7],

1. Auj. : Sainte-Anne-d'Auray, célèbre pèlerinage, basilique et village, en Pluneret.

2. V. « Notice historique sur la très-ancienne chapelle de Sainte-Anne et la statue miraculeuse qui en provenait, et sur la précieuse relique, donnée par Louis XIII au pèlerinage de Sainte-Anne, près d'Auray », par M. A. Lallemand (Annuaire histor. du Morbihan, 1863) ; — « Pluneret », par M. l'abbé Luco (Soc. polym. du Morbih., 1880, p. 47).

3. V. Annuaire histor. du Morbihan, 1841, pp. 183, 184 (« Voie de Vannes à Hennebont », par Bizeul).

4. V. « Les grandeurs de sainte Anne,... dans tous les estats de sa vie, et dans l'origine et progrez miraculeux de sa dévotion en Bretagne, près la ville d'Auray,... par le R. P. Hugues de St-François, premier prieur des Carmes réformez du convent de Sainte-Anne, près Auray. Rennes, chez la veuve Yvon, et Paris, chez Anthoine Pas-de-loup, 1657 » ; in-8° de 13 ff. et 676 pp. Cet ouvrage, aujourd'hui d'une insigne rareté, a paru d'abord en 1634, et fut réédité en 1637, 1645, 1646 et, considérablement modifié, en 1657 (Catal. de la Bibl. de Nantes, n° 49.382) ; — « La gloire de sainte Anne, en l'origine et progrès admirable de la célèbre dévotion de sa chapelle miraculeuse, près Auray, en Bretagne (Ouvrage composé par le P. François Kernatoux, Jésuite, et mis au jour, en 1664, par le P. J. Benjamin de St-Pierre, Carme, prieur de Sainte-Anne) ; revue, corrigée et augmentée de nouveau de plusieurs miracles. » Vannes, veuve J.-Nic. Galles, s. d. ; in-12 de 152 pp., avec gravure sur bois au verso du titre (*Ibid.*, n° 37.463-37.467) ; — « *Ar veac'h devot hac agreabl eus a perc'herinet Santes Anna e Guynet etc... composet gant breuzr Bernard ar Sperez-Santel. E Montroulez, e ty en Du Brayet* » ; s. d. (1656), in-8° (Bibl. nat.) ; — « *Vita S. Annæ, matris beatissimæ Virginis. Venetiis, apud Vinc. Dorioux (potiusve Doriou), 1659, in-12* (V. les notes mss. d'Armand Guéraud, à la Bibl. de Nantes) ; — « Hist. des Carmes de Bretagne : Carmes de Sainte-Anne », par MM. de la Borderie et L. de Villers (Soc. archéol. d'I.-et-V., XXVI, 1897, pp. 233 et suiv.) ; — « Le pèlerinage de Sainte-Anne-d'Auray », par M. l'abbé Martin (Vannes, Galles, 1831) ; — *Id.*, par M. A. M., d'Auray (*Ibid.*, 1838) ; — « La patronne de la Bretagne, ou le pèlerinage de Sainte-Anne-d'Auray », par M. Jules Delmas (Nantes, Libaros, 1875) ; — « Hist. du pèlerinage de Ste-Anne-d'Auray », par M. l'abbé Maximilien Nicol (Sainte-Anne, 1876).

5. Pontsal, en Plougoumelen. V. Soc. polym. du Morbih., 1879, p. 170.

6. Probablement : Nicolas de Talhouët qui ép., vers 1600, Marie de Launay, dame de Pontsal.

7. Kerservant, en Langoëlan.

y feit du bien et bastit un vestibule ou chapelle d'entrée, où sont ses armes : *de gueules à 10 billettes d'argent, 4, 3, 2, 1* [1].

Enfin, le concours y a esté si grand et la dévotion si prodigieuse, qu'aujourd'huy, 1636, au mois de novembre, les Carmes ont premièrement accommodé une fontaine, à cent pas prez, toute revestue de belle pierre, avec 2 réservoirs joignans qui en reçoivent l'eau, pour la commodité des habitans qui s'habituèrent audit village, qui s'accroist et fournit de bonnes hosteleries qui s'enrichissent honnestement.

Item il y a force boutiques de chapellets et médailles qui viennent de Saumur [2], de Paris et de Nostre Dame de Liesse [3]. Mais il n'y a point de médailles de sainte Anne.

A ceste heure, l'église, de grandeur médiocre et comme celle des Ardrillers ou de Liesse, mais bien plus belle et mieux bastie, est de pierre blanche, accompagnée d'un grand corps de logis de pierre, pour le logement des Carmes qui y sont 24 nourris, et qui, depuis 9 ans qu'ils y sont, ont fait tous ces bastimens et commencé d'autres, dont le dessein se voeit en la feuille imprimée de ladite chapelle et miracles de sainte Anne [4], que nous avons avec nos tailles douces, et qui seront, estans achevés, un des plus beaus monastères de Bretagne, voire de France.

Ladite chapelle est toute couverte, par dedans la nef, de vœux accomplis, en grands et petits tableaus, statues ou images de cire et d'argent, béquilles, juppes, habits, fers de prison et choses semblables, que l'on y apporte de toutes parts, de la Bretagne et maisme de Normandie, Mayne, Anjou et provinces plus éloignées.

Les Carmes ont un livre, où soigneusement ils escrivent et font signer et attester les miracles que l'on leur vient apporter.

Le chœur de la chapelle est fait en trèfle, composé de 3 feuilles ou chapelles, d'excellente pierre blanche de Lys [5], en Berry, avec niches remplies des images de sainte Anne, avec sa Fille et son petit Jésus, sur le maistre autel ; dans les niches à droite, St Joseph et St Jean Evangéliste ; dans celles à gauche, St Joachim et St Jean Baptiste ; toutes de terre cuite et excellemment faites, de la main du sculpteur du Mans [6].

Les voutes du trèfle, toutes trois bien peintes et fort jolies, et les susdites niches, accompagnées de colonnes de marbre de Laval, noir et rouge, avec chapiteaus et ornemens d'ordre de Corinthe, très jolis et dans les préceptes exacts de l'art.

Es vitres et par la ceinture de la chapelle ou feuille australe du trèfle, en une litre, les armes du s^r^ Cadio [7], seigneur de Kerloguen, bourgeois d'Alray, sur le fonds et seigneurie duquel l'image a esté trouvée et la chapelle bastie. Son fils est Philippe Cadio, séneschal d'Auray, qui a aydé au bastiment et est reconnu pour fondateur.

1. Ces armes ne conviennent point à Nicolas de Talhouët, qui portait, selon Guy Le Borgne : *d'or au chef de sable*. Ce sont celles des Dolo et des Hallenaut, si Dubuisson ne s'est pas trompé.

2. Notre-Dame des Ardilliers, célèbre pélerinage, près Saumur. V. « Dict. de M.-et-L. », III, p. 484 ; — « Hist. de l'origine, de l'image et de la chapelle de Notre-Dame des Ardilliers, de Saumur en Anjou » (Saumur, Gabriel Ernou, 1715), livret de 104 pages.

3. N.-D. de Liesse, célèbre pélerinage, près de Laon, avec église du XIIe siècle.

4. Un exemplaire de cette rare estampe est aujourd'hui conservé au trésor de la basilique de Sainte-Anne-d'Auray.

5. Sans doute : Lys-Saint-Georges, comm. du cant. de Neuvy-St-Sépulcre, arr. de La Châtre, Indre.

6. Lire : Dumont, maître sculpteur à l'Académie de St Luc. Son fils, François Dumont, né en 1688, fut aussi sculpteur, épousa la fille de Noël Coypel et fit quatre belles statues pour St-Sulpice de Paris.

7. Il portait : *échiqueté d'argent et de gueules, à la bande fuselée de sable, chargée de trois quintefeuilles d'argent.*

Les armes de l'évesque de Vennes, Mire Sébastian de Rosmadec [1], sont aussy ès vitres.

Dans la nef, au costé austral, dans la muraille, est une petite chapellette grillée, en laquelle est vénérée l'image de Ste Anne, bien peinte et dorée, de la grandeur d'un pié et plus, formée de ce bois trouvé par le villageois Nicolasic.

Voilà ce qu'en partie j'ay veu, en deux fois que j'y ai esté, et qu'en partie j'ay leu et recueilly du livre de ce imprimé chez Allienne, à Quemper Corentin, par un Frère Hugues, prieur des Carmes réformés de Pont l'Abbé, 1635 [2].

XXIX

Chemin de Sainte-Anne à Vennes

Mais, pour reprendre nostre chemin romain qui passe ès hayes de Keranna, laissé sur la main droite, à 6 lieues d'Ennebont et à 3 de Vennes, il est à croire que ce chasteau, qu'on dit et que les Carmes maismes croyent avoir esté jadis là, et dont tous ceux qui bastissent là trouvent des fondemens de briques, en terre, a esté quelque place ou mansion sur ce chemin (place peut estre romaine) [3]. Au bout desdites hayes, il fait veoir deux pièces de ses restes, encor aultes, fermes, dossues et pierrotées, comme si elles venoient d'estre faites, mais courtes et comme de cent pas chacune.

Et de là poursuivant avec sa droiteur, mais sans élévation et point reconnaissable jusques à l'entrée de Mériadec [4], à demi lieue, il passe à travers Mériadec, petit bourg avec une église, fillette ou secours, comme ils parlent, en françois *treuve*, de la paroisse de Pleumergat [5], portant le nom d'un saint évesque de Vennes de ce nom, vivant vers l'an 1300 [6].

Au sortir de ce bourg de Mériadec, entre un bois, à droite, et une terre à labeur, à gauche, tout ce terrein très franc et sans pierre, nostre chemin, entre deux passant, est large, droit et pierroté à plaisir, mais sans dos. Puis s'obliquant à la descente du costau du parc de Kergouello [7], le long des murs duquel il passe, il arrive à un ruisseau ou petite rivière fort guayable, passant sous un ponceau à deux archettes de pierre, faisant moudre les moulins et arrousant le costeau des bois de Koëtsal [8] (c'est à dire : *bois de Sal*), et puis, au bout d'une lieue ou environ, se rendant, au pont

1. *Vide supra*, p. 99, note 6.
2. Ce livre était : « Les grandeurs de sainte Anne etc... » du R. P. Hugues de St-François. *Vide supra*, p. 129, note 4.
3. *Vide supra*, p. 129, ligne 4 et note 2.
4. Auj. : Mériadec-Coëtsal, trève de Plumergat. V. « Dict. de Bret. » d'Ogée, II, p. 359 ; — « Dict. topogr. du Morbihan », p. 179.
5. Plumergat, comm. du cant. d'Auray, arr. de Lorient.
6. Saint du VIIIe s. (« Biogr. bret. » de Levot.). C'est sur la foi d'un légendaire de Tréguer, auj. perdu, qu'on l'avait fait mourir en 1302. V. « Tombeau de saint Mériadec, à Noyal-Pontivy », par M. l'abbé Euzénot (Soc. polym. du Morbihan, XVII, 1872) ; — « Le mystère cornique de St Mériadec », par le vte de la Villemarqué (Soc. archéol. du Finist., 1887).
7. Au sortir de Mériadec, nous voyons, sur la carte d'état-major no 89, une trace, bientôt interrompue, d'ancien chemin, passant près de l'enclos d'un manoir, appelé : le Pratelle, et semblant conduire au passage de la Sal. C'est sans doute à ce lieu que notre auteur fait allusion, soit qu'il en ait mal entendu le nom, soit que ce nom ait été changé.
8. Coëtsal, village au-dessous de Mériadec. V. *ibid.* : — « Dictionn. topogr. du Morbihan », pp. 49, 222.

de Pontsal, gentilhommière et baronnie[1] vers Auray, dans le bras de mer qui donne jusque là. Et pour ce que il y a Pont Sal, qui est *le pont de Sal*, et Coët Sal, ou *bois de Sal*, sur ceste rivière, je douterois si elle n'auroit pas nom Sal[2].

Passé ce ruisseau et ce pont, communément dit le pont de Malvi[3], vous cheminez deux lieues en fort beau chemin très droit et large, mais plat et sans aucune élévation ni forme de chaucée, sinon au bout de deux lieues ou prez, qu'il arrive à une chapelle dite Bellchem[4], au lieu de Bethléhem, comme on croit, de la paroice de Pléren[5], et à demi lieue bien petite de Vennes.

A l'abord de ceste chapelle et à 100 ou 200 pas prez, il y a une chaucée ou chemin élevé de terre ferme, ressemblant fort le romain ; et à costé droit, une autre chaucée pierrotée et maisme pavée, sur le milieu de laquelle est située ceste chapelle[6].

Sur sa porte, on veoit des armes taillées en pierre, *fascées de 2 pièces*[7]. Ces *fasces* se trouvent estre de la Haye, en la sépulture de Jaquette de la Haye, femme d'un s^r^ du Garo (*Vide sep. et calend. Francisc. Venetens.*[8], *p. 3*).

Aus vitres, ce sont *3 macles d'argent, en champ de gueules*[9], avec une alliance de *4 autres macles aussy d'argent en champ de gueules*, qui est Molac.

Contre la paroy boréale du chœur, il y a un tableau d'un cavalier représenté debout, avec la cotte d'armes semée de *macles*, comme cy dessus; et une grande sépulture, élevée sur terre trois piés, devant le sanctuaire, large d'autant et longue de plus du double, avec de l'escriture dessus, que je n'ay pû avoir, pour estre les barreaus ou chancels du chœur fermés. C'est, par un rapport constant, la sépulture de René de Kaermeno, s^r^ du Garo, père de cestui cy[10] qui vit et est conseiller à présent en la Grand Chambre, à Rhennes, et a épousé une de Rosmadec, sœur de l'évesque de Vennes, dont les armes sont *palées de 6 pièces d'argent et d'azur*[11], alliées *de gueules à 4 macles d'argent*[12] *etc...*; et qui fut, à ce qu'on m'a dit, député aus célèbres Estats de Blois[13]. Le pourtraict aussy est de luy.

Il y a une Jaquette de la Haye, femme d'un René de Kaermeno, s^r^ de Kaermeno et du Garo, chevalier de l'Ordre, enterrée ès Cordeliers de Vennes et mentionnée en nostre *Kalendarium Franciscanorum Venetensium*[14], *p. 3*. Es costés de ladite sépulture et ès vitraux, les armes y sont,

1. Nous ne trouvons point que Pontsal, en Plougoumelen, ait été baronnie. *Vide supra*, p. 129, note 5.
2. La Sal prend sa source en Grand-Champ, et se jette dans la rivière d'Auray, près le passage de Kerisper, au-dessous de Pontsal. On l'appelle encore : rivière du Bono, ou Dour-bihan.
3. Lire : Marville, moulin sur la Sal, au-dessous de Mériadec, sur la route de Vannes. V. carte d'état-major n° 89.
4. Chapelle de Béléan. V. « Pèlerinages de Bretagne » Morbihan), par M. Hippolyte Violeau (Paris, Bray, 1859); — « Dict. de Bret. » d'Ogée, 2° édit., II, p. 303.
5. Plœren, comm. des cant. et arr. de Vannes.
6. A cet endroit, se coupaient la grande voie de Vannes à Carhaix et celle du Morbihan à Corseul. V. la carte qui accompagne le « Cartulaire de Redon »; — « Réseau des voies rom. en Bret. », par M. Kerviler (Armor. et Bret., I); — « Dict. de Bret. » d'Ogée, 2° édit., II, p. 330.
7. Ce sont les armes du Garo, en Plœren, qui portait : *d'argent à deux fasces de sable*. V. « Dict. topogr. du Morbihan », p. 75.
8. Ms., extrait par Dubuisson des archives des Cordeliers de Vannes, et qui ne nous est point parvenu.
9. Qui est Kerméno. Jean de Kerméno, s^gr^ de Keralio, gouverneur de Vannes en 1573, fut le premier seigneur du Garo de son nom.
10. René de Kerméno, conseiller au Parlement en 1625.
11. *Vide supra*, pp. 99, note 6, et 131, note 1.
12. Qui est Molac.
13. En 1588. Il s'agit du père.
14. *Vide supra*, note 8.

équartelées au 1er et 4e de gueules à 3 macles d'argent, qui est Kermeno; *au 2e et 3e d'argent à 2 fasces de sable*, qui est du Garo.

Le Garo [1] est une maison à demi démolie, avec une grosse tour quarrée, descouverte, ouvrage de 2 ou 3 cens ans; cela situé à une mousquetade prez, derrière ladite chapelle, sur un ruisseau bien gentil [2], qui vient et sourt à demi lieue de là, dans la lande de Pléren, paroice du lieu, à costé droit de nostre chemin. Cela vaut 2000 livres de rente.

Ceste chapelle est d'autant plus miraculeuse ou célèbre, que la tradition porte qu'un seigneur du Garo, estant, l'an 1300, prisonnier en Terre Sainte, entre les Sarrazins, sur un vœu qu'il feit de faire bastir une chapelle à Nostre Dame, en sa terre, s'il estoit jamais délivré, se trouva la nuit, tout enfermé qu'il estoit en un coffre ou armoire, son valet avec luy, transporté miraculeusement en ce lieu là, un Sarrazin ou Turc, comme ils disent, qui le gardoit, assis dessus [3]; lequel se feit baptizer et prit surnom de Vennes, qui a esté bien connu à Vennes, et dont estoit encor le précédent séneschal de Ruy [4] (Il y a plusieurs *de Vennes*, enterrés dans la nef et en la chapelle des Trois Rois de St Pierre de Vennes, comme il apert par le livre des obits de l'alloué de Vennes [5]).

Mais le sr du Garo à présent n'a aucune preuve ni mémoire de cela. Les plus advisés croyent que ce fut un sr du Garo qui, retourné de la Terre Sainte, pour quelque vœu fait par luy, en quelque péril de mer ou de terre, auroit basti ceste chapelle; ce que la superstition, qui est aisée à glisser dans les esprits grossiers et ravalés, feit passer par ce conte. Ce lieu miraculeux a tousjours esté fort hanté, comme il est encor (mais non pas tant), tous les samedys, jours dédiés à Nostre Dame.

Sur l'architrave ou poutre qui porte sur la muraille du costé boréal, dans la nef par dedans, il y a cecy escrit en lettre de bois:

An mil IIIIc XVII, Nicolas Gouserech de Aradon, procureur [6] de la chapelle Nostre Dame de Bethléhem, feit faire le bois de ceste chapelle, qui est de la forest de Treblimoel [7], par Jean Thébaud etc...

Puisqu'il estoit procureur de la chapelle, il falloit qu'elle fust déja en estre, auparavant qu'il y feit faire ceste charpente.

Passé ceste chapelle et à la sortie de son enclos, le chemin est très ault élevé et pavé à la moderne, ayant, par dessous, une ouverture ou arcade, par où coule un ruisseau limpide [8] qui costoye le village du Monstouër [9] qui est là joignant; et passant par devant ladite chapelle, ou plustost par derrière, s'en va, à demi quart de lieue, tomber dans le ruisseau du Garo [10], au moulin

1. *Vide supra*, p. 132, note 7.
2. Le Luscanen. V. « Dict. topogr. du Morbih. », p. 169.
3. *Vide supra*, p. 132, note 4.
4. La famille de Vannes, *de Veneto*, est ancienne dans le pays. On l'y trouve, tenant un rang distingué, dès 1267. V. D. Morice, Preuves, I, col. 1007, 1052, 1503.
5. Jacques de la Coudraye, sr de Kerboutier, alloué et lieutenant-général civil et criminel au siège présidial de Vannes. V. « Les origines histor. de la ville de Vannes », par M. A. Lallemand, p. 168; — « François de la Coudraye, sénéchal d'Hennebont » (Soc. polym. du Morbih., 1886); — *et supra*, p. 78, note 9.
6. *Id est*: marguiller, celui qui s'occupe du temporel, qui réunit les fonds, dans la frairie.
7. Trébimoël, vill. en Colpo, cant. de Grand-Champ.
8. Le ruisseau du Moustoir, affluent du Luscanen, qui arrose Plescop et Plœren. V. « Dict. topogr. du Morbih. », pp. 186, 295.
9. Le Moustoir, village en Plescop.
10. Ou Luscanen. *Vide supra*, note 2.

du Loyon [1] ; puis ensemble tombent dans l'estier ou bras de mer de Vinsen [2], à demi lieue de Vennes, sur le chemin d'Aradon et d'Auray.

Cela fait, nostre voye, fort aulte et pierrée, range les hayes du hameau ou maisons du Monstouër [3], et puis, pliant insensiblement à droite, se rend aussy aus hayes de la maison de Kergrain [4], ayant, par cy par là, force pièces de chaucée moderne et peu de romaine, vient passer au bout de la chapelle de la Madelaine [5] et entre dans la ville, par la porte de St Salomon.

XXX

Vennes : circuit moderne et environs

En longitude, de 7 viron, 3o' ; en latitude, 47 viron, 3o' [6]. Les habitants et peuples de Vennes (Argentré, I, 10) sont appellés par Ptolémæé : *Cianetes*, et leur ville *Cianetium* [7]. Argentré leur en donne aussy une autre, qu'il nomme *Voganum* [8], et, en l'article de Vennes, il dit que son etymologie peut estre du mot breton *Guennet* [9], *id est : blay blanc*, pour ce que cestui terroir est fort fertile en blay. Pour cela, Vennes, en latin barbare est appellé *Venetum* (*in vitis SS. diæcesis Venet.* [10]), *vulgo Guennet, quod interpræteris in « album frumentum » : guen, et* [11]. Peut estre *Vennes* vient il d'un ancien mot gaulois : *ven*, qui signifie : *pesche* [12] ; ce qui se peut remarquer en Helgard [13] (*Helgaudus forte*), ancien auteur : « *Venna Caroli, id est : piscatio Caroli.* » Car tout ce territoire est en coste de mer et en très grande quantité d'isles, où il y a pesche abondante.

Cæsar appelle ses habitans : *Veneti* [14] (Comment., lib. III), les fait très puissants sur mer, et

1. Loyon, en Plœren, était une vicomté, avec bois et moulin sur le Luscanen.
2. Lire : du Vincin, en Arradon. Le pont du Vincin, sur le Luscanen, relie Arradon à Vannes.
3. Lire : du Moustoir, en Plescop.
4. Manoir et seigneurie, en Plœren.
5. La Magdeleine, hameau et chapelle, près de Vannes, sur la route d'Auray. Ancienne maladrerie, dépendant du prieuré de St-Martin de Josselin. V. « La chapelle de la Madeleine, près Vannes », par M. l'abbé Le Mené (Soc. polym. du Morbih., 1877, p. 67) ; — « Hist. des par. du dioc. de Vannes : St Patern », par M. l'abbé Luco (Soc. polym. du Morbih., 1883, pp. 116, 120).
6. Lire : 5° 5' 40" de longit., et 47° 39' 3" de latit.
7. « *Civitas Venetum, alias Ciantium* », dans la *Notitia provinciarum*. Si ce mot n'est pas la suite d'une erreur de copiste, on peut y voir un souvenir du *Cantium* de la Vénédotie britannique. Toutefois il est constant que Ptolémée appelle Vannes, ou peut-être Locmariaker : *Dariorigum* (sur la Table de Peutinger : *Dartoritum*). V. « Géogr. de la Gaule rom. », I, pp. 298, 301 ; III, p. 169 ; IV, p. 140 ; — « Hist. de Bret. » I, pp. 92, 245 ; — « Géogr. de la péninsule armoric. » (Assoc. bret., 1883, p. 27) ; — « Hist de la Vénétie armoricaine », par M. A. Lallemand, p. 87 (Annuaire du Morbihan, 1860) ; — « Origine des Vénètes », par le même (Soc. polym. du Morbih., 1861).
8. Pour : *Vorganium*, Carhaix. *Vide supra*, pp. 109, note 6, et 112, note 4.
9. *Vide supra*, p. 12, note 7.
10. *Vide supra*, p. 9, note 6.
11. Froment se dit en breton : *Guiniz*, et blanc : *guen*. Notre auteur n'aurait même pû expliquer cette ridicule étymologie.
12. En bas-latin, *venna, benna*, signifie un barrage dans l'eau, pour prendre les poissons.
13. Helgaud ou Helgald, moine de St-Benoit-sur-Loire, qui écrivit, dans la première moitié du XIe siècle *l'Epitome vitæ Roberti regis*.
14. *Vide supra*, p. 86, note 1.

descript parfaitement leur pays peu portueux, au reste entrecoupé d'estuaires et bras de mer, importuns pour cheminer par terre.

Les Vénètes ou Vennois, *Veneti* dans le latin, ne se trouvent point dans le grec et vray texte de Ptolémæé ; mais bien seulement la ville de *Dariorigum*, Δαριόριγον, *sub Osismiis*[1]. La charte de Peutinger, qui place à tort les *Veneti* et *Osismii* en la Belgique[2], a aussy à part, sur la mer, en la coste australe de Bretagne, *Dartoritum*, distant de Nantes de 59 milles[3], qui sont 20 lieues et demie de Bretagne, autant qu'il y a de Nantes à Vennes, ou un peu moins. (*Vide* le chemin de Nantes à Vennes[4]).

Strabon[5] dit qu'aucuns estiment que d'eux soient sortis et fondés les Vénitiens d'Italie, qu'autres font venir des *Heneti* de Paphlagonie. Polybe aussy dit la même chose, et Argentré assez bien conjecture qu'ils estoient venus, du temps de Sigovèse et Bellovèse et Brenne, en Italie, avec les autres Gaulois Insubres, Cénomans et Sénonois[6].

La charte de Peutinger[7] met encor fort mal en la Gaule Belgique, le long de la rive droite de Seine, les *Osismii*, qui sont ceux du cap de Sizun[8] en Cornouaille, selon nostre pensée, ou de Léon, s'il est vray que Léon s'appellast jadis *Osissimor*, selon Argentré (chap. de Léon et de St Brieu). Mais souvent il se trompe, comme quand il dit que leur ville est appellée par Ptolémæé : *Dariorigum*, et par Antonin : *Cianetium* ; car cela ne se trouve point dans Antonin, qui ne fait mention aucune des Vénètes ou Vennetois[9].

Argentré adjouste que ce pays autrefois s'appelloit Brohérec, c'est à dire *pays d'Erec*[10], qui fut un puisné, comte de ceste terre, et qu'il consiste du terroir Vennetois et du vicomté de Porhoët (Porhoët est du ressort de Ploërmel et par apel, à Vennes). J'ajouste la seigneurie de l'Argoët[11].

1. V. Ptolémée, édit. Cougny (Soc. de l'hist. de Fr., 1878, I, p. 259).

2. La Table de Peutinger, mal interprétée, dans quelque mauvaise édition. *Vide supra*, p. 77, note 7 ; — « Géogr. de la Gaule rom. », IV, pl. X.

3. Lire : 49 lieues ou milles, qui font 108km, 890m, ou 27 lieues modernes environ. V. *ibid.*, IV, p. 140.

4. Chapitre XLVII de cet Itinéraire.

5. V. édit. Cougny (Soc. de l'hist. de Fr., 1878, I, p. 131).

6. V. Notes de Bizeul sur les *Veneti* (Bibl. de Nantes, ms. français, n° 48.066) ; — « De la colonisation des Vénètes de l'Italie par les Vénètes de l'Armorique », par Bizeul (Annuaire du Morbih., 1855 ; Revue des provinces de l'Ouest, 1853, p. 167) ; — « Des *Veneti* de l'Adriatique et des *Veneti* Armoricains », par MM. Bizeul et Lallemand (Assoc. bret., 1854) ; — « Histoire de la Vénétie armoricaine : origine celtique et commune de tous les peuples qui ont porté le nom de Vénètes », par M. A. Lallemand (Annuaire histor. du Morbih., 1860 ; et Vannes, Galles, 1863) ; — « Les orig. histor. de la ville de Vannes », par le même, pp. 7-28. En tout cas, il y avait aussi, en Grande-Bretagne, un royaume de Vénédotie ou *Gwyned*, occupant les territoires du Carnavon et du North-Wales. V. « Hist. de Bret. », I, p. 245 ; — et *supra*, p. 12, note 7.

7. *Vide supra*, pp. 77, note 7, et 135, note 2.

8. V. « Le raz de Sein », par M. L. Boulain (Quimper, A. de Kerangal, 1893) ; — et *supra*, p. 112, note 3.

9. Ici, au moins, Dubuisson ne se laisse pas induire en erreur. V. l'étude sur l'Itinéraire d'Antonin, dans la « Géogr. de la Gaule rom. », IV, pp. 36-71 ; — et *supra*, p. 134, note 7.

10. Ou plutôt de Wéroc ou Waroc (500-550 environ), *patria Weroci*. Au commencement du VIe siècle, Wéroc était le chef des bretons du pays vannetais, à savoir depuis l'Ellé jusqu'à la presqu'île de Ruis, sauf la ville de Vannes. V. « Hist. de Bret. », I, pp. 284, 380 et suiv.

11. V. « La seigneurie de l'Argoët » (Mélanges d'hist. et d'archéol. bret., I, 1855, p. 98) ; — La seigneurie de l'Argoët en Elven », par M. l'abbé Piéderrière (Soc. polymath. du Morbihan, XII, 1867 ; — « Un mot sur la tour d'Elven », par M. Arrondeau (Soc. polym. du Morbih., 1861) ; — « Construction de la tour d'Elven », par M. l'abbé Le Mené (*Ibid.*, 1894) ; — et *supra*, pp. 77, note 1, et 85, note 7.

Vennes porta le saint homme Paterne[1], dit, en françois : Poll ou Pois, qui obtint, pour en faire l'Evesché, le palais des ducs Bretons, dit le chasteau de la Motte[2].

(*In ms. indice reliquiarum SS. Ecclesiæ Venetensis, sic habetur : « Maxima pars ossium B. « Paterni et brachium ejus, quod de Exoduno*[3], *ubi reliquum corpus ejus quiescit, attulit nobis « quidam monachus per B. Paternum admonitus, de pago Venetico oriundus*[4]. »

La ville de Vennes[5] est décheue de sa grandeur, les ducs de Bretagne l'ayans creue et cultivée, comme Jean le Conquérant qui y bastit le chasteau de l'Hermine, démoli l'an 1615, et François II qui y establit le Parlement, lors par luy érigé[6].

Elle parle breton et françois, estant l'un des trois éveschés mixtes (Nantes et St Brieu, les deux autres[7]). Elle a, dans son diocèse[8], 120 paroices[9] et 4 abbayes, à scavoir : St Sauveur de Rhedon[10] (exempt[11], *in catal. episcop. Venet.*) et St Gueldas de Ruy[12], de l'Ordre de St Benoist ; Lanvaux[13] (fondée en 1138, par un baron de Lanvaux) et Ste Marie de Prières[14], de l'Ordre de Cisteaus, ceste dernière fondée par Jean Ier, l'an 1250 (Sa femme, Blanche de Navarre, est enterrée en l'abbaye de la Joye, laiz Ennebont[15]. *Vide Argentræum de Blancha falso*).

Il a aussy une abbaye de femmes, de l'Ordre de Cisteaux, laiz Ennebont[16]. —

Vennes (en breton : *Guenet* ou *Guinet*[17], qui signifie : froment ou blay blanc, à cause de la fertilité de la coste) porte pour ses armes *une hermine entière et passante, d'argent, accolée d'une escharpe volante ou pennonceau semé d'hermines, en champ de gueules* ; et a pour gouverneur,

1. *Vide supra*, p. 27, note 5.

2. V. « Les origines historiques de la ville de Vannes », par M. A. Lallemand (Vannes, Cauderan, 1858), pp. 94-96, 122 ; — « La ville de Vannes et ses murs », par M. Guyot-Jomard (Soc. polym. du Morbih., 1887, p. 135).

3. Issoudun. Les reliques de St Patern avaient passé par Bourg-Déols, en Berry. V. « Orig. hist. de la ville de Vannes », p. 57.

4. V. « Les reliques de la cathédrale de Vannes », par M. Le Mené (Soc. polym. du Morbih., 1888).

5. V. l'étude sur Vennes, à la suite de l'article d'Ogée (« Dict. de Bret. », 2e édit., II, pp. 958-961) ; — « Les origines histor. de la ville de Vannes » ; — « La ville de Vannes, ses murs et ses abords », par M. Guyot-Jomard (Soc. polym. du Morbih., 1887, 1888) ; — « Ordonnances de police, concernant les murailles, fontaines, écoliers de la ville de Vannes » (1650-1735), par M. Rosenzweig (*Ibid.*, 1859) ; — « Topographie histor. de la ville de Vannes », par M. l'abbé Le Mené (Vannes, Galles, 1897).

6. Aux États de Bretagne, assemblés à Nantes le 22 7bre 1485, le duc François II créa un Parlement sédentaire, qui devait se tenir tous les ans à Vannes, du 15 juillet au 15 septembre. V. « Hist, de Bret. » de D. Lobineau, I, p. 755.

7. *Vide supra*, p. 65, ligne 6 et note 2.

8. V. « Le diocèse de Vannes et ses évêques », par M. Lallemand (Soc. polym. du Morbih., 1861) ; — « Histoire du diocèse du Vannes », par M. J.-M. Le Mené (Vannes, Lafolye, 1888-89, 2 vol. in-8°, avec grav. et cartes) ; — « Les évêques de Vannes », par le même (Rev. de B. et V., 1865, Ier semestre).

9. V. « Histoire des paroisses du diocèse de Vannes », par M. l'abbé Luco (Soc. polym. du Morbih., 1863-1883) ; — « Étude sur les anciennes circonscriptions paroissiales du Morbihan », par M. Rosenzweig (Soc. polym. du Morbih., 1873).

10. V. « Cartulaire de Redon », par M. A. de Courson (Documents inédits, 1863) ; — « Chronologie du cartulaire de Redon », par M. de la Borderie (Annales de Bret., juillet 1890, juillet 1897) ; — « Gall. Christ. », XIV, col. 941.

11. C'est-à-dire : exempt de la visite épiscopale et de la juridiction de l'ordinaire, et ne dépendant que de la cour romaine.

12. V. « Gall. Christ. », XIV, col. 958. Il en sera parlé au chapitre XXXV.

13. V. « Gall. Christ. », XIV, col. 963 ; — et *supra*, p. 128, note 12.

14. *Vide supra*, p. 80, note 9.

15. *Vide supra*, pp. 78, note 8, et 80, note 8.

16. *Vide supra*, *ibid.*

17. *Vide supra*, pp. 12, note 7, et 134, note 11.

M^{tre} Pierre de Lanion, baron du Vieil Chastel[1], qui porte : *d'argent à 3 merlettes de sable, au chef de gueules chargé de 3 quintefeuilles d'argent*. Il a épousé l'héritière d'Aradon, fille du feu gouverneur dont les armes sont à la porte du quay : *de sable à sept macles d'argent*. Il n'est point logé en ville, non plus que le gouverneur de Dinan et beaucoup d'autres gouverneurs de Bretagne, et n'a que 80 escus de pension ou entretenement. Il est aussy gouverneur d'Auray et capitaine de l'arrière-ban de cest évesché.

La ville est fort médiocre. Le tour des murailles[2] contient 1365, par dedans, et, par dehors, 2300 pas ou marches communes, qui font 1150 pas de mesure, par dehors, ou un mille et un peu plus d'Italie, selon les mesures que j'en ay trouvées toutes faites, chez le susdit baron de Vieil Chastel, en une charte du Morbihan, faite par Christophle Troadec, employé par M^r le cardinal de Richelieu[3], et Legrain, domestique dudit baron, l'an 1634.

Elle a 4 portes, dont l'une et principale est celle *du quay, du port* ou *de St Vincent*[4], parceque l'image de St Vincent Ferrier[5], Jacobin, y est au dessus des armes de la ville, qui sont : *de gueules a une blanche hermine passante et portant au col une serviette volante ou pennonceau semé d'hermines*[6] ; ainsy que les valets de la maison de ville les portent en leurs casaques.

Sortant par ceste porte, vous passez, de quelque costé que vous alliez, un pont double, de belle pierre blanche, à 3 arcades à droite et 3 à gauche, qui sont six, jusques ausquelles viennent les basteaus à voiles chargés, du port de 40 à 50 tonneaus, et non de plus, avec la marée qui, passant par lesdites arcades, entre, à droite et à gauche, dans les fossés de la ville.

A droite, les fossés sont tout secs au retour de la marée, et de ce costé, il y a 3 petits bastions avec leurs courtines, de belle et large pierre et de non trop vieille structure, jusques à la 2e porte qui est de St Salomon.

Depuis ceste porte St Salomon, vous avez une courtine d'environ cent pas jusques au prochain tourion, où il y a, dans le milieu de sa aulteur, 4 ou 5 pièces éparses de muraille romaine, *reticulato, ut in provinciis, id est rudi et non italico opere*, avec ceintures ou chaines de larges briques, trois briques l'une sur l'autre[7] ; cela meslé avec muraille nouvelle et de façon moderne. Le fin ault de la courtine est tout de suite de nouvelle fabrique.

Aprez, suit la 3e porte, dite la Porte Neuve[8], où tout est neuf, et elle donne en la grande place

1. *Vide supra*, p. 78, note 4.
2. V. les plans qui accompagnent « La ville de Vannes et ses murs » (Soc. polym. du Morbih., 1887 et 1888) ; — « Les murailles de Vannes, depuis 1573 », par M. L. Galles (*Ibid.*, 1869) ; — « Les origines historiques de la ville de Vannes », pp. 80-90 ; — « Répertoire archéol. du Morbih. », col. 229 ; — « Lettre relative aux remparts de Vannes », par M. Dulaurens de la Barre (Soc. polym. du Morbih., 1861) ; — « Topogr. histor. de la ville de Vannes », pp. 2-13.
3. Qui, en 1626, fut créé « grand-maître, chef et surintendant de la marine de France ».
4. V. « Notes extraites des archives municipales de Vannes : la porte St-Vincent », par M. Guyot-Jomard (Soc. polym. du Morbihan, XXVI, 1880, et XXVII, 1881) ; — « La ville de Vannes et ses murs » (Soc. polym. du Morbih., 1887, p. 92).
5. Né à Valence en Espagne, en 1355, mort à Vannes, le 5 avril 1419. V. « La chambre de St Vincent, à Vannes », par M. l'abbé Le Mené (Soc. polym. du Morbih., 1889) ; — « La maison où mourut St Vincent Ferrier ; son matelas et la pierre qui lui servait d'oreiller », par M. Guyot-Jomard (*Ibid.*, 1889) ; — « La tapisserie de St Vincent Ferrier », par M. l'abbé Le Mené (*Ibid.*, 1881) ; — « Les écrivains du pays de Vannes » (*Ibid.*, 1886, p. 52) ; — « St Vincent Ferrier : durée de son apostolat en Bretagne (1418-1419) », par M. R. Blanchard (Rev. de Bret. et de V., 1887, 1er semestre).
6. V. « Les origines histor. de la ville de Vannes », pp. 62-79.
7. V. « Répertoire archéol. du Morbih. », col. 229.
8. Au bout de la rue de la Porte-Neuve, auj. de la Préfecture. V. « Dict. topogr. du Morbih. », pp. 218, 223.

du marché, dehors la ville, et est située au plus ault de la ville, jusques où, depuis la porte du quay, il a fallu tousjours monter en tournant.

Le fossé est tout sec, la douve relevée, mais proche du costau et lieu dudit marché et des jardins du fauxbourg de St Salomon, avantageux pour battre ladite muraille, et maisme foudroyer dans la ville.

Arrivant au coin de ladite porte, il y a encor de la vieille muraille un peu ; et passé le coin et deffense de ladite Porte Neuve, vous suivez le fossé, et estant entre le bastion qui la défend et l'Evesché, vous voyez pièce de vieille muraille ; *item* vis à vis de l'église de la paroice du Menay [1], située proche la douve.

Au défaut de la muraille du chasteau de la Motte ou Evesché [2], vous voyez, dans la muraille renouvelée, encor deux ou trois petites pièces et vestiges d'ouvrage romain, comme cy dessus ; et ce, justement vis à vis de la dite église du Ménay, qui est le dehors, et par dedans la ville, vis à vis des jardins de l'Evesché et de l'Archidiaconé, dans lesquels néanmoins vous ne voyez rien que muraille neuve.

Puis vous descendez le long de la douve, jusques à la 4e et dernière porte, qui est de St Paterne ; passé laquelle, vous remarquez encor, en une tour prochaine, une petite piécette de muraille romaine. Puis vous voyez toute muraille nouvelle, et y remarquez une autre pierre, une autre main et un agrandissement ou élargissement, à prendre depuis que la rivière entre dans le fossé.

Depuis là jusques au chasteau de l'Hermine [3], il y a, tout contre et aboutissant au fossé, un haut terrein d'où l'on batroit la muraille, et foudroyeroit on la ville à plaisir ; et le chasteau de l'Hermine semble avoir esté fait pour remparer et deffendre ce costé là. Ce haut terrein s'appelle la Garenne [4].

Tel est le circuit de toute la muraille, faite à machecoulis, de belle pierre, comprenant la Maison de Ville et le chasteau de l'Hermine, dont il y a encor 2 tours non ruinées dans ladite muraille, avec une courtine et tourion, joignant et fermant la closture à la porte de St Vincent, d'où nous sommes partis.

A ceste porte de St Vincent [5], il y a, dans la ville, un canal ou bié de cent pas de long, revestu de pierre, dans lequel entre un petit bras de la rivière qui, du fossé de la ville (où elle entre, vis à vis du derrière de la Maison de Ville), coule, par une petite arcade, entre les tours du chasteau de l'Hermine et les tours de la porte St Vincent, et va faire moudre un moulin dans la ville, au bas de la place de Lices. Au saut du moulin, elle est receue dans ledit bié, et, par une semblable arcade ou voute, située entre ladite porte St Vincent et le premier bastion de main droite, vers la porte St Salomon, s'escoule dessous le grand pont à six arcades, hors la ville, dans le grand canal, où donne la pleine marée et abordent les vaisseaus.

Alors elle s'appelle proprement *rivière de Vennes*, qui de là jusques au Morbihan et son emboucheure en pleine mer, a 2 grandes lieues, du Nord au Sud et Sud, Sud Ouest.

1. Notre-Dame du Méné, paroisse et faubourg, qui s'étendait dans la direction d'Auray, après la Porte-Neuve, au bout de la rue actuelle de la Préfecture. V. « Les origines histor. de la ville de Vannes », p. 126 ; — « Hist. des paroisses du diocèse de Vannes », par M. l'abbé Luco (Soc. polym. du Morbih. », 18-8, p. 189).

2. V. « Orig. histor. de la ville de Vannes », pp. 120-124 ; — « La ville de Vannes et ses murs » (Soc. polym. du Morbih., 1887, p. 29 ; 1888, p. 219) ; — « Étude sur les anc. circonscriptions paroissiales du Morbihan », par M. Rosenzweig (Soc. polym. du Morbih., 1873, p. 83) ; — « Topogr. histor. de la ville de Vannes », pp. 16-19.

3. V. plan des ruines de l'ancien château de l'Hermine (Soc. polym. du Morbih., 1887, pp. 34, 175) ; — Orig. histor. de la ville de Vannes ». pp. 87-88 ; — « Topogr. histor. etc... », pp. 19-21.

4. V. « La ville de Vannes et ses murs » (Soc. polym. du Morbih., 1887, p. 144).

5. *Vide supra*, p. 137, note 4.

Mais ceste rivière d'eau douce qui influe là dedans vient de deus rameaus. Le droit vient d'une lieue et plus au dessus de Vennes, droit au Nord, et sont plusieurs ruisseaus et décours de fontaines. L'un se trouve en nostre catalogue et histoire des évesques de Vennes [1], soubz Henry de Bloch [2], en l'an 1280, nommé Fromer (Il y a un ruisseau de Frutmur, prez Kimperlé, c'est à dire : le grand *frut* [3]), sur lequel sont assis des moulins, jadis en partie apartenans à un Yves de Crauson, et, par sa cession [4], entièrement au chapitre de Vennes, aujourd'huy dits : *moulins du chapitre* [5]. Au dessous de ces moulins, ces ruisseaus unis viennent se rendre dans l'estang de Nazareth [6], et de là, par le commencement du fauxbourg St Paterne, par dessous la rue, à travers la douve du fossé, rejointe ou couverte d'un pont de pierre à deux arcades, dans le fossé de ladite ville, comme j'ay dit.

Mais à ce pont maisme, il reçoit un canal bien plus grand et double, voire triple de luy, qui vient par une prairie, tout alentour du fauxbourg St Paterne, au bout duquel il arrive et fait aller les *moulins du duc* [7], qui sont un grand moulin à 4 roues à la mode de Bretagne, et un autre, un peu plus bas et plus petit, provenant, au dessus d'iceluy grand moulin, de *l'estang du duc*, qui est un très bel estang. Ceste rivière provient de devers Elvain [8] et Plaudrem [9], paroices à 2 et 3 lieues de Vennes, et puis, par St Nol ou Nolf [10] (Arnoulf, *credo)*, autre paroice à une lieue de Vennes, d'où, puis aprez, elle descend aus moulins de Kervalé [11], à la cheute desquels elle entre en l'estang de Plaisance [12], jadis chasteau ducal, depuis donné aus moynes de l'abbaye Bernardine de Prières [13] et par eux démoli, où, par le fermier et par les paysans, je l'ay ouy constamment appeller : rivière Condac [14].

De cest estang qui est assez grand, elle sort par deux bras. Le gauche et plus petit s'eschape le long du bois de Lisieck [15], maison particulière, passant, au sortir dudit estang, par une arcade faite sous le chemin pavé de Vennes à Rhennes [16], à quart de lieue au plus de Vennes ; et de là s'en va,

1. V. « Les évêques de Vannes », par M. l'abbé Le Mené (Nantes, V. Forest, 1865 ; et Rev. de Bret. et de V.) ; — « Le diocèse de Vannes et ses évêques », par M. Lallemand ; — et *supra*, p. 67, note 9.

2. Hervé de Bloch (1279-1287).

3. Fromer (*frut mur*), en breton signifie : *grand ruisseau*. V. « Dict. topogr. du Morbih. », p. 237, art. *Rohan (moulin de)*.

4. Yves de Crozon, chantre et chanoine de Vannes, donna au chapitre les deux moulins de Rohan, en 1280 (Arch. du Morbih.).

5. Auj. : moulin de Rohan, un petit quart de lieue en amont du moulin de l'évêque, sur le même ruisseau. V. « Dict. topogr. du Morbih. », pp. 67, 237 ; — « Organisation de l'ancien personnel ecclésiastique du diocèse de Vannes » (Soc. polym. du Morbih., 1874, p. 49). Le chapitre possédait, à coté, un moulin à vent, aujourd'hui en ruine.

6. Ainsi nommé du Carmel de Nazareth, fondé et bâti de 1519 à 1529, par la duchesse Anne, en exécution des dernières volontés de Françoise d'Amboise. V. « Les origines histor. de la ville de Vannes », p. 300.

7. *Vide supra*, p. 126, dernière ligne.

8. Elven, ch.-l. de cant. arr. de Vannes. V. « Hist. des paroisses du dioc. de Vannes » (Soc. polym. du Morbih., 1876) ; — et *supra*, p. 85, note 7.

9. Plaudren, comm. du cant. de Grand-Champ, arr. de Vannes.

10. Saint-Nolff, comm. du cant. d'Elven, arr. de Vannes. En latin : S[tus] *Mendulfus*.

11. Sans doute, le moulin de Kerolet, près du village de Tréalvé. V. la carte d'état-major n° 89.

12. Aujourd'hui, hameau en Saint-Avé. V. *ibid.* ; — « Dict. topogr. du Morbih. », p. 204 ; — « La ville de Vannes et ses murs » (Soc. polym. du Morbih., 1887, p. 44).

13. Par le duc François II. V. l'hist. de cette abbaye, par M. l'abbé Piéderrière (*Ibid.*, 1861, 1863).

14. Lire : ruisseau de Liziec ou ruisseau Coudat. V. « Dict. topogr. du Morbih. », pp. 51, 164.

15. Lire : Liziec, hameau. V. *ibid.*, p. 164.

16. Si Dubuisson entend par là désigner une voie romaine, ce serait peut-être celle de Vannes à Rennes, mal connue, surtout en cet endroit, et dont parle Bizeul, dans ses « Voies romaines du Morbihan » (Annuaire du Morbi-

par presque demi lieue, tomber au petit bourg St Léonard [1], rasant la chapelle, et passant, par une autre arcade, au dessous du chemin qui de Vennes va à Nantes, à quart de lieue de Vennes, et entrant dans le parc de l'Esternick [2], autre maison ducale, donnée aus Jésuites de Vennes et tout à fait rasée, jusques où la marée d'un estier [3] (*æstuarium*), provenant de la rivière de Vennes, donne dans ledit ruisseau qui donc se perd là en mer.

Mais le bras droit, sortant de l'estang susdit de Plaisance, à 30 pas prez de la sortie du bras gauche, est gros et profond, resserré entre deus aultes rives et non guéable. Il y a un petit pont de bois.

De là à une mousquetade, il est, quoyque gros, guéable en beau temps ; puis passant devant une maison, dite Poignant [4], il va, au dessous du parc ou clos d'une autre, dite Grado [5], entrer, bien gros et bien fort et rivière légitime, dans l'estang au duc, très bel et poissonneux. D'où ressortant, il fait moudre, en tombant de sa bonde, ce grand moulin à 4 roues, puis à 60 pas de là, un autre plus petit ; et de là, costoyant par la prairie, va au pont du fossé de la ville, à 2 arcades de pierre, où il reçoit à droite le ruisseau de l'estang de Nazareth ou de Fromer cy dessus, et à gauche un autre petit ruisseau venant dans la prairie, le long du derrière de la Garenne. Au dessous dudit pont, il entre dans le fossé de la ville, comme cy dessus.

XXXI

Vennes : ancien circuit, Cordeliers et église cathédrale

Ancien circuit. — L'ancienne Vennes estoit, comme elle est encor, murée du ault costé, vers la campagne, et dont je vous ay quoté les vestiges romains, au dessus de la porte St Salomon. Et comme l'ouvrage de cest ancien circuit est romain, aussy la situation de la ville est elle romaine.

Mais au dessous de ladite porte St Salomon, au lieu de s'élargir en dehors (comme elle fait avec

han, 1841, pp. 185-189 ; et 1842, pp. 133-135). Mais on peut aussi y voir un fragment de la voie romaine de Nantes à Vannes par Pontchateau, Férel et le Palus de Lisle V. « Les villes disparues des Namnètes », par Léon Maître, I, p. 80.

1. Aujourd'hui, hameau en Theix et Séné. V. « Dict. topogr. du Morbih. », p. 251.

2. Le parc de Lesternic ou Lestrenic était à côté du hameau et de la chapelle de Saint-Laurent, près de l'endroit où le ruisseau en question se jette dans la baie de Noyalo. Les Jésuites, qui dirigeaient le collège depuis 1631, reçurent cette terre, par lettres-patentes d'octobre 1634. Le manoir ducal de Lestrenic avait été démoli, ainsi que le château de l'Hermine, en 1614. V. « La fin des résidences ducales : démolition du manoir de Lestrenic-St-Laurent », par M. Guyot-Jomard (Soc. polym. du Morbih., 1889) ; — « Orig. histor. de la ville de Vannes », p. 165.

3. C'est dans la baie du Morbihan, dite : chenal de Noyalo, qui forme la presqu'île de Ruis.

4. Poignan, sur la carte d'état-major n° 89. V. « Dict. topogr. du Morbih. », p. 207.

5. On dit aujourd'hui : Grador, et même : Grasdor. Mais la vraie forme est : *Grado*, pluriel de *Grat* (degré, rang), que l'on trouve aussi comme nom de lieu. V. « Chrestomathie bret. », I, p. 133.

ses trois bastions, embrassans le pourpris des Cordeliers[1] et descendans jusques au bout du grand canal de la rivière de Vennes et commencement du port), ledit circuit suivoit sa rondeur et venoit, le long du jardin de Mr de Vertin[2], mettant hors ville le pourpris où, pour le présent, sont les Cordeliers, dans le jardin desquels ceste vieille muraille se veoit, portant antiquité de plus de mille ans. Et néanmoins il n'y paroist pas tant d'ouvrage romain comme il fait hors la ville, au dessus de la porte St Salomon, parceque ceste muraille, séparant le jardin des Cordeliers et celuy de Mr de Vertin, est toute escorchée et ne s'y veoit quasi plus de la surface, ains seulement le ventre.

De là, le tour ou suite de ceste muraille passe à travers la rue qui maine de St Pierre aus Cordeliers, laquelle rue, assez estroicte, est comme fermée, au moins les maisons des deux costés sont jointes par une arcade, dite vulgairement *la porte Mariole*[3], qui porte un logement ou cabinet; et est ceste arcade de peu de centaines d'années et nullement ressemblante, de fabrique, à la muraille dudit jardin des Cordeliers, moins encor à celle d'entre les portes St Salomon et Neuve. Tellement que je croy qu'elle auroit esté refaite et entretenue, seulement pour mémoire de ce que par là passoit jadis le premier et ancien circuit de la ville, lequel de là alloit, par où est aujourd'huy la chapelle des Lices, où est la Maison de Ville[4].

En sorte que ladite Maison de Ville (qui est d'assez médiocre représentation, avec un petit clocher ou lanterne et une court au devant) et toute la muraille de la ville, qui prend vis à vis d'elle et, par les restes du chasteau de l'Hermine, porte St Vincent et bastions du port, va jusques à la porte St Salomon, faisant un arc, et puis tout ce qui est compris entre ledit arc et sa corde (laquelle est ceste ancienne muraille allant de la porte St Salomon, par le jardin des Cordeliers, porte Mariole, chapelle des Lices et Maison de Ville, à la muraille opposite, comme dit est), en sorte donc que tout cela est de la nouvelle ville et estoit hors l'ancienne.

Tellement que ceste grande place des Lices[5], ainsy dite à cause que l'on y faisoit lices et tournois, estoit hors la ville, aussy bien que le chasteau de l'Hermine, duquel nous parlons ailleurs cy dessous, et lequel ayant esté basti par le duc Jean, l'an 1387, il est croyable qu'alors on feit cest agrandis-

1. Les Cordeliers furent fondés à Vannes, en 1260, par le duc Jean Ier, de concert avec les seigneurs de Malestroit. Leur église, dédiée en 1262, fut démolie en 1808. Elle occupait l'emplacement des maison et jardin du docteur Mauricet. Le musée de Vannes contient les fragments des trois statues tumulaires, en marbre, d'Arthur II, duc de Bretagne, de Jean Malestroit et de sa femme, provenant de cet ancien couvent. V. « Les Cordeliers de Vannes », par M. Le Mené (Soc. polym. du Morbihan., 1894); — « Les origines histor. de la ville de Vannes », pp. 83, 343; — « Répertoire archéol. du Morbihan », col. 229; — Arch. de la L.-Inf., série B, réformation du domaine, 1678-81; aveux de Vannes, tome I, n° 17 : « Le convent et maison des religieux de St-François, avec logemens, église, cloître, cour, jardins et un bastion sur le mur de la ville... » ; — les plans qui accompagnent « La ville de Vannes et ses murs » (Soc. polym. du Morbih., 1887, spécialement p. 141).

2. Lire : du Vertin. Le Vertin, maison et petite seigneurie en Sarzeau, appartenait sans doute, au temps de Dubuisson, à François Botherel, mentionné dans le rôle rentier de la juridiction de Ruis, 1649 (Arch. de la L.-Inf., série B). Cette terre fut ensuite acquise par Mathieu Le Clerc, syndic de la ville et communauté de Vannes, qui la possédait en 1681. V. *ibid.*, réformation du domaine : aveux de Ruis, tome III, n° 1.

3. V. *ibid.*, aveux de Vannes, tome Ier, n° 18 : « Une maison au-dessous de la porte Mariol, rue St-François... » ; — *Ibid.*, tome 10 (aveu du chapitre, folio 2, recto) : «.... le bastion des Cordeliers, près l'antique porte Grigueny.... » ; — « La ville de Vannes et ses murs » (Soc. polym. du Morbih., 1887, pp. 31, 42, 58).

4. Le manoir de la Chèze en la ville de Vannes, par. St-Pierre, anc. Chambre des Comptes de Bretagne, puis hôtel de ville, relevait de l'Argoët. V. « Le beffroi de l'hôtel de ville de Vannes », par M. Lallemand (Soc. polym. du Morbih., 1860); — « Géographie féod. de la Bret. », pp. 111, 112, — « Les orig. histor. de la ville de Vannes », pp. 142-147; — « Topogr. histor. de la ville de Vannes », pp. 22-24.

5. V. « La ville de Vannes et ses murs » (Soc. polym. du Morbih., 1887, p. 42).

sement de la ville, et que dans icelle fut compris tant le chasteau (ruiné, 1615) que ladite place des Lices et la chapelle aussy dite des Lices.

Ceste chapelle estoit proprement la chapelle du duc, dite Nostre Dame des Lices[1], servant au chasteau susdit. On y voit encor force armoiries de Bretagne et force hermines entières et passantes, ayant au col une escharpe ou pennonceau herminé et ceste devise des ducs : *A ma vie.*

Par ceste mesme raison, furent aussy mis dans la ville les Cordeliers, jadis hors la ville et dans le fief de Ker[2], maison qui en est fondatrice.

Auparavant qu'ils fussent là, c'estoit, *à ce qu'ils disent*, une petite chapelle, assise sur la douve et bord extérieur du fossé de la ville. Aucuns veulent dire que c'estoit un Temple et chapelle des Templiers; mais il n'y en a point de preuve.

Tant y a que les Cordeliers commencèrent à estre à Vennes, dez l'an 1260, si ce qu'ils en ont en leur librairie et que nous en avons recueilly, p. 1 du *Calendarium Franciscan.*, est vray.

Auquel cas, il faudroit que cest aggrandissement de la ville eust esté devant le bastiment du chasteau de l'Hermine.

Ce convent est petit, situé bas, mal airé et obscur. L'église est assez grandette, réparée en 1385, comme j'ay remarqué, p. 1 dudit Calendrier, en marge, et remplie de vitraux remarquables et de sépultures, qui se voyent quotées en la suite de nostre susdit Calendrier.

Il y a 2 cloistres, tous deux quarrés et d'ambulacres bas et obscurs, et dont l'un est très petit.

Ils ont aussy leur dortoir fort offusqué.

La place de la librairie est petite, et le nombre des livres est passablement grand, parmi lesquels il s'en trouvera de rares livrets.

L'infirmerie est grande, mais mal close et accommodée, et le réfectoire est bas et obscur.

Néanmoins, en ce convent s'est tenu le chapitre général de la province de Touraine 4 fois, sçavoir : le 10e juillet 1411, le 19e juillet 1456, le 15e aoust 1520 et le 17e juillet 1561, comme il se trouve p. 1 et *seq.* dudit Calendrier.

1. Construite en 1427. V. « Hist. des par. du dioc. de Vannes (Soc. polym. du Morbih., 1883, p. 135); — « La ville de Vannes et ses murs (*Ibid.*, 1887, p. 42); — « Les orig. histor. de la ville de Vannes », pp. 329, 330; — « Étude sur les anc. circonscriptions paroissiales du Morbihan » (Soc. polym. du Morbih., 1873, p. 87).

2. La seigneurie de Kaer ou Ker, prévôté féodée de la sénéchaussée de Vannes et baronnie, en 1553, en faveur de Henri de Malestroit, paraît avoir été apportée à Payen III de Malestroit (fils aîné d'Eudon et d'Agathe de Muzillac), seigneur de Largoët et Beaumont, mentionné en 1275 et 1306, par sa femme qui en était l'héritière. Elle relevait de la châtellenie d'Auray, et s'étendait sur plusieurs paroisses du littoral : Séné, Vannes, Arradon, Crac'h et Locmariaker. Dans cette dernière localité, près du bourg, était anciennement le château de Kaër (en breton : *la Ville*, souvenir de l'ancienne station romaine, située en cet endroit), siège primitif de la seigneurie. Plus tard, elle eut deux sièges de juridiction : Auray et Vannes. Du premier dépendait le château du Plessix-Kaër, en Crac'h, sur la rivière d'Auray; du second, l'ancien faubourg de Vannes et la rue du Port, dite, en 1375 : *la grande rue de Kaër*, puis : *le port de Vannes, en la terre de Kaër.*

De ce fief de Kaër, relevant de Vannes, nous trouvons, dans un aveu (Arch. de la L.-Inf., série B; réformation du domaine, 1678-1681; Vannes, aveux, tome 12 : fief de Ker), la description suivante : « L'ancien fief de Ker, relevant, « en arrière-fief, de la juridiction des regaires de Vennes, et réuni et reconsolidé à icelle, par le retrait féodal, « exercé par feu Messire Charles de Rosmadec, prédécesseur du seigneur évêque (Louis Cazet de Vautorte, « 1671-1687), sur Messire Jean de la Landelle, sr de Roscanvec; lequel fief est estendu sur le port de Vennes et « le long du rivage de la mer, cy-devant appellé : *la terre de Ker*, et dans les villages de Trussac, Kervénic, Cliscouët, « Bernuce et autres, cy-après désignés... » V. « Essai sur la géogr. féod. de la Bret. », pp. 114-115; — « Dictionn. topogr. du Morbihan », pp. XXII, 102, 217; — « Des voies romaines du Morbihan : voie de Vannes à Locmariaker », par Bizeul (Annuaire histor. du Morbihan, 1842, pp. 135-141); — « La ville de Vannes et ses murs » (Soc. polym. du Morbih., 1887, p. 157); — « Généal. des sires de Malestroit », par M. l'abbé Le Mené (Soc. polym. du Morbih., 1880, p. 12).

St Pierre est église cathédrale et siége de l'evesché[1]. Il vaut 10 mil livres de rente et, à une lieue de la ville, a la belle maison appellée Kerengo[2], dans la paroice de Plesko[3] (*Plebs episcopi*). Le manoir épiscopal est hors du pourpris de l'église, une rue et jardin entre deux.

L'évesque est Sébastian de Rosmadec[4] qui porte : *palé d'argent et d'azur de 6 pièces*, avec beaucoup d'alliances, entre autres celle de Molac, qui est : *de gueules à 4 macles d'argent*. Il est oncle de Mr du Plessis Josseau[5], gentilhomme riche, demeurant à deux lieues de là.

Le chapitre[6] est de 14 prébendes, dont le plus ancien, appellé doyen, préside entre eux, à raison de son antiquité ; et néanmoins n'est pas dignité.

— En l'an 1082, il y avoit un doyen à Vennes, nommé aprez l'archidiacre, en une charte de ceste année, dite *Cartula S. Mariæ de Kaer*[7] *(Vide Monim. Briton., p. 7)*. —

Les dignités n'ont point voix ni entrée au chapitre, si ce n'est estant jointes aux prébendes. Il y a 4 dignités. La première est l'archidiaconé, possédée par le Sr Gouault[8], Rennois, bien logé proche le cloistre de ladite église, en l'Archidiaconé, basti par Jean Daniello[9], archidiacre ès années 1525 et 1528, comme il se veoit escrit ès portes et fenestres. La 2e est la thrésorerie, tenue par Pierre Duranceau, de Bordeaux ; et vaut 600 livres de rente, comme la première, 600 escus ou peu moins. La 3e est celle de chantre ; la 4e celle de scholastique ; et une cinquième nouvellement adjoustée, qui est de pénitencier, possédée par un fils de Mr du Garo, conseiller au Parlement de Rhennes, du nom de Kermeno, frère du chantre et neveu de l'évesque[10].

Les prébendes valent seulement 600 livres par an ; mais la pluspart des chanoines ont des cures ou rectoreries fort bonnes, comme il y en a 5 ou 6 de 8 cens à 12 cens escus de rente, 8 ou 10 de 15 cens à 2 mil livres, et 20 à 30 de mil livres et plus.

En tout, il y a 120 cures dans le diocèse.

Les maisons prébendales sont dans la ville, éparses et sans pourpris reserré, comme il est ordinaire ès autres villes épiscopales.

L'église cathédrale[11] de St Pierre est imparfaite de toutes ses voutes qui sont recouvertes de charpente, et a sa croisée passant par dessus le chœur d'à présent.

1. *Vide supra*, p. 139, note 1.
2. Lire : Kerango. V. « Dict. de Bret. » d'Ogée, 2e édit., II, p. 293.
3. Plescop, comm. du cant. de Grand-Champ, arr. de Vannes.
4. *Vide supra*, p. 99, note 6.
5. René de Kerméno, s[gr] du Garo, conseiller au Parlement, fils d'Alain et de Louise de Rosmadec, héritière du Plessix-Josso, en Theix. *Vide supra*, pp. 70, note 10, et 132, ligne 21 ; — Arch. municip. de Nantes, GG. 14.
6. V. « Organisation de l'ancien personnel ecclésiastique du diocèse de Vannes », par M. l'abbé Luco (Soc. polym. du Morbih., 1874, p. 41).
7. C'est une donation, en 1082, à N.-D. de Locmariaker et à Sainte-Croix de Quimperlé, par Harscuet, fils de Roderc'h, et plusieurs de ses parents, de tout ce qui leur appartenait dans la paroisse de Kaër, « *de plebe quæ vocatur Caër* ». V. « Cartul. de Quimperlé », pp. 119, 200, 278.
8. Claude Gouault que l'on rencontre, comme député du clergé aux Estats de Bretagne, de 1610 à 1623. V. « Gall. Christ. », XIV, col. 940.
9. Jean Danielo, archidiacre de Vannes, fut abbé de St-Gildas-de-Ruis, en 1537, et mourut en 1540. V. *ibid.*, col. 962 ; — « Répertoire archéol. du Morbih. », col. 228. ; — « Hist. des par. du dioc. de Vannes » (Soc. polym. du Morbih., 1883, p. 114).
10. *Vide supra*, pp. 132, ligne 21, et 143, note 5.
11. V. « Histoire de la cathédrale St-Pierre de Vannes » (extrait d'un mémoire inédit de M. l'abbé Mouillard), par M. Alfred Lallemand (Soc. polym. du Morbihan, I, 1857) ; — « Histoire de l'église cathédrale de Vannes », avec plans par M. l'abbé Le Mené, chanoine (*Ibid.*, 1881) ; — « Les origines histor. de la ville de Vannes », pp. 90-120 ; —

Il est vray qu'il y a un chœur commencé et vouté, qui est fort bas et antique, au bout de celuy qui sert de chœur à présent, en attendant qu'en la place de ce vieil, on en face un neuf, derrière lequel sera la chapelle cy devant dite de Nostre Dame et qui, au mois de novembre 1636, se renouvelle avec un bel autel, orné de colonnes de marbre jaspé à chapiteaus et ornemens d'ordre de Corinthe, pour St Vincent Ferrier. Ceste chapelle s'appellera désormais la chapelle de St Vincent. Là se fera la translation de ses reliques[1].

Là dedans ceste chapelle, est un labe ou sépulture (car ils n'usent pas là du mot de *labe)*, en la paroy boréale, sans légende ni statue, laquelle est de l'évesque Jean de St Léon[2], qui feit faire la voute de ceste chapelle Nostre Dame et y a ses armes, en pierre et ès vitres : *d'azur au chef cousu de gueules, chargé de trois quintefeuilles d'argent*[3].

Y sont aussy, mais sans aucune marque, enterrés les évesques Jean[4] et Louis de la Haye[5], frères, consécutifs, selon qu'il appert par nos Evesques de Vennes[6], p. 11 et 17.

Item, sous une tombe de cuivre bien gravée, est François Fabry[7], escuyer du Pape, prieur de Coëtbugat[8], chanoine de Vennes, Rhennes et Quimper, mort 14 janvier 1550.

Il y a un Olivier Fabry, sous une tombe de cuivre, en la chapelle de St Sébastian ; et en la chapelle Ste Anne, un Jaques Fabry[9], sous la seconde tombe (Le livre des obits : obit 6e juillet).

Rentrant de ceste chapelle dans l'église, vous trouvez une chasse de cuivre doré, portée sur piliers, contre le dossier du grand autel de l'église ; et à costé, contre la paroy dudit dossier, il y a un tableau, contenant le catalogue des reliques contenues en ladite chasse, entre lesquelles je remarque celles des SS. de Bretagne, ainsy :

« *De B. Gildasio*[10]. *De capite B. Guengaloei*[11]. *Maxima pars ossium B. Paterni*[12] *et brachium*

« Monographie de la cathédrale de Vannes », par M. Charier (Assoc. bret., 1854) ; — « Répertoire archéologique du Morbihan », col. 226-228 ; — « Étude comparée des cathédrales de Vannes et d'Angers », par M. L. de Farcy (Congrès archéologique de France, 53e session, tenue à Nantes, 1886) ; — « Hist. des par. du dioc. de Vannes : St-Pierre », par M. l'abbé Luco (Soc. polym. du Morbih., 1883) ; — « Le coffret du XIIe siècle appartenant à la cathédrale de Vannes », par M. l'abbé Chauffier (Soc. polym. du Morbih., 1874 ; et Assoc. bret., même année) ; — « Volute de crosse en ivoire, conservée à la cathédrale de Vannes », par M. l'abbé Le Mené (Soc. polym. du Morbih., 1879).

1. V. « Les orig. histor. de la ville de Vannes », p. 112.

2. Il s'agit de Jean Validire, de la famille des s[rs] de Saint-Léon, en Merléac ; d'abord év. de Léon, transféré à Vannes en 1432, mort après 1448. V. « Gall. Christ. », XIX, col. 932 ; — « Dict. de Bret, » d'Ogée, 2e édit., II, p. 956 ; — « Orig. histor. de la ville de Vannes », p. 103.

3. D'après M. de Courcy, il portait : *d'argent au chef de gueules, chargé de trois quintefeuilles d'argent*. V. « De la verrerie et des vitraux peints en Bretagne », par M. André (Soc. archéol. d'I-et-V., XII).

4. Jean de la Haye, év. de Vannes en 1574, empoisonné la même année.

5. Louis de la Haye succéda à son frère en 1575, et mourut en 1588.

6. *Vide supra*, p. 67, note 9.

7. Sans doute frère ou, au moins, parent de Jean Fabry, d'abord grand-chantre, puis év. de Vannes de 1566 à 1570.

8. Coët-Bugat, d'abord par., puis trève de Guégon ; prieuré du vocable de Notre-Dame, membre de l'abbaye de St-Jean-des-Prés (dioc. de St-Malo). V. Soc. polym. du Morbih., 1877, p. 31.

9. Jacques Fabry fut lieutenant, puis sénéchal de Vannes, de 1558 à 1570.

10. St Gildas, dit le Sage, né en 493, mort en 570. V. « Hist, de Bret. », I, pp. 384-391, 413-414, 438-441 ; — « Hist. de St-Gildas de Ruis », par M. l'abbé Luco (Vannes, Galles, 1869) ; — « Vie des SS. de Bret. », par D. Lobineau, édit. 1725, p. 71 ; — « Biogr. bret. » de Levot ; — « Les reliques de la cathédrale de Vannes », par M. l'abbé Le Mené (Soc. polym. du Morbih., 1888) ; — « St Gildas, l'historien des Bretons », par M. de la Borderie (Revue de Bret. et de V., 1884, 1er semestre).

11. *Vide supra*, p. 108, note 3.

12. *Vide supra*, p. 27, note 5.

« *S. Felicis episcopi Nannetensis*[1]. *Brachium S. Thuriani Dolensis archiepiscopi*[2]. *De humeris* « *S. Juliani episcopi Venetensis*[3]. *De capite S. Salomonis martyris*[4]. *Corpus S. Guenhaëli*[5] « *abbatis* ».

Tournant à main gauche, en la carolle australe du chœur, vis à vis de la porte pour entrer au chœur, est un tombeau assez élevé et comme de 3 piés sur terre, percé de part en part et tout vuide, au dessus duquel est pendu, contre la paroy, un tableau contenant des versets et oraisons de St Guenhaël, dont est le tombeau.

Plus outre, contre la paroy qui est de closture au chœur, 2 tombeaus : l'un couvert à demi d'ais et tabliers de bois ; l'autre portant une statue de pierre, gisante à l'épiscopale, très antique et inconnue.

Plus avant et en la 1re ou 2e chapelle de la nef, qui est de Ste Katherine et Ste Barbe, est un labe simple, ayant, en ault, des armes en pierre qui, au vitrail de dessus, sont : *de Bretagne* ou *d'hermines à la fasce de gueules, chargée de 3 besans d'or.* C'est d'Yves de Pontsal[6], évesque, dont est parlé en nos Évesques de Vennes, p. 11.

En ceste mesme chapelle, il y a une tombe plate d'Olivier d'Aradon[7], comme j'ay trouvé au livre des obits de l'alloué de Vennes[8].

Entrant puis aprez par le bout du jubé ou doxal, vous trouvez dans le chœur, à l'entrée ou costé boréal du sanctuaire, un tombeau de pierre, élevé de 3 piés et plus sur terre, large d'autant et long du double, grillé au pié et monstrant un creux ou cave dessous. C'est le tombeau de St Vincent Ferrier, comme ils l'appellent[9]. Un autel portant son image représentée en chaire, comme de l'Ordre des Prescheurs, est au costé boréal du maistre autel, et la tapicerie du chœur, donnée par le feu évesque de Martin[10], contient sa vie.

Dans le milieu du sanctuaire et dessous la lampe justement, est sans marque ensépulturée Jeanne de France[11], femme de Jean V duc de Bretagne[12], laquelle mourut le 20e septembre 1433 ou

1. St Félix, év. de Nantes de 550 à 582. V. « Vie des SS. de Bret. » d'Albert Le Grand, et de D. Lobineau ; — « Hist. de Bret. », I, pp. 442, 447, 533-536 ; — « St Félix, év. de Nantes », par le v[te] de Kersabiec (Nantes, V. Forest, 1861).

2. St Turiau, Thuriau, Thurien, év. de Dol (VIIe s.). V. « Hist. de Bret. », I, pp. 489-491 ; — Bolland., juillet, III.

3. Il n'y a point de St Julien, parmi les évêques de Vannes. C'est à St Julien de Brioude, dont parle Grégoire de Tours (Bolland., 28 août), qu'il faut sans doute attribuer ces reliques. Il y avait, à Vannes, une chapelle sur le port, une rue, enfin une chapelle dans l'église St Patern, qui portaient son nom. V. « Dictionn. topogr. du Morbihan », p. 251 ; — « Hist. des par. du dioc. de Vannes » (Soc. polym. du Morbih., 1883, pp. 109, 111, 117, 122).

4. Roi de Bretagne armoricaine, de 857 à 875. V. « Biogr. bret. » de Levot. — « Salomon, roi de Bretagne, dans les chansons de geste », par M. de la Borderie (Revue de Bret. et de V., 1892, 2e semestre) ; — « St Salomon, roi de Bretagne et martyr », par D. Fr. Plaine (Rev. histor. de l'Ouest, XI, 1895).

5. St Guenhaël, mort vers 590. Une rue de Vannes portait son nom. V. « Hist. de Bret. », I, pp. 340, 453-455 ; — « Origines histor. de la ville de Vannes », p. 341 ; — « La ville de Vannes et ses murs » (Soc. polym. du Morbih., 1885, p. 234).

6. Yves de Pontsal (en Plougoumelen), év. de Vannes de 1449 à 1476, portait : *d'argent à la fasce de gueules, chargée de trois besans d'or, et accompagnée de six hermines de sable, 3, 3.*

7. Parent de Georges d'Arradon, év. de Vannes de 1590 à 1596.

8. Jacques de la Coudraye. *Vide supra*, pp. 78, note 9, et 133, note 5.

9. Son vrai nom est : *Ferrer*, nom assez répandu dans les pays de langue catalane, et correspondant au castillan : *Herrero*.

10. Jacques Martin de Belassize, évêque de Vannes en 1599, démissionna en 1620, devint abbé de Paimpont et mourut en 1624, à Paris. Sur cette tapisserie, *vide supra*, p. 137, note 5.

11. Fille de Charles VI, morte le 20 septembre 1433.

12. Mort le 28 août 1442, au manoir de la Touche, siège du fief de la Fosse, appartenant à l'év. de Nantes.

1443 (Voyez nos Évesques de Vennes, p. 20). Son mary, en 1438 ou 1448, fonda pour elle la *messe de la duchesse*[1], qui se dit encor. Elle n'est point couchée en la liste des obits à cierge, au livre de l'alloué de Vennes, le sr de la Coudraye. Mais tout au commencement de ce livre d'obits il y a :

« *Alain et Conan*[2], *ducs de Bretagne, 3e mars : 6 livres monnoye. Les cierges ou chœur* » (6 livres monnoye valent 7 livres 4 sols).

Sortant du chœur par la porte boréale, vous avez, vis à vis à peu prez, une porte qui vous sort de l'église et vous met dans une chapelle, dite de St Jean[3], séparée de ladite église et ayant une autre entrée par dedans la rue, en laquelle est enterré, sans aucune marque, Georges d'Aradon, de noble maison, évesque éleu par le chapitre, le 13 février 1590, durant les troubles de la Ligue, et bullé par le Pape[4], à la recommandation de M. de Mercœur, le 30e may 1596 (Nos Evesques de Vennes, p. 17).

Dans cette mesme chapelle ou église St Jean, sont les fonts où l'on baptize pour la paroice, et dont le curé, qui est appellé vicaire, a les clefs. Il est en effet vicaire du chapitre qui, comme recteur primitif, l'institue et le pourroit destituer, mais se contente de l'empescher de résigner autrement qu'entre ses mains.

Ce vicaire perpétuel est le théologal, chanoine aussy, et dont la prébende vaut 12 cens livres. Il a sous luy un sous-curé, *vulgo : le prestre du vicaire*, qui dit la messe paroiciale sous le bout boréal du jubé, à l'autel de Ste Croix[5], et fait le prône et les prières.

En ceste messe qui est basse, ne se fait point l'offrande, mais bien le pain bénit, qui est fort petit et coupé menu, et ordinairement de fouace ou pain sans levain. Il ne se fait pas à tour, mais par qui le demande à faire, et si personne ne le demande, il se fait aus despens de la fabrique, pour laquelle les fabriciers vont cueillir par l'église, durant la messe.

Ceste paroice[6] estoit anciennement hors la ville, en l'église St Michel[7], qui néanmoins a de reste quelque marque de paroice et quelque messe paroiciale pour son fauxbourg.

1. Cette messe de *Requiem*, fut fondée par lettres du 24 avril 1438. Jean V donna, à cet effet, une rente de 200 livres au chapitre. Le 3 juin 1441, il ajouta à ce don une autre rente de 100 livres. V. « Lettres et mandements de Jean V » (Soc. des biblioph. bret.), par M. R. Blanchard, nos 2307 et 2492.

2. Soit Alain IV (mort le 13 octobre 1119) et son fils Conan III (mort le 17 septembre 1148); soit Conan IV (mort en février 1170) et son père Alain le Noir, comte de Richemont (mort en 1146).

3. Démolie en 1856. On y a trouvé des colonnes et chapiteaux romans, et elle avait été restaurée, en 1437, par l'évêque Jean Validire. V. « Les orig. histor. de la ville de Vannes », pp. 100, 101 ; — « Hist. des par. du dioc. de Vannes : St Pierre » (Soc. polym. du Morbih., 1883, p. 137).

4. Il ne reçut ses bulles qu'en 1592, et mourut le 31 mai 1596. *Vide supra*, p. 145, note 7.

5. L'autel du Crucifix ou de Ste Croix, aujourd'hui de St Pierre. V. « Hist. des par. du dioc. de Vannes : St Pierre » (Soc. polym. du Morbihan, 1883, p. 132).

6. L'autel de la Ste Croix a fait donner le nom de paroisse Sainte-Croix à l'ancienne paroisse Saint-Pierre, depuis 1624 jusqu'à 1800. V. *ibid.*

7. Petite chapelle, dernier souvenir de l'antique église des paroissiens de Sainte-Croix. Elle était située au bout de la rue Saint-Yves, en face le couvent des Carmélites de Nazareth, entre celui-ci et l'enclos des Visitandines, et entre les rues Saint-Yves et de la Vieille-Boucherie (aujourd'hui : de la Loi). Le premier statut de la confrérie des Trépassés, fondée en 1543, porte : «... l'église et chapelle de M. St Michel, située aux fauxbourgs de Vennes, laquelle, « au temps jadis, avoict esté la parrochialle église des nobles bourgeois... » Cette opinion, qui était celle du chapitre et dont Dubuisson se fait l'écho, fut, aux xviie et xviiie siècles, l'objet d'un procès entre le chapitre et les paroissiens, perdu par ces derniers, en 1704. V « Etude sur les anc. circonscriptions paroissiales du Morbihan », par M Rozenzweig (Soc. polym. du Morbih., 1873, p. 87); — « Hist. des par. du dioc. de Vannes : St Pierre » (*Ibid.*, 1883, pp. 132-135).

Elle fut transférée dans la ville, en l'église cathédrale[1], pour la rendre plus hantée et chérie du peuple, et pour l'approcher aussy tant du recteur d'icelle, qui est le chapitre, que du peuple maisme qui, en temps de guerre, s'exposoit en péril, et, en paix, estoit incommodé du mauvais temps, à sortir de la ville et aller au fauxbourg, ouir messe et recevoir les sacremens.

En ceste mesme église St Pierre, en la paroy extérieure de la closture boréale du chœur, il y a une image colossée du Sauveur, cloué à 4 cloux en croix, vestu jusques aux genoux et coronné d'une couronne impériale. Elle ressemble à celle de St Sauveur de Rhedon.

Au reste, cest évesché de Vennes fut institué par St Paterne[2] (Voyez nos Evesques de Vennes, p. 2). De son temps fut tenu le concile de Vennes[3], l'an 453[4]. Il bastit ceste église en l'honneur de St Pierre, du palais royal qui y estoit et luy fut donné par le roy Caradec[5].

Enfin l'église, comme elle est aujourd'huy, encor imparfaite, fut consacrée par l'évesque de Sinople[6], durant la vacance du siège, par la mort d'Yves de Pontsal, évesque, l'an 1476[7] (Nos Evesques, p. 12). Voilà toutes les églises qu'il y a en la ville, avec la chapelle des Lices[8], dont nous avons parlé cy devant.

XXXII

Vennes : églises, monastères et châteaux

Mais sortons par la porte prochaine, de St Vincent. Vous passez le pont à six arcades qui est devant. et prenant à droite, vous allez le long de la rivière et du quay, sur lequel il y a un petit môle de cent pas, avançant dans la rivière, qui sert de promenoir aus marchands et à tous ceux de Vennes.

Tout le fauxbourg le long du quay s'appelle fauxbourg de Quer ou Ker, et est du fief de Ker[9] (Voyez *Kalend. Francisc., p. 4*).

Au bout du quay est la chapelle St Julian[10] pour les marchands, et vis à vis est l'église et convent des PP. Carmes deschaucés[11], fondés par le Sr Morin, président de Vennes, qui y a un fils, non encor achevé en ceste année 1636.

1. En 1375, la paroisse St-Pierre ou Ste-Croix y fut transférée. En 1582, tous les offices qui continuaient à se célébrer à la chapelle St-Michel, furent desservis à la cathédrale. Puis, la chapelle St-Michel fut restaurée et rendue au culte, sauf l'office paroissial, jusqu'en 1740, qu'elle fut interdite et démolie. V. *ibid.*, 1883, pp. 132, 134, 135.
2. V. « Hist. de Bret. », I, pp. 203-205; — et *supra*, p. 27, note 5.
3. Dans lequel St-Patern fut consacré par le métropolitain de Tours.
4. Lire : 465. V. Annuaire de Bretagne, par M. de la Borderie; 1862, p. 189; — « Hist. de Bret. », I, pp. 203-205.
5. Caradauc, premier chef breton établi dans le Vannetais. V. *ibid.*, pp. 204, 307 ; — « Orig. histor. de la ville de Vannes », pp. 90-98.
6. Sinope, en Asie-Mineure.
7. *Vide supra*, p. 145, note 6.
8. *Vide supra*, p. 142, note 1.
9. *Vide supra*, p. 142, note 2.
10. *Vide supra*, p. 145, note 3.
11. Fondés le 28 décembre 1628, par Jean Morin sr de Boistréhan, président au siège présidial de Vannes. En 1802, ce couvent fut tranformé en Evêché.

Puis reprenant le long du quay, vous trouvez les Ursulines[1], petitement logées; et poursuivant par le dehors, sans rentrer en ville, vous arrivez à l'église de St Salomon[2], triste et mal ornée, mais l'une des 4 paroices[3] des fauxbourgs et qui a donné le nom à son fauxbourg de St Salomon, lequel est dans le fief du chapitre[4], comme la basse ville de Vennes est dans le fief de Ker ou Plessis de Ker[5], maison située sur la rivière d'Auray et fondatrice des Cordeliers (Voyez nostre calendrier des Cordeliers de Vennes, pp. 2 et 4).

Poursuivez et vous passez sur la jurisdiction de l'évesque, à la Boucherie, qu'ils appellent; et voyez l'église St Michel[6], triste aussy et guères mieux ornée que celle de St Salomon, jadis vraye paroice de la ville de Vennes, transférée dans la ville, comme dit est, en l'église cathédrale.

On dit pourtant, à St Michel, une messe paroiciale, tous les dimanches et fêtes, qui est un reste de son ancienne paroice; mais c'est comme en secours seulement, à cause que le vicaire célèbre en ville et les fonts baptismaux y sont[7].

A main gauche, est une rue où les cordiers travaillent entre deux murailles, au bout desquelles, bien loin du fauxbourg, ils ont deux ou trois maisonnettes et la chapelle de la Magdelaine qui est à eux. Ils naissent cordiers et le sont de race (Voir Kimper et St Brieu. A Nantes, ils ne sont point infâmes, odieux ni séparés des autres hommes).

Ils sont en quelque sorte exclus de la société ordinaire des autres hommes et ne s'allient guères que par entre eux; vont à l'église, mais se tiennent au bas, à part; et on leur administre aussy les sacremens à part, en leur dite chapelle, dont l'évesque, en sa visite, a soin et fait bonne enqueste par leur bouche.

On les tient pour meseaux et ladres de naissance. Néanmoins, comme il y en a qui sont fort riches, ils trouvent à se marier et converser dans les autres maisons de la bourgeoisie de Vennes, et ainsy s'épandent par toutes les paroices. Ils ne sont pas tenus pour excommuniés, ni si infâmes qu'ils sont à St Brieu et à Kimper Corentin[8].

A une mousquetade de là, est le convent des Carmes[9] jadis noirs et blancs, puis tannés et blancs, de la réforme de Rhennes. On appelle cela vulgairement: le Bodon ou Bondon, *id est* : *bonum donum*, comme ayant esté un bon présent fait aus religieux par le seigneur de Ker-Malestroit[10] qui donna le fonds, ou par le duc[11] qui y feit bastir. Néanmoins le sous prieur, Père Auxence, homme

1. Établies à Vannes en 1627. L'emplacement de leur couvent est occupé, depuis 1851, par le collège St-François-Xavier. V. « Orig. histor. de la ville de Vannes », pp. 220-225, 285, 286.

2. Dans la rue de l'Ouest, jadis de St Salomon. V. *ibid.*, p. 356; — « Dict. topogr. du Morbihan », p. 255; — « Hist. des par. du dioc. de Vannes : St Salomon » (Soc. polym. du Morbih., 1883, p. 141).

3. Les trois autres étaient : N.-D. du Méné, Ste-Croix, St-Patern.

4. V. Arch. de la L. Inf.; réform. du dom. : aveu du chapitre (Vannes, tome 27); — « Origines histor. de la ville de Vannes », p. 348.

5. *Vide supra*, p. 142, note 2.

6. *Vide supra*, p. 146, note 7.

7. Les fonts baptismaux étaient dans la chapelle St-Jean-Baptiste, près la cathédrale. *Vide supra*, p. 146, note 3.

8. V. « La ville de Vannes et ses murs » (Soc. polym. du Morbih., 1888, p. 235); — et *supra*, pp. 63, note 7, et 120, note 12.

9. V. « Hist. des Carmes en Bretagne : Carmes du Bondon-lès-Vannes », par MM. de la Borderie et L. de Villers (Soc. archéol. d'I-et-V., 1897, p. 221); — « Hist. des par. du dioc. de Vannes » (Soc. polym. du Morbih., 1883, p. 115).

10. V. *ibid.*, p. 222; — « Généalogie des sires de Malestroit » par M. l'abbé Le Mené (Soc. polym. du Morbih., 1880, p. 11.

11. Jean V, le 12 février 1424.

curieux et de bon esprit, dit qu'il trouve, ès vieux papiers, escrit quasi partout : Bodon [1], qu'il dit signifier, en breton : un fraisne [2], arbre dont leur cour estoit ornée et plantée cy devant, jusques à ce que tout nouvellement il les a fait couper, s'estant aperceu que, comme les religieux estoient très maladifs, il falloit que cela procedast de l'umbre ou vapeur du fraisne, qui n'est pas saine.

A la porte grande et de l'arrivée, il y a, dans le tympan d'un frontispice couvert, une peinture assez moderne des religieux du Mont Carmel, en leurs habits de présent (*Decor Carmeli* etc... [3]) ; et à droite, un duc vestu à la ducale, ayant à costé les armes de Bretagne, avec le cry : *A ma vie au bon duc* ; et plus bas, une hermine entière et passante, avec ce mot : *Plus tost mourir*, qui semble raporter au cry : *A ma vie*, et tous deux devoir estre référés au naturel de la beste qui, à toute sa vie, garde netteté et meurt plustost que de la perdre [4]. De ces deus mots : *A ma vie* et : *Plus tost mourir*, l'un se doibt escrire de charactère blanc et l'autre de noir, pour revenir au blason des ermines de Bretagne (Voyez l'extrait du livre de Blanchart de Nantes [5]).

Plus bas, en lettre noire aussy moderne, est escrit :

Hic est Joannes V^{us} vulgo Sapiens et Bonus, dux Armoricorum dictus. Patre Joanne IV° natus [6], *Joannam Franciæ, Caroli VI^{i} filiam, uxorem duxit* [7], *XLIII annis regnavit, concilio Basileensi adfuit* [8], *hunc Carmelum construxit* [9]. *Moritur anno 1442* [10]. *Apud Nannetas corpus ejus sepelitur. Inde Trecorum transfertur.*

A l'opposite et main gauche, une duchesse aussy priante, avec le manteau ducal d'hermines, et par dessous, le scapulaire tané ou couleur de laine, et le voile noir sur la teste. Armes de Bretagne, mi parties d'Amboise, et au bas :

Bienheureuse Françoise d'Amboise.

Et plus bas encor :

Hæc est B^{ta} Francisca d'Amboise [11] *quæ, defuncto conjuge Petro II°* [12], *Armoricorum duce, professa est hic regulam Carmelitarum* [13]. *S^{ti} Vincentii canonizationem obtinuit* [14], *Nannetis conventum de*

1. C'est plutôt : *Bodou* (d'où : *Boudou*), pluriel du breton : *bot*, résidence, hameau, touffe d'arbres, bosquet. V. « Chrestom. bret., » I, p. 110 ; — « Hist. des par. du dioc. de Vannes : St Patern » (Soc. polym. du Morbih. 1883, p. 115, note 1).

2. Fresne, en breton, se dit : *onn, ounn*.

3. V. « *Paradisus Carmelitici decoris* » (Lyon, 1639, in-fol.), par Marc-Ant. Alègre de Casanate, Carme Espagnol (1590-1658) ; — « *Bibliotheca Carmelitana* », par le P. de Villiers.

4. *Vide supra*, p. 99, notes 8 et 9.

5. *Vide supra*, pp. 5, note 10, et 80, note 1 ; — « Notes sur l'hermine », par le baron de Wismes (Soc. archéol. de Nantes, 1847, séance du 4 décembre ; et Assoc. bret., 1853).

6. Le 24 décembre 1389.

7. En 1396.

8. En 1433. Le duc y fut représenté par ses ambassadeurs.

9. *Vide supra*, p. 148, notes 9 et 11.

10. *Vide supra*, p. 145, note 12.

11. Fille aînée de Louis d'Amboise, vicomte de Thouars, et de Marie de Rieux. Elle naquit en 1427. V. sa vie ci-dessous, par le P. Léon de St-Jean ; — « Vie des SS. de Bret. », par A. Le Grand ; — *Id.*, par D. Lobineau ; — « Vie de la Bienheureuse Françoise d'Amboise, etc..., » par l'abbé Barrin (Rennes, Pierre Garnier, 1704) ; — *Id.*, par M. l'abbé Richard, vic. gén. de Nantes. Sur son portrait et celui du duc Pierre II, qui ont été pris pour ceux d'Alain Fergent et d'Ermengarde, v. « Portrait d'Alain Fergent et d'Ermengarde », par MM. d'Espinay et Trévédy (Soc. archéol. du Finist., 1892) ; - « Françoise d'Amboise à Rieux », par M. Trévédy (Rennes, Plihon et Hervé, 1898 ; extrait du Journal de Redon).

12. Le 22 septembre 1457.

13. Le 25 mars 1469.

14. En 1456.

Scotiis[1], *et Veneti Nazareth construxit*[2]. *Vita virgo migravit 1485*[3]. *Ejus anima cœlo gaudet, corpus Nannetis quiescit.*

Entrez dans la court ou pourpris, planté de chesnes de 150 à 200 ans, et où il y avoit plusieurs fraisnes que l'on a fait oster, comme j'ay dit cy dessus, à cause du mauvais air que les religieux en recevoient. Il y a une cave soubz terre. Là se tiennent trois foires par an[4]. Les officiers de l'Argouët font effort d'y cueillir certains droits, et prétendent que cela est en leur fief[5].

Là, en certains endroits des murailles de la closture, et aussy contre la muraille australe de l'église, se voyent vestiges de l'ancien bastiment des Trois Maries[6], fait par Françoise d'Amboise, qu'ils disent s'estre là rendue Carméline et avoir eu sa grille, là où est la porte du bout austral de la croisée (*Vide Monim. Briton., p. 5*), et que par là elle oyoit la messe et office divin[7]. Mais et le ms. qu'ils ont à Nazareth, et le livre imprimé par le P. Carmélite Léon[8] portent qu'elle se rendit religieuse au convent de Scouez, lez Nantes[9].

Quoy que c'en soit, le bastiment des Trois Maries fut, puis aprez, ruiné, et les matériaux servirent à bastir le Nazareth, à une mousquetade de là, retournant vers Vennes, comme cy aprez nous dirons. Au bout boréal de la croisée, est la chapelle de St Avertin[10], dévotion encor fréquentée et ancienne, avant que le convent fust basti. Ceste chapelle est sur le fonds des seigneurs de Ker-Malestroit, qui sont estimés fondateurs avec le duc, et dont les armes, *de 4 (et de dix aussy) besans d'or en champ de gueules*[11], se trouvent partout ès vitraux des chapelles, du grand autel, du chapitre et du dedans de la maison, avec celles du duc, prochainement au dessous d'elles.

Dans le chœur, à l'architrave posée sur la muraille australe, en lettre blanche :

A ma vye au bon duc[12].

En celle posée sur la muraille boréale :

1. De 1476 à 1479.
2. Le couvent de Nazareth, près Vannes, ne fut construit que de 1519 à 1529, en exécution des dernières volontés de Françoise d'Amboise. V. « Orig. histor. de la ville de Vannes, pp. 300, 301 ; — et *supra*, p. 139, note 6.
3. Le 4 novembre.
4. A savoir : le lundi avant la mi-carême, le 1er août, et le jour de Ste Catherine. V. « Carmes de Bondou-lès-Vannes » (Soc. archéol. d'I.-et-V, 1897, p. 222).
5. Sans doute parce que le couvent fut fondé concurremment par le duc et les seigneurs de Ker; car le Bondou était dans le fief de Ker. V. *ibid.*
6. Construit peu après 1459. Voir la description du sceau des Trois-Maries du Bondon, dans « Les sceaux du monastère des Coëts », par M. l'abbé Lagrange (Rev. de Bret. et de V., 1867, 2e sem., p. 323).
7. V. « Vie des SS. de Bret. », par D. Lobineau, édit. 1725, pp. 325, 326.
8. Le célèbre Père Jean Macé, en religion : Léon de Saint-Jean, ami du cardinal de Richelieu, né à Rennes en 1600. Il fut un des plus savants religieux de son Ordre. La « Biographie bret. » de Levot cite de lui un très-grand nombre d'ouvrages, et entr'autres : « La vie de la très-illustre et vertueuse Françoise d'Amboise, jadis duchesse de Bretagne, et religieuse de l'Ordre de la glorieuse Vierge Marie-du-Mont-Carmel, dédiée à Henri duc de la Trémouille » (Paris, 1634).
9. Erreur : *Vide supra*, p. 149, note 13.
10. Selon M. l'abbé Luco (« St Patern »; Soc. polym., 1883, p. 115), c'est la même qui, dans les « Carmes du Bondou-lès-Vannes » (Soc. archéolog. d'I. et V., 1897, p. 221), est appelée : Notre-Dame du Bondou. Elle avait été bâtie en 1318.
11. Malestroit portait : *de gueules à neufs besans d'or, 3, 3, 3* ; Ker : *de gueules à la croix d'hermines, ancrée et gringolée d'or. Vide supra*, p. 106, note 15.
12. *Vide supra*, p. 148, notes 9 et 11.

Ceste chapelle fut commencée le XVIIe jour de may...[1]

Au costé boréal du grand autel[2], labe au ault de laquelle sont les armes d'Acigné, en pierre : *de Bretagne à la fasce de gueules, chargée de trois fleurs de lys d'or*[3].

Dans le plat fond de l'arceau est escrit :

Cy gist le corps de haute et puissante dame Beatris de Rostrenen, en son temps dame d'Acigné, de Mesidor et de la Chenaye[4], *quelle décéda le XXVe jour de mars, l'an mil cinq cents. Dieu en ait l'ame.*

Et là mesme tout joignant, une autre écriture sur une plaque de marbre :

Cy gist noble et puissante dame Nicole du Breuil, dame douairière de Coetcandec[5], *veuve de Mre Guillaume Choham*[6], *chevalier de l'Ordre du Roy, fille de feu Mre Christophle du Breuil, chevalier de l'Ordre, s^r de la Mauvoisinière (Est apud Andegavos*[7]), *et de Katherine du Bellay, laquelle dame de Coëtcandec décéda 3e aoust 1604.*

(Plusieurs du nom de Choham sont enterrés et ont des obits en l'église St Pierre de Vennes, prez des marches du chœur et de l'entrée de St Guillaume. Voir le livre des obits de l'alloué de Vennes).

En la chapelle australe, à costé du sanctuaire, labe où les armes, en pierre et peintes ès vitres, sont *équartelées au 1er et 4e de gueules au lyon d'argent, au 2e et 3e d'argent au gryfon de gueules*[8], qui sont de Loyon[9], terre tenant au Garo et acheptée par le s^r du Garo, dont les armes sont taillées en bois sur un banc, et, ès vitres, sont : *de gueules à 3 macles d'argent*, qui est Kerméno, *équartelées d'argent à 2 fasces de sable*, qui est du Garo[10].

Dans le tympan de l'arceau de la labe :

Cy gist le cueur de noble homme Oudet[11] *seig^r de Loyon, de Boismourant et de Cleguerel, premier escuyer tranchant de la royne, capitaine de Vennes*[12], *lequel décéda à Moulins en Bourbonnois, le mardy XIIe d'aoust, 1516.*

Cloistre assez beau et fort grand, quoyque de trois costés seulement ; chapitre, réfectoire ; bibliothèque bien jolie ; grand jardin, bien entretenu ; petit jardin, tout de myrtes à petite feuille.

Retournant du Bodon à Vennes, à une portée de fauconneau et à l'entrée du fauxbourg, entrez au Nazareth[13], bien rebasti de nouveau, duquel on dit que là autrefois, estoit une église de St Martin.

Le convent est de belle représentation, l'enclos pourtant petit ; mais belle et libre veue à l'Ouest

1. Lire : *Ceste chapelle fut commencée, en l'onour de N^o Dame du Bondou, le lundy, quatorziesme jour de may, l'an mil troys centz dix huict* (« Les Carmes du Bondou-lès-Vannes » ; Soc. archéolog. d'I.-et-V., 1897, p. 221).
2. Il s'agit de la chapelle principale du couvent.
3. Acigné portait : *d'hermines à la fasce alésée de gueules, chargée de trois fleurs de lys d'or.*
4. *Alias : du Coydor* (Soc. archéol. d'I.-et-V., 1897, p. 225).
5. En Grand-Champ.
6. *Alias* : Chohant.
7. Erreur : la Mauvaisinière est en Bédée, I.-et-V.
8. Loyon portait : *écartelé aux 1 et 4 d'argent au lion de gueules, aux 2 et 3 de gueules au lion d'argent.*
9. En Plœren. *Vide supra*, p. 134, note 1.
10. *Vide supra*, p. 132, note 7.
11. *Alias: André* (Soc. archéol. d'I.-et-V, 1897, p. 225). D'après le Nobiliaire de M. de Courcy, il faut lire : *Odet.*
12. En 1513.
13. *Vide supra*, pp. 139, note 6, et 150, note 2.

et Nord, et aussy à l'Est, par dessus un estang où donne le petit ruisseau de Fromer et des moulins du chapitre[1].

Ce sont Carmélines : on les veoit par visite, maisme le voile osté.

Sortant des carmélines mitigées ou, comme elles veulent, réformées, vous passez à la rue St Yves, et trouvez le collège des Jésuites[2], où il y a 7 à 8 cens escholiers d'humanité et philosophie. Il fut jadis et premièrement fondé par les s[rs] d'Aradon, dont les armes sont à la porte, partissant avec celles de Lanion-Vieuxchastel[3], en qui elles sont passées par femme.

Leur court est belle ; mais il y reste les deux ailes à bastir, n'y ayant que le devant et le derrière fait. Leur librairie est très chétifve ; leur église est tolérable en Bretagne, c'est à dire passable pour ce pays là. La ville leur a baillé cela avec rentes et fonds, afin d'y enseigner la jeunesse.

Tout devant est la place du marché, où les foires se tiennent et les exécutions de justice se font, y ayant toujours une potence et une eschelle à doubles eschelons, toutes dressées.

Descendant plus bas, vous trouvez assez seule, l'église du Méné[4], l'une des 4 paroices de Vennes.

Puis, à une mousquetade prez, est le fauxbourg St Paterne[5]. A l'entrée est l'hospital, petit ; salle basse pour les hommes, et aulte pour les femmes ; religieuses blanches au voile noir, de l'Ordre St Augustin, venues naguères de Dieppe[6], et pour l'installation desquelles il y eut sédition dans le peuple.

Tout joignant, les Jacobins, habitués en une maison[7], à eux donnée par le s[r] du Plessis Josseau, du nom de Rosmadec[8], neveu de l'évesque. Ils y feirent leur première procession du Rosaire, le 6e novembre l'an 1633, comme j'ay veu en leur livre de la confrairie. Ils ont, sur le derrière, commencé une église.

Plus ault, est l'église St Patern[9], assez spacieuse et l'une des 4 paroices de Vennes. Ils n'ont plus rien du corps du sainct, qui y fut apporté d'Yssouldun ou d'Orléans, où il a encor des églises.

Peu au dessus, est la chapelle de Ste Catherine[10]. Plus loin, St Symphorian[11], et encor plus à costé, St Guen[12] ou prieuré de St Clément[13].

Au bout de ce fauxbourg, tombe de l'estang du duc, la rivière Condac, cy dessus descrite et qui, fermant le costé austral du fauxbourg, tombe au fossé de la ville.

Passez la et, bien à plus d'une mousquetade, trouvez un fauxbourg et, au ault bout d'iceluy,

1. *Vide supra*, pp. 139, notes 3, 4, 5.

2. Le collège Saint-Yves, fondé en 1577, par René d'Arradon, gouverneur de Vannes, fut confié, en 1629, aux P. Jésuites qui en prirent possession en 1631. V. « Les orig. histor. de la ville de Vannes », pp. 155-211.

3. V. » Bio-bibliogr. bret. » de M. Kerviler, art. *Arradon* ; — et *supra*, p. 78, note 4.

4. V. « Hist. des par. du dioc. de Vannes : le Méné » (Soc. polym. du Morbih., 1878, pp. 189 et suiv.)

5. V. *ibid.*, 1883, pp. 107 et suiv.

6. En 1635. V. « Les origines histor. de la ville de Vannes », pp. 235-253.

7. V. « La ville de Vannes et ses murs » (Soc. polym. du Morbihan, 1887, p. 52, et le plan de Vannes, à la p. 128).

8. *Vide supra*, pp. 70, note 10, 132, ligne 21, et 143, note 5.

9. V. Soc. polym. du Morbihan, 1887, p. 128 : plan de Vannes ; — *Ibid.*, 1883, pp. 107 et suiv. ; — et *supra*, pp. 27, note 5, et 136, note 3.

10. V. Soc. polym. du Morbih., 1883, pp. 117.

11. V. *ibid.*, p. 118.

12. C'est saint Guenhaël. V. *ibid.* ; — et *supra*, p. 145, note 5.

13. V. « La première chapelle de St Clément, à Vannes », par M. l'abbé Lavenot (Soc. polym. du Morbih., 1890).

voyez les Capucins[1], sur un costau. Ils ont beau jardin, au bout duquel est un autre fort beau jardin et un gentillet bastiment, dit Limoges, avec allées de lauriers et un petit cabinet au bout, d'où l'on veoit sur la rivière de Vennes.

L'Armor[2], gentilhommière proche, sur le bord gauche d'icelle (et nom donné à la coste, jusques à Sussinio et St Guédas de Ruy), appartient à M[r] de l'Orme Peschart[3], conseiller de la Grand Chambre de Rhennes (Voir l'Armor de Plemur[4]).

Le chasteau de l'Hermine fut basti en l'an 1387[5], ce dit le Traité des évesques de Vennes, fait des chartes du chapitre, par l'archidiacre Gouaut. Il fut démoli l'an 1615, dit la 3e édition d'Argentré, de l'an 1618. Car le gouverneur, s[r] d'Aradon, beau père du baron du Vieil Chastel, à présent gouverneur[6], ayant fait le mauvais et tenu pour Mr de Vendôme, ès premiers remuemens contre le service du roy, pour lequel les citadins tenoient, ils en demandèrent la démolition au roy qui la leur accorda. Il y a encore deux tours de reste, où se veoyent les hermines au naturel passantes, taillées sur la pierre. L'on croit communément à Vennes, qu'il y a des hermines vivantes qui y nichent et que force gens ont veues.

L'on sait que les armes de la ville de Vennes sont : *une hermine passante et toute blanche, au pennonceau semé d'hermines noires, en champ de gueules*[7], comme elles sont à la porte de St Vincent, prez le chasteau de l'Hermine.

Le gouverneur n'a que 80 escus de traitement.

Outre ce chasteau dans Vennes, il y en a 2 autres, à quart de lieue ou peu plus : l'un dit Plaisance[8], dont l'abbaye de Prières[9] prend la pierre pour ses bastimens, et qui est situé sur le chemin qui va de Vennes vers Rhennes et Rhedon. Aujourd'huy Plaisance est tout ruiné et tout abattu, *vix ut vestigia restent*, par les moynes de Prières, qui en ont tiré la pierre pour bastir ailleurs. L'estang existe encor, à travers lequel passe la rivière Condac qui en ressort en deux bras, comme j'ay dit, dont l'un va à Esternich et entre dans le parc[10].

L'autre chasteau, dit Lesternic, tout à fait démoli, est donné aus Jésuites de Vennes, qui en possèdent le parc, au travers duquel passe un gentil et gros ruisseau d'eau douce, qui vient des estangs de Plaisance et dans lequel la mer donne, jusques au dernier bout dudit parc et pont dudit ruisseau, joignant la chapelle et petit bourg de St Léonard[11], de la paroice de Teis[12].

Au chasteau de Plaisance, mourut, le 17e juillet 1450, le duc François Ier de Bretagne, et fut de là son corps porté à Rhedon et enterré dans l'abbaye St Sauveur, au devant du maistre autel. Nostre calendrier des Cordeliers de Vennes le fait mourir le 19e juillet 1456[13], et met la mort de Yoland

1. Fondés en 1613, par Laurent Peschart, s[r] de l'Orme, à l'extrémité de la rue de Calmon-Haut ou de Séné. V. *ibid.*, 1883.
2. *Vide supra*, p. 85, note 6.
3. *Vide supra*, p. 19, note 4.
4. *Vide supra*, p. 83, note 6.
5. *Vide supra*, p. 138, note 3.
6. *Vide supra*, p. 78, note 4.
7. V. « Les orig. histor. de la ville de Vannes », p. 73 ; — et *supra*, p. 137, note 6 et ligne 14.
8. V. « La ville de Vannes et ses murs » (Soc. polym. du Morbih., 1887, p. 44) ; — et *supra*, p. 139, notes 12 et 13.
9. *Vide supra*, p. 80, note 9.
10. *Vide supra*, p. 140, note 2.
11. *Vide supra*, p. 140, note 1.
12. Theix, comm des cant. et arr. de Vannes.
13. Il mourut le 17 ou le 19 juillet 1450.

d'Anjou, le 17e de juillet 1440, audit chasteau de Plaisance, d'où elle fut portée dans le chœur de St Pierre de Vennes [1].

Le *Manoir épiscopal* [2], ainsy l'appellent ils, comme ailleurs en Bretagne, est le lieu de la demeure de l'évesque (Jadis il estoit plus bas, où est de présent le logis du sr Duranceau, thrésorier, et du sr de Belleville [3], recteur de Languidic, chanoine). C'est un grand et ault corps de logis de pierre, sur le rempart, tenant à la muraille intérieure, au plus ault bout de la ville, et commandant sur le reste; à cause de quoy on l'a appellé : *le chasteau de la Motte.* En l'obituaire ancien de l'église de Vennes, est escrit : « *Anno Domini 1288, Henricus dictus Tors, episcopus Venetensis,* « *construxit et ædificare cœpit Motam de Veneto* [4]. »

Il est en très belle veue et paroist, au ault et dessus de la ville, comme un dongeon.

Il y a beau jardin, vis à vis duquel, par dehors, paroissent quelques restes d'ouvrage romain; tellement que ce n'est pas sans quelque apparence que l'on dit qu'en cest endroit, appellé *la Motte,* il y auroit eu quelque *tumulus aut vallum castri romani,* et que peut estre la ville de Vennes tout entière estoit *castrum romanum*, basti par les Romains, quand ils eurent (*Cæsar, Comment., L. III*) exterminé la noblesse et le sénat des Vennois, et vendu pour esclave tout le peuple.

Par conséquent l'ancienne ville, jusques alors habitée des Vennois, ou fut occupée et faite colonie romaine, et seroit Vennes à présent, ou seroit devenue abandonnée et démolie et auroit esté sur le Morbihan, prez Lo Maria Ker, comme aussy le croyent les Vennois aujourd'huy [5]. Car à Lo Maria Ker, l'on veoit vestiges de bastimens; mais ce doibt estre du chasteau de Ker, apartenant à ceux de Malestroit. Cela est dans leur fief et Lo Maria aussy, pour cela surnommé Ker, ainsy que le Plessis de Ker, de l'autre costé de la rivière d'Auray, et le fauxbourg de Ker [6], à Vennes (Voir le chemin de Vennes au Port Louis [7]).

Au lieu de l'ancienne ville, les Romains auroient donc basti ce *castrum* qui seroit devenu capitale puis aprez. Et la situation de ceste Vennes romaine estoit très bien choisie : aboutissant sur le fin bout d'un bras de mer qui lors venoit jusques dans les Lices, et ayant à costé, vers Orient, le courant d'eau douce qui y est encor; mais au reste reculée des costaus qui aujourd'huy commandent à la basse ville, tant du costé d'Orient susdit, qui est la Garenne, que de l'autre opposite, qui sont les jardins de St Salomon.

1. Yolande d'Anjou, femme de François, comte de Montfort, fils aîné du duc Jean V, mourut à Plaisance, le 17 juillet 1440, et fut inhumée aux Cordeliers de Vannes. V. D. Lobineau, I, p. 613.
2. *Vide supra*, p. 138, note 2.
3. Jacques de Belleville, chanoine de Vannes, recteur de Languidic de 1618 à 1642 (Soc. polym. du Morbih., 1878, p. 9).
4. Henri Le Tors, év. de Vannes de 1287 à 1310.
5. M. E. Desjardins (« Géogr. de la Gaule rom. », I, p. 302) place *Vindana portus* à Locmariaker, et *Darioritum* à Vannes; M. de la Monneraye (Assoc. bret., 1883, pp. 27-28) met *Darioritum* à Locmariaker; enfin, selon M. de la Borderie (« Hist. de Bret. », I, pp. 92-94), Locmariaker aurait été la capitale gauloise des Vénètes indépendants, et *Darioritum* (aujourd'hui Vannes), leur capitale romaine. V. « Hist. de la Vénétie armoric. », par M. Lallemand (Annuaire du Morbihan, 1860, pp. 74 et suiv.).
6. *Vide supra*, p. 142, note 2.
7. V. chapitre XXXIV.

XXXIII

Vennes : justice

PRÉSIDIAL de Vennes. — Au lieu du Parlement sédentaire, estably à Vennes par le duc François II, en 1485[1], et qui ne dura guères que 9 ou 10 ans, le roy Henry II y institua le Présidial, l'un des 4 Présidiaux et 4 grandes séneschaucés de Bretagne, en l'an 1552[2].

Cela comprend le pays Vennois ou Brouerec qui, au plus prez, a les maismes bornes, un bien peu plus estendues outre les rivières d'Ellé et d'Oult, que le diocèse ou évesché[3]. Y est compris le comté de Porhoët, composé de 55 paroices[4], mais de peu de revenu qui consiste en casuel, ni point que fort peu de domaine.

Le siège de ce comté, qui apartient à Mr de Rohan, est à Josselin, villette célèbre à cause de ceste belle tour empatée sur un roc[5], la plus belle chose qui fust en France, rasée par M[r] le prince de Condé, exécutant l'arrest du crime de lèze majesté contre le duc de Rohan, lors chef du parti huguenot, durant la guerre de la Rochelle, environ l'an 1628[6].

Josselin fut au connestable de Clisson, dont il est entré par filles en la maison de Rohan (Il y a, dans Argentré, un Josselin, comte de Porhoët). On y veoit la sépulture élevée du connestable de Clisson[7]. Cela n'est qu'à sept lieues de Vennes, sur la rivière d'Oult.

Josselin est, en première instance, de la jurisdiction de Ploërmel[8], dont les appeaus, ès caz des Présidiaux et au dessus de 500 livres en civil, viennent à Vennes.

Dans le district de Ploërmel est encor la seigneurie de l'Argouët, vendue par M[r] d'Elbeuf[9] au

1. Aux Etats de Nantes, le 22 septembre 1485, le duc François II créa un Parlement sédentaire qui devait tenir, tous les ans, ses séances à Vannes, du 15 juillet au 15 septembre. Il en fut ainsi, sauf quelques changements dans les époques de convocation, jusqu'au nouveau Parlement de 1554. V. D. Lobineau, I, pp. 755, 818, 821, 838 ; — « Origines histor. de la ville de Vannes », pp. 136-137 ; — « L'administration de la justice en Bretagne, au XVe siècle » (Soc. academ. de Brest, VI) ; — et *supra*, p. 18, note 4.

2. En novembre 1552. Le siège présidial de Ploërmel lui fut incorporé, peu après.

3. Mais, en somme, le territoire de la baillie de Broërech était moins étendu que celui du diocèse de Vannes, dont la partie septentrionale appartenait à la baillie de Ploërmel. V. « Hist. de Bret. », I, pp. 380, 381, 442 et *passim* ; — « Géogr. féod. de la Bret. », p. 106.

4. Le comté de Porhoët, sous la baillie de Ploërmel (ancien Poutrecoët), comprenait 57 paroices. V. « Géogr. féod. de la Bret. », pp. 116, 122 ; — et *supra*, p. 77, note 1.

5. Bâtie en 1390, par le connétable Olivier de Clisson. V. « Monuments de l'architecture du moyen-âge en Bretagne », par M. de la Borderie : plans de Josselin (Assoc. bret., 1885) ; — « Le Morbihan etc... », par Cayot-Délandre, pp. 355-357.

6. D'après Ogée (I, p. 368), sa destruction fut résolue tout au commencement du XVIIe s., en vertu des ordres de Henri IV, sollicités par les Etats de 1599, pour la démolition des forteresses de la province. Mais ces ordres ne furent exécutés qu'en mai 1629. V. Cayot-Délandre, *ibid.*, p. 356.

7. Dans l'église de N.-D. du Roncier. Ce tombeau, orné des statues du connétable et de sa seconde femme, Marguerite de Rohan, a été restauré. V. Cayot-Délandre, *ibid.*, pp. 358-361 ; — Ogée, I, p. 370 ; — « Répert. archéol. du Morbih. », col. 133-134 ; — D. Lobineau, I, gravure à la p. 510 ; — « L'église N.-D. du Roncier, à Josselin », par M. de Bréhier (Rev. de Bret. et de V., 1858, 1er semestre) ; — « N.-D. du Roncier », par le v[te] de la Villemarqué (*Ibid.*, 1887, 2e semestre).

8. V. « Dict. de Bret. » d'Ogée, 2e édit., I, p. 360.

9. René de Lorraine, marquis d'Elbeuf, épousa, en 1550, Louise de Rieux qui lui apporta la seigneurie de l'Argoët. Leur fils, le duc d'Elbeuf, la vendit au marquis d'Assérac.

marquis d'Assérac[1], qui est un fief s'estendant dans la terre, et non sur la coste de mer qu'ils appellent Armor, comme ils font à Kimperlé et ailleurs ; car Armor et Arkouët ou Argouët, selon qu'ils prononcent, sont tousjours opposés, comme la coste de mer au dedans de la terre[2].

Mais comme il y a des lieux particuliers, sur les costes de mer, qui s'appellent Armor[3], comme en la paroice de Plemur[4], à la veue de Port-Louis, et sur la rivière de Vennes, un peu au dessous des Capucins et du jardin de Limoges[5] ; aussy y a-t-il une seigneurie particulière, au dedans des terres, en la séneschaucée de Vennes, qui s'appelle Argouet[6], dont le séneschal réside à Vennes, et l'alloué est à Alray[7].

Il y a enfin, dans Vennes, les Regaires[8], qui sont le séneschal, alloué et lieutenant, 3 offices joints en une seule personne, et le procureur fiscal de l'évesque, qui ont leur juridiction en la rue St Yves et Boucherie[9], hors ville ; comme le chapitre a la sienne au fauxbourg St Salomon[10], et les seigneurs de Ker[11] au fauxbourg de ce nom (Il y a un traité du s^r^ de Launay Paliodeau[12] des régales de Bretagne, imprimé par Heuqueville, à Nantes).

Mais, pour revenir à notre Présidial, il est composé d'un président, du nom de Morin, s^r^ du Bois de Trehan[13], et de 9 conseillers tous laïcs, dont les offices s'acheptent 20 mil livres ; celuy de président, 24 mil livres.

Il y a, à ceste heure, le séneschal, qui est la seconde personne et aprez le président : René Coué, s^r^ du Broussay[14]. Il a acheté son office 30 mil escus ou 90 mil livres. Il a ses audiences le samedy, et le président les siennes le jeudy ; ils partagent et possèdent alternativement le mardy (A Kimper Corentin, le séneschal n'a que le vendredy pour audience).

L'alloué suit après le séneschal, et son office vaut 60 mille livres, possédé par Jaques de la Coudraye, s^r^ de Kerboutier[15], homme curieux par delà la plaidoyerie. Aprez luy, est le lieutenant particulier, Julian Le Govello, s^r^ de la Porte[16], dont l'office vaut 10 à 12 mil escus.

Ce sont là les 4 juges premiers et magistrats du Présidial et séneschaucée de Vennes ; outre lesquels, est le juge criminel qui a sa jurisdiction, ses audiences et son greffier à part, et en l'absence duquel, l'alloué exerce le crime ; et néanmoins l'alloué compète de preséance et l'emporte de possession sur luy qui jamais ne se trouve en séance avec l'alloué.

1. Jean de Rieux, seign^r^ de la Feuillée, marquis d'Assérac en 1609, acheta la seigneurie de l'Argoët ou d'Elven, en 1616, pour la somme de 60.000 livres. Il épousa sa cousine, Suzanne de Rieux-Châteauneuf. V. « Généalogie des sires de Rieux », par M. l'abbé Le Mené (Soc. polym. du Morbih., 1879, pp. 12-13).
2. *Vide supra*, p. 85, notes 5 et 7.
3. *Vide supra*, pp. 83, note 6, et 85, notes 5, 6 et 8.
4. *Vide supra*, p. 82, note 14.
5. *Vide supra*, p. 153, ligne 2.
6. L'Argoët, comprenait vingt paroisses. V. « Essai sur la géogr. féod. de la Bret. », p. 111 ; — et *supra*, p. 85, note 7.
7. Lire : Auray.
8. Le fief des regaires comprenait la moitié de la ville, 7 paroisses : Plescop, Meucon, Theix, Noyalo, le Hézo, la Trinité, Surzur, et plusieurs îles. V. « Essai sur la géogr. féod. de la Bret. », p. 111 et carte.
9. V. « Hist. des par. du dioc. de Vannes » (Soc. polym. du Morbih., 1883, p. 132) ; — et *supra*, p. 146, note 7.
10. *Vide supra*, p. 148, notes 2, 3, 4.
11. *Vide supra*, p. 142, note 2.
12. Lire : Padioleau. *Vide supra*, p. 119, note 2.
13. *Vide supra*, p. 147, note 11.
14. Lire : du Brossay, en Rénac.
15. *Vide supra*, pp. 78, note 9, et 133, note 5.
16. Lire : Le Gouvello, s^r^ de la Porte, en Plumergat.

Son office vaut 40 à 50 mil livres, et son nom est Simon de Noyal, s[r] du Clesne[1].

Enfin il y a l'advocat du roy, qui est du prix de 12 à 15 mil livres, et le procureur du roy, du nom de Salmon[2], qui triple et est de 12 à 15 mille escus, du prix de son office.

Le siège (En prononceant, ils énoncent : « *Le siège a ordonné* », comme au Parlement on dit : « *La cour a ordonné* »), comme ils l'appellent, c'est à dire le Présidial et aussy la séneschaucée, se tient en une grande salle ou galetas, sans lambris, mal ornée, au dessus de la halle[3], tout devant St Pierre, tout en un bout. A l'autre bout, est la chambre du conseil, et à costé, en ault, ils ont accommodé de lambris une chapelle où, à la fin de chaque audience, on dit la messe[4].

Le président est le premier de la ville, marchant, ès processions, à costé du gouverneur, et luy seul de tous les officiers porte la robe rouge, ès jours de solennité.

Le séneschal est celuy qui convoque l'arrière ban et par devant qui la noblesse s'assemble.

Les plaidoyers sont assez beaus et en françois élégant, estant vray que Vennes est la ville, non seulement de Bretagne, mais maisme de France, où l'on parle le mieux françois, et où, jusques aus servantes et gens de basse estoffe, ils parlent trop bien[5]. Et quoyque l'éveshé soit un des 3 mixtes[6], parlans autant breton que françois, si est ce que dans Vennes et par toutes les villes, tout le monde parle françois, et que, ès champs, la pluspart maisme des paysans scavent parler françois. Voilà pourquoy non seulement les plaidoyers, mais aussy toutes les escritures et instrumens de justice se font en françois.

XXXIV

Chemin de Vennes au Port Louis

Il y en a deux : l'un par Keranna ou Ste Anne, repuë[7], qui est le maisme que cil d'Ennebont, tournant ou coupant à main gauche par Brech[8], le guay de la Demiville[9] et Naustang[10], et de celuy ci nous avons parlé ailleurs, au chemin de Kimper Corentin à Vennes par Ennebont, et en Vennes[11].

1. Lire : de Clesne, en Noyal-Muzillac.
2. Il l'était encore en 1647, selon M. de Courcy.
3. V. « Orig. histor. de la ville de Vannes », p. 138 ; — « La ville de Vannes et ses murs » (Soc. polym. du Morbih., 1888, pp, 241-244).
4. V. « Orig. histor. de la ville de Vannes », p. 355.
5. V. l'article de M. Amédée de Francheville, à la suite de l'article *Vannes* du « Dict. » d'Ogée (I, p. 960) : « Le « peuple parle le français, sans accent et avec la plus grande pureté : il parle aussi le breton. »
6. *Vide supra*, p. 65, note 2.
7. C'est-à-dire : arrêt à l'auberge, pour manger.
8. Comm. du cant. de Pluvigner, arr. de Lorient.
9. Lire : la Demi-Ville, village et moulin, en Landévant. V. carte d'état-major n° 89.
10. Nostang, comm. du cant. de Port-Louis, arr. de Lorient.
11. *Vide supra*, chap. XXVII et XXIX.

L'autre est plus à la coste, passant, en un vallon, le ruisseau du Garo [1] et de Bétlem [2], demi lieue; puis la grande lande de Pléren [3] (bourg qui y est assis, par le costé gauche du chemin), de plus de deux lieues, jusques au bois et maison de Pontsal [4], sis sur la droite et descendant en un profond vallon où passe une rivièrette, sous un pont de pierre, fait en chaucée percée de 3 arches fort petites, et où monte la marée d'un estier, bras ou manche de la rivière d'Auray au dessous, à la portée du pistolet. Ceste rivièrette se passe comme ruisseau, sur le chemin de Keranna, au dessous de Mériadec [5], 3 lieues de Vennes, à l'arche de Malleville [6] et moulins de Coëtsal [7], puis range les bois et gentilhommière de Coëtsal, et s'en vient à ce pont dit Pontsal, communiquant son nom à la gentilhommière, où elle entre en mer. Ces noms de Coëtsal, qu'elle donne au bois (*coët*, en breton), et de Pontsal au pont (*pount*, en breton) de deux gentilhommières célèbres, font croire que son nom est Sal [8], quoyqu'ignoré de tous les escrivains des rivières, et maisme des Bretons riverains d'elle.

De Pontsal, il n'y a pas une lieue petite jusques en Alray, Auroy et plus communément Auray (« *Castrum Alrae... comite Hoelo ibi curiam tenente, 1082* », en la charte de Lo Maria Ker [9]; *Monim. Briton.*, *pag. 6*), où vous arrivez par un quartier, sis au penchant d'un costeau regardant l'Occident et serré de maisons, s'appellant St Sauveur, du nom de l'église paroiciale, qui est aussy de St Goustan [10], au dessous de laquelle est une petite chapelle dite de St René [11], sur le quay et bout du pont. Ce pont est fait en chaucée percée de 4 belles arches de pierre, par où coule la rivière dite d'Auray, qui vient par Brech et Tréauray [12] ou Tréalray, jusques où, par ledit pont, monte la marée qui, du Morbihan, à 2 lieues de là vers Sud, amaine vaisseaus de toutes grandeurs en Aulray. Dans cette ville, se fait grand trafic de grains qui s'enlèvent par les Anglois, Flamans, Hollandois et Espagnols, quand le commerce est permis et rend la ville riche de marchands qui trafiquent de cela et de vin de Garre ou Gascongne, de Rié [13], de Nantes ou d'Anjou.

C'est la rivière d'Auray qui donne le nom à la ville d'Auray ou Alray et à Tréauray (*Trajectus Aureæ* [14]); mais elle ne le reçoit pas de ces lieux là. Toutefois le Sr Florent, demeurant en une gentilhommière joignant Tréauray, dit que le nom propre de la rivière [15] est Brech [16] ou Bray.

Les sieurs de Montigny [17], advocat général au Parlement de Bretagne, et de Moncam [18], capitaine

1. *Vide supra*, p. 133, notes 2 et 10.
2. Béléan. *Vide supra*, pp. 132, note 4, et 133, ligne 7.
3. Plœren. *Vide supra*, p. 132, note 5.
4. *Vide supra*, p. 129, note 5.
5. *Vide supra*, p. 131, note 4.
6. Marville. *Vide supra*, p. 132, note 3.
7. *Vide supra*, p. 131, note 8.
8. *Vide supra*, p. 132, note 2.
9. V. « Cartul. de Quimperlé », p. 201.
10. V. « Hist. des par. du dioc. de Vannes: St-Goustan d'Auray » (Soc. polym. du Morbih., 1882, pp. 130 et suiv.).
11. V. *ibid.*, pp. 131, 132.
12. Vallon et moulin, entre Sainte-Anne et Auray.
13. Lire : Riez, ou Notre-Dame de Riez, comm. du cant. de St-Gilles, arr. des Sables-d'Olonne. Dubuisson veut parler du vin de la côte poitevine.
14. De *dre*, *tre*, qui, en breton, signifie : à travers.
15. La rivière d'Auray s'appelle, de son vrai nom : le Loch. Ce mot signifie : rivière, étang. V. « Chrestom. bret. », I, p. 217; — « Dict. » d'Ogée, 2e édit., I, p. 30.
16. *Brech* signifie : bras.
17. René de Montigny, avocat-général en 1623. V. le « Nobiliaire » de P. de Courcy.
18. Probablement : Montcalm.

gascon, ont épousé, en Auray, les deux sœurs, très riches filles d'un marchand dont le frère, sieur de Keriolet, est conseiller au Parlement de Bretagne[1].

Le séneschal, Philippe Cadio[2], bon compagnon, est aussy fort riche et sa charge est très belle.

A ce pont, commence la ville d'Auray, dont la première maison, au coin gauche du pont, est les Trois Roys, bonne hostelerie et cabaret de Basile, derrière laquelle, sur le penchant du costau opposé au précédent et qui est exposé à l'Orient, se voyent les restes du chasteau[3] d'Alray, tant célèbre ès guerres de Jean le Vaillant qui le prit, aprez la bataille d'Auray, et des François qui le reprirent aprez, comme il se lit en Argentré[4].

En ceste ville, il y a la paroice de St Guédas[5], dont l'église, commencée de 15 ou 20 ans[6], de belle pierre solide, d'ordre dorique, ne s'achève point. Et cependant la paroice tient en une chapelle proche, grande et belle et à clocher fort ault et paroissant de fort loin sur tout, dite Nostre Dame[7]. En outre, il y a encor une petite chapelle de Nostre Dame de l'Hospital[8], une de St Julian, une de St Yves, et une commanderie du St Esprit[9], *vulgo* le Temple (Voyez mes recherches sur le St Esprit, et mes notes sur les « Villes et chasteaus de France », par Duchesne[10]).

En Auray, tout au ault, est une belle grande place publique et halle. Puis, derrière les ruines du chasteau, est une autre place vague, dite le Loc ou Lo[11]

Au reste, au bout et bouche de la rivière d'Auray et tout proche le Morbihan, sur la mesme rive qu'Auray et à 2 lieues de distance, est située la paroice et bourg de Loc Maria Ker[12], où il y a taverne et repuë, pour un besoin. C'est un meschant bourg, au reste, et d'une vingtaine de maisons éparses, dans le milieu desquelles se veoit une ruine, comme d'un chastelet fort petit, vulgairement

1. Pierre Le Gouvello, s[r] de Keriolet, en Plunéret (1602-1660), conseiller au Parlement en 1628, célèbre par ses débauches et sa pénitence. V. « Biogr. bret. » de Levot, *verbo Queriolet* ; — « Vie des SS. de Bret. », par D. Lobineau.

2. *Vide supra*, p. 130, note 7 et dernières lignes.

3. Sur le château d'Auray, v. « Documents relatifs à l'architecture milit., en Bret. », par M. de la Borderie (Assoc. bret., 1893-94).

4. En 1378. V. d'Argentré : Hist. de Bret., édit. 1618, p. 578.

5. V. « Hist. des par. du dioc. de Vannes : St Gildas d'Auray » (Soc. polym. du Morbih., 1882, pp. 112 et suiv.).

6. La première pierre de la nouvelle église fut posée le 22 mai 1623.

7. Notre-Dame-du Cimetière, à quelques pas de St-Gildas. V. *ibid.*, p. 113.

8. V. *ibid.*, pp. 114, 115.

9. V. *ibid.*, p. 116 ; — « La commanderie hospitalière du St-Esprit d'Auray », par M. l'abbé Guillotin de Corson (Assoc. bret., 1892).

10. « Les antiquités et recherches des villes, châteaux... de la France », par André Duchesne (1614, 1622, 1629, 1631, etc.). Ces ouvrages de Dubuisson ne nous sont pas parvenus.

11. *Vide supra*, p. 158, note 15.

12. V. « Hist. des par. du dioc. de Vannes : Locmariaker » (Soc. polym. du Morbih., 1878, pp. 36 et suiv. ; — « Recherches archéolog. sur Locmariaker », par M. Ch. Gaillard (Annuaire histor. du Morbih., 1834) ; — « Le Morbihan etc..., par Cayot-Délandre, pp. 161-173 ; — « Des monuments celtiques et des ruines romaines dans le Morbih. », par le Dr Fouquet (Vannes, Cauderan, 1853) ; — « Sur les monuments celtiques etc... », par M. L. Galles (Annuaires du Morbihan, 1853, 1854) ; — « Répertoire archéolog. du Morbih. » ; — « Voie de Vannes à Locmariaker », par Bizeul (Annuaires du Morbih., 1841, p. 189 ; 1842, p. 135) ; — « Voie rom. de Vannes à Locmariaker », par M. de Keranflec'h (Assoc. bret., 1857) ; — *Id.*, par M. l'abbé Le Mené (Soc. polym. du Morbih., 1877) ; — « Locmariaker », par M. Tranois (Soc. archéol. des C.-du-N., I, 1852) ; — « Fouilles à Locmariaker, en octobre 1890 », par M. Lallement (Soc. polym. du Morbih., 1890) ; — Le dolmen des marchands », par le Dr de Closmadeuc (*Ibid.*, 1892) ; — « Le dolmen des pierres-plates », par le même (*Ibid.*) ; — « *Les sanctuaires de Karnak et de Locmariaker* », par M. André de Paniagua (Paris, Leroux, 1897) ; — « Carte hydrographique, topographique et archéologique du Morbihan et de ses abords », par M. Edmond Bassac, jointe au « Dictionnaire archéologique de la Gaule : époque celtique », publié par le ministère de l'Instruct. publ. (Imp[ie] nat., 1867-1875).

dit : *le chasteau de Julius Cœsar*. Ce qui en reste est comme les deux murailles et arceau du portail d'une chapelle bien petite, et au rez du plan du pays.

Il y a, à la aulteur d'une homme médiocre, en chacune des deux murailles, 2 gros corbeaus de pierre grise ou modions, comme pour porter quelques jambages, piliers ou autres choses qui n'y sont plus, travaillés d'arestes plates ou listels, en leurs corniches; et ès coins, ce sont testes d'œuvre gothique, fort laides. En un ou deux, il y a des personnages nus, mais tout gastés par le temps et non reconnoissables.

En une desdites murailles, tout au bas, il y a deux foyers ou fourneaus, fort proches l'un de l'autre, et y ayant entre eulx deux, ressemblans deux canonnières[1] ; iceux foyers estroits et ronds, montant dans toute l'époisseur de la muraille, et dont l'un est ressortant et ayant jour et issue par le ault, comme cheminées droites et rondes.

En l'un de ces fourneaus, il y a, au 2e estage (car ces deux murailles sont de là aulteur de deux estages, mais fort bas), un second foyer, doublant le premier ou celuy d'en bas, comme nos cheminées font en nos chambres, au dessus des sales ou cuisines.

Ce foyer est ouvert, paroissant, en contrecœur[2], creusé, arrondi dans l'époisseur de la muraille, au dessus du premier foyer (qui passe par derrière et qui pourtant est bousché et n'a point de jour ni d'issue). Et au dessus de la aulteur de la muraille, égalée à la aulteur du contrecœur briqueté susdit, est élevé un tuyau ou canal seul de cheminée, comme d'environ sept ou huit piés, rond et menu et tout de pierre grise, ressemblant celuy de la Roche Corbon[3] (excepté qu'il n'est pas si ault ni si quarré), au dessus de Tours, et plus encor ceux qui restent, ce me semble, en l'abbaye St Estienne de Caen, bastie il y a viron six cens ans, par le duc de Normandie, roy d'Angleterre, Guillaume le Conquérant.

Ce canal solitaire monstre que la muraille, sur laquelle il est planté, ne fut jamais plus aulte qu'elle est ; et ceste diversité du contrecœur de foyer briqueté est remarquable, entre ces vieux murs qui sont de pierre grise, taillée en quarré, de la façon que l'on bastissoit depuis cinq ou six cens ans, jusques au siècle dernier précédent, sans aucune brique.

Il y a, en suite de ceste pièce, force murailles, de la aulteur d'un homme au plus, et par pièces longues de cent pas, de deux costés fermés par un troisième de plus de la moitié plus court, enfermans une place aujourd'huy labourée, comme si c'eust esté un jardin ou une court.

Puis il y a autres pièces, de 3, 6 et 10 piés seulement de long, par cy par là, tout autour du bourg, de tous les costés, vers les champs et maisme le long de la rivière ; et estime-t-on que c'est la relique du circuit de la ville des Vennois, qui fut, disent ils, ruinée par Jules Cæsar, aprez la bataille qu'il regardoit de ceste coste, entour la ville, et qu'il gagna[4], descrite par luy mesme, en ses Commentaires.

1. C'est-à-dire qu'il y avait, entre les deux foyers, deux espèces de canonnières ou d'archères.

2. Le contrecœur est le fond du foyer d'une cheminée, la partie opposée à la bouche.

3. Rochecorbon, comm. du cant. de Vouvray, arr. de Tours.

4. L'an 57 ou 56 avant l'ère chrétienne (« Hist. de Bret. » de M. de la Borderie, I, pp. 69-77). L'on a beaucoup discuté sur le lieu de cette bataille. Le plus probable est qu'elle se livra entre l'embouchure de la Loire et celle de la Vilaine. V. « La petitte mer appelée Morbihan ; guerre de César contre les Vénètes; Locmariaker », par M. Tranois (Soc. archéol. des C.-du-N., I, 1852) ; — Assoc. bret., 1854, bulletin, 1re livraison, p. 51 ; — « Dissertation sur le camp de César et sur la bataille navale entre les romains et les Vénètes », par le cte de Grandpré (Société des antiquaires de Fr., II) ; — « Des monuments celtiques et des ruines rom. dans le Morbih. », par le Dr Fouquet, pp. 41-61 ; — « Campagne de César contre les Vénètes », par M. Lejean (Assoc. bret., 1850) ; — *Id.*, par M. Lallemand (Annuaire histor. du Morbih., 1860, pp. 74 et suiv.) ; — « Corbilon, Samnites, Vénètes, Nannètes, Bretons de la Loire », par

Et les Vennois d'aujourd'huy, maisme les plus scavans, le croyent ainsy et s'éloignent de vérité autant que la terre fait du ciel. Car en ces restes de murailles, il n'y a pas un seul brin d'ouvrage romain, comme il y auroit, parceque *captam urbem Romani suam fecerunt et reædificarunt, sicut in Vennetiis hodiernis factum fuisse reliqua operum romanorum spectata nobis probant.* Et les Gaulois, avant Cæsar, ne bastissoient pas comme cela, ni ne scavoient tailler modions, ni faire listels et moulures, et moins encor personnages ou sculpture aucune. L'ouvrage, comme j'ay dit, est au plus de six cens ans.

Mais il pourroit bien estre plus récent et du temps seulement des seigneurs de Ker, cadets de la maison de Malestroit, dont j'ay parlé ès Cordeliers de Vennes, et qui vivoient il y a 2 et 3 cens ans[1] (Pour la maison de Ker, *plebs Kaër, vide chartulam S. Mariæ de Kaër*, qui est Lo Maria, datée de l'an 1082[2], *in Monim. Briton., p. 6*).

Ils avoient un fief, dans la terre de Vennes, encor aujourd'huy appellé *le fief de Ker*, dont Mr de la Gallissonnière, qui l'a eu du s[r] de Chambellay[3], Manceau, plaide à présent.

De ce fief est dépendant et surnommé Ker nostre bourg de Lo Maria[4], comme aussy de l'autre costé de la rivière et beaucoup plus approchant d'Auray, du costé de St Sauveur d'Auray, est la maison et bois du Plessis de Ker[5], encor de ce maisme fief et masse de la maison de Ker.

Ces Messieurs du bon temps feirent, comme il est à croire, bastir ce chasteau à leur mode (si toutesfois il n'avoit desja esté basti par leurs devanciers), qui n'a pas maisme la situation romaine, estant sur mer, mais loin de l'entrée du Morbihan et sans port, sans aucun commandement ni avantage, sans eau douce ni autre rivière que celle d'Auray, qui tousjours là est salée de la marée, et sis en lieu plat ou bas et de nul choix.

Et quant à deux mottes qui sont, l'une du costé du Sud, vers le Morbihan, dite le mont de Joye[6],

le v[te] de Kersabiec (Soc. archéol. de Nantes, VIII et IX); — « César chez les Vénètes », par M. Eug. Orieux (*Ibid.*, XIX et XXI, 1880 et 1882); — « Vénètes, Nannètes et Samnites », par M. G. Blanchard (*Ibid.*, XX); — « Les Vénètes, César et *Brivates portus* », par M. Kerviler (*Ibid.*, XXI); — « César sur les côtes Guérandaises », par M. G. Blanchard (*Ibid.*, XXII); — « Des Vénètes et de la bataille navale de Brutus dans la Cornouaille », par M. P. de Lisle du Dréneuc (Assoc. bret., 1886).

1. Il s'agit du monument appelé encore aujourd'hui : *er castel*, et cette description est d'un grand intérêt ; car elle ne se trouve dans aucun autre ouvrage. Nous partageons l'opinion de Dubuisson, et voyons, avec lui, dans cette ruine, un reste du château des seigneurs de Ker. V. « Recherches archéol. sur Loc-Maria-Ker », par M. Ch. Gaillard (Annuaire histor. du Morbih., 1834, pp. 40-63) ; — « Hist. de Bret. », I, pp. 92-94 ; — « Le Morbihan, etc..., », par Cayot-Délandre, pp. 163-166 ; — « Répert. archéol. du Morbih. », pp. 6, 7 ; — « Des monuments celtiques et des ruines romaines dans le Morbih. », par le Dr Fouquet, pp. 65-67, 90 ; — « Dict. » d'Ogée, 2e édit., I, p. 520 ; — Restes de l'ancien *Dariorigum*, à Locmariaker, d'après les matériaux et les dessins assemblés par le président de Robien. (« Recueil d'antiquités », par le c[te] de Caylus, Paris, Tilliard, 1764, tome VI, planche CXIX) ; — la planche qui accompagne l' « Étude sur le président de Robien », par le Dr de Closmadeuc (Soc. polym. du Morbih., 1882) ; — mss. du président de Robien, à la Biblioth. de Rennes ; — et *supra*, p. 142, note 2.

2. *Vide supra*, p. 143, note 7.

3. En 1602, le Plessis-Kaër et la châtellenie de Pluvigner étaient à Mathieu de Montallais, sg[r] de Chambellé (Arch. de la L.-Inf., B. 928, liasse).

4. C'est, au contraire, la seigneurie qui s'est appelée : Ker, la Ville, en souvenir de l'ancienne cité romaine.

5. V. Arch. de la L.-Inf., B. 924, liasse ; — et *supra*, p. 142, note 2.

6. Ce serait plutôt le Mont-Jou (*Mont-Jovis*) ; mais nous ne connaissons, à Locmariaker, aucun tumulus portant encore ce nom. Nous pensons que Dubuisson a voulu parler du tumulus, dit : Mont de César, *Mané-er-Hrouich* ou *Mané-er-H'rouec*, situé, selon MM. Rozenzweig (Répert. archéol. du Morbih.) et Fouquet (« Des monum. celt... »), « au Sud, près de la mer et du côté de Port-Navalo ». V. « Manné-er-Hroëk, dolmen découvert sous un tumulus, à Locmariaker » (Soc. polym. du Morbih., 1863).

l'autre du costé du Nort, vers Auray, dite le mont de Hellus [1], à cause d'un hameau y situé, à une bonne mousquetade desdites ruines chacune, elles sont peu élevées, meslées et couvertes de pierre et de peu de grosseur; ce qui fait croire qu'elles ont esté faites pour tours à moulin à vent, ou plustost pour *fougons* ou tours de fanal, comme il y en a 2 ou 3 dans la terre de Ruy, bien visibles, de l'autre costé du Morbihan, dont nous avons tenu remarque en la Terre de Ruy [2].

La motte du mont de Joye est un vrai *Montjoye* ou monceau de pierres, qui sert encor aujourd'huy de marque et addresse pour entrer de la pleine mer, par le Morbihan, dans la rivière d'Auray.

Celle de Hellus est creusée par dessous, et soustenue de grosses et puissantes pierres par dedans, sans autre voute, et bouchée d'une grosse pierre ou rocher, comme la spélonque de Cacus. C'est une caverne à cave ou à estable de bestes, où les paysans, durant les guerres de la Ligue, faisoient une cache de leur meuble, que les Espagnols trouvèrent bien.

D'Auray à Blavet ou Port Louis, il n'y a que six lieues, et justement à moitié chemin, se passe la rivière salée d'Itel [3], qui est un œstier ou œstuaire de la mer entrant en terre, recevant aussy de la terre, à deux lieues avant, loin de sa bouche ou entrée, deux ou trois rivières d'eau douce, à sçavoir celle de Demiville [4], celle de Naustang [5] et encor une entre ces deux là.

Le premier passage s'appelle Tréhervay [6], à la veue et tout proche de la grand mer et de la bouche ou entrée d'Itel. Le second, un peu plus avant en terre d'une petite canonnade, s'appelle Passage Neuf [7], en breton francisé : Passage Neu, vray breton : *Trenau*, parce qu'il est fait depuis cinq ou six années seulement, et est plus estroit, comme de cent pas ou guères plus, et plus commode que l'autre.

Le troisième est un bon quart de lieue encor plus avant en terre, et s'appelle St Cado [8]. C'est un bourg, à la mode de Bretagne, ou hameau de dix maisons, de la paroice de Belz [9] qui est à veue, toute proche. Au bout du hameau, est une chaucée, toute de pierres grosses et entassées sans mortier, et qui est de largeur de 2 à 3 toises, percée en deux endroits planchés de bois, aulte, au dessus de la mer, de deux piés et longue de 100 ou 150 pas, joignant le susdit hameau à une isle d'environ 300 ou 400 pas de circuit, et dans laquelle il y a une chapelle de St Cado, à l'endroit maisme où le saint de ce nom maina jadis la vie érémitique.

1. Lire : du Hellut, du Nélut, ou mieux : du Mané-Lud. V. « Dict. » d'Ogée, 2e édit., I, p 510; — Annuaire histor. du Morbih., 1834, p. 50; — « Répert. archéol. du Morbih. » ; — « Des monum. celt .. », par le Dr Fouquet; — « Étude sur le Manné-Lud, en Locmariaker », par MM. R. Galles et le Dr Alph. Mauricet, avec planche (Soc. polym. du Morbih., 1863); — « Dictionn. archéol. de la Gaule : époque celtique », par le ministère de l'Instr. publ. : atlas.
2. Chapitre XXXV de cet Itinéraire.
3. La lagune d'Étel. V. carte d'état-major nº 89.
4. *Vide supra*, p. 157, note 9.
5. *Vide supra*, p. 157, note 10.
6. Nous ne retrouvons plus ce nom sur la carte. C'est, sans doute, le village de Vieux-Passage, au-dessus du bourg d'Étel et de l'autre côté de la rivière.
7. Sans doute, au lieu nommé, sur la carte : Pont-le-Roy.
8. Saint-Cado est une île de l'Etel, en la paroisse de Belz. Elle porte une chapelle célèbre, hermitage d'un solitaire du VIe s. L'on y va en pélerinage pour les maux d'oreilles et la surdité, et les pélerins placent la tête dans une ouverture de l'autel. V. « Hist. de Bret. », I, p. 391; — Soc. polym. du Morbih., 1886, p. 61; — « L'île Saint-Cado, en Belz », par M. l'abbé Guillotin de Corson (Récits de Bret., I, p. 253); — « Les monuments celtiques etc... », par M. L. Galles (Annuaire histor. du Morbih., 1854); — Assoc. bret., 1850, bulletin, 2e livr., p. 223.
9. Ch.-l. de cant., arr. de Lorient. V. « Hist. des par. du dioc. de Vannes » (Soc. polym. du Morbih., 1875, p. 197); — « Le *pagus* de Belz et le doyenné de Poubelz », par M. Ch. de Keranflec'h (Mélanges d'hist. et d'archéolog. bret., Rennes, Catel, II, 1858, p. 276).

Au vitrail du maistre autel, sont les armes de Rosmadec, qui sont du s[r] du Plessis Josso [1] qui a force seigneuries par tout là. Le prieuré, au reste, est dépendant de l'abbaye noire de Kimperlé [2] et vaut 200 escus de rente, possédé par le s[r] de Kerprévost [3], chanoine de Vennes, frère du s[r] de Keriergon [4], du nom de Kermarho [5].

Dans la chapelle, au costé austral du sanctuaire, est un tombeau massonné et couvert d'une lame de pierre dure [6], qu'ils appellent : *le doy de St Cado* [7] ; et disent que la chaucée susdite, qu'ils appellent : *pont St Cado*, qui n'est ni ouvrage romain, ni chose rare en sorte que ce soit, fut par le diable faite en une nuit, comme il se lit en la vie du saint.

En ceste maisme isle, joignant la chapelle, est le manoir du prieur et encor une ou deux maisonnettes, entre lesquelles est celle du passager qui passe, de ladite isle, hommes et chevaus de l'autre costé, où, passant le long du bourg de Pluhinec [8], à 2 clochers, laissé sur la gauche, et de celuy de Rientec [9], puis aprez, vous vous acheminez et arrivez au Port Louis.

Ce passage est le plus fascheux, le plus large et aussy le moins fréquenté de tous.

Au dessus de ceste isle qui pourroit estre « *Guzel* [10] *in pago Bels* », ou bien « *insula Jagonica* [11] » *(Monim. Briton., p. 1)*, il y en a quelques autres, comme Heau [12], Riec [13], Fenouillet [14], toutes petites et inhabitées, et aucunes cultivées à demi et peuplées de fort bons lapins, apartenantes au s[r] du Plessis Josso.

Au dessous et vers le Passage Neuf, sont aussy quelques rochers et isles sans nom, dont la plus grande et plus renommée s'appelle Garvenez [15]. Entre ces isles, il y a pesche excellente de tous poissons qui se trouvent en la mer et la coste, bon havre aussy et bon ancrage à 10 et 15 braces d'eau, ce qui fait ce havre excellent en cest endroit.

Mais son entrée ou bouche, au dessous de Tréhervay, ne permet aus grands vaisseaus le passage,

1. *Vide supra*, pp. 70, note 10, 132, ligne 21, et 143, note 5.

2. V. Une vie abrégée de saint Cado et les quatre curieuses chartes du monastère de son nom, antérieures à l'an 1009, au « Cartul. de Quimperlé » (n[os] CI-CV, pp. 216-222).

3. En Belz.

4. Auj. : Keryargon, vill. en Belz.

5. Lire : Guimarho. D'ailleurs *guic* et *ker* ont presque le même sens. *Maro* signifie : mort.

6. C'est un ancien autel. V. « Récits de Bret. », I, p. 258.

7. Nous ne retrouvons nulle part cette expression. Peut-être faut-il lire : *doe*, qui semble la forme armoricaine du gallois : *duiu* (Dieu) et qui aurait quelque rapport avec le sens d'autel ou objet consacré. Peut-être encore Dubuisson a-t-il commis une erreur, et faut-il entendre par là : *le doit St Cado*, ou la fontaine près du chevet de la chapelle. V. « Chrestom. bret. », I, pp. 127, 202 ; — « Récits de Bret. », I, p. 259.

8. Plouhinec, comm. du cant. de Port-Louis, arr. de Lorient. V. « Hist. des par. du dioc. de Vannes » (Soc. polym. du Morbih., 1880).

9. Riantec. *Vide supra*, p. 84, note 3.

10. Nous avons déjà fait remarquer (p. 94, note 6) que Guédel ou Guzel n'est autre que Belle-Ile. Dubuisson a mal lu la chronique du « Cartul. de Quimperlé » (*Ad ann.* MVIII ; pp. 64 et 65 de notre édition), qui porte :... *insulam Guzel, cum pago qui dicitur Bels.*

11. Nous n'avons pu trouver quelle est cette île, dont Dubuisson a pris le nom ancien dans une charte de St-Cado, antérieure à 1009. Elle doit être identifiée soit avec l'île Saint-Cado, soit avec une île voisine. V. « Cartul. de Quimperlé », n° CII, p. 219.

12. Peut-être auj. : îles de Niheu. V. carte d'état-major n° 89.

13. Ile de Riech. V. *ibid.*

14. Ile de Fendouillec. V. *ibid.*

15. En breton : *Gavr-enez* (île de la chèvre). La célèbre île de Gavrinis, dans le Morbihan, en face de Locmariaker, a la même étymologie. V. « Chrestom. bret. », I, pp. 26, 203, 205.

à cause des bancs de sable qui la bouchent et rendent périlleuse et inaccessible, sinon aux petits bateaux.

XXXV

La Terre de Ruy

C'est une péninsule, distante de 2 bonnes lieues de Vennes, et séparée de la terre de Vennes par un canal de mer, extrait ou issu de celuy de Vennes, que l'on appelle *le chenal du passage*, parceque, par ce canal, on passe en bac de la terre de Vennes en celle de Ruy. Mais les charois vont, demi lieue au dessus dudit bac, passer sur une digue ou chaucée à ponts et moulins, qui est à travers dudit canal, là fort estroit, et s'appelle *le passage de Noyello*[1], à cause qu'il est sur le territoire de Noyello, bourg voisin et qui est hors la terre de Ruy, laquelle ne commence qu'à Villeneuve ou Kerneve[2], hameau touchant au village de St Armel.

Voicy donc ses bornes. La péninsule de Ruy a son isthme ou col qui la joint à terre ferme (dite terre de Surzur[3], à cause d'une paroisse ainsy nommée, la première de terre ferme), comme une teste à son corps, à l'Orient. Ce col est pris de Kerneve, village sur le bord du *chenal de passage* (Le bac de passage est un peu plus bas dans la terre de Ruy), droit au costé ou pan oriental de la muraille ou closture de l'ancien parc du duc (prenant du *chenal de passage*, plus bas que le bac, par à travers le bourg de St Colombier[4], au dessous de celuy de St Armel, *Armagillus*[5], droit à ce pan oriental, au bout duquel il tourne vers le chasteau de Sussinio[6] et la pleine mer), suivant iceluy pan oriental jusques à une porte ou passage d'iceluy, dit Port Penhoët, *quasi Port Pen Koët, le passage de la teste du bois*, parce qu'il est à la teste dudit parc et de toute la péninsule[7].

1. Noyalo, comm. du cant. de Vannes. V. la carte du Morbihan par M. Edmond Bassac (Dict. archéol. de la Gaule : époque celtique, 1878), et la carte d'état-major n° 103.

2. La Villeneuve est un hameau joint au bourg de St Armel (comm. du cant. de Sarzeau, arr. de Vannes). La traduction bretonne de ce nom est, en effet : *Kernévez*, en dialecte vannetais : *Kerneüe*.

3. Comm. des cant. et arr. de Vannes.

4. Gros village en Sarzeau.

5. Saint Armaël, en latin : *Armagilus*, émigré de Grande-Bretagne en Armorique, en 482, fondateur de Ploërmel, mort le 16 août 552. Il y a deux autres saints du même nom : l'un, év. de St Malo, mort en 627 ; l'autre, év. de Dol, mort en 663. V. « Bio-biliogr. bret. » de M. Kerviler ; — Pouillé hist. de Rennes », V, pp. 724-727 ; — « Vie de St Armel » (Rennes, Oberthür, 1875 ; Tours, Mame, 1882), par M. l'abbé Cruchet ; — Légende en vers (St-Brieuc, Prud'homme, 1855).

6. Sucinio. Il en sera parlé plus loin.

7. Cette description, fort peu claire, nous semble signifier que le col de la presqu'île était indiqué par une ligne idéale, partant du village de Kernève ou La Villeneuve, près de St Armel et le passage du même nom sur le chenal de Noyalo, pour aller, de l'autre côté de la péninsule, trouver le fond de la baie ou étier de Caden. Là on rencontrait le pan oriental de l'enceinte du parc.

Quant à cette enceinte, d'après Dubuisson, elle devait partir du village de St Colombier, pour aller jusqu'aux environs de la même baie, où se trouvaient son pan oriental et la porte Penhouët ; et de là descendait vers Sucinio. La frèrie, aujourd'hui commune du Tour du parc rappelle le passage de cette enceinte.

La porte Penhouët ne devait pas être éloignée de l'étang de Penhouët, en St Colombier, cité dans la réformation du terrier du domaine royal en Bretagne (Arch. de la L.-I. ; Rhuys, tome IV, aveu n° 107, du 27 févr. 1680). V. la carte du Morbihan de M. E. Bassac, et la carte d'état-major n° 103.

J'ay cela de la relation des habitans ; mais je ne scay s'il est certain, parce que le séneschal de Ruy dit que Héseau[1], gentil prieuré de 15 cens livres de rente, à un neveu de l'évesque de Rennes[2], est dans la terre de Ruy et dépend de sa jurisdiction. Or Héseau est, un quart de lieue et plus, au delà et plus loin que Kerneve, vers le bourg, église paroiciale et passage de Noyello. Tant y a qu'ils tiennent que l'isthme de Ruy n'a pas plus d'un quart de lieue de largeur entre les deux bras de mer. Et le prieur[3] maisme de Héseau, du nom de Cornulier, fils du grand maistre des Eaus et Forests de Bretagne[4], le s^{r} de la Lusinière[5], veut et plaide pour cela que Héseau soit en terre de Surzur et terre de domaine congéable, au lieu que le séneschal et paysans de Ruy, tenans de luy, veulent qu'il soit en terre de Ruy, où il n'y a point de domaine congéable et où les terres sont aus vassaux en propriété[6].

Or de la pleine mer, qui est au Midy de Ruy, sort un bras, dit le bras de Caden[7], à cause d'une gentilhommière et terre ainsy dite, qu'il costoye et arrouse, avançant au Nort jusques bien prez dudit lieu de Port Penhoët; et ce bras divise la terre de Ruy de celle de Surzur. Et depuis ce bras, le long de la porte Penhoët, il y a un grand chemin divisant les deux terres, qui passe auprez d'une croix de pierre, entre dans Kerneve (dont la moitié, vers Orient, est de Surzur, et l'autre moitié, vers Occident, est de Ruy) et abboutit au *chenal de passage*. Tellement que la péninsule de Ruy a son isthme à l'Orient, qui n'a pas de largeur demi lieue. Au Midy, elle a la pleine mer et toute la coste, depuis Caden jusques à St Guédas. A l'Occident, elle a le reste de la coste de pleine mer, depuis St Guédas[8], par la pointe de la *motte à fougon*[9] ou fanal sur mer, jusques et par delà le Mórbihan et le Port Navalo[10], et jusques à l'entrée de la rivière de Vennes. Au Septentrion, la péninsule a ladite entrée de la rivière de Vennes et les bras qui en sortent, particulièrement le bras ou canal qui vient à Bernon[11], Truskat[12] et au passage du bac qui la sépare de la terre de Vennes, lequel bras continüe par delà la terre de Ruy, jusques et par delà le passage cy dessus de Noyello.

Sa plus petite largeur, en son isthme cy dessus, est moindre de demi-lieue. Sa plus grande est environ d'une lieue et demie, du Nort au Sud et du *chenal de passage*, ou bras de la rivière de Vennes, à la pleine mer.

1. Le Hézo, comm. du cant. de Vannes. Sur le prieuré du Hézo, v. « Hist. de St-Gildas de Ruis », par M. l'abbé Luco, p. 335.

2. *Vide supra*, p. 16, note 6; — « Remontrance au roi de Pierre de Cornulier, év. de Rennes », par M. O. de Gourcuff (Revue histor. de l'Ouest, V, 1889).

3. Claude de Cornulier, s^{gr} de Lucinière (1604-1681), fils de Jean et de Marguerite Le Lou. V. « Généal. de la maison de Cornulier », édit. 1884, p. 153.

4. Jean de Cornulier (1574-1650), 2e fils de Pierre et de Claude de Comaille. V. *ibid.*, pp. 39-42, 149-152.

5. *Lire* : Lucinière, en Nort; château anciennement appelé : la Roche-en-Nort, acquis de Claude de Maillé, époux de Robinette Hamon, par Pierre de Cornulier, en 1581. Au XVe s., Robert Guibé, év. de Nantes, en était seigneur et lui donna son nouveau nom, à cause des rossignols, très-nombreux dans les bois du voisinage. V. *ibid.*, p. 43.

6. V. « Note sur la communauté de l'île de Ruis », par M. S. Ropartz (Rev. de Bret., et de V., 1864, 2e semestre).

7. Ancienne seigneurie, auj. village en Sarzeau.

8. St-Gildas-de-Ruis, comm. du cant. de Sarzeau.

9. Ou Grand-Mont. Il en sera parlé plus loin.

10. Village et port en Arzon. *Vide infra*, p. 166, note 10.

11. Ancien couvent de Cordeliers. *Vide infra*, p. 174.

12. Lire : Truscat, manoir en Sarzeau. *Vide infra*, p. 168, note 5.

Sa longueur est depuis le bras de Caden ou depuis la porte Penhoët, jusques à la pointe du Morbihan et port de Nävalo, et contient plus de 4 lieues.

Argentré (I, 10), art. de Vennes, dit que ceux d'Auray sont les anciens *Arubii*. Ptolémæé met les *Aruii*, Αρούιοι, dont la cité s'appelle *Vagoritum*[1], Οὐαγόριτον, aus 18-40' de longitude et 50° de latitude (aprez le *Noedonum*[2] des *Diaulites*, qu'il met aus 18° et 50° degrés), qui sont par trop boréaus pour ceux d'Auray[3], qui ne peuvent pas estre à plus de 47-40' degrés de latitude. Les *Aruii* doivent donc estre vers le Mont St Michel[4] et plus au Nort que ceux de Dol, que l'on croit estre les *Diaulites* de Ptolémæé et les *Diablintes* de Cæsar[5]. Que si les *Aruii* pouvoient estre ceux d'Auray ou Alray ou, pour mieux dire, selon la naturelle nayveté du langage breton, *Alraë*, et que Ptolémæé se fut mesconté, comme souvent il luy advient, de plusieurs degrés, de deux, en ceste affaire, ou de deux et demi, je croirois que l'on pourroit plustost trouver conformité du nom *Aruii* en nostre terre de Rui qu'en celle d'Alray.

Mais, pour ce qui est de la ville de *Vagoritum*, en prenant *Aruii* pour Auray, nous pourrions dire qu'elle a esté à l'emboucheure de la rivière d'Auray et point de Lo Maria Ker, sur le Morbihan, où les masures et antiques murailles qui restent, et un *tumulus* fait à la main, assez ault, font croire qu'il y a eu une ville ou forteresse anciennement[6]. Et les Vennois estiment que à Lo Maria Ker estoit la ville de Vennes du temps de Cæsar qui en a, à ce qu'ils pensent, parlé dans ses Commentaires, à l'endroit où il dit que, d'un lieu ault, il voyoit combatre les armées navales des Romains et des Vennois, et que partant, ce lieu ault estoit à Lo Maria Ker, et non pas où est aujourd'huy Vennes, d'où l'on ne peut point du tout veoir sur la mer[7]. Le mot *Kèr*, qui signifie *ville*, favorise cette opinion. Car il est certain que cela est dans le fief de Ker, comme est le Plessis de Ker et le fauxbourg de Ker à Vennes. C'estoit une bonne maison et famille ainsy nommée Ker, et les ruines que l'on veoit là sont peut estre du chasteau des seigneurs de Ker[8]. C'est l'opinion de Mr de Kerboutier[9], alloué de Vennes.

Nous aurions grand peine à retrouver *Vagoritum* en toute la péninsule de Ruy, où il n'y a rien de si antique, bien que, estant de soy très bonne, fertile et la meilleure terre de toute la Bretagne, elle n'ait point esté jadis inconnue. Le nom maisme du Port Navalo[10] semble estre romain : *Navale*[11].

Chasteau de Sussinio. — Ceux qui parlent d'un temps plus récent disent que, comme les livres

1. Probablement : Oisseau-le-Petit, comm. du cant. de St-Paterne, arr. de Mamers, Sarthe ; ancienne cité des Arvies qui habitaient sur les bords de l'Arve ou Erve. V. Ptolémée, édit. Cougny (Soc. de l'hist. de Fr., 1878, I, p. 259) ; — « La *civitas Ouagoriton* à Oisseau-le-Petit », par M. L. Liger (Commission histor. et archéol. de la Mayenne, 1892).

2. Jublains, comm. du cant. de Bais, arr. de Mayenne. *Vide supra*, p. 26, note 1.

3. La latitude d'Auray est de 47° 40' 4", et sa longitude de 5° 10' 52".

4. Erreur. *Vide supra*, note 1.

5. Erreur. *Vide supra*, p. 26, note 1.

6. *Vide supra*, pp. 159-162.

7. *Vide supra*, p. 154, note 5.

8. *Vide supra*, pp. 142, note 2, et 161, note 1.

9. *Vide supra*, pp. 78, note 9, 133, note 5, et 145, note 8.

10. Village et port en Arzon, cant. de Sarzeau. V. la notice sur Arzon, par M. A. de Francheville, dans la seconde édition du « Dict. » d'Ogée, I, p. 50. On a voulu en faire le *Vindana portus* de Ptolémée. *Vide supra*, pp. 10, note 5, et 154, note 5.

11. Qui signifie : port. La terminaison o indique un pluriel breton. Au XVIIe s., on désigna quelquefois cette localité par le nom de *Morbihan*. V. « Dict. topogr. du Morbih. ».

d'Amadis sont remplis de noms et choses de Bretagne, comme de Tristan le Léonnois (L'isle Tristan est encor aujourd'huy prez Douarannès) et de Gyron le Courtois (Chasteau Gyron, belle seigneurie à Mr le duc de Brissac aujourd'huy, en est appellé, selon Argentré) et autres, aussy la terre de Rui y est dénommée soubz le nom de l'Isle Ferme, à cause qu'elle est partie isle et partie terre ferme, et que le chasteau d'Apollidon, assis en ceste Isle Ferme, est le chasteau de Sussinio[1] (que l'on æquivoque, en l'appellant : *Soucy n'y a*[2], comme n'y ayant point de soucy là), basti par les ducs de Bretagne, qui s'y alloient récréer et prendre leurs relasches et plaisirs. Il a été estimé sans preuve estre bien plus ancien, et premièrement basti par le roy Grallon qui vivoit vers l'an 390 et 400[3]. Ce chasteau fut basti par Jean Ier dit le Roux, qui mourut 1286[4]. Là sont venus au monde et en sont sortis plusieurs enfans de Bretagne *(Vide infra)*.

Il est situé sur la grande mer qui luy est au Sud, où il a beau prospect et des salines. Il a deus beaus parcs de aulte fustaye : l'un petit, à son Occident, tout proche ; l'autre un peu plus loin, à l'Orient, où il fait une forest ou grand bois, resté d'un plus grand parc et forest close, dont les murailles, cy dessus descrites, servent encor de closture à l'isthme de Ruy. Au Nord, il a estang d'eau douce et, entre ceste eau et le petit parc occidental, un beau jardin, à allées de lauriers.

Le chasteau est bien clos de fossés pleins d'eau, les murailles de bonnes pierres, 3 ou 4 grosses tours, mais en mauvaise réparation de couverture, corps de logis entre deux, belles salles aultes à bal, chapelle où sont les armes de Chasteaubriant, comme aussy contre les murailles du dedans; court spacieuse, retranchement en double muraille du costé d'Occident. Il a gouvernement absolu par toute la terre de Ruy, qui vaut 2 à 3 mille livres par an, et se peut vendre environ 12 mille escus.

Ce gouvernement est au sr de Montigny[5] qui, en ayant fait démission à son fils, le sr de la Mote[6], mari de la sœur de Mr du Broussay Quartier[7], gendre au marquis de la Marzelière, la révoqua et transporta au sr de la Grée de Bruc[8]. Puis, soustenu par le sr de Bopilio[9], gouverneur de Guérande, et animé aussy de quelques despects à luy rendus, comme il prétend, par ledit sr son fils, il a mis

1. Sur le château de Sucinio, bâti vers 1229, sous le duc Jean Ier, voir la notice sur Sarzeau, ajoutée par M. A. de Francheville à la 2e édit. du « Dict. » d'Ogée, II, pp. 885, 886 ; — « Excursion dans la presqu'île de Ruis, le 30 septembre 1853 » (Assoc. bret., 1854, bulletin, 1re livr., pp. 106-110) ; — « Recueil de six actes (1593-1627) relatifs à la forêt de Ruis et à la terre de Sucinio », ms. de Bizeul (Bibl. de Nantes, fonds français n° 49.455) ; — « Le château de Sucinio, près Sarzeau », par M. Ch. Bougoin (Rev. de Bret. et de V., 1869, 2e semestre, pp. 395, 468) ; — « Une excursion dans la presqu'île de Ruis », par M. A. de Kermainguy (*Ibid*, 1880, 2e semestre) ; — « La presqu'île de Ruis », par M. Le Divellec (Hennebont, 1885) ; — « Voyage pittor. en Bret. », par MM. Ch. Nodier, Taylor et de Cailleux.

2. Lire : *Soucy n'y ot.*

3. Il vivait à la fin du Ve et au commencement du VIe siècle. *Vide supra*, p. 113, note 9.

4. Le 8 octobre 1286, au château de l'Ile, en Arzal, sur la Vilaine. Il fut inhumé à Prières.

5. Sans doute : Guillaume de Montigny qui épousa Jeanne de Lanvaux. V. « Jean de Montigny (1632-1671) », par M. Kerviler (Rev. de Bret. et de V., juin et juillet 1876).

6. Probablement : Louis de Montigny, sr de Kérispert, en Ploërmel. Mais il peut se faire qu'il s'agisse de la génération suivante. V. *ibid.*

7. *Vide supra*, p. 7, notes 9 et 10.

8. Il s'agit ici soit de Jean de Bruc, sr de la Grée, en Mésanger, né en 1576, procureur-général-syndic des États de Bretagne de 1618 à 1634, époux, en 1602, de Marie Veniero ; soit de son fils aîné, François, né en 1603. V. « Bio-bibl. bret. » de M. Kerviler, article *Bruc*.

9. Prigent de Kerméno, sgr de Botpilio, en Noyal-Muzillac, et de Lauvergnac, en Guérande, gouverneur de cette ville et du Croisic, cité comme tel en 1620, 1623 (Arch. de la L.-Inf., GG. 1 : registres par. de Plessé et de Mesquer). Son fils épousa, en 1628, Judith de Cornulier. V. « Généal. de la maison de Cornulier », édit. 1884, p. 158.

l'affaire en telle combustion que, par ordre du conseil, un exempt des gardes, le s[r] de Plomarzen[1], du mesme pays de Guérande, est logé au chasteau de Sussinio, depuis 15 mois en ce jour, sixième novembre 1636.

Et sont néanmoins sur les termes d'accord, par devant M[r] d'Estampes Valençay[2], intendant de la justice en la province et commissaire, député par le roy aus Estats qui se doivent tenir et ouvrir le 20e du mesme mois, à Nantes.

La terre de Ruy appartient au roy, et vaut 15 mil livres de rente. Mr de Boisoran[3], gouverneur de Rhedon, l'a par engagement, pour la somme de soixante mil escus. Les paysans font et payent, pour leurs terres, de grands devoirs fonciers et seigneuriaux. Il y a peu de terres nobles, comme est la Court[4], non loin de Sussinio, vers Caden, appartenant au s[r] de Truskat[5] qui est roturier.

En Ruy, il y a 3 bourgs et paroices : St Guédas[6], Arzon[7] et Sarzeau. Mais il y a plusieurs autres petits bourgs, comme St Colombier[8], St Armel[9] etc..., plus de 2 ou 3 cens villages ou hameaus fort drus, et quantité de chapelles : St Armel, dévotion aus gouteux ; St Jaques[10], par où le conte dit et maisme l'advocat général de Bretagne, Montigny[11], dit que St Jaques passa, et que c'est le *chemin de St Jaques* ou *voye laictée* ; les Cordeliers de Bernon, les Mathurins de Sarzeau.

Abbaye de St Guédas. — Sur la coste australe et pleine mer, est située, à une lieue environ de Sussinio, l'abbaye de St Guédas[12], avec un bourg et paroice qui est l'une des 3 de la péninsule. La paroice a pour patron St Gulstan[13], dont le sépulchre[14] est dans l'abbaye, comme nous dirons. L'abbaye n'a que le chœur, la croisée élevée et couverte. La nef n'a que le costé boréal achevé, avec colonnes à chapiteaus gothiques et portans marques de cinq ou six cens ans de vétusté.

1. Lire : Promarzein, terre et seigneurie en Guérande. Cet exempt des gardes était sans doute du nom de Rocherenl.

2. *Vide supra*, p. 56, note 2.

3. Lire : Boishorant, en Sixt. Il s'agit de René, fils de François de Talhouët, gouverneur de Redon, qui épousa, en 1577, Valence du Boishorant. V. « Hist. milit. de Redon », par M. J. Trévédy (Rennes, Caillières, 1893, pp. 99 et suiv.).

4. La Cour, seigneurie en Sarzeau.

5. Truscat, manoir en Sarzeau, aux Francheville.

6. St-Gildas-de-Ruis, comm. du cant. de Sarzeau.

7. *Idem.*

8. *Vide supra*, p. 164, note 4.

9. *Vide supra*, p. 164, note 2.

10. Cette chapelle, centre d'une frérie, a disparu. Le village du Net-St-Jacques, et la porte St-Jacques, au Sud de la presqu'île, à l'Est de la pointe du Grand-Mont, en rappellent seuls l'existence.

11. René de Montigny, avocat-général en 1623. V. M. Kerviler, dans la Revue de Bret. et de V., juillet-décembre 1873, juin et juillet 1876.

12. Sur l'abbaye de St-Gildas de Ruis, v. « Essai sur l'architecture etc... », par M. de la Monneraye (Assoc. bret., 1846) ; — « Excursion etc... » (*Ibid.*, 1854, bulletin, 1re livraison) ; — Soc. polym. du Morbih., 1856 ; — « Histoire de St-Gildas de Ruis », par M. l'abbé Luco (Vannes, Galles, 1869) ; — « Excursion archéolog. à St-Gildas de Ruis, en novembre 1871 », par M. Rosenzweig (Soc. polym. du Morbih., 1871) ; — Gall. Christ., XIV, col. 958 ; — et *supra*, p. 167, note 1.

13. Saint Goustan, frère convers de l'abbaye de St-Gildas de Ruis, mort au commencement du XIe siècle. V. « Vie des SS. de Bret. », par D. Lobineau, dans la vie de St Félix, abbé de St-Gildas ; édit. 1725, p. 209 ; — « Hist. de St-Gildas de Ruis », par M. l'abbé Luco, p. 165.

14. Ce tombeau a été ouvert le 26 août 1896, en présence de Mgr Bécel, évêque de Vannes. On y trouva le corps du saint, dont les reliques furent vérifiées. V. « Excursion archéol. etc... », par M. Rozenzweig (Soc. polym. du Morbih., 1871) ; — Semaine religieuse du diocèse de Vannes, 29e année, n°s 36 et 43, 3 septembre et 22 octobre 1896.

Ils tiennent qu'elle est du temps du duc Geoffroy Ier, que les monastères, abandonnés et destruits par la guerre des Normans, furent restablis, ainsy qu'il est porté par la 2e page de nostre extrait de la vie ou légendaire de St Guédas[1].

Dans le bout boréal de la croisée, il y a un vieil sépulchre de pierre, situé dans un autel de bois, qu'ils disent estre de St Gulstan[2], patron de la paroice, duquel voyez en nostre extrait du ms. de St Guédas.

Dans le chœur, il y a, au fin milieu, cinq tombes à rez de chaucée, dont 4 sont figurées ou gravées de personnages de stature pusille et de jeunesse ou puérilité, qui sont fils et filles de Jean Ier, duc de Bretagne.

Sur la première, à prendre du costé austral ou de l'Epistre, il y a escrit :

Hic jacet Nicholaus[3] clericus...

Ce pourroit estre ce Nicolas, fils de Jean Ier de Bretagne et de Blanche de Navarre, né au mois de may, l'an 1249[4], qui fut baptisé et tenu sur les fonts, à Paris, par Louis fils du roy, comme dit Argentré (V, 25[5]).

Les moines disent qu'il y a un Thibaut[6]; Argentré le dit aussy gésir en ce lieu et estre né 1245. Ils disent qu'il y a encor un autre Thibaut[7]; et ce pourroit estre celuy qu'Argentré dit estre né l'an 1247, sans dire où il mourut et fut enterré. Ils disent qu'il y a une Aliénor[8], qu'Argentré dit estre née 1246 et morte 1247, en Ruis.

Outre ces 4 tombes, il y en a une 5e, en rang des autres, qui est renversée[9], le dessus et dehors en bas et dedans la terre, parce qu'une statue gisante coronnée empeschoit leur promenoir dans le chœur, en marchant. Ce pourroit estre ceste Aliénor cy-dessus, ou bien Alix qu'Argentré dit estre née au chasteau de Sussinio, l'an 1243 ; mais ils disent que c'est Jeanne, héritière de la duché, fille de Jean IV le Conquérant et de Jeanne de Navarre, morte en l'aage de 15 mois, au chasteau de Sussinio, 1388, et gisant à St Guidas de Rhuyz, selon Argentré (X, 26)[10].

Il y a encor une tombe gravée d'une croix, avec une armoirie de 5 besans ou tourteaus placés en

1. D'après un chronogramme du *Chronicon Ruiense, ad ann. 1008*, Félix, moine de Fleury-sur-Loire, fut envoyé par son abbé Gozlin, au duc de Bretagne, Geoffroi Ier, qui lui donna deux monastères en ruines : St-Gildas de Ruis et Locminé en Moréac. V. D. Morice, Preuves, I, col. 150 ; — « Vie des SS. de Bret. », par D. Lobineau, édit. 1725, p. 207.

2. *Vide supra*, p. 168, notes 13 et 14.

3. Nicolas de Bretagne, fils de Jean Ier et mort en 1249. V. « Note sur les pierres tombales de l'abbaye de St-Gildas de Ruis », par M. L. Galles (Soc. polym. du Morbih., 1858) ; — « Excursion archéol. etc... », par M. Rosenzweig, avec plans par M. de Cussé (*Ibid.*, 1871, p. 131).

4. Il mourut en 1249, âgé de trois ans. V. *ibid.*

5. Édit. 1618, p. 309.

6. Thibaut de Bretagne, fils de Jean Ier, et mort en 1248. V. Soc. polym. du Morbih., 1871, p. 130.

7. Mort en 1251, âgé de deux ans. V. *ibid.*

8. Fille de Jean Ier, morte en 1248. V. *ibid.*

9. V. *ibid.*, pp. 127, 128.

10. Cette tombe était bien celle de Jeanne de Bretagne, fille de Jean IV et de Jeanne de Navarre, et morte en 1388. L'inscription a été déchiffrée par MM. Rosenzweig et de Cussé. V. *ibid.*, p. 130 ; — et le dessin de la statue tumulaire dans la « Note etc... » de M. L. Galles (*Ibid.*, 1858).

V[1], qu'ils estiment estre les armes et la tombe d'un de Malestroit, dont il y a fondation et don fait d'un fief au territoire de Malestroit, encor à présent joüy et possédé par l'abbaye.

L'abbaye est de pourpris assez grand ; force jardinages, mais descouverts et sans arbres qui n'y peuvent venir, à cause de la baterie des vents. Au bout du grand jardin, un cabinet[2] sur la pleine mer, et dans une arrière court ou préau, une motte ou butte naturelle, dite le *Grand Mont*[3], aussy sur le bord de la mer, pour y mettre fanal ou fougon d'addresse et de signal sur mer ; ainsy qu'en un autre plus avant dans terre, vers le Port Navalo, dit le *Petit Mont*[4], et en un autre[5] encor, tout au bout de la terre, à l'Ouest, sur lequel paroist un rocher dilaté et estendu, comme si c'estoit le pourpris d'un bastiment ruiné. Ces motes à fanal sont comme en triangle au bout de Ruys, à l'Occident. Sur le *Grand Mont*, on vouloit establir un fougon, pour servir de signal à toute la coste.

De ce Grand Mont, comme aussy du cabinet, on veoit, à l'Ouest et Sud Ouest, deux isles habitées, coste à coste, Houat[6] ou Oat et Heydic ou Oatdic, qui relèvent et sont de la jurisdiction ou séneschaucé de Ruy (ainsy que l'isle d'Ars[7] et autres isles du Morhihan, en la rivière de Vennes), distantes de 4 lieues, dont Oat ne souffre aucune beste venimeuse qui y meurt aussytost, si elle y est portée, ainsi que tesmoigne avoir veu et éprouvé le sr de Montigny, le vieil gouverneur de Sussinio et de Ruy. En ceste isle mourut St Guédas. Elle apartenoit à l'abbaye de Ruy qui est preste d'y rentrer et d'en accroistre son revenu[8].

L'abbaye de Ruy rend à l'abbé 4 mil livres de rente, outre 800 escus de pension pour les moines de St Benoist[9], réduits à 5 ou 6 par la suppression des places vacantes par mort, sans pourtant amoindrir de rien la pension. C'est que l'on y veut mettre la réforme un jour. C'est Ordre de St Benoist. L'abbé commendataire est le sr Ferrant[10], lieutenant... de Paris, pour un sien fils.

1. Les Malestroit ont porté : *de gueules à cinq besans d'or en sautoir*. Cette tombe, à droite du maître-autel et attribuée à Païen de Malestroit, mort en 1229, n'offre plus rien de lisible aujourd'hui. La tombe n° 6 de M. Rozenzweig, près de celle de St Goustan, porte une épée en relief et un écusson *à dix billettes, avec une bande chargée de cinq besans, sur le tout*. V. *ibid.*, 1871, planche de la p. 127, et p. 131. On trouvera dans cet ouvrage les autres sépultures, dont Dubuisson n'a point parlé ; — « Hist. etc... », par M. l'abbé Luco, p. 380.

2. Ce cabinet existe encore aujourd'hui.

3. La pointe de terre au-dessous l'abbaye, s'appelle : pointe du Grand-Mont. V. carte du Morbih., par M. Edm. Bassac.

4. C'est sans doute la célèbre butte de Tumiac. V. « Découverte d'une grotte sépulcrale sous la butte de Tumiac, le 21 juillet 1853 » (Soc. polym. du Morbih., 1862) ; — « La grotte sépulcrale de Tumiac », par le Dr Fouquet (Assoc. bret., 1854) ; — La vue de ce tumulus, dans les « Recherches histor. sur la Bret. », par Maudet de Penhoët (1er vol., Nantes, 1814, p. 91). Il y est appelé improprement : Grand-Mont.

5. C'est cette troisième butte qui est appelée : le Petit-Mont, au bout d'une pointe de terre, à l'Ouest, au-dessous d'Arzon.

6. V. « Hœdic et Houat », par M. l'abbé Delalande (Soc. académ. de Nantes, 1850) ; — « Les îles d'Hœdic et d'Houat et la presqu'île de Quiberon », par M. l'abbé Laveno (Soc. polym. du Morbih., 1888).

7. L'île d'Arz contenait un prieuré dépendant de St-Gildas, et un autre dépendant de St-Georges de Rennes. V. « Hist. de St-Gildas de Ruis », par M. l'abbé Luco, p. 323 ; — « Mœurs et coutumes des îles d'Arz, Houat et Hœdic », par Mgr Le Joubioux (Revue de Bret. et de V., 1re série, tome 1er) ; — Carte de la baie de l'île d'Arz, par M. Edm. Bassac (Vannes, Galles).

8. Les religieux de Ruis étaient seigneurs d'Houat et d'Hœdic. Ils dîmaient au quart sur les habitants ; mais le prêtre, l'église et les impôts étaient à leur charge. V. M. l'abbé Delalande, dans la Soc. académ. de Nantes, 1850.

9. La réforme de St-Maur fut introduite dans le monastère en 1650. V. « Hist. etc... » de M. l'abbé Luco, pp. 264 et suiv.

10. Michel Ferrand, conseiller du roi, fut abbé de St-Gildas vers 1636 et mourut en 1676. V. *ibid.*, p. 359 ; — Gall. Christ., XIV, col. 963.

Le corps de St Guédas y est, au moins son chef, un bras et une jambe, distinctement enchassés en argent, dont j'ay veu le chef[1].

De ce fait foy un petit tableau imprimé, pendu à la closture du chœur, par dedans, qui porte que, en ceste abbaye, sont gardées des reliques de plusieurs saints Bretons, à savoir : SS. Guénel[2], Samson[3], Judicaël[4], Méen[5] Melaine[6] et Gildas[7] dont le chef, le bras et la jambe sont gardés au thrésor, enchassés en argent.

Le tombeau de St Guédas[8], de pierre d'une pièce, élevé demi pied et plus sur terre, est dans le dossier ou derrière du chœur, dans la muraille, en façon de labe qui se veoit par le dehors, du costé de la carolle, sans aucune inscription.

En ce mesme petit tableau cy dessus, il est porté que l'abbaye de St Gildas fut fondée par le roy de la Petite Bretagne, Gralon, l'an 399[9], ce qui est aussy rapporté en nos Évesques de Vennes, p. 1, où il est dit que l'évesque de Vennes, Judicaël[10], frère du roy Gralon et légat du Pape, confirma ladite donation. Mais cela est suspect de faussseté et faux, pour diverses raisons que j'ay là quotées, et pour celle cy particulière que, en la vie de St Guédas du ms. de l'abbaye, il est dit qu'il estoit contemporain et compagnon de St Paul[11], évesque de Léon, et de St Samson[12], archevesque en Angleterre et puis en Petite Bretagne, à Dol. Or ces bons prélats ne vivoient que sur la fin du siècle 500, qui est prez de 200 ans aprez le siècle du roy Grallon[13] que l'on prétend avoir fondé ceste abbaye, aprez la mort de St Guédas.

Encor ne fut ce pas tout à l'heure aprez sa mort ; car son corps, apporté de l'isle d'Oat par la mer, fut arresté au rivage occidental de la terre de Ruy, au dessous d'une petite pointe où il y a une *motte à fougon*[14]. Le long de ceste pointe aulte, il y a une terre basse où la mer avance fort, en son plein, et y laisse marais salans, assez prez du bourg d'Arzon, comme en un œstuaire ou manche, à l'entrée de laquelle s'arresta le corps du saint, en une barque seul, avec une pierre. Et ceste pierre pourroit estre celle que l'on dit estre son sépulchre, dans la paroy du derrière du chœur de l'abbaye, sur laquelle luy vivant couchoit.

1. V. « Hist. etc... » de M. l'abbé Luco, pp. 261-262, 384-387.
2. Ou Guenhaël. *Vide supra*, p. 145, note 5.
3. *Vide supra*, p. 26, note 3.
4. Roi de Domnonée de 610 à 640 environ, abdiqua et mourut vers 650. V. « Hist. de Bret. », I, p. 476-488, 580.
5. *Vide supra*, p. 16, note 11 ; — « Vie des SS. de Bret. », par D. Lobineau, édit. 1725, p. 138.
6. *Vide supra*, p. 14, note 2 ; — « Vie des SS. de Bret. », par D. Lobineau, p. 32 ; — « Étude sur les trois Vies latines de St Melaine, év. de Rennes », par D. Fr. Plaine (Rev. histor. de l'Ouest, VIII, 1892) ; — « St Melaine, év. de Rennes », par M. de la Borderie (Revue de Bret. et de V., 1890, 1er semestre) ; — Bolland, janvier, I. St Melaine assista au concile d'Orléans, en 511.
7. *Vide supra*, p. 144, note 10.
8. Dans un enfoncement, derrière le maître-autel. V. « Hist. etc... » par M. l'abbé Luco, p. 379 ; — « Excursion etc... », par M. Rosenzweig (Soc. polym. du Morbih., 1871, plan à la page 126, et p. 132).
9. L'abbaye de St-Gildas fut fondée vers 520. C'est Albert le Grand qui lui attribua la date de 399, se fondant sur un titre faux. V. « Hist. etc... », de M. l'abbé Luco, p. 38, note 2.
10. Évêque légendaire, dont on ne trouve le nom que sur une pièce fausse. V. *ibid.*
11. Né vers 490, mort vers 600. V. « Vie de St Paul Aurélien », par M. l'abbé Thomas (Quimper, A. de Kerangal, 1890).
12. Mort vers 576. *Vide supra*, p. 26, note 3.
13. De 480 à 505 environ. *Vide supra*, p. 113, note 9 ; — « Gralon le Grand, roi des Bretons d'Armorique, 480-520 », par D. Fr. Plaine (Rev. histor. de l'Ouest, IX, 1893, et X, 1894).
14. C'est le Petit-Mont. V. la carte de M. E. Bassac, et la carte d'état-major n° 103.

Là fut plantée une croix et érigée une chapelle, encor à présent appellée le Croistic[1], qui est comme qui diroit *la chapelle ou lieu de la croix*, que l'on passe à veue et laisse-t-on sur la main gauche, allant de l'abbaye au Port Navalo.

Port Navalo[2], qu'ils estiment estre *Navale*[3] *Cæsaris*, est dans le Morbihan. Car la coste occidentale de la pleine mer, commençant au Grand Mont ou fougon de l'abbaye St Guédas, et continuant par la 2e *motte à fougon* qui porte un roc épars, en forme de mazure d'un bastiment, en son sommet, puis par la chapelle du Croistic, vient aboutir à la pointe de Morbihan ou de Navalo. C'est une langue de terre assez aulte et assez grande pour porter une ville que l'on a désignée d'y bastir, ès années 1625 et 1626, ou environ.

Vis à vis de ceste pointe de Navalo, est, en la terre d'Auray, territoire de Lo Maria Ker, une autre pointe, aulte assez et avançant aussy, en sorte qu'entre ces deux pointes, il n'y a que la portée du canon; et par là entre dans terre la mer pleine, avec un courant et flux continuel, qu'ils appellent en breton : *morbihan*, c'est à dire en français : *mer petite*.

A la teste du Morbihan, en pleine mer, hors la portée du canon, est une petite isle déserte[4], où souvent les vaisseaus, ne pouvans entrer dans le Morbihan pour la tempeste, relaschent et se mettent à l'abry.

On entre et sort de tous vens modérés, au Morbihan et Port Navalo.

Estant passée la pointe de Navalo, la mer courbe à droite et fait un port en croissant, entrant en terre de Ruy, appellé Port Navalo, accompagné sur son bord, où la pointe de Navalo commence, de quelques maisons de mariniers dépendans de la paroice de Lo Maria d'Arzon[5].

Ce port est capable de 2 à 3 cens vaisseaus. La mer y est tranquille et à l'abry de tous vents d'Est, Sud et Nort; mais il est exposé à l'Ouest, dont toutesfois la pointe d'Auray le couvre un peu. Mais ce n'est que de l'autre costé du Morbihan ou rivière d'Auray; car la mer, estant entrée entre les pointes de Navalo, laissée à droite, et de Lo Maria Ker, laissée à gauche, s'espand et élargit en courbeure dans le port Navalo, à main droite, comme j'ay dit. Mais allant à gauche, le long de la terre de Lo Maria Ker, à une bonne portée de canon et vis à vis de la corne droite qui ferme le Port Navalo, elle rencontre l'isle du Renard[6], et un peu plus prez vers ceste corne susdite, le rocher dit Gargan[7], qui est petit et de 60 piés de diamètre, pour porter une tour ou redoute.

En l'isle du Renard, on proposoit de faire une forteresse, pour commander sur les deux rivières d'Auray et de Vennes; mais celle de Vennes est trop loin de l'isle, et pour y commander, faudroit le fort sur le Gargan qui absolument tient la rivière de Vennes, et puis commande aussy sur celle d'Auray, à cause que les vaisseaus, par nécessité, doivent passer le long de l'isle du Renard, assez proche du Gargan, et non pas le long de la terre de Lo Maria Ker, où il n'y a point de canal.

1. Auj : chapelle du Croesty ou Croisty. V. « Hist. etc... », par M. l'abbé Luco, pp. 99, 100.

2. Il y avait une voie romaine de Vannes à Port Navalo. V. « Répert. archéol. du Morbih. », col. 219; — « Voies rom. du Morbih. », par Bizeul (Annuaire histor. du Morbih., 1841, pp. 191-216); — « Voie rom. de Blain à Port-Navalo », par H. Desmars (Soc. polym. du Morbih., 1867).

3. *Navale*, en latin classique, signifie : port, hâvre. C'est seulement avec ce sens qu'on le trouve dans César.

4. Probablement : l'île Mehaban ou Méaban.

5. V. la carte du Morbih. de M. Edmond Bassac.

6. Nous ne retrouvons plus ce nom. Il s'agit sans doute de l'un des deux rochers, dits le grand et le petit Vésy, ou peut-être de l'île Renaud. V. *ibid.*

7. Auj. : le Grégan.

A ceste rencontre d'isle, le Morbihan se divise en deux. Poursuivant à gauche et allant quasi en droite ligne, il fait la rivière, dite d'Auray à cause du bourg assis au bout, 1 lieue et demie plus en terre, et dans laquelle Argentré, au chapitre de Vennes, dit qu'il y a 30 isles, exemptes de bestes venimeuses. Ceux du pays disent qu'il y en a plus de 50, mais ne parlent point de ceste exemption, sinon pour l'isle d'Ouat, à 4 lieues de là en pleine mer, et néanmoins comptée, avec sa voisine Oatdic ou Heydic, et Belle Isle aussy, entre les isles du Morbihan.

Mais le Morbihan, prenant à droite, entre l'isle du Renard et la corne du Port Navalo et terre de Ruy, fait un canal, dans lequel est le Gargan, appellé : la rivière de Vennes. Dans ceste rivière, se trouvent plus de 300 isles (Les Vennois disent qu'autant qu'il y a de jours en l'an, autant il y a d'isles en tout le Morbihan) qui sont appellées par les géographes et historiens : *insulæ Veneticæ*, *Venetinæ*, *Venetorum*. Tout cela est du territoire et diœcèse de Vennes, par l'Armor, comme ils parlent, c'est à dire la coste de mer d'Alray ou Lo Maria Ker, Quiberon[1], Gavre[2], Blavet, Armor[3] (spécialement pris en la paroisse de Plemur), et jusques à Poldu[4] et bouche et port du fleuve Ellé.

Sur ceste coste Armorique et de Vennes, estoit Cæsar, avec son armée de terre, regardant combattre sa navale contre celle des Vennois[5] (Voir le livre des Commentaires).

Et de là, l'alloué de Vennes, le s[r] baron du Vieil Chastel et autres estiment communément que, à la pointe de Lo Maria Ker, sur l'entrée du Morbihan, estoit l'ancienne cité des Vennois du temps de Cæsar[6] ; mal fondés en raison, comme si ceste cité, qui estoit révoltée, eust alors apartenu à Cæsar, et que dedans d'icelle, il eust regardé combatre sur mer.

Il est vray que le mot *Ker*, adjousté à Lo Maria, bourg voisin, et ce *tumulus*[7], sur le bord de la rivière d'Auray, tout proche de ce bourg, puis les mazures, caves, voutes et murailles qui restent, monstrent qu'il y a eu quelque forteresse ou place, en cest endroit[8].

Dans ces deux rivières d'Alray et de Vennes, il y a pour mettre en seureté dix mil, voire vingt mil vaisseaus de toutes grandeurs. En celle d'Auray bien avant, sous le fort[9] ou estoile qui fut de Ste Marie, à présent rasé, j'ay veu ceux du roy, de 5 et 6 cents tonneaux.

Entre les isles de ces rivières, les deux principales, les plus grandes et seules habitées, sont : l'isle d'Ars[10], bien fertile et habitée d'une grosse paroice, dépendant de la jurisdiction de Ruy ; et celle des Moines[11], où estoit le convent des Cordeliers, avant qu'estre à Bernon.

En l'isle d'Ars, il y a deux prieurés : un d'hommes, dépendant de St Guédas ; l'autre de femmes, de St Georges de Rhennes. Ils partagent la seigneurie de l'isle. Il y a encor une isle[12], où il y a une caverne et voulte fort belle et très profonde.

1. *Vide supra*, p. 85, note 2.
2. *Vide supra*, p. 84, note 7.
3. *Vide supra*, p. 85, note 8.
4. *Vide supra*, p. 101, notes 9 et 10.
5. *Vide supra*, pp. 160, note 4, et 166, ligne 17.
6. *Vide supra*, p. 154, note 5.
7. Le Mané-Lud. *Vide supra*, p. 162, note 1.
8. *Vide supra*, pp. 159-162.
9. Fort-Espagnol. V. la carte de M. E. Bassac.
10. Sur l'Ile d'Arz, *vide supra*, p. 170, note 7.
11. V. « L'Ile aux Moines », par le Dr Mauricet (Soc. polym. du Morbih., 1877).
12. C'est la fameuse Ile de Gavrinis, en Baden. V. « Dict. archéol. de la Gaule ; ép. celt. » (Imp. nat., 1875), 1er vol., article *Baden*, et atlas.

Les autres isles sont incultes, apartenant à des particuliers de Vennes et d'Alray.

La rivière de Vennes borne la terre de Ruy et la sépare tant des isles du Morbihan que du territoire de Vennes. Elle fait plusieurs d'icelles isles, et non seulement 200, comme dit *Massonus*, mais plus de 300, et plusieurs entrées, manches et canaux, dedans et le long d'icelle terre de Ruy. Entre autres, elle fait le canal sur lequel est assis Bernon[1], maison de Cordeliers, fondée par la royne Anne, duchesse de Bretagne.

De ce nom ont esté appellés et surnommés les ducs de Bretagne et Anne, la dernière duchesse.

Les armes de la duchesse Anne, avec l'alliance de France, sont au grand vitrail de l'église qui est petite et fort basse; le cloistre, chétif. Mais le jardin est beau et accompagné de longues allées de aults et gros lauriers (Le grand hyver a fait fort mourir les lauriers), que l'on va veoir par curiosité, avec une petite maisonnette, ayant une fontaine d'eau douce à l'entrée de la petite court, au dessus dudit jardin, et une seule chambre aulte (en un meschant degré), de 8 ou 10 pas au plus en quarré, avec une cheminée et une petite fenestre au dessus dudit canal de mer, qui est comme un petit port ou rade. Là ils disent que ladite royne Anne, duchesse de Bretagne, nasquit. Autres tiennent qu'elle y accoucha de l'un de ses enfans. Elle est fort triste et sale.

Cela monstre qu'il y avoit habitation auparavant le monastère, lequel fut basti par les Cordeliers dont le convent estoit en l'isle, pour ce tousjours appellée : l'isle aus Moines.

Outre ce jardin, il y a un boqueteau à costé de la court, vers le Nort et la grande rue de Vennes, où il y a aussy force lauriers. Mais la pluspart sont morts par le grand hyver, ou par la négligence des religieux qui, comme ils sont subjets à devenir, en ce lieu là, paralytiques, en ont attribué la cause à l'odeur et vapeur qui sort des lauriers, lesquels ils ont, pour ceste raison, négligés et laissés aller en décadence.

Sur ce mesme canal, est Beau Soleil, maison d'un conseiller[2] de Vennes; puis celle du s[r] de Vertin[3], et enfin Trusquat ou Truskat[4], très jolie demeure du s[r] séneschal de Ruy, du surnom de Francheville, portant pour armes : *d'argent au chevron d'azur, chargé de six billettes d'or*. Il y a beau jardin, où est fontaine d'eau douce, et beaus cyprez et lauriers.

Sortant par le bout du jardin, vous entrez sur une chaucée qui sépare une baye ou port de mer (partie du canal de Vennes, qui vient batre à dix pas prez des murs dudit jardin) d'avec des marais salans; et au bout de la chaucée, est une teste de terre[5] fertile et fromenteuse, environnée de toutes parts de la mer, dont les grèves sont couvertes de gibier.

Et de là, l'on veoit l'isle aus Oiseaus, ronde, verte, élevée, de la grandeur d'un journal de terre, où, en avril, tout est couvert de nids de 4 sortes d'oiseaus : caniars, goëllans ou grosses mouettes, pales et allouettes de mer.

Devers la terre, ceste maison est couverte, à l'Ouest et Nord Ouest, de petites hautes fustayes et rabines, et à l'Est et Sud, de vignes, prayries et estangs.

1. Les Cordeliers furent établis à Bernon, en Sarzeau, par François II, en 1458. Ils furent transformés en Récollets, en 1642. V. sur cette réforme et sur le couvent de Bernon, près du golfe du Morbihan, « Hist. etc... » de M. l'abbé Luco, pp. 408-413.

2. Jean de Noyal.

3. C'est-à-dire : le Vertin, en Sarzeau. *Vide supra*, p. 141, note 2.

4. Truscat. *Vide supra*, p. 168, note 5.

5. V. la carte de M. E. Bassac.

Plus avant dans la terre, ce sont terres fromenteuses et le bourg et paroice de Sarzeau, l'un et l'une des trois de la péninsule[1], et le plus grand bourg et la plus grande paroice des trois.

Il y a un convent de Mathurins[2] et le siège de la séneschaucé qui comprend les îles d'Ars, d'Ost et Oatdic et autres.

En la terre de Ruy, ils n'usent point de marne, non plus qu'au reste de la Bretagne ; mais fument leurs jardins de fiens de paille et de foin, et à faute de ce, leurs terres, de fiens de goimon, grosse herbe qui s'attache et croist sur les rocs et que la mer emporte et jette à bord, et de behin[3] aussy, autre petite herbe menuë et déliée qui croist sur les grèves et que la mer jette et amasse aus rivages. Ils pourrissent cela dans leurs courts, sur les chemins, et en font des monceaus. Ce fiens est fort chaud et brullant.

Ruy abonde en froment, lins, laines, bestiaus, vin principalement blanc et de prix depuis 12 livres jusques à 40 livres la pipe ; bois, sel, perdris, lièvres, gibier, poisson. Le vin de Ruy est dit : *vin breton.*

XXXVI

Chemin de Vennes à Nantes

SORTANT par la porte St Paterne, le long de l'église[4], et passant, au bout du fauxbourg, le guay de la rivière au duc ou rivière Condac, ès moulins du duc, vous allez droit au pont, ruisseau et chapelle de St Léonard[5], demi lieue, ayant veu force apparences de chaucée antique[6] et des asseurances d'une moderne.

De là à Theis[7], bourg et paroice de tout ce pays là, il y a une lieue et demie et force apparences de ceste mesme chaucée[8]. A la sortie du bourg, vous passez une rivière, à un pont rompu et à guay, procédant de l'estang de Theis et d'un autre bras ultérieur qui conflue en cestui cy, au dessous dudit estang et au dessus dudit pont[9].

De là, entrez en une lande, cheminez une lieue, et puis arrivez au pont et ruisseau de Sulé[10] (non

1. Les deux autres, au temps de Dubuisson, étaient St-Gildas et Arzon. Aujourd'hui il y a, de plus, St-Armel et le Tour-du-Parc.
2. Ou Trinitaires. Ce couvent fut fondé en 1341, par Jean de Montfort. V. « Hist. etc... », par M. l'abbé Luco, pp. 397-407.
3. En breton, *bec'hin, bezin, bizin* signifie : varech, goëmon.
4. *Vide supra*, p. 152, note 9.
5. *Vide supra*, p. 140, note 1.
6. *Vide supra*, p. 139, note 16.
7. *Vide supra*, p. 153, note 12.
8. Sans doute, la voie romaine de Nantes à Vannes, par Pontchâteau, Férel et le Palus de Lisle. V. « Les villes disparues des Namnètes », I, p. 80 ; — Des voies romaines du Morbihan », par Bizeul (Annuaire histor. du Morbih., 1841, pp. 205-209.
9. V. la carte d'état-major n° 89.
10. Le hameau et le pont de Sulé sont marqués sur la carte d'état-major n° 103. Le ruisseau qui y passe devient la rivière de Pénerf ou Arcan, que l'on appelle aussi la Drague.

Sulim[1] *itinerar. Tabulæ, inter portum Nannetum et Gesocribate)*, ainsy dit d'une gentilhommière située sur main gauche, à veue proche.

De là à Muzillac[2], une lieue fort grande ; et vers la moitié, ou un peu plus, du chemin, trouvez un vestige assez long, mais très ault et elevé, de chaucée romaine.

Arrivant à Muzillac, vous passez une chaucée d'estang[3], percée au commencement, pour faire moudre un moulin, et au bout, pour laisser vuider l'estang, d'où sort un gros ruisseau[4] qui se reçoit en un vallon tousjours s'élargissant, en allant vers la mer qui donne là[5] et monte, ès *reverdies* ou *grandes marées*, jusques à ladite chaucée de l'estang. Et cest estang rend telles eaus aprez les avoir receues d'ailleurs.

Sur le bord dudit estang, est, à droite, une chapelle[6] conservée, qui est Hospital ; et en outre, il y a encor 3 ou 4 chapelles[7] dans Muzillac, dont la paroice se veoit à une portée de mousquet, sur un costau dit Bourg Paule[8].

Vis à vis de cest Hospital, à main gauche, est le vestige ou reste, avec un pignon et quelque muraille encor debout, de l'ancienne Chambre des Comptes de Bretagne[9].

On appelle Muzillac : ville, à la mode de Bretagne ; mais ce n'est qu'un bourg, et jamais il n'y eut closture.

Sortant de là, vous cheminez peu que vous trouvez deux chemins, dont le droit maine vers Vieille Roche[10] et au passage de l'Isle, où il y a un chasteau ducal ruiné, dans lequel mourut Arthur II, duc de Bretagne, enterré ès Cordeliers de Vennes. Et par ce chemin continue, à ce que l'on m'a dit, la chaucée de Vennes vers Nantes, et passe, en cest endroit, la rivière de Viglaine[11], puis va droit passer une autre eau, en un lieu appellé Vieupont, à cause d'un pont qu'il y a là d'ancienneté. Toutesfois ceste chaucée antique m'est fort douteuse, à cause que l'ancien chemin, qui est très asseurément voye romaine, va de Vennes par Rieux[12].

Mais le chemin gauche maine droit au passage de la Roche Bernard[13], où vous passez, au bac,

1. Qui est Castennec. V. « Des voies rom. du Morbih. », par Bizeul (Annuaire histor. du Morbih., 1841, pp. 216 et suiv.) ; — et *supra*, p. 113, note 11.

2. Ch.-l. de canton de l'arr. de Vannes.

3. C'est l'étang de Penmeur, d'où sort la rivière de St-Éloi qui devient l'étier de Billiers. Il y avait un château, dit Penmeur ou Pémur, sur le bord de cet étang.

4. Le ruisseau de St-Éloi.

5. Au-dessous de Billiers et de l'abbaye de Prières.

6. Chapelle de Pénesclus. V. « Dict. topogr. du Morbih. ».

7. Parmi lesquelles, celle du Moustéro, sur le Tohon, petit affluent du St-Éloi.

8. Bourg-Paul-Muzillac, auj. village en Muzillac.

9. La Chambre des Comptes de Bretagne a siégé à Muzillac, mais non d'une façon absolument continue, depuis la fin du XIIIe s. jusqu'aux environs de 1432. Antérieurement à 1288, elle se tenait à Auray. V. « Lettres de Jean V », par M. R. Blanchard (Soc. des Biblioph. bret., I, pp. CI, CIII).

10. Gros village et port sur la Vilaine, en Arzal. La justice des seigneurs de Silz s'y exerçait. Il y avait à Vieille-Roche un passage en bac ; mais le gué et le château de l'Isle sont bien au-dessus. On voit que Dubuisson n'y est point allé. Quant au vrai passage de la voie romaine, il se trouvait au-dessus de Vieille-Roche et au-dessous du château de l'Isle, entre les villages de Kervéso, sur la rive gauche, et du Vertin, sur la rive droite. V. la carte d'état-major n° 103 et la note suivante.

11. La voie de Nantes à Vannes, par Pontchâteau et Férel, passait la Vilaine au Palus de l'Isle, en Férel, au-dessous du château de l'Isle et de son gué, créations du moyen-âge. V. « Les villes disparues des Namnètes », I, p. 80, et la note précédente.

12. Rieux est une station sur la voie de Nantes à Vannes, par Blain, et Dubuisson a eu tort de révoquer en doute l'existence de la première voie. V. « Rieux-Fégréac » dans les « Villes disparues des Namnètes », I, p. 77.

13. Ch.-l. de cant. du Morbih. Il n'y a point de voie romaine passant par la Roche-Bernard, création du moyen-âge. V. *ibid.*, p. 79.

la rivière, assez fascheuse s'il y a vent, et entre deux rochers, l'un au dessus et gros, dit la Truye ou la Vache, et un petit, à peine paroissant dans le milieu de la rivière, quand la marée y est, dit le Pourcelet. La rivière, en cest endroit, est profonde de 15 brasses, à basse eau, et tous vaisseaus y viennent ; maisme le *Grand Armand*, de plus de 15 cens tonneaus, fut fait, 1629, à une canonnade au dessus, dans la mesme rivière[1].

Le trajet est de la portée d'un mousquet, et la ferme en apartient à Prières[2], abbaye à 1 ou 2 lieues de là, sur la mer, proche la bouche de Viglaine qui a demi lieue de large à sadite bouche, et une profondeur de 30 brasses et plus.

Prières est une abbaye de l'Ordre de Cisteaus. L'abbé est titulaire, et elle luy vaut 20 à 25 mil livres.

Passé le traject, vous entrez en la Roche Bernard, bourg bien gros, par eux appellé ville ; mais ils n'ont nulle mémoire de sa closture, ni maisme qu'il y ait eu jamais de chasteau[3].

Là, la langue maternelle est *gallote* ou françoise, la bretonne demeurant au delà de la rivière qui sépare les diœcèses de Vennes et de Nantes, tous deux mixtes. Car dans celuy de Nantes, plus bas vers la mer, on parle breton et françois[4].

A la rive gauche de la rivière, au dessous du traject, il y a un œstier, qu'ils appellent, ou petite manche de mer, dans un vallon par où coule un ruisseau dit du Rodoër, que l'on passe sur une chaucée de moulin, à 500 pas hors la Roche Bernard, sur le chemin de Nantes. Ceste chaucée est percée, en son commencement, pour donner eau au moulin, et à sa fin, pour laisser aller le ruisseau qui, débondant, fait sur un rocher une belle cascade.

Le ruisseau du Rodoër vient du moulin du Rodoër qui luy donne son nom, à la sortie de l'estang situé au dessous de la Grée, gentilhommière des apartenances de Pommenard[5]. Et de l'estang de Pommenard, ce ruisseau découle en l'estang de la Grée, nourry aussy de quelques autres ruisseaus ; puis, passant au moulin susdit, il coule, par dessous la Roche Bernard, dans cest œstier de la rivière de Viglaine qui est tousjours salée, mais fort peu en basse eau.

De là à sa bouche en mer, il y a bien deux lieues, et la marée monte bien au dessus de la Roche Bernard.

La Roche Bernard est l'une des 9 anciennes baronnies de Bretagne[6], apartenant à la maison de Laval[7]. La feue maréchale de Fervaques[8], douairière de Laval, l'eut pour remplacement de ses

1. C'est là aussi que Charles Morieu, de Dieppe, construisit, en 1637, le vaisseau la *Couronne*, de 74 canons, fameux par son excellente architecture. V. « Dict. » d'Ogée, 2e édit., I, p. 462.

2. *Vide supra*, p. 80, note 9.

3. Il y en a eu un cependant. V. « L'ancienne baronnie de la Roche-Bernard », par Léon Maître, pp. 89 et suiv. ; — et *infra*, p. 178, note 4.

4. *Vide supra*, p. 65, note 2.

5. Lire : Pommenars ou Pont-Mesnard, en St-Brieuc-de-Mauron, appartenant aux Troussier. Or Jean Troussier de Pommenars épousa, vers 1600, Suzanne Avril, héritière de la Grée-de-Lourmais ou Grée-de-Névet, en Nivillac, dont parle Dubuisson. C'est lui qui donna son nom au moulin de Pommenard, au-dessous de la Grée. Il était parent de l'ami de Mme de Sévigné. V. « Lettres de Mme de Sévigné », édit. 1754, I, pp. 251, 267, 324, 367, 377 ; V, pp. 296, 332 ; — carte d'état-major no 104 ; — « Dict. des terres du comté Nantais », par M. E. de Cornulier, p. 145.

6. V. « L'ancienne baronnie de la Roche-Bernard », par Léon Maître (Nantes, E. Grimaud, 1893) ; — et *supra*, p. 5, note 9.

7. Isabeau, héritière de la Roche, fille d'Eudon de la Roche, sr de Lohéac, et de Béatrix de Craon, épousa Raoul VIII, sire de Montfort et de Gaël, à la fin du XIVe siècle. Leur petit-fils, Jean, épousa, le 22 janvier 1404, Anne, héritière de Laval, dont il prit le nom et les armes.

8. Anne d'Alègre et son mari Guillaume de Haultemer, seigneur de Fervaques, maréchal de France, acquirent la baronnie de la Roche, mise en vente par Henri de la Trémoille, prince de Talmont, avant 1622.

deniers dotaux, et en partie par achet ou enchère, et la donna à Mr de Chevreuse[1], par amourettes. Les créanciers de Mr de Chevreuse l'ont fait vendre, et elle a esté enchérie, il y a un an, par Mr de Pontchasteau[2], pour 55 mil escus. Elle vaut 4 à 5 mil livres de rente.

Il y a deux chapelles dans le bourg : Nostre Dame et St Michel, secours de la paroice qui est au bourg de Névillac[3], un quart de lieue à costé, vers Rhedon.

De ceste dépendance, est un chasteau à deux lieues de là, sur le chemin ordinaire de Nantes, nommé la Bretesche[4], situé entre un parc de bois et un estang, joignant le bourg et paroice de Mezillac, par delà lequel il y a encor à Pontchasteau 2 autres lieues.

Pontchasteau[5] est un bourg long et double, séparé par une forte rivière issant d'un estang, dans lequel est la motte où estoit le chasteau qui a donné au bourg le nom de Pontchasteau, « *de Ponte Castri* », en l'obituaire des Cordeliers de Kimper.

Entre le s^r baron de Pontchasteau et celuy de Pont l'Abbé, en Cornouaille, il y a dispute à qui demeurera ancien baron des neuf ; et Mr de Pontchasteau en a fait acte de possession, il n'y a pas longtemps[6] (Voyez le *Traité des Estats de Bretagne, p. 16*).

De Pontchasteau à Nantes il y a neuf lieues, par le Temple[7], qui est plus de moitié chemin, et

1. Charles de Lorraine, duc de Chevreuse.

2. Charles du Cambout (fils de François qui acheta Pontchâteau en 1587, et de Louise du Plessis-Richelieu), marquis de Coislin et baron de Pontchâteau, mort en 1648. Il acheta la Roche-Bernard, le 21 janvier 1636. V. « Dict. des terres du comté Nantais », par M. de Cornulier.

3. Nivillac, comm. du cant. de la Roche-Bernard. V. « L'anc. baronnie de la Roche-Bernard », pp. 55-58.

4. Le château de la Roche fut sans doute ruiné au XIVe s., et il n'en reste que peu de traces. Les barons de la Roche habitèrent depuis lors le château de la Bretesche, en Missillac, construit par Raoul de Montfort, époux d'Isabeau de la Roche. V. « L'anc. baronnie de la Roche-Bernard », par L. Maître, pp. 89 et suiv.

5. Ch.-l. de cant., arr. de St-Nazaire. V. « Dict. des terres du comté Nantais ».

6. Sans doute, en siégeant, en cette qualité, aux États de 1634.

Nous avons déjà fait remarquer que la création des neuf barons de Bretagne est due à une fiction historique, sanctionnée, en 1451, par le duc Pierre II, alors qu'il érigea en baronnies Malestroit, Derval et la Roche-Bernard. Quant à Pontchâteau, il est certain que ses seigneurs ont souvent pris rang parmi les barons. Que ce titre leur ait été contesté, dès le XVIIe s., par les barons de Pont-l'Abbé, c'est, en effet, très-vraisemblable ; mais que Pontchâteau et Pont-l'Abbé aient obtenu, comme le dit Ogée, une voix de baron aux États, de façon à ce qu'ils en jouissent, alternativement et chacun à son tour, c'est une légende qui, sans doute, a pris sa source dans la fausse charte d'Alain Fergent, reproduite en note, par D. Morice (Preuves, II, préface). Cette pièce inventa l'alternance des barons d'Ancenis et de Pont-l'Abbé.

Nous trouvons plusieurs seigneurs de Pontchâteau siégeant aux États en qualité de barons, et notamment, en 1646, Charles du Cambout. Mais cent ans plus tard, en 1746, Louis-Joseph de Menou, nouvel acquéreur de Pontchâteau, vit ses prétentions combattues par le baron de Pont-l'Abbé qui était alors Charles d'Argouges, marquis de Rannes (en Normandie), représenté par M. de Plœuc, son fondé de pouvoirs. L'affaire fut renvoyée à la commission intermédiaire, et il ne paraît pas qu'il fût statué à son sujet ; car en 1760, le 11 novembre, les États chargent l'abbé du Laurens et la même commission de l'étudier à nouveau. En 1762, conformément aux conclusions du mémoire de l'abbé du Laurens, les États repoussèrent les prétentions du seigneur de Pontchâteau au rang de baron, et depuis lors jusqu'à la fin du XVIIIe siècle, à chaque session, ils rappellent formellement et renouvellent cette décision contre les prétentions non seulement du seigneur de Pontchâteau, mais encore contre celles des seigneurs de la Hunaudaye et de Coëtmen, dont cependant les prédécesseurs avaient été créés barons par le duc François II, en 1487, au dire de D. Lobineau (I, p. 774). V. D. Morice, Preuves, II, préface : dissertation sur les barons de Bretagne ; — Archives de la L.-Inf., Assises des États de Bretagne, années 1646, 1746, 1756-1782 ; — Inventaire des archives d'I-et-V., fonds des États, C. 3.288 (liasse) ; — « La baronnie du Pont-l'Abbé », par M. du Châtellier (Revue des prov. de l'Ouest, V, 1857) ; — « Sur la baronnie du Pont-l'Abbé », par M. Trévédy (Soc. archéol. du Finist., 1897) ; — « Pontchâteau et Pont-l'Abbé aux États », par le même, à paraître dans le même bulletin ; — et *supra*, pp. 5, note 9, et 72, note 9.

7. Comm. du cant. de St-Étienne-de-Mont-Luc, arr. de St-Nazaire.

en tout ce chemin, comme depuis Névillac, il n'y a nul vestige de chaucée romaine [1]. Il y a force lande.

Mais, prenant un peu à gauche, vous allez de Pontchasteau à Coalin [2], que je croy estre *Koetlin*, c'est à dire : *bois*, *lin* [3] (comme Chasteau lin etc...), à cause qu'il est situé en une lande, dans des bois, à 2 lieues de Pontchasteau. Arrivant, vous passez, sur une chaucée modernement pavée et percée en pont, un ruisseau [4] gros, venant de 500 pas de là, prez d'une gentilhommière dite le Chastelier Gyffart [5] ; et courant du Sud au Nort, ce ruisseau passe le long des clos de Koëtlin, et entre dans un grand et double marais, nourry de plusieurs autres marais, qui s'estend jusques à l'abbaye de St Guédas des Bois, de l'Ordre St Benoist, apartenant, en commende, au second fils de Mr de Pontchasteau [6], qui est aussy abbé de Vieille Ville [7], prez Dol, vers Pontorson.

A Koëtlin, il n'y a plus de bois; mais le marais est tout plein d'estris et de racines, ce qui montre qu'autrefois tout ce quartier là estoit bois ; à cause de quoy on lui avoit donné le nom de Koëtlin, comme j'ay dit. Madame de Pontchasteau [8] y est morte depuis un an, à l'aage de 37 ans, en un corps de logis qui y est, fort beau.

De ce marais, coule la rivière qui va à Pontchasteau et qui, faisant là un estang, puis sortant par dessous une chaucée, par un fort beau glacis ou sault, coule dans un vallon s'élargissant et recevant, en forme d'estier, la marée qui vient de la mer, distante d'une lieue au delà, vers le Sud.

Koëtlin est une maison seule, commencée par un bout, consistant en 2 pavillons de différents toits, dans une grande court quarrée, remplie de granges et escuries, et environnée et close d'un beau fossé, revestu des deus costés de pierre, et rempli d'eau belle et profonde.

Les avenues sont belles (outre le jardin qui est derrière et les allées du bois, à costé), formées par deux différentes rabines, l'une du Sud au Nort, l'autre de l'Ouest à l'Est, toutes deux bien plantées de fort beaus arbres, en allées ou *drèves* de toutes sortes d'arbres, ormes, fraisnes, cormiers, haitres, trembles et chesnes.

Dans la maison, vous voyez, en pierre et ès vitres de la salle, assez anciennes, les armes de la maison du Cambout [9] (maison proche la Chaize et Trinité, dans la paroice de Pleumeu, prez de

1. La voie romaine de Nantes à Vannes, par Pontchâteau, passait au Temple ; mais Dubuisson ne l'a pas vue. *Vide supra*, pp. 175, note 8, et 176, note 10.

2. Coislin, en Cambon, marquisat en 1634, pour Charles du Cambout ; duché-pairie en 1663, pour son fils Armand.

3. Coislin vient probablement de *coët* et *nin* (mot d'un sens encore indéterminé), comme Châteaulin, de *Castelnin*, anciennement *Nin mons*. V. « Chrestom. bret. », I, p. 154, note 9.

4. Le Brivet, qui prend sa source en Guenrouët, passe à Pontchâteau et se jette en Loire, près de St-Nazaire, sous le nom d'étier de Méan. V. « La vallée du Brivet », par L. Maître (Bulletin de la société de géogr. de Nantes, 1897).

5. Le Châtelier (auj. métairie et village), en Cambon, appartint anciennement à la famille Giffart. Guillaume Giffart, aussi s[r] du Plessis-Giffart, en St-Nazaire, le possédait en 1469. Il mourut prisonnier en France et fut père de François, lui-même père d'Olivier Giffart qui vivait en 1561. Le Châtelier était à Jacques Godelle, en 1681. V. « Les villes disparues des Namnètes », I, p. 338 (carte des environs de Blain) ; — Archives de la L.-Inf., titres féodaux, marquisat de Coislin, E. 397 (liasse).

6. Sébastien-Joseph du Cambout, célèbre janséniste, né en 1624, mort en 1690. Il avait abdiqué en 1666. V. Bio-bibl. bret. de M. Kerviler, art. *Cambout* ; — « Gall. Christ. », XIV, col. 847-851.

7. Lire : la Vieuxville, en Epiniac. Il était aussi abbé de Geneston, en Montbert, dioc. de Nantes. *Vide supra*, p. 25, note 4.

8. Philippe de Beurges. Charles de Cambout se remaria à Lucrèce de Quincampoix. V. « Bio-bibl. bret. » de M Kerviler, art. *Cambout*.

9. Le Cambout est en Plumieux (comm. du cant. de La Chèze, arr. de Loudéac, C.-du-N.).

Rohan), surnom des barons de Pontchasteau, qui sont : *de gueules à deux fasces échiquetées d'argent et d'azur de deux traits*[1]. En la vaisselle d'argent, elles sont à *3 fasces*.

Il y a force alliances de *huchets herminés*[2] ; il y en a aussy *d'un lyon léopardé d'argent, en champ de sable, semé de crousilles d'argent*, qui est de Guémadeuc[3], qui ailleurs n'a que *six crousilles, 3 dessus le lyon et 3 au dessous. Item : d'or à 3 testes de loup, arrachées de sable et contournées à gauche*, qui est de la Grée du Bois de la Motte[4]. *Item* de Tournemine, qui est : *équartelé d'or et d'azur* ; mais principalement de Richelieu[5], qui est aussy en pierre, sur le dehors, au ault du bastiment. La mère de Mr du Pontchasteau estoit de Richelieu[6], seur du père de Mr le Cardinal.

Mr de Pontchasteau a 3 fils : le marquis de Koëtlin[7], marié à l'aisnée fille du chancelier Séguier ; l'abbé de St Guédas et de Vieilleville[8], et un petit qui n'a que 3 ans ; une fille, duchesse doarière de Puylaurent[9].

Il a à veue, au Sud, le bourg, paroice et baronnie de Cambon, un peu par delà le bout de sa rabine de Nort et la gentilhommière du Chastelier Gyffart. Sa femme[10] y est enterrée.

Le marquisat de Koëtlin, la baronnie de Cambon[11], celle du Pontchasteau et celle de la Roche Bernard, le font seigneur de 7 ou 8 lieues en diamètre, d'un tenant de pays ; et s'il avoit la vicomté de Donges[12], qui est plus au Sud encor, vers la mer, entre les bouches de Loire et de Villaine, qui vaut dix mil livres de rente, il feroit une terre de trente mil livres et de plus de 35 ou 40 lieues de circuit, qui seroit une belle duché.

De Coëtlin, par la rabine à l'Est, vous allez passer au moulin et chaucée de l'estang de Malleville[13], au Temple, village dépendant de la commanderie de St Jean et Ste Catherine[14] de Nantes, 4 lieues petites, et de là, 4 grandes, à Nantes.

1. Lire : *de gueules à trois fasces echiquetées d'argent et d'azur.*

2. Qui est Baye. Cette maison qui portait : *de gueules à trois huchets d'argent, chargés chacun de cinq hermines de sable*, avait possédé Coislin. Françoise Baye, dame de Coislin, épousa, en 1537, René du Cambout, grand-veneur et réformateur des Eaux-et-Forêts de Bretagne.

3. Guémadeuc porte : *de sable au léopard d'argent, accompagné de six coquilles de même*, 3, 3. *Vide supra*, p. 60, note 2.

4. Du nom de Cahideuc, qui porte : *de gueules à trois têtes de léopard d'or, lampassées de gueules.*

5. C'est-à-dire : *d'argent à trois chevrons de gueules.*

6. *Vide supra*, pp. 60, note 2, et 178, note 2.

7. Pierre-César du Cambout, baron de Pontchâteau et marquis de Coislin, fils de Charles et de Philippe de Beurges, né en 1613, fut gouverneur de Brest, épousa, le 5 février 1634, Marie Séguier, et fut blessé mortellement au siège d'Aire, en 1641.

8. *Vide supra*, pp. 25, note 4, et 179, note 7.

9. Marguerite-Philippe du Cambout, née en 1622, mariée à Antoine de l'Age, sgr de Puylaurens, duc d'Aiguillon ; puis, en 1639, à Henri de Lorraine, cte d'Harcourt. Elle mourut en 1674.

10. Philippe de Beurges.

11. Comm. du cant. de Savenay, arr. de St-Nazaire. Cambon n'a jamais été que châtellenie, détachée de la baronnie de Pontchâteau, puis réunie à ce même fief, en 1587, par François du Cambout qui la possédait depuis 1565 ; membre du duché de Coislin, par la suite. V. « Dict. des terres du comté Nantais » ; — et *supra*, pp. 178, note 2, et 179, note 2.

12. La vicomté de Donges appartenait, à l'époque de Dubuisson, aux Rieux (branche d'Assérac) qui la tenaient des Rochefort, depuis 1374. En 1690, Jean-Gustave de Rieux, marquis d'Assérac, la vendit à René de Lopriac. Vers 1775, elle passa des Lopriac aux Kerhoënt, par mariage.

13. Malville, comm. du cant. de Savenay, arr. de St-Nazaire.

14. V. « Le Temple Ste-Catherine et l'Hôpital St-Jean », par M. l'abbé Guillotin de Corson (Soc. académ. de Nantes, 1896 ; et Nantes, Mellinet, 1897).

ERRATA ET ADDENDA

Page 1, note 1. *Ajouter* : « Histoire de la baronnie et du canton de Candé », par le c^te^ de l'Esperonnière (Angers, 1894), tome I, seul paru, avec fac-similés.

Page 4, note 7. *Aj. :* V. la Table de Peutinger, dans la « Géographie histor. de la Gaule rom. », par M. Desjardins, IV, pp. 72 et suiv., et spécialement p. 139.

Page 4, note 10. *Aj. :* « Grandes seign^ries^ de H^te^-Bretagne : Teillay, châtellenie », par M. l'abbé Guillotin de Corson (Rennes, Plihon et Hervé, 1897, I, p. 451 ; et Soc. archéol. d'I.-et-V., XXVI, 1897) ; — « Statistique histor. du canton de Bain », par le même (*Ibid.*, IV, pp. 219, 229).

Page 5, note 4. *Aj. :* « Aperçu histor. sur l'ancienne église de St-Julien de Vouvantes », par le m^is^ de Balby de Vernon (Soc. archéol. de Nantes, 1890).

Page 7, note 9. *Au lieu de :* le Gué, en Noyal-sur-Vilaine, *lire :* le Gué de Servon, en Noyal-sur-Vilaine. *Aj. :* « Grandes seig^ries^ de H^te^-Bret. : le Gué de Servon, châtellenie » (I, p. 216) ; — « La châtellenie de Bain et le marquisat de la Marzelière », par le même (Revue histor. de l'Ouest, VII, IX, 1891, 1893).

Page 7, note 11. *Aj.* : Malo de Coëtquen épousa, le 22 mai 1631, Françoise Giffart de la Marzellière. V. « Les Dinan et leurs juveigneurs », par Mme la c^tesse^ de la Motte-Rouge (Nantes, E. Grimaud, 1892, p. 218).

Page 7, ligne 23. ... sa cadette... *Ajouter en note :* Elle épousa un du Matz (« Grandes seig^ries^ de H^te^-Bret. », I, p. 219).

Page 10, note 8. *Au lieu de :* M. Léon Vignole, *lire :* M. Léon Vignols, auteur de l' « Inventaire cartographique des archives d'I.-et-V., du musée archéol. de Rennes et de la biblioth. de M. de Palys » (Bulletin de géographie histor. et descriptive, Paris, 1894, pp. 342 et suiv.).

Page 11, note 3. *Aj. :* V. le plan qui accompagne l' « Administration municipale de Rennes, au temps de Henri IV », par M. H. Carré (Annales de Bretagne, juillet 1888).

Page 12, note 2. *Aj. :* V. la Table de Peutinger, dans la « Géogr. hist. de la Gaule rom. », IV, p. 139.

Page 13, note 1. *Aj. :* « La paroisse St-Hélier de Rennes », par M. Pacheu (Soc. archéol. d'I.-et-V., XXIII).

Page 13, note 2. *Aj. :* « La bouillie de St-Georges, redevance féodale », par M. de la Bigne-Villeneuve (Mélanges d'hist. et d'archéol. bret., Rennes, Catel, I, 1855, p. 277).

Page 13, note 3. *Aj.* : « Les Carmes de Rennes », par M. de la Bigne-Villeneuve (Mélanges d'hist. et d'archéol. bret. II, 1858, p. 175).

Page 13, note 8. *Aj.* : « Documents inédits concernant la fondation du couvent de Bonnes-Nouvelles », par M. de la Bigne-Villeneuve (Soc. archéol. d'I.-et-V., 1863) ; — « Hist. du culte de la Sainte Vierge dans la ville de Rennes », par D. Fr. Plaine (Rennes, 1872).

Page 14, note 4. *Aj.* : Sur la quintaine à Nantes, v. « La seigneurie des évêques de Nantes », par L. Maître (Soc. archéol. de Nantes, 1882, pp. 87, 88).

Page 14, note 14. *Aj.* : V. le compte rendu de cet ouvrage, par le c^te de Palys (Revue histor. de l'Ouest, XI, 1895).

Page 14, ligne 19. *Aj. en note* : V. « La peste à Rennes, 1543-1640 », par M. Delourmel (Soc. archéol. d'I.-et-V., XXVI, 1897).

Page 15, note 4. *Aj.* : « Les tours de St-Pierre de Rennes et leurs architectes », par M. de la Bigne-Villeneuve (Mélanges d'archéol. et d'hist. bret., II, 1858, p. 129) ; — « Les usages de l'église de Rennes », par M. l'abbé Guillotin de Corson (Revue de Bret. et de V., 1878, 2e semestre).

Page 16, note 3. *Aj.* : « Notice sur Anselme de Chantemerle », par M. de la Bigne-Villeneuve (Mélanges d'hist. et d'archéol. bret., II, 1858, p. 229).

Page 16, note 5. *Aj.* : « Aymar Hennequin, év. de Rennes », par M. de la Bigne-Villeneuve (Mélanges d'hist. et d'archéol. bret., II, 1858, pp. 210 et 306).

Page 16, note 10. *Aj.* : « Notice sur le regaire de l'évêché de Rennes », par M. de la Bigne-Villeneuve (Mélanges d'hist. et d'archéol. bret., II, 1858, p. 66).

Page 17, note 6. *Aj.* : « Le cœur du maréchal de Brissac », par M. de la Bigne-Villeneuve (Mélanges d'hist. et d'archéol. bret., II, 1858, pp. 84 et 304).

Page 17, note 8. *Aj.* : (Annales de Bretagne, juillet 1888) ; — « L'administration municipale en Bret., au XVIIIe s. », par M. A. Dupuy (Annales de Bret., juillet 1888).

Page 17, note 9. *Aj.* : « La vicomté de Rennes », par M. de la Bigne-Villeneuve (Mélanges d'hist. et d'archéol. bret., II, 1858, p. 184).

Page 18, note 4. *Aj.* : « Notice sur le Parlement de Bretagne », par M. de la Bigne-Villeneuve (Mélanges d'hist. et d'archéol. bret., II, 1858, p. 252); — « Translation du Parlement en la ville de Nantes, et révocation du Parlement de Rennes, en 1590 », par le même (*Ibid.*, p. 64).

Page 18, ligne 11. *Aj. en note* : V. « Prise de possession du palais de Rennes par le Parlement de Bretagne », par M. de la Bigne-Villeneuve (Mélanges d'hist. et d'archéol. bret., II, 1858, p. 291).

Page 20, note 4. *Aj.* : « Notice sur Raoul de Tréal, év. de Rennes », par M. de la Bigne-Villeneuve (Mélanges d'hist. et d'archéol. bret., II, 1858, p. 36).

Page 21, ligne 12 ... le s^r de la Marpaudaye. *Aj. en note* : En 1618, un s^r de la Marpaudaye, du nom patronymique de Martin, était procureur-syndic des bourgeois (Ogée, II, p. 527).

Page 21, note 2. *Aj.* : V. sur les stalles de Champeaux : Association bretonne, 1850, planches.

Page 21, note 4. *Au lieu de* : ... duc d'Hallevin, *lire* : d'Halluin (auj. comm. du cant. de Tourcoing, arr. de Lille).

Page 21, note 7. *Aj.* : « Un gentilhomme du temps passé : François de Scépeaux, sire de Vieilleville, 1509-1571 », par Madame Coignet (Paris, Plon, 1886).

Page 22, note 4. *Aj.* : « L'église de Hédé » (Essai sur l'architect. relig. en Bret., aux XIe et XIIe s., par M. de la Monneraye ; Assoc. bret., 1846) ; — « Mandement pour la fortification du château de Hédé, 1443 » (Mélanges d'hist. et d'archéol. bret., I, 1855, p. 177); — « Les armoiries de la communauté de la ville de Hédé », par M. A. Duportal (Assoc. bret., 1896).

Page 24, note 11. *Aj.* : « Les peintures du Mont-Dol » (Le collectionneur breton, Nantes, V. Forest et E. Grimaud, IV, 1864).

Page 26, note 1. *Aj.* : Quant à *Léondoul*, cette forme est peut-être un souvenir du *lann* ou monastère de St Samson, à moins qu'elle ne soit une corruption de *Neodunum* que l'on aurait tenté, au XVIe s., de rapprocher du mot *Dol*, pour mieux les confondre.

Page 27, note 1. *Aj.* : « L'ancien et le nouvel autel de la cathédrale de Dol », par M. A. Ramé (Mélanges d'hist. et d'archéol. bret., I, 1855, p. 260).

Page 27, note 4. *Aj.* : « Notre-Dame de Dol » (Mélanges d'hist. et d'archéol. bret., I, 1855, p. 183).

Page 28, note 1. *Aj.* : « Origines de l'évêché de Dol », par M. de la Borderie (Assoc. bret., 1853).

Page 28, note 7. *Aj.* : « Le lapidaire » de Marbode, et « Poëmes choisis » du même, par M. S. Ropartz (Soc. archéol. d'I.-et-V., VII, VIII).

Page 29, ligne 2. *Aj. en note* : « Les enclaves de Dol, lit-on aux Anc. évêchés de Bret. (I, pp. « XLIX, L), nous paraissent expliquer les libéralités que Judual fit à l'abbé Samson, en Domnonée. « Ces enclaves ne sont, à nos yeux, que les biens concédés au monastère, et érigés en paroisses, « lorsqu'il devint siège archiépiscopal. »

Le monastère de Dol ne fut d'ailleurs, à l'origine, qu'une enclave de l'évêché d'Aleth. V. La communication de M. de la Borderie à l'Association bretonne de 1853 (comptes rendus, p. 160).

Page 29, note 6. *Aj.* : « Cathédrale de Dol : tombeau de l'évêque James », par M. Alfred Ramé (Mélanges d'hist. et archéol. bret., II, 1858, p. 10).

Page 32, note 4. *Aj.* : « Les curieuses recherches du Mont-St-Michel, par Dom Thomas Le Roy », publiées avec notes par M. R. de Robillard de Beaurepaire (Caen, Legost, 1878, 2 vol. in-8°).

Page 32, note 6. *Aj.* : « La baie du M[t]-St-Michel et ses approches ; création historique de la baie, etc... », par le v[te] de la Potiche (Paris, 1891).

Page 36, note 5. *Aj.* : « La paye d'une compagnie de milices gardes-côtes, au XVIIIe s. », par M. G. de la Vieuxville (Revue histor. de l'Ouest, VI, 1890).

Page 38, note 1. *Aj.* : Sur St Tanguy, Tanneguy du Chastel et la maison du Chastel-Trémazan, voir les différents mémoires de M. Le Jannic de Kervizal (Soc. académ. de Brest, XV, XVII, XIX, XXI).

Page 41, note 6. *Aj.* : « Un poëte armoricain des VIIIe et IXe siècles : Vie de St-Malo, en vers rimés », par D. Plaine (Revue histor. de l'Ouest, XII, 1896) ; — « Vie de St Malo en vers français », par M. l'abbé Pâris-Jallobert (*Ibid.*).

Page 42, note 2. *Aj.* : « Mémoire sur la cathédrale de St-Malo », par M. Ch. Cunat (Assoc. bret., 1850).

Page 44, note 1. *Aj.* : « Sur l'origine des institutions municipales en Bretagne », par M. de la Borderie (Assoc. bret., 1853, p. 205).

Page 44, note 2. *Au lieu de* : Corisophites, *lire* : Corisopites.

Page 45, ligne 17 ... pierre de Kerinan. *Aj. en note* : Kerinan, vicomté, en 1598, pour les Trémigon, est un village en Languédias (comm. du cant. de Plélan-le-Petit, arr. de Dinan, C.-du-N). V. « Contes d'Eutrapel », édit. Le Maire, glossaire, *verbo* Kerignan.

Page 45, ligne 23. Il est question de ce *St-Malo*, gardien du cabinet des armes du roi, dans l' « Épitre à Mr Janvier » de Maître Adam, menuisier de Nevers (Les chevilles de Maître Adam, édit. 1654, p. 280).

Page 47, note 14. *Aj.* : Coëtquen était un ramage de Dinan. V. « Les Dinan et leurs juveigneurs », par Mme la c^tesse de la Motte-Rouge, p. 189.

Page 48, note 6. *Aj.* : « Histoire populaire de la ville et du château de Ham », par Fleury et Damicourt (Ham, 1881) ; — « Le château de Ham, son histoire etc... », par J.-C. de Feuillide (Paris, Dumont, 1842).

Page 48, note 9. *Aj.* : « Essai sur l'architect. relig. en Bret. etc... » (Assoc. bret., 1846).

Page 49, note 5. *Aj.* : V. « Vie des SS. de Bret. », par D. Lobineau.

Page 49, ligne 21. *Aj. en note* : Peut-être le chemin pavé du pèlerinage des Sept Saints de Bretagne, ou Tro-Breiz. V. Soc. polymath. du Morbih., 1874, p. 9 ; — « Le pèlerinage des Sept Saints de Bretagne », par M. Trévédy (Soc. archéol. du Finist., 1896).

Page 50, note 7. *Aj.* : « Bibliographie de Dinan », par M. Paul Aubry (Soc. d'émulat. des C.-du-N., 1896).

Page 51, note 2. *Aj.* : Il était fils du premier mariage de Sébastien de Rosmadec avec Françoise de Montmorency. *Vide supra*, p. 13, note 9.

Page 52, note 1. *Aj.* : « Le prieuré de St-Malo de Dinan » (Biblioth. bret. de Ch. Lemaoût, mai 1851).

Page 52, note 7. *Aj.* : Sur Sainte-Catherine de Dinan, voyez les « Souvenirs Dominicains dans le diocèse de St-Brieuc », par le R. P. Chapotin (Revue histor. de l'Ouest, V, 1889).

Page 53, note 1. *Aj.* : V. p. 47, note 14.

Page 53, note 7. *Aj.* : « Le champ aux chevaux de Dinan », par M. de la Borderie (Mélanges d'hist. et d'archéol. bret., I, 1855, p. 302). Il y est question de Hamon d'Angoulevent, dit *Ventre-d'orge*, qui vivait en 1317.

Page 55, note 2. *Aj.* : « Les Dinan et leurs juveigneurs », par Mme la c^tesse de la Motte-Rouge (Nantes, E. Grimaud, 1892).

Page 55, ligne 9. *Aj. en note* : Ce dernier blason : *de gueules fretté d'or, rempli ou cantonné de fleurs de lys de même,* nous paraît un mélange des armes de Montjean et de Châteaubriant. Louis de Montjean (en Anjou) qui portait : *d'or fretté de gueules*, épousa, en 1485, Jeanne du Chastel, vicomtesse de la Bellière (en Pleudihen), qui se rattachait aux Châteaubriant par les Dinan. *Vide supra*, pp. 48, note 4, et 55, note 2.

A la p. 100, note 4, on trouvera un autre exemple du mélange des armes de deux maisons.

Page 56, note 5. *Au lieu de* : Momontour, *lire* : Moncontour.

Page 58, note 6. *Aj.* : « Le prieuré de St-Martin de Lamballe » (Biblioth. bret. de Ch. Lemaoût, mai 1851) ; — « Essai sur l'architect. relig. en Bret. etc... » (Assoc. bret., 1846).

Page 58, note 7. *Aj.* : « Visite à N.-D. de Lamballe » (Assoc. bret., 1853).

Page 60, note 5. *Aj.* : « Le duc de Mercœur, d'après des documents inédits », par M. Jouon des Longrais (Assoc. bret., Ancenis, 1894) ; — « Hist. etc... » du chanoine Moreau, édit. 1857, p. 223.

Page 61, note 4. *Aj.* : V. la carte de St-Brieuc, dans l'atlas des « Anc. évêchés de Bret. ».

Page 62, note 2. *Aj.* : V. la carte de St-Brieuc, dans l'atlas des « Anc. évêchés de Bret. ».

Page 63. *Au lieu de* : XVI, *lire* : XIV (n^o de chapitre).

Page 64, note 8 *Aj.* : « De l'origine des évêchés de Tréguer, St-Brieuc, Dol », par M. de la Borderie (Assoc. bret., 1853 ; comptes-rendus, pp. 159, 160, 239, 243).

Page 65, note 6. *Aj.* : V. « Fragments inédits de Du Paz : liste des évêques de St-Brieuc », par M. du Bois de la Villerabel (Revue histor. de l'Ouest, I, 1885-86).

Page 69, ligne 7 : ... Gauvain. *Ajouter en note :* V. « Vie de St Goulven », par D. Plaine (Soc. archéol. du Finist., 1890) ; — « St Goulven ; vie latine inédite », par M. de la Borderie (Soc. d'émulat. des C.-du-N., XXIX, 1891).

Page 70, note 1. *Aj.* : « Notice sur le fief du chapitre de St-Brieuc », par M. de la Borderie (Mélanges d'hist. et d'archéol. bret., I, 1855, p. 315).

Page 70, note 2. *Aj.* : Il y a, en Bretagne, plusieurs autres localités portant le nom de St-Maudet. L'abbaye de Beaulieu, en Mégrit, s'est même appelée : Pont-Pilard, puis : St-Maudet. En 1636, elle avait pour abbé Nicolas Le Clerc du Tremblay, frère du célèbre Père Joseph. V. : « Le culte de St Maudet et de St Rion », par M. l'abbé Y.-M^ie Lucas (Revue histor. de l'Ouest, VIII, 1892, et IX, 1893).

Page 74, note 6. *Aj.* : 1866, 2e semestre.

Page 75, note 9. *Aj.* : « Pontivy », par M. l'abbé Luco (Soc. polym. du Morbih., 1880, p. 62).

Page 76, note 6. *Aj.* : « Riantec » (Soc. polym. du Morbih., 1880, p. 146).

Page 76, note 10. *Aj.* : « Le duché de Rohan, en 1682 », par M. de la Borderie (Revue de Bret. et de V., 1887, 1er semestre).

Page 79, note 8. *Aj.* : « Monuments de l'architecture du moyen-âge en Bret. », par M. de la Borderie : plan d'Hennebont (Assoc. bret., 1885).

Page 80, note 7. *Aj.* : V. Soc. polym. du Morbih., 1882, p. 100.

Page 80, note 10. *Aj.* : « L'origine de l'hermine en Bretagne », par le baron de Wismes (Assoc. bret., 1853).

Page 82, note 6. *Aj.* : « Hist. des paroisses du diocèse de Vannes : Lesbin-Pontscorff », par M. l'abbé Luco (Soc. polym. du Morbih., 1878, p. 29).

Page 82, note 14. *Aj.* : « St-Michel-des-Montagnes, en Plœmeur », par M. l'abbé Luco (Soc. polym. du Morbih., 1879, p. 138).

Page 83, note 6. *Aj.* : V. Soc. polym. du Morbih., 1879, p. 138.

Page 84, note 3. *Aj.* : V. Soc. polym. du Morbih., 1880, p. 146.

Page 92, note 8. *Aj.* : « L'île de Groix autrefois », par le Dr J.-B. Vincent (Lorient, de la Morinière, 1896).

Page 102, note 12. *Aj.* : « La légende de St-Gurloës », par M. P. Saintive (Le collectionneur breton, Nantes, V. Forest et E. Grimaud, IV, 1864).

Page 103, note 5. *Aj.* : « Église et château de Callac », par M. l'abbé Daniel (Le collectionneur breton, II, p. 193).

Page 106, note 13. *Au lieu de :* ... maison Guer, *lire :* maison de Guer.

Page 111, note 11. *Aj.* : « Deux ordonnances de police à Quimper, 1404-1719 », par M. Trévédy (Revue histor. de l'Ouest, II, 1886-87).

Page 114, note 5. *Aj.* : Sur le village de Chemin-Chaussée, en Hénansal (et non pas en Plédéliac), v. « Les Dinan et leurs juveigneurs », par Mme la c^tesse de la Motte-Rouge, pp. 58, 238 et 240.

Page 115, note 4. *Aj.* : « Vie de St Méloir, prince de Cornouaille », par le v^te Hipp. Le Gouvello (Revue histor. de l'Ouest, III, 1887).

Page 117, ligne 17 : ... là estoit le chasteau... *Aj. en note :* V. « L'ancien château de Quimper », par M. A. de Blois (Le collectionneur breton, Nantes, V. Forest et E. Grimaud, I, 1862, pp. 210-223 ; et Impartial du Finistère, 21 juillet 1860).

Page 132, lignes 21 et 22. *Aj. en note :* Dubuisson a sans doute fait erreur. La sépulture devait être d'Alain de Kerméno qui épousa Louise de Rosmadec et en eut trois fils : René, conseiller au Parlement, et deux autres qui furent l'un chantre, l'autre pénitencier de Vannes. V. Archives municipales de Nantes, GG. 14 ; — et *supra*, p. 143, notes 5 et 10.

Page 145, note 3. *Aj. :* Peut-être s'agit-il de reliques de St-Julien, év. du Mans, mort à la fin du IIIe siècle, fêté le 27 janvier (Bolland., janv., II).

Page 149, note 11. *Aj. :* « Vie de la bienheureuse Françoise d'Amboise », par le v^te Sioc'han de Kersabiec (Nantes, V. Forest et E. Grimaud, et Paris, Ambr. Bray, 1865 et 1867).

TABLE DES CHAPITRES

VINCENT FOREST
EMILE GRIMAUD

www.ingramcontent.com/pod-product-compliance
Ingram Content Group UK Ltd.
Pitfield, Milton Keynes, MK11 3LW, UK
UKHW012211240726
13966UKWH00002B/710

9 782013 456807